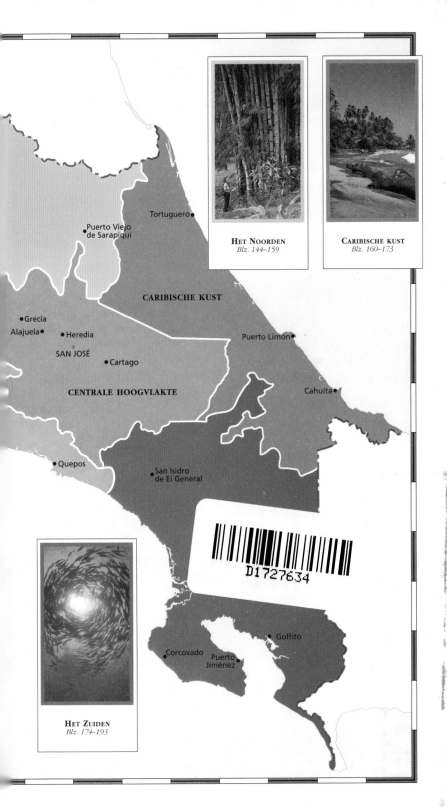

HET NOORDEN
Blz. 144–159

CARIBISCHE KUST
Blz. 160–173

Tortuguero•

•Puerto Viejo
de Sarapiquí

CARIBISCHE KUST

•Grecia
Alajuela•
•Heredia
SAN JOSÉ
•Cartago

Puerto Limón•

CENTRALE HOOGVLAKTE

Cahuita•

•Quepos
•San Isidro
de El General

•Golfito

•Corcovado Puerto
Jiménez•

HET ZUIDEN
Blz. 174–193

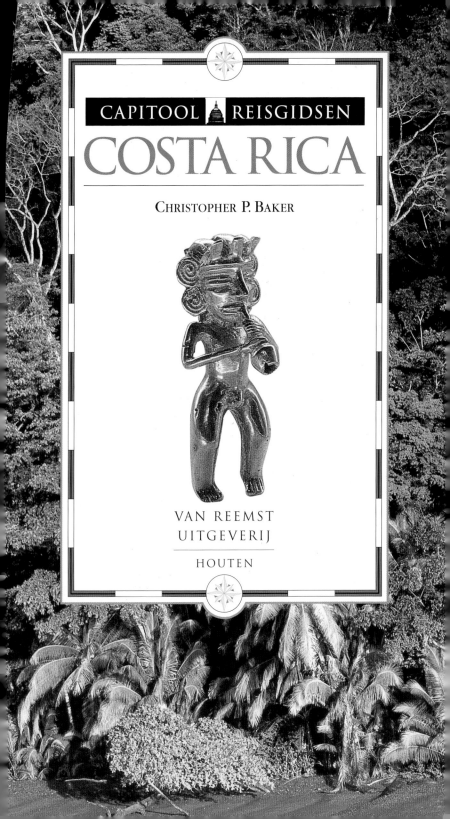

CAPITOOL REISGIDSEN
COSTA RICA

CHRISTOPHER P. BAKER

VAN REEMST
UITGEVERIJ

HOUTEN

A Dorling Kindersley book
www.dk.com

Oorspronkelijke titel: Eyewitness Travel Guides – Costa Rica
© 2005 Oorspronkelijke uitgave:
Dorling Kindersley Limited, Londen
© 2006 Nederlandstalige uitgave:
Van Reemst Uitgeverij/Unieboek bv
Postbus 97
3990 DB Houten
www.capitoolgids.nl

Auteur: Christopher P. Baker

Boekverzorging: *de Redactie,* Amsterdam
Vertaling: Hester Colijn, Michiel Gussen, Ron de Heer, Liesbeth
Hensbroek, Marten van de Kraats en Jacqueline Toscani
Bewerking: Hanneke Bos

Omslag: Teo van Gerwen-design, Waalre

Druk: Toppan Printing Co., Hong Kong

Alles is in het werk gesteld om ervoor te zorgen dat de
informatie in dit boek bij het ter perse gaan zo veel mogelijk
is bijgewerkt. Gegevens zoals telefoonnummers,
openingstijden, prijzen, exposities en reisinformatie zijn echter
aan verandering onderhevig. De uitgever is niet
aansprakelijk voor consequenties die voortvloeien uit
het gebruik van dit boek.

ISBN 90 410 3385 8
NUR 514

Alle rechten voorbehouden. Niets uit deze uitgave mag
worden verveelvoudigd, opgeslagen in een geautomatiseerd
gegevensbestand, of openbaar gemaakt, in enige vorm of op
enige wijze, hetzij elektronisch, mechanisch, door
fotokopieën, opnamen, of enige andere manier, zonder
voorafgaande schriftelijke toestemming van de uitgever.

Voor zover het maken van kopieën uit deze uitgave is toegestaan
op grond van artikel 16B Auteurswet 1912 jº, het Besluit van
20 juni 1974, Stbl. 351, zoals gewijzigd bij Besluit van 23 augustus
1985, Stbl. 471 en artikel 17 Auteurswet 1912, dient men de
daarvoor wettelijk verschuldigde vergoeding te voldoen aan de
Stichting Reprorecht (Postbus 882, 1180 AW Amstelveen). Voor het
overnemen van gedeelte(n) uit deze uitgave in bloemlezingen,
readers en andere compilatiewerken (artikel 16 Auteurswet 1912)
dient men zich tot de uitgever te wenden.

OPENBARE BIBLIOTHEEK WASSENAAR

◁ **Tropisch regenwoud in het Parque Nacional Corcovado, Peninsula de Osa**

Playa Chiquita, Caribische kust

INHOUD

INLEIDING OP COSTA RICA

**Traditionele dansvoorstelling
bij Cartago**

Traditioneel bewerkte en beschilderde Bribri-kalebas

De markt van Santa Cruz, Guanacaste

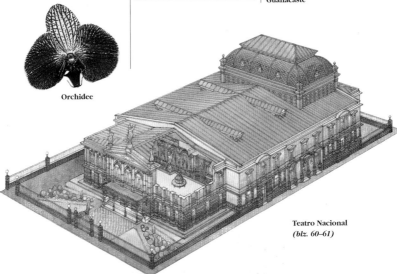

Orchidee

Teatro Nacional
(blz. 60–61)

INLEIDING OP COSTA RICA

COSTA RICA ONTDEKKEN

Costa Rica kan verdeeld worden in zeven regio's, die overeenkomen met duidelijke geografische gebieden. De hoofdstad, San José, ligt op een grote hoogvlakte omgeven door bergketens. De Centraal-Pacifische kust en Zuid-Nicoya vormen een overgangsgebied tussen een droog en een vochtig ecosysteem. In het noordwesten worden de droge vlakten van Guanacaste en

Uit hout gesneden ara

Noord-Nicoya omgeven door vulkanen; in het westen zijn er heerlijke stranden. Naar het noorden toe gaan de heuvels over in uitgestrekte laagvlakten. De Caribische kust kenmerkt zich door zijn unieke Afrikaanse cultuur en eindeloze stranden. Het ruige Zuiden is bedekt met een dicht regenwoud. Hieronder volgt een overzicht van de hoogtepunten van elke streek.

Het Centro Costarricense de Ciencias y Cultura, in San José

het Centro Comercial El Pueblo *(blz. 241)* is aanbevolen. San José heeft uitstekende restaurants. Kies uit de vele wereldkeukens die vertegenwoordigd zijn. La Cocina de Leña *(blz. 224)* biedt fantastische traditionele Costaricaanse gerechten en een inrichting die daar helemaal bij hoort.

SAN JOSÉ

- **Fascinerende musea**
- **Teatro Nacional**
- **Goede restaurants**
- **Fantastische winkels**

San José is een grote, drukke agglomeratie met weinig historische gebouwen en bezienswaardigheden: twee dagen zijn genoeg om de stad te bekijken. De meeste attracties bevinden zich op loopafstand van elkaar, in het compacte centrum. Er zijn goede hotels voor elk budget en het taxisysteem is efficiënt. Sommige wijken zijn gevaarlijk *(blz. 270)*, maar in de gebieden waar veel toeristen komen is voldoende politie. Eén dag kunt u besteden aan het **Museo del Oro** *(blz. 62–63)*, het Museo de Jade *(blz. 67)* en het **Teatro Nacional** *(blz. 60–61)*, de neoclassicistische parel van Costa Rica. De Mercado Central en het Edificio de Correos *(blz. 58–59)* zijn niet ver weg. Onderweg komt u

langs de pleintjes die de stad aaneensmeden.
Dag twee kunt u besteden aan het Museo Nacional en het Parque Nacional *(blz. 70)*, en de verkenning van de Barrio Amón *(blz. 67)* en het **Centro Costarricense de Ciencias y Cultura** *(blz. 72–73)*. Als u tijd over hebt kunt u naar het Museo de Arte Costarricense *(blz. 74)* of op zoek gaan naar goede kwaliteit kunstvoorwerpen –

DE CENTRALE HOOGVLAKTE

- **Mooie autoroutes**
- **Toegankelijke vulkanen**
- **Opwindend wildwatervaren**
- **Leuke dorpshotelletjes**

Met haar fantastische landschap, charmante plaatsen en koloniale kerken is de Centrale Hoogvlakte ideaal voor het maken van mooie tochten. U komt langs koffie-*fincas* (boerderijen) en door

Raften op een van de rivieren van de Centrale Hoogvlakte

◁ **Keramiekschildering in de Barrio Amón, gemaakt door de kunstenaar Fernando Matamoros**

groene valleien, en verharde wegen voeren door de nevelwouden naar de kraterranden van twee actieve vulkanen. Ze zijn gelegen in de **nationale parken Poás** en **Irazú** *(blz. 90 en 103)* en bieden volop mogelijkheden om te wandelen en vogels te observeren. Dit kan ook in het relatief moeilijk toegankelijke Nationaal Park Turrialba *(blz. 103)* en de ongerepte wildernis van de nationale parken Braulio Carrillo en Tapantí-Macizo *(blz. 91 en 101)*. Op verschillende plekken bij Alajuela *(blz. 84)* kunt u dieren bekijken. Aanbevolen zijn de Butterfly Farm, Zoo Ave *(blz. 84)* en de World of Snakes *(blz. 86)*. Heredia *(blz. 92)* is een goede basis voor de verkenning van de koffiestreek; bezoek de Finca Doka en Café Britt *(blz. 90 en 92)* om te zien hoe de geweldige koffie van Costa Rica wordt geproduceerd. **Sarchí** *(blz. 86)* – een vermaard kunstnijverheidscentrum – ligt aan de mooie route die ook Grecia *(blz. 86)* en Zarcero *(blz. 87)* aandoet, die bekendstaan om hun metalen kerk en vormentuin. Mooie landschappen liggen aan de **Ruta de los Santos** *(blz. 97)*; een andere route, ten oosten van San José, voert door het Orosi-dal *(blz. 98)*, met enkele fraaie koloniale kerken. Het nabijgelegen Turrialba *(blz. 101)* vormt de toegang tot het **Monumento Nacional Guayabo** *(blz. 104–105)*, de grootste pre-Columbiaanse vindplaats van het land en het vertrekpunt voor rafting-

Het blauwe water van de Golf van Nicoya

Het schilderachtige landschap van de Centrale Hoogvlakte

excursies op de Reventazón en de Pacuare *(blz. 102)*. Hoewel er een week voor nodig is om de streek echt goed te leren kennen, moeten vier dagen voldoende zijn. Onoverzichtelijke wegen en het gebrek aan borden kunnen het autorijden soms frusterend maken. De grote keuze aan leuke hotels, sommige gelegen tussen de koffieplantages, maakt echter veel goed.

CENTRAAL-PACIFISCHE KUST EN ZUID-NICOYA

• **Parque Nacional Manuel Antonio**
• **Eindeloos surfen**
• **Het ontspannen Isla Tortuga**
• **Opwindende krokodillensafari's**

Met twee van de populairste en toegankelijkste nationale parken van het land en een handvol andere kustreservaten, appelleert deze regio vooral aan liefhebbers van ongerepte natuur. Het Refugio Nacional de Vida Silvestre Curú *(blz. 110)* en Reserva Natural Absoluta Cabo Blanco *(blz. 112)*, gelegen aan de kust van Zuid-Nicoya, bieden een rijk dierenleven.

Isla Tortuga *(blz. 111)*, ter hoogte van Curú, is een idyllische bestemming van veel bootexcursies uit de havenstad Puntarenas. Jonge reizigers worden aangetrokken door het plaatsje Montezuma en het surfersparadijs **Malpaís** *(blz. 112)*, spectaculair gelegen aan de ruige kust. Ook de badplaats **Jacó** *(blz. 114)* is met zijn casino's, nachtclubs en grote keuze aan accommodatie populair bij surfers. Ten noorden hiervan ligt het Parque Nacional Carara *(blz. 114)*, dat zich vanaf de kust uitstrekt tot in het binnenland. Excursies, waaronder krokodillensafari's op de Río Tárcoles *(blz. 115)*, zijn mogelijk vanuit Jacó. Verken het groene kustgebergte bij het Rainmaker Conservation Project *(blz. 115)*. De meeste reizigers in deze streek kiezen het **Parque Nacional Manuel Antonio** *(blz. 118–119)* als bestemming, dat toegankelijk is via het sportvissersplaatsje Quepos *(blz. 116)*. Het park biedt fantastische stranden, een koraalrif, observeren van dieren langs gemakkelijk toegankelijke paden en enkele van de beste hotels in het land.

Tropische droogbossen in het Parque Nacional Palo Verde van Guanacaste

GUANACASTE EN NOORD-NICOYA

• **Schitterende stranden**
• **Tochten per paard**
• **Mysterieuze nevelwouden**
• **Zeldzame droogbos-
  reservaten**

Deze regio combineert montane nevelwouden en laaggelegen droogbos met prachtige stranden. Minimaal een week hebt u nodig om deze veelomvattende streek te verkennen; een volledige tour kost zeker twee weken.
De grote bestemmingen zijn bereikbaar per vliegtuig, maar ook over land zijn de verbindingen goed. Vanaf de Pan-Amerikaanse snelweg lopen wegen naar de voornaamste attracties. Een wagen met vierwielaandrijving is niettemin aanbevolen, bijvoorbeeld als u naar **Monteverde** *(blz. 124–128)* wilt, bekend om zijn nevelwouden. In het Parque Nacional Rincón de la Vieja *(blz. 132)* kunt u spectaculaire wandelingen maken, en u kunt er paardrijden en mountainbiken op de ranches. De Hacienda Los Inocentes *(blz. 132)* biedt soortgelijke activiteiten en is een goede basis voor de verkenning van het **Parque Nacional Santa Rosa** *(blz. 134–135)* – een droogbosreservaat waar u gemakkelijk dieren krijgt te zien. De wetlands van het **Parque Nacional Palo Verde** *(blz. 130)* bieden ongeëvenaarde vogelrijkdom. De tradities van de Chorotega-indianen leven voort in het

dorpje Guaitíl *(blz. 143)*.
Het schiereiland Nicoya staat bekend om zijn stranden. De stranden van Coco en Flamingo *(blz. 136)* bieden scubaduiken en sportvissen. Tamarindo *(blz. 136)* is het meest ontwikkelde vakantie-oord; nestende zeeschildpadden zijn te zien op de **Playa Grande** *(blz. 136)* en in Ostional *(blz. 140)*.

HET NOORDEN

• **Volcán Arenal**
• **Avontuurlijke activiteiten**
• **Vogels observeren**
• **Centro Neotrópico
  SarapiquíS**

Het Noorden is een snelgroeiende laatbloeier op de toeristenmarkt met de actiefste vulkanen van Costa Rica, avontuurlijke activiteiten, vogels observeren en een grote keuze aan lodges. De

Tabacón Hot Springs Resort and Spa, het Noorden

attracties zijn geconcentreerd rond La Fortuna en Puerto Viejo de Sarapiquí.
Het levendige La Fortuna *(blz. 148)* vormt de toegang tot het **Parque Nacional Volcán Arenal** *(blz. 149)* en biedt tientallen lodges, de meeste met uitzicht op de hoge vulkaan die bijna dagelijks actief is. Activiteiten zoals speleologie in de Cavernas de Venado en vogels kijken in het Refugio Nacional de Vida Silvestre Caño Negro *(blz. 154)* zijn hier goed mogelijk. Baden in de warmwaterbronnen van **Tabacón** *(blz. 148)* is een geweldige ervaring, net als een rit in de Arenal-regenwoudkabelbaan *(blz. 149)*, die een geweldig uitzicht biedt op de vulkaan en de Laguna de Arenal *(blz. 150–152)*, populair bij windsurfers en hengelaars. Puerto Viejo de Sarapiquí *(blz. 156)* is een vertrekpunt voor natuurexcursies op de rivieren de Sarapiquí en de San Juan. Niet ver weg vindt u regenwoudreservaten, zoals Selva Verde *(blz. 156)*, **Rara Avis** *(blz. 159)* en Tirimbina *(blz. 155)*.
Naast Tirimbina ligt een uitstekende educatieve faciliteit, het **Centro Neotrópico SarapiquíS** *(blz. 155)*, gewijd aan de pre-Columbiaanse en hedendaagse inheemse culturen. Het kan in deze streken het hele jaar door zwaar regenen. Een wagen met vierwielaandrijving is essentieel. De streek heeft slechte vliegverbindingen.

CARIBISCHE KUST

- **Het dierrijke Parque Nacional Tortuguero**
- **Afro-Caribische cultuur**
- **Schildpadden observeren**
- **Eersteklas sportvissen**

Mangrovemoeras in Puerto Jiménez, het zuiden van Costa Rica

De Caribische kust biedt drie van Costa Rica's belangrijkste regenwoudreservaten, uitstekende sportvismogelijkheden en een unieke ontspannen sfeer die voortkomt uit zijn Afro-Caribische cultuur. De erfenis is het levendigst in het dorp **Cahuita** *(blz. 170)*. Hier worden op de klanken van Bob Marley pittige Caribische gerechten geserveerd in eenvoudige restaurantjes. Vlakbij ligt het **Parque Nacional Cahuita** *(blz. 170)*, waar u op snorkelexcursie kunt. Verder naar het zuiden ligt Puerto Viejo *(blz. 172)*, geliefd bij surfers en andere jongeren. De stranden culmineren naar het zuiden toe in het Refugio Nacional de Vida Silvestre Gandoca-Manzanillo *(blz. 172)*, goed voor lange wandelingen, schildpadden observeren en dolfijn- en lamantijntochtjes. Landinwaarts kunt u de levensstijl van inheemse culturen *(blz. 173)* leren kennen. Hoogtepunt van elke reis naar de Caribische kuststreek is het **Parque Nacional Tortuguero** *(blz. 167)*. Per boot kunt u kennismaken met het ongekend rijke dierenleven in dit regenwoud.

Een minimumverblijf van drie dagen wordt aanbevolen, maar langer is nodig als u Tortuguero wilt combineren met Cahuita en Puerto Viejo. Een nadeel is de zware regenval het hele jaar door. Ook spelen drugs een rol in de kustplaatsjes en af en toe zult u bij de bevolking een norsheid ontdekken die u elders in Costa Rica niet tegenkomt.

HET ZUIDEN

- **Parque Nacional Corcovado**
- **Intrigerende inheemse reservaten**
- **Uitdagende wandeltochten**
- **Goede duikmogelijkheden**

Deze streek omvat het grootste regenwoud en de ruigste bergen van Costa Rica; als u op eigen gelegenheid gaat, hebt u een wagen met vierwielaandrijving nodig. Wees voorbereid op een hoge vochtigheid en zware regenval. In het binnenland bieden de Talamancas een uitdaging voor wandelaars. Er lopen goed onderhouden paden van San Gerardo de Rivas *(blz. 178)* naar de Cerro Chirripó *(blz. 181)*; de toegang naar de meer afgelegen gebieden in het zuiden voert over zelden betreden paden in het Parque Internacional La Amistad *(blz. 179)*. Verder naar het zuiden ligt het Las Cruces Biological Station *(blz. 179)*, een geweldige bestemming voor vogelaars en reizigers met een botanische belangstelling. Een aantal nabijgelegen inheemse reservaten stelt zich open voor de toeristenindustrie *(blz. 184)*. De ruige kust is bekend om zijn hoge branding en uitstekende duikmogelijkheden. **Dominical** en Zancudo *(blz. 182 en 192)* zijn populaire surfstranden; het **Parque Nacional Marino Ballena** *(blz. 182)* biedt goede walvistochten. Walvis- en dolfijnexcursies per boot vertrekken uit Bahía Drake *(blz. 190)*; ook zijn hier in scubaduiken gespecialiseerde hotels. De grote trekker is het **Parque Nacional Corcovado** *(blz. 191)*, waar u kunt wandelen en dieren kunt kijken. **Puerto Jiménez** *(blz. 190)*, dat per watertaxi met de sportvissersplaats Golfito *(blz. 192)* is verbonden, is de poort naar Corcovado. In het zuiden ligt het **Isla del Coco** *(blz. 193)*, een Werelderfgoed van de UNESCO.

Aan het strand in het Parque Nacional Cahuita, de Caribische kust

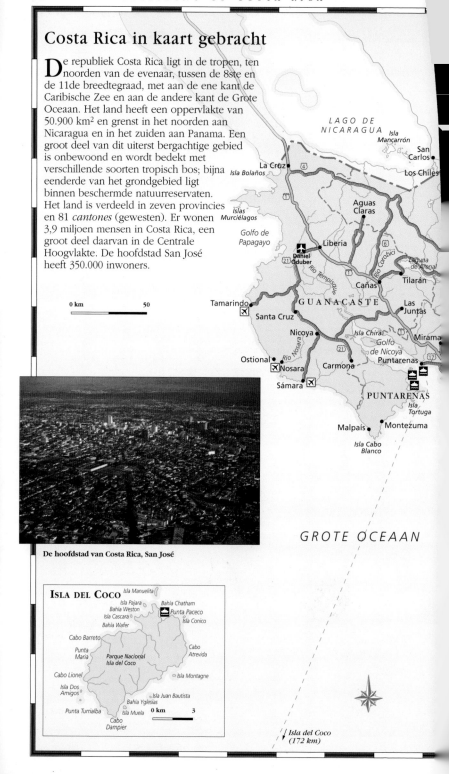

Costa Rica in kaart gebracht

De republiek Costa Rica ligt in de tropen, ten noorden van de evenaar, tussen de 8ste en de 11de breedtegraad, met aan de ene kant de Caribische Zee en aan de andere kant de Grote Oceaan. Het land heeft een oppervlakte van 50.900 km² en grenst in het noorden aan Nicaragua en in het zuiden aan Panama. Een groot deel van dit uiterst bergachtige gebied is onbewoond en wordt bedekt met verschillende soorten tropisch bos; bijna eenderde van het grondgebied ligt binnen beschermde natuurreservaten. Het land is verdeeld in zeven provincies en 81 *cantones* (gewesten). Er wonen 3,9 miljoen mensen in Costa Rica, een groot deel daarvan in de Centrale Hoogvlakte. De hoofdstad San José heeft 350.000 inwoners.

De hoofdstad van Costa Rica, San José

Een schets van Costa Rica

C osta Rica is ongetwijfeld een van de mooiste plekken op aarde. Bergketens en bossen domineren het land, dat doorsneden wordt door vruchtbare dalen en geflankeerd door prachtige stranden en de zee. De levendige kleuren van de natuur, de vele buitenactiviteiten, de vriendelijke, gastvrije bewoners en de subtiele charme van een in wezen rustieke levensstijl – dit alles maakt het land tot een van de populairste tropische vakantiebestemmingen.

Dit kleine Midden-Amerikaanse land op de grens met Noord- en Zuid-Amerika meet nauwelijks 480 km van noord naar zuid en 280 km op zijn breedste punt, bij de grens met Nicaragua. Het ligt in een van de geologisch meest onstabiele gebieden ter wereld, overgeleverd aan enorme tektonische krachten die aardbevingen veroorzaken en het landschap doorspekken met nasmeulende vulkanen. Met zijn talloze microklimaten is het smaragdgroene landschap een lappendeken van twaalf verschillende habitats, van wetlands aan de kust tot subalpiene graslanden.

Costa Rica kenmerkt zich door een homogene cultuur uniek voor Midden-

Het embleem van Costa Rica

Amerika. De Spaanse invloed is eigenlijk alomvattend en de inheemse cultuur speelt nauwelijks een rol. Hier en daar overleven niet-Spaanse culturen, zoals de Jamaicaanse ethos van de Caribische kust. Een ander kenmerk van het land is de grote aandacht voor het milieu, wat blijkt uit de vele natuurparken en wildreservaten, die ongeveer 30 procent van het grondgebied beslaan – meer dan in enig ander land ter wereld.

DE NATUUR BESCHERMEN

De grootste aantrekkingskracht van Costa Rica is zijn onvoorstelbare rijkdom aan flora en fauna, beschermd binnen meer dan 190 bioreservaten,

Een boerderij op de flanken van de Volcán Arenal, in het Noorden

◁ **Een melkboer duwt zijn kar voort in de straten van San José**

De guanacaste, de nationale boom van Costa Rica

nationale parken en wildreservaten. De Reserva Natural Absoluta Cabo Blanco, gesticht in 1963, was het eerste natuurpark. Sindsdien zijn er elk jaar nieuwe parken en reservaten bijgekomen; parken opgezet door particuliere stichtingen krijgen steeds vaker een nationale status. De vernietiging van de natuur gaat nietemin in een schrikbarend tempo door, zelfs in sommige beschermde regio's. De parken kampen met een tekort aan personeel en hebben te weinig geld om landeigenaars schadeloos te stellen. De wetlands van het Refugio Nacional de Vida Silvestre Caño Negro worden bedreigd door landeigenaars die kwetsbare moeraslanden opeisen als landbouwgrond. De dierenpopulaties in het Parque Nacional Manuel Antonio nemen af door de inkrimping van hun leefgebied. Illegale jacht bedreigt de jaguars, tapirs en wilde zwijnen in het Parque Nacional Corcovado.

Houtkap tast de bossen aan. Sinds Columbus in 1491 aan land ging zijn ze met tweederde afgenomen.

Er zijn gelukkig verschillende milieu-organisaties die hardnekkig doorgaan met hun pogingen de flora en fauna te beschermen. De overheid richt zich op het integreren van beschermde regio's door ze samen te brengen in tien verschillende regionale eenheden binnen een Sistema Nacional de Areas de Conservación (Nationaal Systeem van Regionale Natuurgebieden), wat een stap is in de goede richting.

DE OVERHEID

De democratische republiek Costa Rica heeft een regering die wordt aangevoerd door een gekozen president. Deze wordt geassisteerd door twee vice-presidenten en een kabinet van 17 leden. De Asamblea Legislativa (wetgevende vergadering) bestaat uit 57 gekozen *diputados* (afgevaardigden), die maximaal twee termijnen in de kamer zitten. De president benoemt gouverneurs, die aan het hoofd staan van de zeven provincies (San José, Alajuela, Cartago, Guanacaste, Heredia, Limón en Puntarenas).

Twee partijen domineren het politieke toneel: de sociaal-democratische Partido de Liberación Nacional (Nationale Bevrijdingspartij) en de conservatieve Partido de Unidad Social Cristiana (Sociaal Christelijke Eenheidspartij). Alle burgers tussen 18 en 70 jaar hebben

Het beroemde Reserva Biológica Bosque Nuboso Monteverde

stemrecht. Een door het hooggerechtshof benoemd kiestribunaal ziet toe of de verkiezingen eerlijk verlopen.

Costa Rica is sinds 1949 neutraal en heeft zijn leger afgeschaft, hoewel sommige eenheden van de politie militaire bevoegdheden hebben. De inwoners van Costa Rica zijn trots op het feit dat het land sinds de 19de eeuw slechts twee korte perioden van geweld heeft gekend en verstoken is gebleven van het bloedvergieten dat de buurlanden heeft geteisterd. Het land heeft zich echter niet afzijdig gehouden van de regionale politiek. In 1987 werd president Oscar Arias de Nobelprijs voor de Vrede toegekend voor zijn inzet voor vrede in Midden-Amerika.

DE ECONOMIE

De krachtige economie van Costa Rica drijft tegenwoordig vooral op het toerisme. Met zijn overweldigende landschap vol exotische planten en dieren biedt het land onovertroffen mogelijkheden voor actieve vakanties. De focus ligt op ecotoerisme, dat gepromoot wordt door het Instituto Costarricense de Turismo onder het motto: 'Costa Rica – geen kunstmatige ingrediënten.' Een andere factor die het toerisme bevordert is Costa Rica's reputatie als stabiel land in een gebied dat gekenmerkt wordt door politieke onrust. Goed opgezette lodges, grote hotels en badplaatsen bedienen het hele spectrum, van budget tot luxueus.

San José is een van de belangrijkste financiële centra van Midden-Amerika met een snelgroeiende technologiesector. Buiten de hoofdstad is het land nog grotendeels agrarisch. Landbouw overheerst, behalve in Guanacaste, waar grootschalige veeboerderijen (*fincas*) de dienst uitmaken. Koffie en bananen zijn de twee belangrijkste gewassen in Costa Rica.

Papaja's worden gesorteerd op de markt

DE MENSEN

Costaricanen staan bekend als Tico's, vanwege hun veelvuldige gebruik van dit achtervoegsel in verkleinwoorden – bijvoorbeeld *'momentico'* ('een ogenblikje') in plaats van het gebruikelijke *'momentito'*. De meerderheid stamt af van de eerste Spaanse kolonisten. De inheemse bevolking vormt nog maar een fractie van het totale inwonertal en leeft geïsoleerd in afgelegen reservaten. De Afro-Caribische bevolking, die ook een grote groep vormt, woont voornamelijk aan de Caribische kust. Ze stamt af van de

Costaricaanse in de nationale kleuren

De levendige hoofdstad San José

Voor het zware werk op het land wordt de traditionele ossenwagen gebruikt

Jamaicanen die in de 19de eeuw als contractarbeider naar Costa Rica kwamen. Er bestaat ook een aanzienlijke Chinese populatie, voornamelijk in de Caribische provincie Limón. De afgelopen jaren hebben tienduizenden Noord-Amerikanen en andere nationaliteiten zich in Costa Rica gevestigd, deels vanwege het fantastische klimaat. Ongeveer acht op de tien Costaricanen is in naam katholiek en een groot deel van de bevolking bezoekt regelmatig een kerk. De meest aanbeden figuur is La Negrita, de schutsvrouw van het land. De invloed van evangelische christenen neemt de laatste jaren toe, met name in de armere delen van het land en onder de inheemse bevolking. Het land kent het hoogste alfabetismepercentage en de hoogste levensverwachting in Latijns-Amerika. Bijna het hele land is aangesloten op het internet en het aantal mobiele-telefoonbezitters is het grootste van Midden-Amerika. Wegen en elektriciteit vindt men in de meest afgelegen gebieden en er zijn nog maar weinig plaatsen die geheel zijn afgesneden van de moderne wereld. De Josefino's (inwoners van San José) hebben een moderne urbane levensstijl en de hoofdstad bezit een goed ontwikkelde, ondernemende middenklasse. Op het platteland weten oude tradities zich niettemin te handhaven. De boerenlevensstijl overheerst, het paard is het voornaamste transportmiddel en ossen worden nog dagelijks gebruikt als lastdier.

Het leven draait om de familie en een grote kring van *compadres* (vrienden en collega's). Men is gesteld op zijn privacy en zal eerder met kennissen afspreken in een restaurant dan ze thuis uitnodigen. De Tico's zijn echter een warmhartig volk en treden vreemdelingen met grote voorkomendheid tegemoet.

De Costaricanen zijn trots op de neutraliteit van hun land en hun stabiele democratie. Hoewel een recente instroom van immigranten met 'indiaanse' trekken uit naburige landen veel onrust heeft veroorzaakt, zijn de Tico's over het algemeen een liberaal, tolerant volk dat belang hecht aan sociale harmonie.

Beelden worden rondgedragen als onderdeel van de feesten op Goede Vrijdag

KUNST EN SPORT

Kunstnijverheid overheerst in de kunstwereld, vooral dankzij de geweldige creativiteit die door de handwerkslieden aan de dag wordt gelegd. Houtsnijders zoals Barry Biesanz maken hardhouten schalen van een enorme verfijndheid. De inheemse erfenis leeft voort in de productie van gouden sieraden, die zijn uitgevoerd met pre-Columbiaanse motieven. Een ander voorbeeld van inheemse kunst is het aardewerk uit Guaitíl, dat wordt gemaakt in de stijl van de Chorotega-indianen.

Traditionele dansvoorstelling bij Cartago

De kunstwereld werd tot voor kort gedomineerd door de erfenis van de *campesinos* (boeren). Deze beleefde zijn meest invloedrijke expressie rond 1920 met de Groep van de Nieuwe Sensibiliteit onder leiding van Teodorico Quirós Alvarado (1897–1977). Ze legden zich toe op het maken van gestileerde, idyllische landschappen met landweggetjes, adobehuizen en boeren met ossenwagens tegen een achtergrond van vulkanen. Hun erfenis blijkt uit de miniatuurschilderijtjes die overal in huiskamers en souvenirwinkels prijken.

Een uitzondering op de smakeloze kunst van halverwege de 20ste eeuw vormen de krachtige voorstellingen van het boerenleven door de internationaal vermaarde beeldhouwer Francisco Zúñiga (1912–1998). Recent hebben hedendaagse kunstenaars als Rodolfo Stanley en Rolando Castellón de kunstwereld nieuw leven ingeblazen met hun avantgardistische werk.

De roman van Carlos Luis Fallas, *Mamita Yunai* (1941), over het lot van de arbeiders op de bananenplantages, is het enige literaire werk van internationale alure. Costaricanen zijn echter grote liefhebbers van podiumkunsten en in San José en sommige andere steden vindt u

een groot aantal theaters. Josefino's steken zich in hun mooiste kleren als ze naar een uitvoering van het Nationaal Symfonieorkest in het Teatro Nacional gaan, of naar het wat minder formele jaarlijkse Internationale Muziekfestival. De jongeren dansen op snelle merengue in de clubs en bars. In bijna elke plaats is een muziektent waar volksmuziek wordt gespeeld op de marimba, een soort xylofoon. De gitaar is het belangrijkste begeleidingsinstrument voor de *punto guanacasteco*, de nationale volksdans, die wordt uitgevoerd in traditionele kostuums.

Het weekeinde staat in het hele land in het teken van voetbal. Bij festiviteiten ontbreken de rodeo's en *topes* (optochten met paarden) niet; *corridas de toros* (een ongevaarlijk soort stierenrennen) zijn populair bij mannen die hun machismo willen bewijzen. De Costaricanen doen graag aan activiteiten in de openlucht, zoals rennen en fietsen, wat niet verwonderlijk is in een land met zo veel natuur.

Corridas de toros

Een voetbalwedstrijd in Heredia

Landschap en dierenleven

Een vlinder van Costa Rica

Weinig landen op aarde beschikken over zo'n rijke flora en fauna als Costa Rica. Hoewel het een klein land is, leeft bijna 5 procent van de bekende diersoorten in Costa Rica, waaronder zelfs meer vlinders dan in heel Afrika. De enorme rijkdom aan dierenleven is het gevolg van de grote afwisseling in reliëf en klimaat, van laaggelegen wetlands tot in de wolken verborgen bergtoppen. Costa Rica kan bogen op twaalf verschillende habitats, elk met zijn unieke combinatie van klimaat, terrein, flora en fauna.

De volmaakt conische Arenal, Costa Rica's meest actieve vulkaan

LAAGLANDREGENWOUD

Een groot deel van de vlakten en de lagere berghellingen van het Caribische laagland en het zuidwesten zijn bedekt met regenwouden *(blz. 22–23)*. Deze complexe ecosystemen herbergen een groot deel van het dierenleven. Tapirs en jaguars leven in de ondergroei, vogels en apen houden zich op in de boomtoppen.

Luiaards hangen hun hele leven ondersteboven aan de boomtakken. Zowel de twee- als de drievingerige soort eet alleen bladeren. Deze dieren hebben een extreem trage stofwisseling.

Roodoogmaki-kikkers klampen zich meestal vast aan de onderkant van bladeren.

Bladsnijder-mieren verma-len blad tot mulch waarop ze vervolgens schim-mels kweken. Hiervan eten ze de sporen.

MONTANE NEVELWOUDEN

Meer dan de helft van Costa Rica bevindt zich meer dan 1000 m boven zeeniveau. Een groot deel van het hoger gelegen gebied is bedekt met nevelwouden *(blz. 129)*, waar de mist in de boomtoppen hangt en bromelia's en mossen zich afzetten op de takken. Er is een grote rijkdom aan vogels en andere dieren.

Drielelklokvogels zijn zelden te zien, maar wel te horen: ze klinken alsof er op een stuk metaal wordt geslagen. Het mannetje heeft drie halskwabben.

Zwarthand-slingerapen heb-ben lange, stakige ledematen en grijp-staarten – ideaal voor het leven in de boomtoppen.

Kinkajou's of rol-staartberen hebben grijpstaarten en leven alleen 's nachts.

DE KUST

De totale lengte van de kustlijn van Costa Rica bedraagt 1290 km. De kust van de Grote Oceaan kenmerkt zich door kapen en schelpvormige baaien, de Caribische kust is bijna kaarsrecht. Zowel voor de Pacifische als voor de Caribische kust komt op enkele plaatsen koraal voor. Veel stranden vormen het nestgebied voor verschillende soorten zeeschildpadden *(blz. 171)*.

Zeeschildpadden leggen elk ongeveer 100 eieren net boven de vloedlijn.

De stranden van Costa Rica zijn er in alle kleuren, van wit en goudgeel tot chocoladebruin en zwart.

Hamerhaaien zwemmen in grote aantallen voor het Isla del Coco (blz. 193).

DROOGBOSSEN

Droogbossen *(blz. 133)* bedekten ooit grote delen van Guanacaste en Nicoya, tegenwoordig bedekken ze nog maar een gebied van 520 km². De overwegend bladverliezende flora verliest zijn loof tijdens de droge periode. Dieren zijn dan gemakkelijker te zien. Milieuorganisaties proberen het ecosysteem van de droogbossen nieuw leven in te blazen.

WETLANDS

Wetlands variëren van de kustmangrovenbossen *(blz. 185)*, zoals de Terraba-Sierpe-delta aan de zuidwestelijke Pacific, tot lagunes in het binnenland, zoals Caño Negro in het noorden. Veel gebieden overstromen in het regenseizoen, van mei tot november; in het droge seizoen, van december tot april, verzamelen de dieren zich bij de poelen.

Vleermuizen vormen ruim de helft van alle zoogdieren in Costa Rica. In de droogbossen leven meer dan 70 vleermuissoorten.

Mangroven groeien in het slib dat wordt afgezet door de rivieren. Ze vormen een belangrijke kweekplaats voor waterdieren en vogels, zoals de fregatvogel.

Miereneters rijten met hun klauwen termietenheuvels en mierennesten open. De tamandoea leeft deels in de bomen.

Rode lepelaars, reigers, zilverreigers en vele andere water- en waadvogels gedijen in zoet water.

Leguanen hebben normaal een groene schutkleur. De mannetjes worden tijdens de paartijd oranje.

Krokodillen en kleine kaaimannen leven in de rivieren en zoetwaterlagunes van Costa Rica. De spitssnuitkrokodil kan 5 m lang worden.

Het regenwoud

De laagvlakten van Costa Rica zijn bedekt met een ononderbroken zee van tropisch regenwoud. Hardhoutbomen, zoals mahonie- en kapokbomen, kunnen meer dan 60 m hoog worden en hebben een uitgebreid wortelstelsel om hun gewicht te dragen. Het bos bestaat uit verschillende lagen, van bodem tot boomkruin. Elke laag heeft zijn eigen microklimaat en zijn eigen flora en fauna; een groot aantal soorten concentreert zich in de hogere lagen. Dieren zoals kinkajoes, luiaarden en boomslangen hebben zich aangepast aan het leven in de takken, waar klimplanten, epifyten en andere vaatplanten gedijen.

Bromelia's sieren de takken. De binnenste blaadjes van deze epifyten vormen een soort kommetjes. Kleine bladdeeltjes die in deze reservoirs vallen dienen als voedsel voor de planten.

Diverse soorten slingerplanten *groeien aan de boomstammen. Ze gebruiken enterhaakjes en andere middelen om het licht te bereiken.*

Door middel van steunwortels blijven de torenhoge bomen overeind. Deze wortels verspreiden zich naar alle kanten vanaf de voet van de boom, als de staart van een raket. De grootste kunnen 3 m hoog zijn en zich vanaf de voet 5 m uitspreiden.

Heliconia's groeien uitbundig in de tropische bossen en trekken zangvogels, insecten en andere bestuivers naar hun kleurige schutbladen.

'Wandelende' palmen lopen letterlijk over de bodem van het oerwoud; hun steltwortels zijn nauwelijks met de grond verbonden.

De grondlaag van het regenwoud is dun omdat bladeren snel verrotten en nutriënten gelijk worden hergebruikt. De regen loogt de bodem verder uit.

DE BELANGRIJKSTE REGENWOUDEN

- PN Carara *blz. 114*
- PN Corcovado *blz. 191*
- PN Tapantí-Macizo la Muerte *blz. 101*
- PN Tortuguero *blz. 167*
- RNVS Gandoca-Manzanillo *blz. 172*

Sommige bomen *groeien boven het bladerdak uit, waar hun kruinen vaak gegeseld worden door de hoge winden. Veel soorten bloeien uitbundig in het seizoen.*

De kruinen van de bomen vormen een ononderbroken bladerdak. Ongeveer 80 procent van de regenwoudvegetatie is hier geconcentreerd, net als een groot deel van het dierenleven.

Orchideeën

In de ondergroei *komen soorten voor die zich hebben aangepast aan het schaarse zonlicht. Veel soorten zijn genetisch zo gecodeerd dat ze snel gaan groeien als er een grote boom omvalt en er ruimte vrijkomt.*

De bodem van het oerwoud is nauwelijks begroeid. Regen die op de bladeren valt doet er een uur over om de bodem te bereiken.

FAUNA

Het regenwoud is de woonplaats van sommige van de grootste en meest bedreigde zoogdieren, zoals tapirs, pekaries en jaguars. De meeste dieren zijn goed gecamoufleerd, dus moeilijk waar te nemen in het donkere oerwoud.

Doodshoofdaapjes *zijn de kleinste en meest bedreigde apen van Costa Rica. Ze komen alleen voor in het zuidwestelijke Pacifische regenwoud. Ze leven in grote groepen en zijn omnivoor.*

De jaguar*, lokaal tigre genoemd, heeft een groot territorium nodig. Hij wordt bedreigd, voornamelijk door de illegale jacht en het verdwijnen van het regenwoud (blz. 113).*

Groefkopadders *zijn goed aangepast om heimelijk te kunnen jagen in de ondergroei, waar ze zich voeden met kleine vogels en knaagdieren.*

Toekans *zijn gemakkelijk te herkennen aan hun luide roep en kleurige snavels. De overwegend fruitetende vogels komen voor in heel het regenwoud van Costa Rica.*

De harpij *is het grootse lid van de familie van arenden. Hij komt voor in de regenwouden van Corcovado en Gandoca-Manzanillo.*

Boomkruintochten

Costa Rica is marktleider in de wereld als het gaat om zogenaamde *canopy tours*. Bezoekers kunnen zo op meer dan 30 m boven de grond het oerwoud verkennen. Door middel van verhoogde wandelpaden en kabels die tussen platforms in de bomen zijn gespannen, krijgt de bezoeker een panoramisch beeld van het oerwoud. Ook worden er *aerial trams* (aangepaste skiliften) ingezet. Dit is een fascinerende manier om meer te weten te komen over de ecologie van boomtoppen en verschillende bossen te vergelijken, van regenwoud tot montaan nevelwoud. Het enige nadeel van boomkruintochten is dat ze vaak de lokale ecologie verstoren en veel dieren op de vlucht doen slaan vanwege de vreemde bezoekers die op hoge snelheid tussen de boomtoppen door scheren.

Platforms *worden meestal rond de boomstam onder de boomkruin gebouwd. Soms is het mogelijk om op zo'n platform te overnachten.*

De aerial trams *zijn kabelbanen met open gondels. Onder leiding van een gids bezoeken reizigers met de Regenwoudkabelbaan het Parque Nacional Braulio Carrillo bij Jacó om meer te weten te komen over de ecologie van regenwouden.*

Alle bossen in Costa Rica, van droogbossen tot montane nevelwouden, bieden *canopy tours.* Door deel te nemen aan verschillende rondleidingen, kunnen bezoekers kennismaken met diverse habitats.

Langs de paden *vindt men vaak bordjes met teksten die uitleg geven over het leven in het oerwoud. In combinatie met de rondleidingen bieden ze een breder begrip van de relaties tussen de ecologieën op verschillende niveaus. De meeste paden zijn glad. Draag daarom schoenen met goede zolen.*

Ziplinetours *volgen 'paden' die bestaan uit een serie stalen kabels die tussen bomen of over een kloof worden gespannen. Deze activiteit wordt ook wel 'tokkelen' genoemd. De bezoeker zweeft, veilig in een gordel, tussen de overspanningen.*

Torens van gewapend beton en staal worden gebouwd volgens de strengste veiligheidsvoorschriften.

Verhoogde wandelpaden *bieden de beste mogelijkheid om dieren te observeren. Bezoekers kunnen hun eigen tempo volgen en stoppen als ze een dier zien. Op veel plaatsen zijn er wildroutes die gevormd worden door een serie van deze paden.*

Bezoekerscentra omvatten vaak een restaurant, een museum en een souvenirwinkel.

Bruggen *in het oerwoud waren al eerder gebouwd en maken nu deel uit van sommige routes. Het valt soms niet mee om over deze wankele constructies te lopen.*

HET BEGIN

De Amerikaanse bioloog Donald Perry ontwikkelde rond 1970 het idee van 'boomkruinbiologie'. Hij ontwierp een systeem van touwen, katrollen en een radiobestuurde kooi om zich door de boomtoppen van zijn onderzoekscentrum bij Rara Avis te bewegen. Na het succes van zijn 'geautomatiseerde web' besloot hij een kabelbaan aan te leggen zodat ook gewone bezoekers op deze wijze toegang hadden tot het oerwoud.

Donald Perry verkent de boomkruinen bij Rara Avis

De vogels van Costa Rica

Grote amazone

Costa Rica telt meer dan 850 vogelsoorten – ongeveer 10 procent van de bekende soorten in de wereld en meer dan tweemaal zoveel als in de VS en Canada bij elkaar. Hoewel de nationale vogel de onopvallende Gray's lijster (*yiguirro*) is, vliegen er nog heel wat exotischer vogels rond. Tangaren, manakins en trogons bewonen het dichte oerwoud, waar ze moeilijk te zien zijn ondanks hun kleurige verenkleed. Waadvogels zoals reigers, ibissen en lepelaars zijn gemakkelijk te ontwaren in de wetlands; gieren en roofvogels vliegen meestal hoog over of zitten op palen.

Vogels observeren onder leiding van ervaren gidsen is een boeiende ervaring. Neem een verrekijker en een statief mee.

Buffons ara *(lapa verde)* is een bedreigde soort die alleen in de noordelijke laaglanden voorkomt.

Trogons *zijn bosvogels ter grootte van een duif die herkend kunnen worden aan hun zwart-wit gestreepte staarten. De meeste komen voor in tweekleurige combinaties, zoals blauw en geel of groen en rood. Het mooiste lid van de trogonfamilie is de quetzal* (blz. 179), *een smaragdgroene vogel die door de Maya's als heilig werd beschouwd.*

Toekans *zijn gemakkelijk te herkennen aan hun buitenformaat snavel. Ze komen voor van zeeniveau tot een hoogte van 600 m. De zwavelborsttoekan heeft een gele borst, een zwarte rug en een opvallende regenboogkleurige snavel* (links). *De kleinere arassari's zijn gevarieerder van kleur.*

PAPEGAAIEN EN ARA'S

De papegaaienfamilie varieert van de kleine, vlugge, kortstaartige parkieten tot de giganten van het papegaaienkoninkrijk, de langstaartige ara's *(boven)*. De meeste papegaaien zijn groen met hier en daar rode, witte en gele vlekken. Ze hebben kromme snavels en krachtige klauwen om het vastgrijpen van fruit en noten. In Costa Rica komen 16 papegaaiensoorten en twee arasoorten voor.

ZEEVOGELS

Aan de kusten van Costa Rica wemelt het van de zeevogels. Scholeksters, Amerikaanse oeverlopers en regenwulpen zwermen langs de waterrand. Kustmangroven zijn het domein van de blauwe reiger, ibissen en aalscholvers. De eilanden voor de kust zijn belangrijke nestgronden voor jan-van-gents, lachmeeuwen en stormvogels.

Bruine pelikanen komen het hele jaar voor aan de kust van de Grote Oceaan en zijn gemakkelijk waar te nemen.

Fregatvogels nestelen in grote kolonies aan de kust. Tijdens de paringstijd blaast het mannetje een felrode keelzak op om de overvliegende vrouwtjes te lokken.

Trekvogels *strijken neer op de wetlands van Costa Rica, vooral rond april, tegen het eind van het droge seizoen. Blauwvleugeltalingen, muskuseenden, zwartbuikfluiteenden en ander wintermigranten arriveren met tienduizenden tegelijk.*

Kolibries *kunnen wel 100 keer per seconde met hun vleugels slaan. Op deze manier zijn ze in staat om stil in de lucht te blijven hangen terwijl ze met hun dunne snavels de nectar uit de bloemen opzuigen. Ondanks hun kleine formaat verdedigen ze hun territorium zeer fel.*

Ara's komen meestal in paren voor. Deze kleurige vogels vormen een bijzonder gezicht als ze luid schreeuwend over komen vliegen.

De geelvleugelara (*lapa roja*) is bloedrood met geel-blauwe vleugels. Hij komt veel voor in de nationale parken Santa Rosa, Carara, Manuel Antonio en Corcovado.

Tangaren *zijn kleine vogels die in de bossen leven. De zomertangare* (links) *is een vuurrode vogel. De bisschopstangare heeft een bontgeschakeerd verenkleed. Met hun korte vleugels kunnen ze snel door de bossen vliegen. In Costa Rica komen ongeveer 50 soorten tangaren voor.*

Gieren *komen voor in heel Costa Rica; in het land leven vier soorten van deze roofvogel en ongeveer 50 andere soorten roofvogels, waaronder uilen, visarenden, lachvalken en de bedreigde harpij, de grootste arend ter wereld.*

WETLANDVOGELS
Costa Rica ligt op de route van talloze watervogels, zoals de zwartbuikfluiteend, die in het seizoen in Palo Verde (*blz. 130*) en soortgelijke ondergelopen gebieden stopt. Jabiroes, rode lepelaars en aalscholvers behoren tot de permanente wetlandsoorten.

De jacana *heeft verlengde tenen om over de drijvende lelieblade- ren te kunnen lopen. Het man- netje brengt de jongen groot.*

De Mexicaanse tijgerroer- domp *is een sierlijke watervogel.*

De zonneral *spreidt zijn vleu- gels uit. Het opvallende patroon is bedoeld voor afschrikking.*

Stranden van Costa Rica

De kust van Costa Rica is in totaal 1290 km lang en omvat stranden in een reeks van kleuren, van suikerwit tot diverse schakeringen grijs en bruin. Aan de Caribische kust strekken de stranden zich kilometers ver uit; de Pacifische kust is grilliger en de stranden worden onderbroken door rotsige kapen. Op de meeste plaatsen liggen dichte bossen direct aan de kust, wat zelfs het saaiste bruine strand een dramatische schoonheid geeft. De zee is voor de kust tamelijk troebel als gevolg van het slib dat wordt aangevoerd door de vele rivieren, en er zijn weinig koraalriffen. Er zijn drukke stranden met tal van voorzieningen, maar ook geïsoleerde, praktisch onontdekte stranden. Veel stranden bieden geweldige zwem- en surfmogelijkheden *(blz. 137)*.

Playa Naranjo, omzoomd door tropisch droogbos, is moeilijk toegankelijk, maar er zijn veel dieren te zien, waaronder de lederschildpad. In de mangrovenmoerassen leven kaaimanen en krokodillen (blz. 137).

Playa Conchal (Schelpenstrand) staat bekend om zijn hagelwitte strand, bestaande uit miljoenen kleine schelpjes. Het groenblauwe water is opvallend helder *(blz. 136)*.

Playa Flamingo *(blz. 136)*

Los Chiles

HET NOORDEN

•Liberia

GUANACASTE EN NOORD-NICOYA

La Fortuna•

Ciudad Quesada•

Playas del Coco *(blz. 136)*

Nicoya•

•Puntarenas

DE CENTRAAL-PACIFISCHE KUST EN ZUID-NICOYA

Playa Grande is het belangrijkste nestgebied in Costa Rica voor de lederschildpad. Dit lange, schelpvormige strand is ook een befaamde surfbestemming. Elk jaar komen hier honderden surfers naartoe (blz. 136).

Playa Ostional is een van de negen stranden in de wereld waar de bedreigde warana (Olive Ridley dwergschildpad) aan land komt om haar eieren te leggen *(blz. 140)*.

Playa Jacó, populair bij surfers, is de grootste badplaats van Costa Rica *(blz. 114)*.

Playa Montezuma is een prachtig, door palmen omzoomd strand. De zee is echter gevaarlijk om in te zwemmen *(blz. 112)*.

Playa Guiones is verschillende kilometers lang en bij laag water enorm breed (blz. 140)*. Er zijn getijdenpoelen en de afgelopen jaren zijn er arribadas (blz. 141) van warana's geweest.*

Playa Carrillo is vrijwel ongerept, ondanks de hotels die in de heuvels liggen. Vissersboten leggen aan in een baai aan de zuidkant van dit strand, dat grenst aan een landingsstrook.

Het strand van Tortuguero *is een vooraanstaand nestgebied van de soepschildpad (groene zeeschildpad), die hier aan land komt om haar eieren te leggen. Op dit 37 km lange strand zijn soms jaguars te zien die zich tegoed doen aan een schildpad (blz. 167).*

De stranden van Cahuita *– Playa Negra met zijn zwarte zand en het goudgele Playa Blanca – worden omzoomd door regenwoud. Het bos en de koraalriffen van Playa Blanca liggen in het Parque Nacional Cahuita (blz. 170).*

Playa Cocles *is populair bij surfers en vanwege zijn mooie locatie ook bij zonnebaders. Zwemmers moeten echter oppassen voor de getijdenstroom.*

Tortuguero
Puerto Viejo
de Sarapiquí

DE CARIBISCHE KUST

Alajuela
Heredia
SAN
JOSÉ   Cartago
Puerto
Limón

DE CENTRALE
HOOGVLAKTE

Quepos
San Isidro
de El General

HET ZUIDEN

Playa Zancudo heeft kilometers grijs zand en een prima branding *(blz. 192).*

0 km   25

Playa Manuel Antonio *(blz. 118)*

Golfito

Puerto
Jiménez

Bahía Ballena is een ongerepte baai met een 1,6 km lang grijs zandstrand. Voor de kust vertonen zich dolfijnen en walvissen; een koraalrif biedt goede snorkelmogelijkheden.

Gandoca-Manzanillo *is een afgelegen grijs-zwart strand dat wordt omzoomd door mangrovenmoerassen waarin krokodillen, lamantijnen en diverse soorten vogels leven. Vier soorten zeeschildpadden nestelen in het zand (blz. 172).*

De koffie van Costa Rica

Costaricaanse koffie is heerlijk

Costa Rica is beroemd om zijn heerlijke koffie. *Coffea arabica* – een soort die oorspronkelijk uit Ethiopië komt – werd in 1779 geïntroduceerd. Honderd jaar lang, vanaf circa 1830, was de *grano de oro* (gouden bes) het belangrijkste exportartikel van Costa Rica. De bergen bieden ideale omstandigheden voor de koffieplant, die de voorkeur heeft voor warme temperaturen, een duidelijke scheiding tussen natte en droge seizoenen en vruchtbare, goed geïrrigeerde hellingen. Meer dan 1100 km², vooral in de Centrale Hoogvlakte, is gewijd aan de productie van koffie.

Rondleidingen *over plantages en beneficios (koffiefabrieken) bieden bezoekers een kans om te zien hoe bonen verwerkt worden. Ook worden er koffieproeverijen gehouden.*

KOFFIEPLANTAGES

Nadat ze zijn opgekweekt, worden de 8 tot 12 maanden oude koffiezaailingen in lange rijen geplant onder schaduwbomen, horizontaal, om erosie te voorkomen. Ze hebben nauwkeurige hoeveelheden zonlicht, water en mest nodig.

Zaailingen staan klaar om geplant te worden

Aan het werk in een koffieplantage

Schaduwbomen laten precies de juiste hoeveelheid zonlicht door.

Een hoogte tussen de 800 en 1500 m is ideaal voor koffieplantages.

De vulkanische grond biedt de voedingsstoffen die de koffiestruiken nodig hebben.

DE BEGINDAGEN

Voor de aanleg van de spoorwegen aan het eind van de 19de eeuw werden koffiebonen verpakt in jutezakken en in *carretas* (ossenkarren) naar de haven van Puntarenas vervoerd. De met koffie beladen ossenkarren daalden in konvooi de bergen van Costa Rica af. Vanaf Puntarenas werden de bonen naar Europa verscheept, een reis van drie maanden.

Een *carreta* (ossenkar) vervoert zakken koffie

VAN BES TOT BONEN

Het duurt vier jaar voordat de glanzende koffie-
struik volgroeid is en vruchten gaat dragen. Begin
mei verschijnen er kleine witte bloemen, die een
jasmijnachtige geur afgeven. De vlezige groene
bessen die de bonen bevatten worden geleidelijk
rood als ze rijpen. Elke bes bevat twee halfronde
zaden of bonen. Goed onderhouden struiken
kunnen wel 40 jaar *cerrezas* (bessen) dragen.

**Witte koffie-
bloesem**

**Groene en rode
bessen**

*De oogst begint normaal in november. Vroeger hielp de
hele familie bij het oogsten. Hoewel het nog steeds voorkomt dat kinderen in de velden de koffie staan te plukken,
zijn veel arbeiders tegenwoordig Nicaraguanen en leden
van inheemse stammen.*

**De rode
bessen** wor-
den met de
hand geplukt.

**Rieten
manden**
worden
gebruikt om
de bessen in
te bewaren.

*Arbeiders wachten om de zojuist geoogste koffie
te laten wegen.* De bessen worden naar een
beneficio *vervoerd om verder verwerkt te worden.*

In de **beneficio** *worden de bessen schoon-
gemaakt. De zaadrok
wordt eraf gehaald en
als meststof weer over de
hellingen uitgestrooid.*

*De bonen worden gedroogd door ze in
de zon te leggen. Tegenwoordig gebeurt
het drogen ook vaak in heteluchtovens.*

*De gedroogde bonen worden
ontdaan van hun leerachtige
vlies en gebrand.*

VERPAKKEN

De gebrande bonen worden gesorteerd op kwaliteit, formaat en
vorm. De beste kwaliteit wordt naar het buitenland geëxporteerd,
vacuüm verpakt en in diverse soorten (licht of donker gebrand,
espresso, cafeïnevrij of biologisch). Mindere kwaliteit bonen
worden op de lokale markt verkocht als *café puro* (onvermengd)
en *café traditional* (met toevoeging van 10 procent suiker).

**Koffie gereed
voor export**

Gebrande koffiebonen

Verschillende soorten koffie

Gemalen koffie

Pakken koffie

Koffielikeur

De inheemse bevolking

Op het moment dat Columbus arriveerde, was het land nauwelijks bewoond. Tegenwoordig is het aandeel van de inheemse bewoners (40.000) in de totale bevolking niet meer dan 1 procent. Ze behoren tot zeven hoofdstammen: de Chorotega, Boruca, Bribri, Cabécar, Guaymí, Guatuso/Maleku en Huetar. Ze wonen betrekkelijk afgezonderd van de rest van de samenleving in 22 afgelegen reservaten en leven van de jacht en de landbouw; sommigen produceren traditionele kunstnijverheid. De inheemse levenswijze wordt bedreigd door zendingswerk en doordat de overheid de belangen van de hout- en mijnbedrijven boven die van de inheemse bevolking stelt. Weinig stammen spreken nog hun oorspronkelijke taal of hebben hun religieuze tradities ongeschonden kunnen bewaren.

De Guatuso/Maleku hebben hun taal en gebruiken bewaard. Ze beschilderen schorsdoek (mastate) *met hun vingertoppen.*

De Bribri bestaan nog uit 10.000 leden, die vasthouden aan hun geloof in Sibú, de schepper van het universum. Ze verwelkomen bezoekers in het Reserva Indígena KeköLdi (blz. 173), waar sommige Bribri nog in traditionele hutten wonen.

Bewerkte en beschilderde kalebassen, door de Bribri *jícara* genoemd, worden gebruikt als vat en als decoratief object. Hier afgebeeld is een Bribri-*jícara.*

Motieven bestaan uit natuurlijke elementen. Om de stamidentiteit te bewaren worden de namen van de elementen in de eigen taal en in het Spaans vermeld.

Hutten hebben rieten daken tot de grond.

Een traditionele Bribri-hut – kegelvormig en zonder raam

INHEEMSE ARTEFACTEN

Veel van de traditionele kunstnijverheid van de inheemse bevolking van Costa Rica benadrukt haar relatie met het regenwoud. Eeuwenoude technieken worden gebruikt in hedendaagse werken. Kunstnijverheid, kleding, muziekinstrumenten en totems van diverse stammen zijn te zien in het Museo de Cultura Indígena *(blz. 155).*

WAAR WONEN DE INHEEMSE VOLKEREN

Met uitzondering van de Chorotega, die zich hebben vermengd met andere volkeren in het noordwesten, is de inheemse bevolking verbannen naar afgelegen streken in het Talamanca-gebergte en het zuidwesten van de Pacifische kuststreek. De stammen wonen in reservaten onder toezicht van de Nationale Commissie voor Inheemse Zaken (CONAI), die zich onder meer inzet voor de verbetering van het onderwijs en de gezondheidszorg. Deze kampt echter met te weinig geld en is er niet in geslaagd de inheemse cultuur te beschermen tegen commerciële exploitatie van het land dat toebehoort aan de stammen.

San Rafael de Guateso
Guaitil
Nicoya
San José
Santiago de Puriscal
Bribri
San José Cabécar
Palmar Norte
Golfito

SYMBOLEN

- ☐ Boruca
- ☐ Bribri
- ■ Cabécar
- ☐ Guaymí
- ■ Guatuso/Maleku
- ☐ Huetar

De Chorotega van Guanacaste en Noord-Nicoya waren de grootste stam in de pre-Columbiaanse tijd. Tegenwoordig wonen er ongeveer 1000 Chorotega's in matriarchale families, die trots zijn op hun bijzondere aardewerk.

De Boruca leven op het land van hun voorouders in het heuvelachtige westen van het Terraba-dal. Ze maken maskers van balsahout (mascaras) met dierenkoppen die bovennatuurlijke wezens voorstellen, gebruikt in het Fiesta de los Diablitos (blz. 184).

Chorotega-aardewerk, met zijn karakteristieke aardetinten, wordt nog altijd gemaakt in Guaitil (blz. 143).

De ontwerpen worden gemaakt door met een naald gaatjes te prikken in de zachte groene kalebas. De schil om het ontwerp wordt daarna weggeschraapt. Als de kalabas droogt, kleurt de schil donkerbruin.

De Huetar uit de regio Puriscal vieren nog steeds het eeuwenoude graanfeest, maar in veel andere opzichten zijn ze geïntegreerd in de rest van de samenleving.

Ulú (geneeskrachtige stengel), gebruikt door de sjamanen.

De Cabécar wonen in het Talamanca-Cabécar-reservaat (blz. 173) en tellen zo'n 5000 leden. Sjamanistische rituelen vormen nog steeds onderdeel van de Cabécar-cultuur.

De Guaymí hebben een sterke culturele identiteit behouden, waaronder de Guaymí-taal. De vrouwen dragen nog steeds de traditionele kleding met decoratieve driehoekige patronen en collares (kettingen) van kleurige kralen.

Guaymí-schilders experimenteren vrij met taferelen uit het dagelijks leven, natuurlijke vormen en spirituele symbolen.

Traditionele Guaymí-jurk

AGENDA VAN COSTA RICA

Een belangrijke factor bij een bezoek aan Costa Rica is het weer. Het droge seizoen (december–april) biedt het beste klimaat en trekt de meeste bezoekers. Kerst en nieuwjaar, maar ook Pasen, zijn piekperioden: scholen en kantoren sluiten en het hele land viert vakantie. Dit is ook de tijd van de kleurigste feesten. Eind april en mei zijn al wat rustiger. De natte maanden (mei–november), door het toeristenbureau gepromoot als het 'groene' seizoen, trekken minder bezoekers en de

Tico's in traditionele kleding

prijzen zijn lager: voor wie niet opziet tegen de regen, is dit een goede tijd voor een bezoek. Religieuze ceremonies en volksfeesten worden het hele jaar door gehouden, hoewel ze de kleurigheid en vitaliteit van die in Mexico en Guatemala missen. *Topes* (paardenshows) en rodeo's zijn typisch provinciale evenementen. Sommige bezoekers mijden de rodeo's, omdat er vaak ook stieren worden gekweld. De Cariben gaan hun eigen gang en de festiviteiten daar worden gekleurd door de Afro-Caribische erfenis.

Praalwagens met de fauna van Costa Rica, Fiesta de la Luz, San José

DROGE SEIZOEN

De koelere, droge maanden zijn ideaal voor strandvakanties, met name in Guanacaste en Noord-Nicoya, waar het nauwelijks regent. Op de pleintjes bloeit de jacaranda en de kustwateren in het zuiden zijn het helderst – uitstekende omstandigheden voor scubaduiken. Ook is deze tijd heel geschikt voor het observeren van dieren, want de loofbomen laten hun bladeren vallen. Onverharde wegen zijn gemakkelijker te passeren, maar wie van de weg gaat, moet rekening houden met grote stofwolken. Dit is ook het hoogseizoen van Costa Rica, met hoge prijzen en volle hotels.

DECEMBER

Fiesta de los Negritos *(8 dec.)*, Boruca. Het Borucavolk viert zijn tradities met volksdansen begeleid door trommels en fluiten.
Fiesta de la Yegüita *(12 dec.)*, Nicoya. Het Feest van de Kleine Merrie herinnert aan een Chorotega-legende en vermengt indianen- en katholieke rituelen. Dorpelingen dragen een afbeelding van La Virgen de Guadalupe in processie, er zijn *corridas de toros* (stierenrennen), vuurwerk en concerten *(blz. 142)*.
Los Posadas *(15 dec.)*. De dagen voor Kerstmis gaan dorpelingen al zingend langs de deuren en worden beloond met eten en drankjes.

Tope Nacional de Caballos *(26 dec.)*, San José. Tijdens de beroemdste *tope* van het land tonen de beste ruiters hun kunsten in een parade van meer dan 3000 paarden op de Paseo Colón.
Fiesta de la Luz *(26 dec.)*, San José. Tijdens het Feest van het Licht rijden praalwagens versierd met kleurige kerstverlichting door de straten. De parade gaat van het Parque Sabana via de Paseo Colón naar het centrum. Vuurwerk verlicht de avondhemel.
Carnaval Nacional *(27 dec.)*, San José. De mensen verkleden zich en dansen in de straten op muziek. Hoogtepunt is een optocht van kleurig versierde praalwagens.

Mannen verkleed als duivels tijdens het Fiesta de los Diablitos

Carretas (ossenwagens) op het feest van de Día del Boyero, Escazú

Fiesta de Zapote *(eind dec.)*, Zapote. Men komt naar deze buitenwijk van San José voor de kermis, het vuurwerk, de *topes* en de rodeo's.
Fiesta de los Diablitos *(31 dec.–2 jan.)*, Buenos Aires en Boruca. Boruca-mannen verkleed als duivels rennen door de straten bij een her-opvoering van de veldslagen tussen hun voorouders en de Spanjaarden *(blz. 184)*.

JANUARI

Fiesta de Palmares *(eerste twee weken van jan.)*, Palmares (bij Alajuela). Concerten, rodeo's, vuur-werk en muziek vormen het hoogtepunt van dit feest, dat ook een kermis en sportevenementen omvat.
Fiesta Patronal de Santo Cristo *(half jan.)*, Santa Cruz. Rodeo's, volksdansen, straatfeesten en een parade van *carretas* (ossenwagens) markeren deze tweedaagse viering ter ere van Santo Cristo de Esquipulas.
Festival de las Mulas *(eind jan.)*, Playas Esterillos (bij Jacó). Populair festival met ezelraces op het strand, een kunstnijverheidsmarkt, *corri-das de toros*, muziek en dans.

FEBRUARI

Expo Perez Zeledón *(begin feb.)*, San Isidro de El General. Veemarkt en orchi-deeënshow. Ook met *topes*, rodeo, schoonheidswedstrijd, draaimolens en tentoonstel-ling van landbouwmachines.

Good Neighbors Jazz Festival *(half feb.)*, Manuel Antonio. Jazz-ensembles tre-den op in hotels en andere plaatsen in dit gebied.
Carnaval de Puntarenas *(laatste week van feb.)*. Praalwagens, straatmarkten en dans verlevendigen deze kustplaats een week lang.

MAART

Día del Boyero *(tweede zo)*, San Antonio de Escazú. Een parade van kleurig versierde ossenwagens eert de *boyero* (ossenmenner). De straten worden opgeluisterd met muziek en dans.
Internationaal kunstfestival *(tweede week)*, San José. In theaters en op andere plek-ken worden toneel- en dans-voorstellingen, concerten, tentoonstellingen en confe-renties gehouden.
Zuid-Caribisch muziek-festival *(maart–april)*, Puerto Viejo de Talamanca

en Cahuita. De uitvoeringen bestrijken het hele spectrum, van klassiek tot calypso en reggae.
Semana Santa *(maart of april)*. Het paasfeest is het belangrijkste evenement van het jaar. In het hele land worden processies gehou-den, met name in Cartago en San Joaquín de Flores bij Heredia. Gekostumeerde Costaricanen voeren de krui-siging van Christus op.

APRIL

Día de Juan Santamaría *(11 april)*, Alajuela. Drum-bands, een schoonheidswed-strijd en *topes* maken deel uit van de festiviteiten ter ere van de jonge held die omkwam bij zijn strijd tegen William Walker in 1856 *(blz. 45)*.
Feria del Ganado *(half april)*, Ciudad Quesada. De grootste veemarkt van het land, maar ook een paardenparade en *corridas de toros*.
Romería Virgen de la Candelaria *(derde zo)*, Ujarrás. De pelgrimage van Paraiso naar Ujarrás wordt besloten met feesten ter ere van een wonder, toegeschre-ven aan de Heilige Maagd, die Ujarrás behoedde voor een invasie door piraten in 1666 *(blz. 100)*.
Semana Universidad *(laat-ste week)*, San José. De cam-pus van de Universiteit van Costa Rica is een week lang de locatie van gratis activitei-ten als tentoonstellingen, concerten en de kroning van de universiteitskoningin.

Twee leden van het symfonieorkest van San José in actie

NATTE SEIZOEN

De komst van de regentijd markeert het einde van het hoogseizoen. In de bergen komen aardverschuivingen voor en veel wegen komen onder water te staan. Niettemin zijn de ochtenden vaak zonnig, terwijl de regen 's middags de klamme hitte verdrijft. Dit is de beste surftijd in de Pacifische streek en de warana's beginnen met hun *arribadas (blz. 141)*. Ook is dit een goede tijd voor sportvissen. Tegen het einde van de regentijd zijn de bossen van Costa Rica op hun weelderigst en bieden de rivieren volop mogelijkheid tot wildwatervaren.

In het zuidwesten van de Pacifische streek kunnen in oktober en november zware onweersbuien voorkomen.

MEI

Día de los Trabajadores *(1 mei)*. Op de Dag van de Arbeid organiseren de vakbonden optochten in de grote steden.
Fiesta Cívica *(begin mei)*, Cañas. Cowboytradities herleven in de *corridas de toros* en de *topes*. Straatmarkten met volksmuziek, dans en traditionele gerechten.
Corpus Christi *(29 mei)*, Pacayas en Cartago. Religieuze processies en kerkdiensten.

Pelgrims bij de Basilica de Nuestra Señora de los Ángeles, in Cartago

JUNI

Ecotoeristische markt Monteverde *(half juni)*. Educatieve en culturele activiteiten worden begeleid door toneel, muziek en andere evenementen. Ook de Costaricaanse keuken staat centraal.
Día de San Pedro y San Pablo *(29 juni)*, San José. Petrus en Paulus vormen het middelpunt van religieuze feesten in de stad.
Compañía de Lírica Nacional *(half juni–half aug.)*, San José. De Nationale Lyrische Opera presenteert een twee maanden durend operafestival in het rijkversierde Teatro Mélico Salazar *(blz. 58)*.

JULI

Festival de la Virgen del Mar *(half juli)*, Puntarenas. Dit feest eert Carmen, Maagd van de Zee, met religieuze processies, carnaval, vuurwerk en een botenregatta.
Día de la Anexión de Guanacaste *(25 juli)*. De annexatie van Guanacaste door Costa Rica in 1824 wordt in het hele land gevierd met muziek en volksdansen. In Liberia en Santa Cruz worden rodeo's en stierengevechten gehouden.
Chorotega Tourist Fair *(eind juli)*, Nicoya. Eerbetoon aan de traditionele Chorotega-cultuur met een demonstratie van ambachten, inheemse gerechten en educatieve activiteiten.
Internationaal Muziekfestival *(juli–aug.)*. Een internationaal gezelschap van musici geeft door het hele land klassieke muziekuitvoeringen.

AUGUSTUS

Día de Nuestra Señora de la Virgen de los Ángeles *(2 aug.)*, Cartago. De belangrijkste religieuze processie van Costa Rica ter ere van zijn schutsvrouwe, La Negrita, trekt gelovigen uit het hele land. De deelnemers dragen een kruis of kruipen op hun knieën naar de beroemde basiliek van Cartago *(blz. 94)*.

Recorrido de toros (stierengevecht) in het Parque Nacional Santa Rosa

Parade in San José ter viering van de Día de la Independencia

Liberia Blanca Culturele Week *(begin aug.)*, Liberia. Cowboys komen naar de stad en men viert lokale tradities met muziek, dans en eten.
Día de las Madres *(15 aug.)*. Op Moederdag eert iedereen hier zijn moeder, meestal door haar te trakteren op een etentje en een serenade door ingehuurde *mariachis*.
National Adventure Tourism Festival *(eind aug.)*, Turrialba. Mountainbiken, wildwatervaren en kajakken horen tot de belangrijkste activiteiten.
Día de San Ramón *(31 aug.)*, San Ramón (bij Alajuela). De lokale patroonheilige wordt in processie rondgedragen. De Tico-cultuur wordt gevierd met marimba-muziek, *topes*, processies en lekkere hapjes.
Semana Afro-Costarricense *(aug. of sept.)*, Puerto Limón en San José. Dit festival van een week viert de Afro-Costaricaanse cultuur. De activiteiten variëren van kunstshows tot lezingen en schoonheidswedstrijden.

SEPTEMBER

Correo de la Candela de Independencia *(14 sept.)*. Hardlopers dragen een Vrijheidsfakkel uit Guatamala van stad tot stad; ze arriveren in Cartago om 18.00 uur. Het hele land zingt dan het volkslied. 's Avonds gaan kinderen met zelfgemaakte lantaarns door de straten.

Día de la Independencia *(15 sept.)*. Costa Rica werd in 1821 onafhankelijk van Spanje en dit wordt in het hele land gevierd met straatfeesten, *topes* en schoolorkesten.
Orosi Colonial Tourist Fair *(half sept.)*. De koloniale erfenis van de streek wordt in het zonnetje gezet.

OKTOBER

Carnaval *(tweede week)*, Puerto Limón. Tico's drommen naar de kust voor een enerverend Caribisch carnaval met praalwagens, straatmarkten, live reggae- en calypsomuziek en schoonheidswedstrijden *(blz. 165)*.
Día de las Culturas *(12 okt.)*. De ontdekking van Amerika door Columbus wordt gevierd met culturele evenementen door het hele land, met name in Puerto Limón: hier is het carnaval.

Drumband tijdens het Caribische carnaval in Puerto Limón

OFFICIËLE FEESTDAGEN

Año Nuevo (Nieuwjaarsdag; 1 jan.)
Jueves Santo (Witte Donderdag)
Viernes Santo (Goede Vrijdag)
Día de Juan Santamaría (11 april)
Día de los Trabajadores (Dag van de Arbeid; 1 mei)
Día de la Anexión de Guanacaste (25 juli)
Día de Nuestra Señora de la Virgen de los Ángeles (2 aug.)
Día de las Madres (Moederdag; 15 aug.)
Día de la Independencia (15 sept.)
Día de las Culturas (Columbus-dag; 12 okt.)
Navidad (eerste kerstdag)

Fiesta del Maíz *(half okt.)*, Upala (bij Caño Negro). De plaatselijke bevolking maakt kleren uit maïsliezen en bereiden gerechten met maïs tijdens het *maíz*-feest.
Día del Sabanero *(18 okt.)*. Feestelijke Dag van de Cowboy. In Liberia en het Parque Nacional Santa Rosa zijn de beste feesten.

NOVEMBER

Días de Todos Santos *(2 nov.)*. Allerzielen wordt in het hele land gevierd met kerkprocessies. Men bezoekt de graven van geliefden en legt goudsbloemen en andere bloemen op de graven.
La Ruta de los Conquistadores *(half nov.)*. Deze mountainbikewedstrijd van een week voert van kust tot kust over de route die de *conquistadores* door Costa Rica aflegden. Wordt als een van de moeilijkste wedstrijden ter wereld beschouwd.
Feria Agroecoturística *(half nov.)*, Atenas (bij Alajuela). Houthakwedstrijden, tractorraces, paarden- en orchideeënshows in het reservaat van Escuela de Ganadería.
Fiesta de las Carretas *(eind nov.)*, San José. Ossenwagens rijden in parade van Parque Sabana over de Paseo Colón.

Het klimaat van Costa Rica

Grote delen van Costa Rica kennen een duidelijk gescheiden droog (dec.–april) en nat (mei–nov.) seizoen. Tico's noemen dat *verano* (zomer) en *invierno* (winter). Er zijn vele regionale microklimaten: San José en de *meseta central* (centrale hoogvlakte) zijn het hele jaar heerlijk warm, de oostelijke laaglanden krijgen wind uit de Cariben die veel regen brengt, de zuidelijke Pacifische kust kent veel neerslag, in het droge seizoen stijgen de temperaturen in het dorre noordwesten geregeld boven de 35° C. Temperaturen worden beïnvloed door de hoogteverschillen en kunnen in de bergen tot onder de 0° C zakken. De zon is echter het hele jaar door sterk in Costa Rica; hij komt om 6.00 uur op en gaat om 18.00 uur onder.

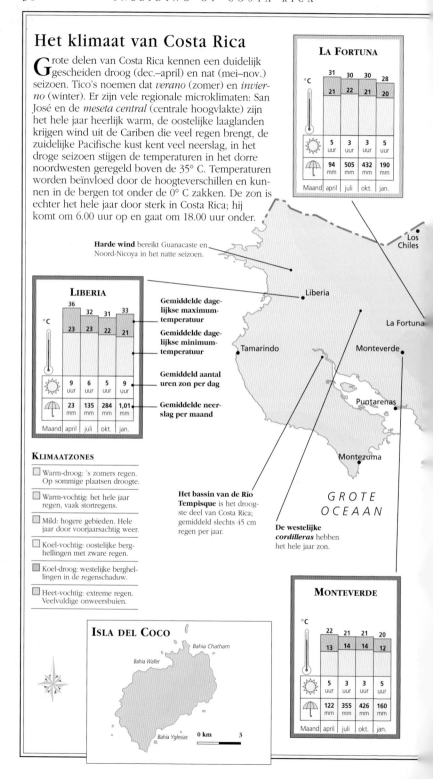

LA FORTUNA

Maand	april	juli	okt.	jan.
°C (max)	31	30	30	28
°C (min)	21	22	21	20
uur zon	5 uur	3 uur	3 uur	5 uur
neerslag	94 mm	505 mm	432 mm	190 mm

Harde wind bereikt Guanacaste en Noord-Nicoya in het natte seizoen.

Los Chiles

Liberia

La Fortuna

Monteverde

Tamarindo

Puntarenas

Montezuma

LIBERIA

Maand	april	juli	okt.	jan.
°C (max)	36	32	31	33
°C (min)	23	23	22	21
uur zon	9 uur	6 uur	5 uur	9 uur
neerslag	23 mm	135 mm	284 mm	1,01 mm

Gemiddelde dagelijkse maximumtemperatuur

Gemiddelde dagelijkse minimumtemperatuur

Gemiddeld aantal uren zon per dag

Gemiddelde neerslag per maand

KLIMAATZONES

☐ Warm-droog: 's zomers regen. Op sommige plaatsen droogte.

☐ Warm-vochtig: het hele jaar regen, vaak stortregens.

☐ Mild: hogere gebieden. Hele jaar door voorjaarsachtig weer.

☐ Koel-vochtig: oostelijke berghellingen met zware regen.

☐ Koel-droog: westelijke berghellingen in de regenschaduw.

☐ Heet-vochtig: extreme regen. Veelvuldige onweersbuien.

Het bassin van de Río Tempisque is het droogste deel van Costa Rica; gemiddeld slechts 45 cm regen per jaar.

De westelijke *cordilleras* hebben het hele jaar zon.

GROTE OCEAAN

ISLA DEL COCO

Bahia Chatham

Bahia Wafer

Bahia Yglesias

0 km   3

MONTEVERDE

Maand	april	juli	okt.	jan.
°C (max)	22	21	21	20
°C (min)	13	14	14	12
uur zon	5 uur	3 uur	3 uur	5 uur
neerslag	122 mm	355 mm	426 mm	160 mm

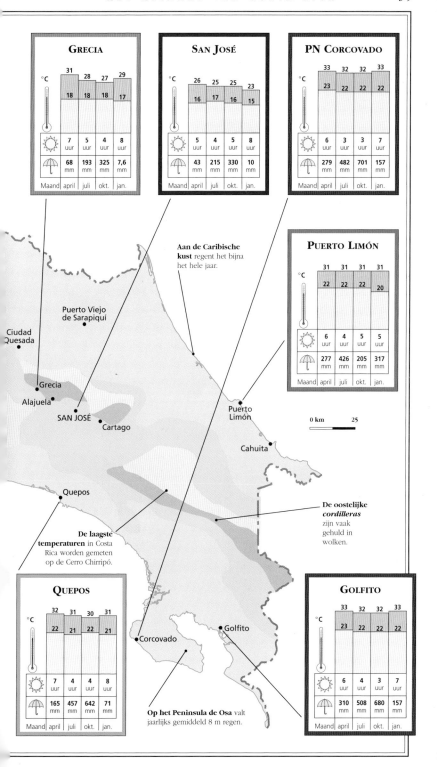

GRECIA

°C				
	31	28	27	29
	18	18	18	17
☼	7 uur	5 uur	4 uur	8 uur
☔	68 mm	193 mm	325 mm	7,6 mm
Maand	april	juli	okt.	jan.

SAN JOSÉ

°C				
	26	25	25	23
	16	17	16	15
☼	5 uur	4 uur	5 uur	8 uur
☔	43 mm	215 mm	330 mm	10 mm
Maand	april	juli	okt.	jan.

PN CORCOVADO

°C				
	33	32	32	33
	23	22	22	22
☼	6 uur	3 uur	3 uur	7 uur
☔	279 mm	482 mm	701 mm	157 mm
Maand	april	juli	okt.	jan.

Aan de Caribische kust regent het bijna het hele jaar.

PUERTO LIMÓN

°C				
	31	31	31	31
	22	22	22	20
☼	6 uur	4 uur	5 uur	5 uur
☔	277 mm	426 mm	205 mm	317 mm
Maand	april	juli	okt.	jan.

Puerto Viejo
de Sarapiquí

Ciudad
Quesada

Grecia

Alajuela

SAN JOSÉ

Cartago

Puerto
Limón

Cahuita

0 km   25

De oostelijke cordilleras zijn vaak gehuld in wolken.

Quepos

De laagste temperaturen in Costa Rica worden gemeten op de Cerro Chirripó.

Corcovado

Golfito

Op het Peninsula de Osa valt jaarlijks gemiddeld 8 m regen.

QUEPOS

°C				
	32	31	30	31
	22	21	22	21
☼	7 uur	4 uur	4 uur	8 uur
☔	165 mm	457 mm	642 mm	71 mm
Maand	april	juli	okt.	jan.

GOLFITO

°C				
	33	32	32	33
	23	22	22	22
☼	6 uur	4 uur	3 uur	7 uur
☔	310 mm	508 mm	680 mm	157 mm
Maand	april	juli	okt.	jan.

GESCHIEDENIS VAN COSTA RICA

osta Rica is in zijn ontwikkeling tot een moderne staat vrij gebleven van de grote botsing tussen pre-Columbiaanse en Spaanse culturen die de ontstaansgeschiedenis van de buurlanden kenmerkt. Na de koloniale periode beschikte Costa Rica over stabiele democratische instituties die een gestage economische groei toelieten. Costa Rica's neutraliteitsverklaring van 1948 is een belangrijk onderdeel van de huidige identiteit.

Toen Columbus in 1502 aan land ging op de kust van Midden-Amerika, had deze streek een geschiedenis van 10.000 jaar achter de rug. De inheemse volkeren die de dichte bossen en de onherbergzame gebieden bewoonden, leefden geïsoleerd van de koninkrijken in het noorden van Midden-Amerika en de Andes. Ze waren verdeeld in etnische groepen, die weer bestonden uit concurrerende stammen, geregeerd door *caciques* (opperhoofden). Deze volkeren hebben geen geschreven bronnen achtergelaten.

Pre-Columbiaanse jager

De semi-nomadische Chibchas en Diquis, die de zuidkust van de Grote Oceaan bewoonden, waren jagers en vissers. Het waren ook kundige goudsmeden en ze maakten granieten bollen in diverse formaten voor ceremoniële doelen. De dalen van het hoogland waren het domein van de Coribicí, die landbouw bedreven met gouden ornamenten maakten met de 'cire perdue'-methode. Deze groepen hadden affiniteit met de culturen van de Andes, waar ze handel mee dreven. De Votos van het noordelijke

laagland waren matriarchaal en hadden net als de meeste andere groepen sjamanen die de vruchtbaarheidsriten leidden. De Chorotega van het noordwestelijke laagland waren het meest ontwikkeld. Ze dreven handel in Midden-Amerika, stonden bekend om hun ornamenten van jade, hadden een geschreven taal en een kalender van Maya-oorsprong.

Oorlog tussen de clans was aan de orde van de dag. Leden van naburige stammen werden als slaaf gevangengenomen en gebruikt om op het land te werken of bij ceremoniële offers; de vrouwen dienden als concubine. Gouden sieraden waren een teken van status. Hooggeplaatste individuen werden met hun bezittingen begraven, tegelijk met hun slaven, die hen ook in de dood moesten volgen. De stammen leefden gezamenlijk in grote hutten met rieten daken en hoewel er bescheiden nederzettingen zijn ontdekt, met name in Guayabo op de zuidelijke hellingen van de Turrialba-vulkaan, zijn er nergens grote tempelstructuren bewaard gebleven.

TIJDBALK

	800 v.C. Guayabo gevestigd op de hellingen van de vulkaan Turrialba	*Granieten bol*	**400–1000** Diquis-cultuur produceert granieten bollen voor ceremoniële doelen	**1400** Guayabo om mysterieuze redenen verlaten
10.000–8000 v.C. Eerste bewoners vestigen zich in deze regio				
15.000 v.C.	**500 v.C.**	**1 n.C.**	**500 n.C.**	**1000 n.C.**
1000 v.C. Olmec-invloed strekt zich zuidwaarts uit van Mexico	**500 v.C.–800 n.C.** Jade wordt verwerkt tot hangers en figuurtjes met zagen van vezeldraad	**500** Goud begint jade te vervangen	**800** De Chorotega's bereiken Nicoya	
Jadehalssnoer				

◁ **Detail van een fresco door Diego Rivera (1886–1957), de Spaanse verovering van Midden-Amerika**

DE SPAANSE VEROVERING

Tijdens zijn vierde reis naar de Nieuwe Wereld landde Columbus in Bahía de Cariari, op de Caribische kust. Hij bracht zeventien dagen door in het land dat hij *veragua* (meeldauw) noemde. De beschrijving die hij gaf van het vele goud dat de opperhoofden droegen, zou tot de ondergang van de inheemse cultuur leiden. In zijn kielzog volgden Spaanse *conquistadores,* die naar goud en zilver zochten, maar deze edelmetalen niet konden vinden.

De kolonisatie begon in 1506 toen Ferdinand van Spanje Diego de Nicuesa naar de regio zond. Zijn expeditie ten noorden van Panama mislukte; hij verloor veel van zijn troepen door ziekten en aanvallen van de bevolking. In 1522 volgde een tweede expeditie, onder leiding van Gil González Davila, naar de Pacifische kust. Ditmaal werden er grote hoeveelheden goud gevonden. Davila noemde de streek *costa rica* (rijke kust). Veel bewoners werden tot slaaf gemaakt onder het *encomienda*-systeem, waarmee de Spanjaarden zich inheemse arbeid toe-eigenden. Villa Bruselas, ter hoogte van het tegenwoordige Puntarenas, was de eerste Spaanse nederzetting in Costa Rica, gesticht door Francisco Fernández de Córdoba in 1524. Davila's mannen en de door Córdoba gestichte plaats gingen echter ten onder aan tropische ziekten en het verzet van de bevolking. Ondanks dit alles was rond 1543, toen de regio opging in het kapitein-generaalschap Guatemala, een groot deel van het laagland in kaart

Buste van Columbus en zijn zoon, Puerto Limón

gebracht en de Spaanse heerschappij zeker gesteld. Veel inheemse bewoners moesten werken in de goud- en zilvermijnen van Peru en Mexico; duizenden stierven aan de pokken, mazelen en andere Europese ziekten.

In 1559 stichtte Juan de Cavallón de nederzetting Castillo de Garcimuñoz, met Spanjaarden, zwarte slaven en indianen die uit Guatemala en Nicaragua kwamen. Juan Vásquez de Coronado, die in 1562 tot gouverneur werd benoemd, drong door tot in de vruchtbare Centrale Hoogvlakte en vestigde El Guarco (het huidige Cartago) als hoofdstad van de regio. De daaropvolgende 250 jaar was Costa Rica een verwaarloosde kolonie van Spanje, praktisch vergeten door de gouverneurs van Nieuw-Spanje, die in Mexico zetelden.

EEN KARIGE TIJD

Rond 1600 was de betrekkelijk kleine goudvoorraad van Costa Rica naar Spanje verscheept en was de handels-

Deze kopergravure van Theodor de Bry (1528–1598) toont hoe de Spaanse *conquistadores* bezit namen van het goud

TIJDBALK

Juan Vásquez de Coronado

1502 Landing van Columbus op 18 september	1506 Diego de Nicuesa tot gouverneur benoemd. Pogingen tot kolonisatie	1522 Davila verkent met succes de Pacifische kust	1542 *Encomienda*-wet ingetrokken, maar de inheemse bevolking blijft afhankelijk	1559 Filips II roept op tot de bekering van de inheemse bevolking	1563 Gouverneur Coronado sticht Cartago en verkent een groot deel van Costa Rica	1611–1660 Een grote pandemie kost duizenden het leven	1641 Overlevenden van een slavenschip vestigen de vrijplaats Miskitos	1655 Spanjaarden sluiten de haven van Puerto Limón na aanvallen door piraten

1500	1525	1550	1575	1600	1625	1650

Een 19de-eeuwse ets van de Hacienda Santa Rosa, Guanacaste

reserve van het land uitgeput. De nederzettingen waren voornamelijk gevestigd in het binnenland, waar het ontbreken van een grote inheemse populatie en de verwaarlozing door de koloniale autoriteiten de Spanjaarden dwong om zelf het land te bewerken. Het gevolg was dat het merendeel van het land nauwelijks ontgonnen werd en de landbouw bleef steken op een zelfvoorzienend niveau. In tegenstelling tot de strenge feodale gemeenschappen in de buurlanden ontwikkelde Costa Rica een betrekkelijk egalitaire sociale structuur die gedomineerd werd door kleine zelfstandige boerenbedrijfjes.

De regio's Nicoya en Guanacaste aan de Pacifische kust waren uitzonderingen. Spaanse landeigenaren vestigden hier grote veeboerderijen en legden de bevolking van indianen en *mestizos* (van Spaans-indiaanse afkomst) zware schattingen en gedwongen arbeid op, volgens de *encomienda-* en *repartimiento*-systemen. De dichtbeboste Caribische kust werd intussen het domein van piraten en smokkelaars, die via de haven van Puerto Limón (in 1665 gesloten door de Spanjaarden om het smokkelen tegen te gaan) handelden in cacaobonen en kostbaar hardhout, zoals mahonie. In de 17de eeuw werden nederzettingen in het binnenland regelmatig geplunderd door Engelse boekaniers, zoals Henry

Boekanier, 17de eeuw

Morgan, en onafhankelijke benden van Miskitos (een gemeenschap van indianen van gemengd bloed en Afrikaanse slaven).

Rond 1700 stegen de inkomsten door de export van tabak en huiden. Er ontstonden eenvoudige plaatsen van adobehuizen: Heredia (1706), San José (1737) en Alajuela (1782). De immigratie uit Europa nam toe en rond 1745 leidde de toenemende vraag naar arbeid tot de gedwongen hervestiging van indianen die in de beginjaren van de kolonisatie de slavernij waren ontvlucht en zich in het Talamanca-gebergte hadden gevestigd. Over het geheel genomen bleef het dunbevolkte, provinciale Costa Rica de ergste kanten van het monopolistische, bureaucratische koloniale bewind gespaard. Een bevoorrechte klasse ontbrak en de bittere onafhankelijkheidsstrijd tegen Spanje die aan het eind van de 18de eeuw Midden-Amerika in zijn greep had, ging aan het land voorbij.

Koffie-bonen

DE BEGINJAREN VAN DE REPUBLIEK

Het nieuws dat Spanje de Midden-Amerikaanse landen onafhankelijkheid had verleend, op 15 september 1821, bereikte Costa Rica een maand later. De opinie was verdeeld tussen de vier belangrijkste steden: de progressieve inwoners

Generaal
Francisco Morazán

van San José en Alajuela waren voor totale onafhankelijkheid, de conservatieve leiders van Cartago en Heredia waren voor aansluiting bij het nieuw gevormde Mexicaanse rijk. Hoewel de vier stadsbesturen bijeenkwamen en een grondwet opstelden, het Pacto de Concordia, resulteerde de onenigheid in een korte burgeroorlog, waar de progressieven als winnaar uit tevoorschijn kwamen. Costa Rica werd lid van de confederatie van Midden-Amerikaanse staten, opgericht door de Guatemalteekse generaal Francisco Morazán. Een wet die de Ley de Ambulancia werd genoemd, bepaalde dat de hoofdstad om de vier jaar zou roteren tussen de vier steden.

Costa Rica's onafhankelijkheid viel samen met een explosief groeiende koffieproductie en het ontstaan van een liberale middenklasse, uniek in Midden-Amerika. Juan Mora Fernández was in 1824 het eerste gekozen staatshoofd. In 1835 kwam Braulio Carrillo aan de macht, een liberale autocraat die ijverde voor een centrale regering in San José en grootschalige koffieproductie. Het feit dat onder Carrillo San José steeds meer aan belang won, leidde tot

afgunst, die in september 1837 culmineerde in de Guerra de la Liga (Bondgenotenoorlog). De drie andere steden vielen San José aan, maar met weinig succes. In 1838 maakte Carrillo Costa Rica los van de federatie, maar hij werd afgezet door Morazán, onder druk van de opkomende koffie-oligarchie. Morazán, in 1842 tot staatshoofd benoemd, werd kort daarop geëxecuteerd, vanwege zijn oproep om Costa Rica weer toe te laten treden tot de federatie.

HET KOFFIETIJDPERK

De kleine boeren van Costa Rica profiteerden op grote schaal van de vraag naar koffie in Europa. Duizenden hectaren werden beplant en met de inkomsten uit de export van de *grano de oro* (gouden bes) werden in San José mooie nieuwe gebouwen gefinancierd. De economische vooruitgang ging hand in hand met een zeldzame periode van agressie, die begon in 1856 toen William Walker, een avonturier uit Tennessee, Guanacaste binnen-

Het plukken van de rijpe koffiebessen, houtsnede, 1880

TIJDBALK

President Juan Rafael Mora (1814–1860)

1820	1830	1840	1850	1860	1870

1821 De Midden-Amerikaanse landen worden onafhankelijk

1830 Koffie-export groeit explosief

1835–1837 Ley de Ambulancia: het principe van de roterende hoofdsteden
1837 San José wordt de definitieve hoofdstad

1856 William Walker valt Costa Rica binnen

1824 Guanacaste scheidt zich af van Nicaragua en sluit zich aan bij Costa Rica
1823 Aansluiting bij de confederatie van Midden-Amerikaanse staten

1838 Costa Rica trekt zich terug uit de federatie en roept de onafhankelijkheid uit

1849 *Cafetaleros* brengen Juan Rafael Mora aan de macht en versterken de politieke macht van de koffiebaronnen

1869 Generaal Tomás Guardia voert gratis onderwijs en algemene leerplicht in

viel. President Juan Rafael Mora bracht een leger op de been, dat Walker verjoeg, maar ook zorgde voor de komst van een groep ambitieuze generaals die zich vanaf die tijd in de politiek mengde ten dienste van de koffiebaronnen. De belangrijkste was generaal Tomás Guardia, die in 1870 de macht greep. Guardia bleek een progressieve

Bas-reliëf in San José's Museo de Arte Costarricense

hervormer, die pleitte voor de bouw van de Atlantische Spoorlijn, die de hoogvlakte verbond met Puerto Limón. De aanleg van de spoorweg dwars door een door regens geteisterd gebied van bossen en bergen werd tot stand gebracht door de Newyorker Minor Cooper Keith (1848–1929). Als tegenprestatie kreeg hij 8050 km² land in de Caribische laagvlakte, waarop hij een bananenplantage stichtte. Hieruit

kwam de invloedrijke United Fruit Company voort.

Tegen het einde van de 19de eeuw had Costa Rica zich ontwikkeld tot een moderne natiestaat, waarin de burgers een actieve rol speelden. Toen Bernardo Soto in 1889 de presidentsverkiezingen verloor en weigerde af te treden, braken er grote demonstraties uit die hem alsnog dwongen zijn ambt neer te leggen. Studenten en vrouwen brachten de oorlogsminister Federico Tinoco Granados ten val, die in 1917 een coup wilde plegen. De periode tussen de twee wereldoorlogen werd gekenmerkt door arbeidsonrust en sociale problemen, voortkomend uit de groter wordende kloof tussen de rijke elite en een verarmde onderklasse. Hoewel de regering van president Rafael Angel Calderón tussen 1940 en 1944 diverse sociale hervormingen doorvoerde, polariseerde het land steeds meer. De regering van Calderón vormde samen met de katholieke Kerk en de Communistische Partij een verbond tegen de nazi's. Zij namen het op tegen een al even onwaarschijnlijke anti-Calderonista-coalitie die bestond uit intellectuelen, vakbonden en de plattelandselite.

WILLIAM WALKER

William Walker werd geboren in Nashville en studeerde af als arts voordat hij zich overgaf aan de droom om de slavernij in heel Midden-Amerika te verspreiden. In 1855 verzamelde hij een groep huurlingen om zich heen en met steun van president James Buchanan viel hij Nicaragua binnen om daar een pro-Amerikaanse regering te vestigen. Hij ging echter verder en riep zichzelf uit tot president. Een jaar later voerde hij een mislukte aanval uit op Costa Rica. Walker vluchtte naar New York, maar keerde in 1857 terug naar Midden-Amerika. In 1869 eindigde hij voor een Hondurees vuurpeloton, 36 jaar oud.

William Walker (1824–1860)

1880	1890	1900	1910	1920	1930	1940

Atlantische Spoorlijn

1890 Atlantische Spoorlijn voltooid

1917 Federico Tinoco Granados aan de macht

1925 Sigatokaziekte verwoest de bananenoogst

1940–1944 Calderón voert sociale hervormingen door en sticht de Universiteit van Costa Rica

1889 Liberale grondwet opgesteld

1897 Invoering van een koffiebelasting om het Teatro Nacional in San José te financieren

Vanaf 1930 United Fruit Company breidt zijn politieke en economische invloed uit

1934 Arbeiders krijgen het recht om vakbonden op te richten

1942 Een Duitse U-boot laat een Costaricaans vrachtschip zinken. Er breken anti-Duitse rellen uit

1948: BURGEROORLOG

In 1944 volgde Teodoro Picando zijn partijgenoot Calderón op na gewelddadig verlopen verkiezingen. Calderón stelde zich vier jaar later weer verkiesbaar, maar werd verslagen door een journalist, Otilio Ulate Blanco. Calderón protesteerde; het gebouw waarin de stembiljetten waren opgeslagen werd door onbekenden in brand gestoken. Het door aanhangers van Calderón gedomineerde congres verklaarde de verkiezingen ongeldig en Ulate werd gearresteerd. Deze explosieve situatie maakte de weg vrij voor José 'Don Pepe' Figueres, een radicaal utopisch-socialist. Op 11 maart 1948 begon Figueres een bevrijdingsoorlog, met als doel de nationale politiek te zuiveren. Het slechtgetrainde regeringsleger was geen partij voor de gemotiveerde strijders van Figueres en na 44 dagen van strijd, waarbij zo'n 2000 mensen omkwamen, capituleerde Picando.

Op 29 maart reed Figueres in triomf San José binnen en vestigde de 'Tweede Republiek'. Hij legde de principes vast die sindsdien de politieke filosofie van Costa Rica hebben bepaald: sociale vooruitgang, een ethische overheid en solidariteit met de buurlanden. Figueres nationaliseerde de banken, voerde sociale hervormingen door en loodste in 1949 een nieuwe grondwet door het congres die het leger ophief, Costa Rica neutraal verklaarde en universeel stemrecht verleende aan de Afro-Caribische bevolking. Intussen liet hij wel belangrijke tegenstanders en communisten executeren om zo zijn eigen macht te versterken. Na achttien maanden als interim-president te hebben gefungeerd, gaf Figueres de touwtjes in handen van Ulate.

President José Figueres trekt zegevierend San José binnen, 1949

JAREN VAN VOORUITGANG EN TERREUR

De periode 1950–1980 was er een van toenemende rijkdom en een snel groeiende welvaartsstaat. Costa Rica's stabiliteit werd echter ernstig in gevaar gebracht door de ontwikkelingen in Nicaragua, waar op 19 juli 1979 het Somoza-regime was verdreven door de Sandinisten. De rechtse achterban van Somoza, de Contra's, vestigde illegale bases in Costa Rica en werd gesteund door de CIA bij zijn pogingen de Sandinisten omver te werpen. Door deze activiteiten werd de noordgrens een oorlogszone. Intussen mislukten de bananen- en koffieoogsten in Costa Rica en zorgde een kapitaalvlucht voor een economische vrije val. De Reagan-regering zette president Luis Alberto Monge onder druk om de Nicaraguaanse rechtse paramilitaire operaties op Costaricaanse grond openlijk te steunen in ruil voor economische hulp. Costa Rica's neutraliteit was in gevaar.

Revolutionaire soldaat

TIJDBALK

1948 De 'Tweede Republiek' gevestigd	**1949** Nieuwe grondwet aangenomen; Figueres zal de macht overdragen aan de winnaar van de verkiezingen van 1948	**1963** De vulkaan Irazú barst uit tijdens het bezoek van president John F. Kennedy

1945	1950	1955	1960	1965	1970
1948 Figueres begint bevrijdingsoorlog	**ca. 1955** Pan-Amerikaanse snelweg (Carretera Interamericana) vormt een verbinding tussen Nicaragua en Panama	**1955** Nicaragua valt Costa Rica binnen, maar wordt teruggedreven bij Santa Rosa	*Socialezekerheids-symbool*	**Vanaf 1970** Uitbreiding van de sociale zekerheid	

In 1986 werd Oscar Arias Sánchez, een protégé van Figueres, president. De jeugdige leider protesteerde tegen de activiteiten van de door de VS gesteunde Contra's en begon onderhandelingen over een vreedzame oplossing van de regionale conflicten. In augustus 1987 tekenden de leiders van vijf Midden-Amerikaanse landen een verdrag dat ze verplichtte vrije verkiezingen te houden en een einde te maken aan het geweld. Arias ontving voor zijn rol als bemiddelaar de Nobelprijs voor de Vrede. Hij werd in 1990 opgevolgd door Rafael Angel Calderón, zoon van de grote hervormer. De conservatieve regering van Calderón nam maatregelen om de schuld van het land – op

Voetgangers op de Avenida 2, San José

dat moment 's werelds hoogste schuld per inwoner – te verlichten. De strenge maatregelen hielpen de economie van Costa Rica er weer enigszins bovenop, maar ondanks de constante economische groei van de afgelopen jaren zijn de vele sociale problemen van het land zeker nog niet opgelost.

ZORG VOOR HET MILIEU

Door een bijzondere speling van het lot werd Calderón in 1994 opgevolgd door José María Figueres, de zoon van Don Pepe, de politieke tegenstander van de oudere Calderón. In de jaren tachtig was het toerisme naar Costa Rica enorm gegroeid, mede door de reputatie die het land had als hoeder van zijn natuurlijke bronnen. Figueres presenteerde zich als natuurbeschermer, maar verschillende economische schandalen, demonstraties tegen de regering, toenemende armoede en een reeks natuurrampen brachten zijn regering in moeilijkheden. Aan de problemen kwam geen eind onder Miguel Angel Rodríguez (1998–2002) en Abel Pacheco de la Espriella (2002–). Hun pogingen om de elektriciteits- en telecommunicatiebedrijven te privatiseren lokten landelijke stakingen en onrust uit. Ondertussen groeide het ecotoerisme door, want het land werd een steeds populairdere bestemming voor avontuurlijke vakanties. De afgelopen jaren is het aantal beschermde natuurgebieden uitgebreid en zijn de beperkingen op het kappen van bomen toegenomen.

JOSÉ 'DON PEPE' FIGUERES

'Don Pepe' (1906–1990)

Figueres werd geboren op 25 september 1906 als zoon van Catalaanse immigranten. In de jaren twintig studeerde hij in de VS en raakte daar geïnspireerd door utopische idealen. Na de anti-Duitse rellen van 1942 bekritiseerde Don Pepe in een radiotoespraak de regering Calderón. Hij werd gearresteerd en naar Mexico verbannen. Na zijn terugkeer in 1944 trainde hij een klein legertje in La Lucha Sin Fin (De Strijd zonder Einde), een boerderij hoog in de bergen ten zuiden van San José, als voorbereiding op de Nationale bevrijdingsoorlog. Hij stichtte de Partido de Liberación Nacional en werd tweemaal tot president gekozen (1953–1957 en 1970–1974). Hij stierf op 8 juni 1990.

Oscar Arias

1975	1980	1985	1990	1995	2000

Vanaf 1980 De in Costa Rica gevestigde Contra's destabiliseren het land

1987 Arias wint de Nobelprijs voor de Vrede

1991 Aardbeving op 22 april veroorzaakt grote schade

1997 President Clinton in Costa Rica voor een top van Noord-, Midden- en Zuid-Amerikaanse leiders

2003 Hooggerechtshof beslist dat voormalige presidenten herkozen mogen worden

1981 Costa Rica kan niet meer aan zijn betalingsverplichtingen voldoen

Vanaf 1990 Grootschalige immigratie zet het sociale stelsel onder druk. Drugssmokkel neemt toe. Costa Rica leidt op het gebied van ecotoerisme

1994 Banco Anglo Costarricense is bankroet

2000 Pogingen om elektriciteits- en telecommunicatiebedrijven te privatiseren veroorzaken sociale onrust

COSTA RICA VAN STREEK TOT STREEK

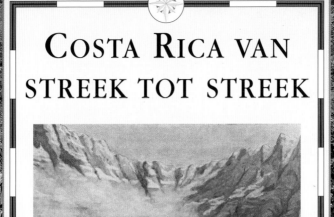

Costa Rica in het kort

De natuur van Costa Rica wordt gekenmerkt door een enorme verscheidenheid: weelderige regen- en nevelwouden, kleurrijke dieren, ruige bergen, rokende vulkanen en stranden met kleuren als goud, grijsbruin en zwart. Wilde dieren zijn hier zeer talrijk en er worden avontuurlijke excursies georganiseerd. Zo zijn er boomkruin- tochten en kunt u schildpadden kijken, duiken en wildwatervaren. Beperkt u zich tot de nationale parken met veel natuurschoon en enkele fraaie steden. Costa Rica bestaat uit zeven gebieden, die hier met verschillende kleuren zijn aangegeven.

Parque Nacional Santa Rosa *(blz. 134–135)*

HET NOORDEN *(blz. 144–159)*

GUANACASTE EN NOORD-NICOYA *(blz. 120–143)*

In het Parque Nacional Volcán Arenal (blz. 149) *verrijst de actiefste vulkaan van Costa Rica. In dit fraaie natuurgebied met thermische bronnen kunt u wandelen, boomkruintochten maken en paardrijden.*

CENTRAAL-PACIFISCHE KUST EN ZUID-NICOYA *(blz. 106–119)*

0 km   50

Monteverde (blz. 124–128) *staat bekend om zijn beschermde ne- velwouden die druk worden be- zocht door vogelaars, omdat hier veel* quetzales *voorkomen.*

ISLA DEL COCO

0 km   2

Het Isla del Coco (blz. 193), *voor de zuidwest- kust, is verlaten en woest. Er komen veel duikers om hamer- en walvishaaien te bewonderen.*

◁ **Landbouwgebied in een vallei in de provincie Alajuela (Centrale Hoogvlakte)**

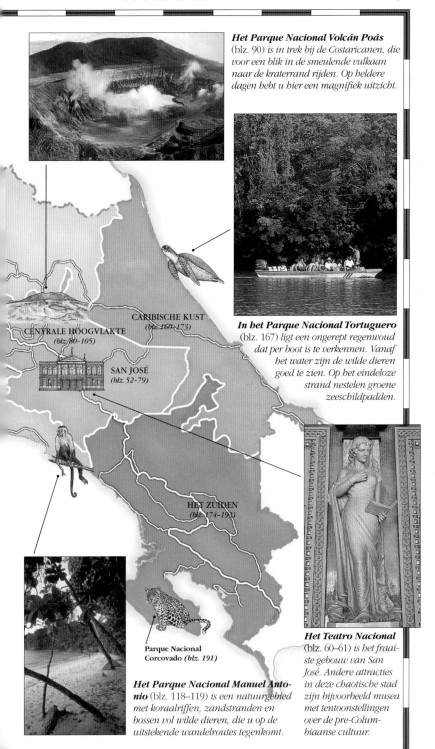

Het Parque Nacional Volcán Poás (blz. 90) is in trek bij de Costaricanen, die voor een blik in de smeulende vulkaan naar de kraterrand rijden. Op heldere dagen hebt u hier een magnifiek uitzicht.

CARIBISCHE KUST *(blz. 160-173)*

CENTRALE HOOGVLAKTE *(blz. 80-105)*

SAN JOSÉ *(blz. 52-79)*

In het Parque Nacional Tortuguero (blz. 167) ligt een ongerept regenwoud dat per boot is te verkennen. Vanaf het water zijn de wilde dieren goed te zien. Op het eindeloze strand nestelen groene zeeschildpadden.

HET ZUIDEN *(blz. 174-193)*

Parque Nacional Corcovado *(blz. 191)*

Het Parque Nacional Manuel Antonio (blz. 118–119) is een natuurgebied met koraalriffen, zandstranden en bossen vol wilde dieren, die u op de uitstekende wandelroutes tegenkomt.

Het Teatro Nacional (blz. 60–61) is het fraaiste gebouw van San José. Andere attracties in deze chaotische stad zijn bijvoorbeeld musea met tentoonstellingen over de pre-Columbiaanse cultuur.

SAN JOSÉ

D e hoofdstad van Costa Rica ligt tussen grillige bergtoppen in een gebied met een aangenaam klimaat. De belangrijkste bezienswaardigheden zijn het Teatro Nacional en een aantal uitstekende musea. San José ligt midden in Costa Rica en is daarom een ideaal vertrekpunt voor tochten door het land. Veel toeristen maken hier voor het eerst kennis met het land en krijgen een aardig voorproefje van wat ze verder nog te wachten staat.

San José wordt door zijn inwoners *chepe* (koosnaam voor José) genoemd en ligt op een hoogte van 1150 m ten zuiden van de vulkanen Poás, Barva en Irazú en ten noorden van het ruige Talamancagebergte. De temperatuur schommelt hier het hele jaar door rond de 25° C en dankzij een bijna constant briesje is het hier altijd aangenaam fris.

De stad werd in 1737 gesticht en groeide de eerste honderd jaar zeer langzaam. Een groot voordeel was echter dat San José kort voor de grote opbloei van de koffiehandel midden tussen de koffieplantages was gebouwd. Rond 1823 was de stad ongeveer even groot als Cartago, destijds de hoofdstad van Costa Rica. Na een korte burgeroorlog werd San José de hoofdstad, die algauw andere steden overschaduwde, toen de *cafetaleros* (koffiebaronnen) ambachtslieden uit Europa lieten overkomen om het stadsbeeld te verfraaien.

In de jaren zestig veranderde de aanblik van San José (nu circa 330.000 inwoners) drastisch door de toenemende hoogbouw en uitdijende achterstandsbuurten *(barrios)*. Niettemin behield de stad haar charme. De belangrijkste bezienswaardigheden, waaronder het Teatro Nacional (Nationaal Theater), de musea met goud en jade en de talloze pleinen liggen op loopafstand van elkaar rond de stadskern. Tijdens het spitsuur verandert San José in een grote verkeerschaos.

In de kramen op de Mercado Central is het fruit verleidelijk uitgestald

◁ Standbeeld in de rijkversierde foyer van het Teatro Nacional in San José

Onder de loep: San José

De bezienswaardigheden van San José liggen in het centrum. Het meest opvallende gebouw van de stad is het barok-neoklassieke Teatro Nacional aan de Avenida 2. Andere topattracties zijn het nabijgelegen Museo del Oro Precolombino, het Museo de Jade Fidel Tristán Castro en het Museo Nacional (in het oosten) met tentoonstellingen over het pre-Columbiaanse verleden. Wat u eigenlijk ook niet mag missen is het Centro Costarricense de Ciencias y Cultura (in het noordwesten) met wisselende kunstexposities. In het Parque España en het Parque Nacional prijken busten van historische figuren en in de oude wijk Barrio Amón staan langs de Avenida 9 fraaie koloniale gebouwen. De buitenwijk Escazú staat bekend om zijn goede restaurants en zijn bruisende nachtleven.

Rustige straat met bomen in een woonwijk van San José

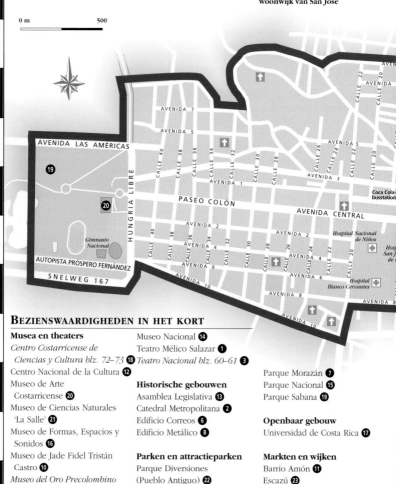

0 m   500

BEZIENSWAARDIGHEDEN IN HET KORT

Musea en theaters
Centro Costarricense de Ciencias y Cultura blz. 72–73 **18**
Centro Nacional de la Cultura **12**
Museo de Arte Costarricense **20**
Museo de Ciencias Naturales 'La Salle' **21**
Museo de Formas, Espacios y Sonidos **16**
Museo de Jade Fidel Tristán Castro **10**
Museo del Oro Precolombino blz. 62–63 **4**

Museo Nacional **14**
Teatro Mélico Salazar **1**
Teatro Nacional blz. 60–61 **3**

Historische gebouwen
Asamblea Legislativa **13**
Catedral Metropolitana **2**
Edificio Correos **6**
Edificio Metálico **8**

Parken en attractieparken
Parque Diversiones (Pueblo Antiguo) **22**
Parque España **9**

Parque Morazán **7**
Parque Nacional **15**
Parque Sabana **19**

Openbaar gebouw
Universidad de Costa Rica **17**

Markten en wijken
Barrio Amón **11**
Escazú **23**
Mercado Central **5**

SAN JOSÉ EN OMGEVING

SYMBOOL

Gebied op de grote kaart

ZIE OOK

- **Accommodatie** blz. 200–203

- **Restaurants** blz. 224–226

Vissers treffen voorbereidingen aan het meer in Parque Sabana

BARRIO PASA DE LA VACA

BARRIO AMÓN

BARRIO TOURNON

Río Torres

SNELWEG 108

SNELWEG 108

CALLE CENTRAL

PARQUE ZOOLÓGICO SIMÓN BOLÍVAR

Aartsbisschoppelijk Paleis

Casa Verde

Hotel Don Carlos

Casa Amarilla

Legación de México

BARRIO ARANJUEZ

Mercado Borbón

Radiográfica Costarricense

Banco Nacional de Costa Rica

Iglesia El Carmen

Hospital Calderón Guardia

Biblioteca Nacional

BARRIO MERCED

PLAZA LOS PRESENTES

Banco Central

Banco de Costa Rica

PARQUE CENTRAL

Iglesia La Merced

PARQUE LA MERCED

PLAZA DE LA CULTURA

Gran Hotel

Teatro Variedades

La Caja

Tribunal Supremo de Elecciones

Ticabus-busstation

Iglesia La Soledad

PLAZA DE LA DEMOCRACIA

BARRIO SOLEDAD

BULEVAR RICARDO JIMÉNEZ

SYMBOLEN

▦	Bezienswaardigheid
✈	Internationale luchthaven
🚌	Busstation
ℹ	Toeristeninformatie
P	Parkeergelegenheid
⊠	Postkantoor
✚	Ziekenhuis
✝	Kerk
▬	Snelweg
▦	Voetgangersstraat

VERVOER

De belangrijkste bezienswaardigheden liggen in het hart van San José en zijn het beste te voet te bereiken. Als u zich buiten het centrum begeeft, doet u er goed aan een taxi te nemen, want u belandt dan in een wirwar van nauwe, overvolle straten met eenrichtingsverkeer. Af te raden is het gebruik van stadsbussen en huurauto's, vooral als u niet bekend bent met de agressieve rijstijl van de Costaricanen. Het Aeropuerto Internacional Juan Santamaría en de luchthaven Tobias Bolaños (binnenlandse vluchten) liggen respectievelijk 17 km ten noordwesten en 6 km ten westen van het centrum. Van de internationale luchthaven rijden taxi's en bussen naar het centrum; luchthaven Tobias Bolaños is bereikbaar per taxi. Zie voor meer informatie blz. 270–271.

Het centrum van San José

In het compacte stadshart van San José, met zijn smalle, drukke straten met eenrichtingsverkeer, concentreren zich de topattracties. De centrale verkeersader is de langs het lommerrijke Parque Central lopende Avenida 2, die voortdurend dichtslibt met toeterende taxi's en bussen. Noordelijker loopt parallel aan deze straat de Avenida Central, een voetgangerszone met warenhuizen, speciaalzaken en restaurants. Midden in dit winkel- en wandelgebied ligt het kleine en bedrijvige Plaza de la Cultura, een ontmoetingsplaats die zeer in trek is bij jongeren en steevast druk wordt bezocht door allerlei verkopers, muzikanten en andere straatartiesten.

Teatro Mélico Salazar
Dit theater uit 1923 heeft een neoklassieke gevel en een sober interieur **❶**

Avenida 2
Langs deze drukke weg rijgen zich tal van belangrijke gebouwen aaneen, zoals de banken tussen Calle 1 en 3. Op deze vierbaansweg, die ten oosten van Calle 3 omlaag loopt, rijdt het verkeer in oostelijke richting.

Parque Central
Dit centrale park (1885) ligt in de schaduw van palmen en guanacaste-bomen. Het dak van het muziekpaviljoen wordt geschraagd door bogen. Onder het podium vindt u de kinderbibliotheek Biblioteca Carmen Lyra.

Bronzen beeld van een straatveger

Beeld van Monseñor Bernardo Hoffman, de tweede aartsbisschop van Costa Rica.

La Curía (het paleis van de aartsbisschop)

★ Catedral Metropolitana
Deze kathedraal uit 1871 met een blauwe koepel is opgetrokken in de sobere Grieks-orthodoxe stijl; bijzonder fraai is het altaar **❷**

STERATTRACTIES

★ **Catedral Metropolitana**

★ **Museo del Oro Precolombino**

★ **Teatro Nacional**

Het Plaza de la Cultura
werd tussen 1975 en 1983 aangelegd en is ondanks zijn sobere uitstraling de belangrijkste ontmoetingsplaats van San José.

★ Teatro Nacional
Het grootste bouwkundige juweel van San José staat bekend om zijn plafond, waarop de koffieoogst is afgebeeld, en zijn weelderige zaal met drie balkons en 1040 zitplaatsen. Het theater dateert van rond 1890 ❸

Het Gran Hotel uit 1930 van architect Juan Joaquín Jiménez is een van de symbolen van de stad *(blz. 200).*

Klokken-toren

AVENIDA
CENTRAL

AVENIDA 1

AVENIDA
CENTRAL

CENTRAL

AVENIDA 2

CALLE 5

CALLE 3

★ Museo del Oro Precolombino
In het moderne ondergrondse Museum voor pre-Columbiaans Goud is naast prachtige gouden kunstvoorwerpen de Nationale Muntencollectie ondergebracht ❹

ICT-kantoor

Het Teatro Variedades is opgericht in 1891 en doet nu dienst als bioscoop.

CALLE 7

Het Parque Mora Fernández is een park met schaduwrijke palmbomen en levendige marimba-muziek.

0 m   100

Beeld van Juan Mora Fernández, de eerste president van Costa Rica.

AVENIDA 4

La Caja (Sociale Verzekeringsgebouw)

SYMBOOL

– – – Aanbevolen route

De hoefijzervormige zaal van het Teatro Mélico Salazar

Teatro Mélico Salazar ❶

Kaart 1 C4. Calle Central en Avenida 2. 📞 233-5424. 🖥 ⭘ ma–vr 8.00–16.00 uur. 📷 op afspraak. 🔲

D it theater uit 1928 heette eerst Teatro Raventós, maar draagt sinds 1986 de naam van de beroemde Costaricaanse tenor Manuel 'Mélico' Salazar Zúñiga (1887–1950). Het door José Fabio Garnier ontworpen gebouw heeft een neoklassieke gevel met gecanneleerde Corinthische zuilen. Links van de ingang staat een enorme bronzen buste van Zúñiga en rechts ziet u een plaquette met een bas-reliëf ter ere van José Raventós Gual, die het theater liet bouwen.
Via de entreehal met een groen-zwart geblokte tegelvloer komt u in de hoefijzervormige theaterzaal met drie balkons. Hier worden concerten, theatervoorstellingen en folkloristische evenementen gehouden. De zaal is opgeluisterd met een parketvloer en een gelambriseerd plafond met een eenvoudige schildering en een smeedijzeren kroonluchter.

Catedral Metropolitana ❷

Kaart 1 C4. Calle Central en Avenidas 2/4. 📞 221-3820. 🖥 ⭘ ma–za 6.00–18.00, zo 6.00–21.00 uur. 🔶 🔲

D e kathedraal van San José werd in 1871 opgericht op de plaats van een oudere kathedraal, die in 1820 door een aardbeving werd verwoest. Het sobere ontwerp van Eusebio Rodríguez is een mengeling van Grieks-orthodoxe, neoklassieke en barokke stijlen. De voorgevel wordt gedragen door Dorische zuilen en is bekroond met een door torens geflankeerd neoklassiek pediment.
Het schip heeft een gewelfd plafond en wordt ondersteund door twee rijen gecanneleerde zuilen. In de vitrine links naast de ingang prijkt een levensgroot Christusbeeld. In deze kathedraal ontbreken de vergulde barokornamenten, die zo gebruikelijk zijn in Latijns-Amerikaanse kerken, maar de koloniale tegelvloer en de gebrandschilderde ramen met bijbelse taferelen zijn schitterend. Het overkoepelde hoofdaltaar, een eenvoudige houten basis op een marmeren sokkel, ondersteunt een houten Christusbeeld en cherubijnen.

Fontein aan de Avenida Central

De op pilaren steunende gevel van de Catedral Metropolitana

Achter het altaar ziet u een halfronde nis, waarin Christus en de Heilige Vader naast elkaar zijn afgebeeld.
Links van het hoofdaltaar verschuilt zich de Capilla del Santísimo (Kapel van het Heilige Sacrament), waarvan de muren en het plafond met kwadranten vol bloemmotieven zijn versierd. In de korte galerij die naar de kapel leidt, staat een vergulde glazen grafkist met een naakte Christus, die een sjerp in de kleuren van de Costaricaanse vlag draagt.
Ten zuiden van de kathedraal staat **La Curía**, het in 1887 gebouwde Aartsbisschoppelijke Paleis. Dit twee verdiepingen tellende gebouw is in 2002 herbouwd en gesloten voor publiek. In de kleine tuin ervoor staat een levensgroot beeld van Monseñor Bernardo Augusto Thiel Hoffman (1850–1901), de uit Duitsland afkomstige tweede aartsbisschop van Costa Rica. Hoffman ligt begraven in de crypte van de kathedraal, naast de voormalige president Tomás Guardia (blz. 45).

Teatro Nacional ❸

Blz. 60–61.

Museo del Oro Precolombino ❹

Blz. 62–63.

Mercado Central ❺

Kaart 1 B3. Calles 6/8 en Avenidas Central/1. 📞 295-6104. 🖥 ⭘ ma–za 8.00–16.00 uur. 🍴

D e bijzondere Centrale Markt van San José dateert van 1881. Het marktgebouw dat ten noordwesten van de Catedral Metropolitana een heel stratenblok opslokt, spreekt niet echt tot de verbeelding, maar binnen krijgt u in de doolhof van smalle gangpaden met ruim 200 kramen een goed beeld van het dagelijks leven in Costa Rica. De typisch Latijns-Amerikaanse markt is een wanordelijke handelsplaats, waar van alles te koop is, van geneeskrachtige kruiden tot verse snijbloemen tot slangen-leren laarzen en zadels voor *sabaneros* (cowboys). Rond het midden van de markt staan *sodas* (eetkra-men), waar goedkope maal-tijden zijn te krijgen. De markt loopt naar het noorden door in de **Mercado Borbón**, waar het bij de kramen met vlees, vis en fruit een drukte van belang is. Naast de in-gang van de markt op de zuidoostelijke hoek zijn plaquettes met belangrijke figuren uit de politiek aangebracht. Wees in de overvolle marktstraatjes op uw hoede voor zakken-rollers. Berg waardevolle spullen voor u op pad gaat altijd op in een hotel-kluis en houd uw camera uit het zicht.

Edificio Correos ❻

Kaart 1 B3. Calle 2 en Avenidas 1/3. 📞 *223-9766.* 🚌 ⏰ *ma–vr 7.30–18.00, za 7.30–12.00 uur.* 🖥 ♿.
Museo Filatélico de Costa Rica
📞 *223-6918.* ⏰ *ma–vr 8.00–16.30 uur.* ● *feestdagen.* 📷

Het gebouw van het hoofd-postkantoor (Correo Cen-tral) werd in 1917 voltooid. Het door Luis Llach in een eclectische stijl ontworpen bouwwerk is te herkennen aan zijn geelgroene gevel van gewapend beton, die met

In het Edificio Correos zijn verschillende bouwstijlen te herkennen

zuilen is verfraaid. Het mid-dendeel met de bogengaan-derij wordt bekroond door een schild en omhooggehou-den door engelen die het wapen van Costa Rica dra-gen. Op de benedenver-dieping is een toeristen-bureau gevestigd. In het postkantoor is het een komen en gaan van in-woners van San José, die hun post ophalen bij de *apartados* (postbussen) op de begane grond van het twee verdiepingen tellende atrium. Filatelisten kunnen op zeldzame postzegels stuiten in het **Museo Filatélico de Costa Rica** (Filateliemuseum van Costa Rica) dat zijn deuren opende in 1985 en drie vertrekken op de eerste verdieping inneemt. In het eerste vertrek is een fraaie collectie telefoons en tele-grafieapparaten onderge-bracht, die soms meer dan een eeuw oud zijn.

Juan Mora Fernán-dez tegenover het Edificio Correos

In de andere twee ruimten zijn postzegels tentoongesteld en wordt de Costaricaanse filate-liegeschiedenis belicht. Onder meer is de eerste postzegel (1863) uit Costa Rica te zien. Daarnaast zijn er bijzon-dere zegels uit het bui-tenland, waaronder de Britse Penny Black. Op de eerste zaterdag van de maand worden hier ruilbeurzen gehouden. Voor het Edificio Correos strekt zich een door vij-genbomen overschaduwd autovrij plein uit. Hoog boven het plein verrijst het standbeeld van Juan Mora Fernán-dez, de eerste presi-dent van Costa Rica (1824–1828).
Ten zuidwesten van het Edificio Correos ligt het **Plaza Los Presentes**, dat wordt gedomineerd door het moderne bronzen monument *Los Presentes* (1979) van Fernando Calvo. Het monument bestaat uit beelden van Costa-ricaanse *campesinos* (boeren).

Los Presentes van Fernando Calvo op het Plaza Los Presentes, ten zuidwesten van het Edificio Correos

Teatro Nacional ❸

Beeld van de Muziek

Het plan voor de bouw van het Nationaal Theater ontstond in 1890, toen de uit Spanje afkomstige prima donna Adelina Patti tijdens een tournee door Midden-Amerika Costa Rica oversloeg bij gebrek aan een geschikt podium. Dit bracht koffiebaronnen op het idee om belasting te heffen op exportkoffie en zo geld bijeen te brengen voor een statig theater. In San José gaat het verhaal dat l'Opéra in Parijs model stond voor het Teatro Nacional. Het gebouw werd voltooid in 1897 en ingewijd met een opvoering van *El Fausto de Gournod* door de Parijse Opéra. In 1965 werd het theater uitgeroepen tot nationaal monument. Het neobarokke interieur is versierd met beelden, schilderingen, marmeren trappen en parketvloeren van tien soorten hardhout.

La Danza de Vignami **siert het plafond van de theaterzaal**

Teatro Café
De koffiebar naast de entreehal is verfraaid met zwarte en witte tegels. De tafels hebben marmeren bladen en op het plafond is een drieluik geschilderd.

Allegorische beelden van de muzen Muziek, Dans en Roem prijken op de neoklassieke gevel.

Standbeeld van Calderón de la Barca (een 17de-eeuwse dramaturg) van de Italiaanse kunstenaar Adriático Froli.

In de kleine vormentuin staat een marmeren beeld van een fluitiste, dat Jorge Jiménez Deredia in 1997 maakte.

In deze erker staat een beeld van Ludwig van Beethoven, dat rond 1890 door Adriático Froli werd vervaardigd.

Entreehal
In de fraaie entreehal met een vloer van roze marmer staan met brons afgewerkte Corinthische zuilen van marmer. Boven de deuren ziet u pedimenten met leeuwenkoppen en op het plafond is een eenvoudig bloemmotief aangebracht.

STERATTRACTIES

★ **Foyer**

★ **Theaterzaal**

★ *Una Alegoría*

TIPS VOOR DE TOERIST

Kaart 1 C4. Calles 3/5 en Avenida 2. 221-9417. Cemeterio-Estadio. ma–vr 9.00–16.00, za 9.00–12.00 en 13.00–17.00 uur. **Uitvoeringen** Orquestra Sinfónia Nacional (Nationaal Symfonieorkest): maart–dec. do en vr 20.00, zo 10.30 uur. ma–za 9.00–17.00 uur.

★ *Alegoría a la Patria y la Justícia*

Tussen de entreehal en de theaterzaal ziet u deze enorme plafondschildering (1897) van de koffieoogst. Op dit werk van de Milanese kunstenaar Aleardo Villa zijn onjuistheden aan te treffen. Zo werd de koffie niet aan de kust, maar op de hoogvlakte geoogst.

Boven het Palco Presidencial
(Presidentieel Balkon) maakte Roberto Fontana in 1897 de plafondschildering *Alegoría a la Patria y la Justícia.*

Het gebouw
heeft een stalen geraamte.

Het exterieur
van het theater is
van zandsteen.

★ **Theaterzaal**
De rood-gouden theaterzaal heeft een rond plafond met een schildering van cherubijnen en godheden. In de hoefijzervormige zaal met drie balkons staan gietijzeren stoelen. Het podium is in hoogte verstelbaar.

★ **Foyer**
Twee trappen met vergulde leuningen leiden naar de prachtige foyer vol roze marmer, kristal, spiegels met vergulde lijsten en ornamenten met bladgoud. Op de muurschilderingen zijn taferelen uit het leven in Costa Rica te zien.

Museo del Oro Precolombino ❹

Gouden kikkertje

Onder het Plaza de la Cultura is het moderne Museum voor pre-Columbiaans Goud van de Banco Central de Costa Rica gevestigd. De collectie bestaat uit ruim 1600 pre-Columbiaanse gouden voorwerpen, waarvan de geschiedenis teruggaat tot circa 500 n.C. Veel van de tentoongestelde amuletten, oorringen, sjamanistische dierfiguren en erotische beeldjes werden gevonden in het zuidwesten van Costa Rica en zijn overgeleverd uit de Diquís-cultuur. Hoe deze voorwerpen werden gebruikt en vervaardigd wordt duidelijk aan de hand van schaalmodellen, die tevens de sociale en culturele ontwikkeling van pre-Columbiaanse culturen aanschouwelijk maken.

★ Museo Numismático
De geschiedenis van de tentoongestelde stukken in het Muntenmuseum gaat terug tot 1516. Tot de collectie behoren muntstukken, bankbiljetten en koffiemunten.

De eerste munt
De eerste munt van Costa Rica (de Medio Escudo) werd geslagen in 1825, toen het land deel uitmaakte van de Midden-Amerikaanse federatie (blz. 44).

Kikkerbeeldjes werden door de inheemse bevolking als symbolen van het leven beschouwd en maken deel uit van de goudcollectie.

Auditorium

★ El Guerrero
Het topstuk is de levensgrote strijder met gouden sieraden, waaronder een hoofdband, een borstschijf (paten), amuletten en enkelringen. Gouden voorwerpen waren tekenen van macht.

Maquette van een indianendorp

Derde kelderverdieping

Vakkundig bewerkt goud
Op deze afdeling ziet u hoe pre-Columbiaanse culturen met behulp van de repoussétechniek oppervlakken versierden door ze van de achterkant te beslaan.

El Curandero (De Genezer) is een levensgroot model van een medicijnman die met geneeskrachtige planten een genezingsritueel uitvoert.

STERATTRACTIES
★ El Guerrero
★ Museo Numismático

Casa de Moneda

Deze ruimte is gewijd aan de geschiedenis van de muntslagerij in Costa Rica; er zijn onder meer oude muntstempels te zien. Tegenwoordig worden de Costaricaanse munten in Chili gemaakt.

Ingang

Foyer

ICT-toeristen-bureau

Museum-winkel

Eerste kelder-verdieping

Tweede kelder-verdieping

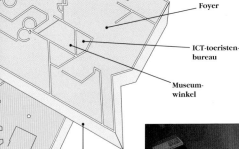

Ondergronds museum

Het museum gaat schuil achter stalen deuren en is toegankelijk via een brede trap die van Calle 5 naar beneden loopt.

TIPS VOOR DE TOERIST

Kaart 1 C4. Plaza de la Cultura, Calle 5 en Avenidas Central/2. 243-4202. alle bussen in het centrum. dag. 9.30–16.30 uur. op afspraak.
www.museosdelbancocentral.org

SYMBOLEN

☐ Casa de Moneda

☐ Museo Numismático

☐ Tijdelijke tentoonstellingen

☐ Pre-Columbiaanse cultuur en metaalbewerking

☐ Gouden voorwerpen

☐ Geen tentoonstellingsruimte

MUSEUMGIDS

Het museum onder het plein beslaat drie verdiepingen. Via de ingang komt u in een ruime foyer die langs het Casa de Moneda naar het Museo Numismático leidt. Naast de foyer voert een wenteltrap omlaag naar de tweede kelderverdieping, die is gewijd aan de pre-Columbiaanse cultuur en metaalbewerking. Op de derde kelderverdieping vindt u een auditorium en de hoofdzaal met de permanente goudtentoonstelling.

Opgravingsterrein Finca 4

Dit is een replica van een in de jaren vijftig blootgelegd pre-Columbiaans graf. Het werd ontdekt op een bananenplantage in het zuidoosten van Costa Rica en bevatte 88 gouden voorwerpen.

CIRE PERDUE-TECHNIEK

Vooral de Chibchas en de Diquis in het zuidwesten van Costa Rica waren bedreven in de goudsmeedkunst. Ze beheersten de 'verloren-was'-techniek, waarbij een vorm van was werd gemaakt, die bedekt met klei werd gebakken. Na het smelten van de was werd in de mal van aardewerk vloeibaar metaal gegoten, dat de vorm van de was aannam. Veel pre-Columbiaanse stukken zijn gemaakt van een goud-koperlegering. Het meest gebruikt was de *tumbaga*-legering.

Gouden sjamaanbeeldje

Het intrigerende Edificio Metálico is bijna geheel van metaal opgetrokken

Parque Morazán ❼

Kaart 2 D3. Calles 5/9 en Avdas 3/5. 🚌

Het in 1930 als Plaza González Víquez op de plaats van een openluchtreservoir aangelegde parkje is later vernoemd naar Francisco Morazán (blz. 44). Deze in Honduras geboren Midden-Amerikaanse federalist was korte tijd president van Costa Rica en werd in 1842 geëxecuteerd. Het park wordt overschaduwd door trompetbomen (Tabebuiae), die in de droge tijd bloeien, en is in trek bij kantoorlieden, schoolkinderen en stelletjes. 's Avonds ontmoeten travestieten elkaar hier.
De vier ijzeren poorten van het park worden bekroond door Romeinse urnen. In het midden prijkt de overkoepelde neoklassieke **Templo de Música** uit 1920. Ook staan er busten van Morazán en beroemdheden als de Zuid-Amerikaanse vrijheidsstrijder Simón Bolívar (1783–1830). Ten zuidwesten van het park staat een bronzen beeld van oud-president Julio García en ten noordoosten ervan een door de Costaricaanse kunstenaar Olger Villegas gemaakt beeld (3,5 m hoog) van Daniel Quiros, een andere voormalige president.

Edificio Metálico ❽

Kaart 2 D3. Calle 9 en Avenidas 5/7. 📞 222-0026. 🚌

Dit van metalen prefabpanelen opgetrokken gebouw tussen het Parque Morazán en het Parque España is ontworpen door de Franse architect Charles Thirio. De metalen bouwdelen werden in 1892 in België gesmeed en naar Costa Rica verscheept om daar aan elkaar te worden gelast. Sindsdien is in het gebouw de basisschool Escuela Buenaventura Corrales y Julia Lang gevestigd. Op de imposante neoklassieke gevel staat een kleine buste van Minerva, de Romeinse godin van de Wijsheid. Vanuit de entreehal van het Museo de Jade Fidel Tristán Castro is het exterieur van het gebouw vanboven te bewonderen.

Parque España ❾

Kaart 2 D3. Calles 9/11 en Avenidas 3/7. 🚌 **Casa Amarilla** 📞 223-7555. 🕐 ma–vr 8.00–16.00 uur. 📷 op afspraak.

In dit park vol bomen en bamboe kwetteren de vogels naar hartelust. In 1903 werd hier voor het eerst het Costaricaanse volkslied ge-

Het koloniale paviljoen in het Parque España

speeld, dat werd gecomponeerd door José María Zeledón Brenes (1877–1949) en Manual María Gutiérrez (1829–1887).
In de noordoostelijke hoek van het park staat een *pabellón* (paviljoen) in koloniale stijl uit 1947 met sepiakleurige tegeltableaus, waarop de verschijning van Nuestra Señora de la Virgen de Los Ángeles (Onze-Lieve-Vrouwe van de Engelen), de kerk van Orosi en de kathedraal van Heredia zijn te zien. In de zuidwestelijke hoek van het park staat een kopergroen standbeeld van de veroveraar Juan Vásquez de Coronado (blz. 42). Klinkerpaden slingeren langs busten van beroemde personen, onder wie koningin Isabella II van Spanje (1830–1904) en de filantroop Andrew Carnegie (1835–1919). Tegenover de noordwestelijke zijde van het park ziet u het okerkleurige **Casa Amarilla** (Gele Huis), dat in een sierlijke Spaanse barokstijl is ontworpen door Henry Wiffield. Het werd in 1916 voltooid als zetel van het Pan-Amerikaanse gerechtshof. Later deed het Casa Amarilla dienst als presidentiële residentie en Asamblea Legislativa. Nu is hier het ministerie van Buitenlandse Zaken gevestigd. Boven de voordeur van het gebouw valt direct de grote sierlijst op. De enorme ceibaboom naast het huis werd in 1963 geplant door de toenmalige Amerikaanse president John F. Kennedy, ter gelegenheid van de topconferentie van Midden-Amerikaanse presidenten.
Het hoge gebouw ten westen van het Casa Amarilla is het **Instituto Nacional de Seguro** (INS, Nationaal Verzekeringsinstituut) met ervoor het enorme beeldhouwwerk *La Familia* van Francisco Zúñiga (blz. 19). Zo'n 50 m oostelijker staat aan de Avenida 7 de **Legación de Mexico**, een prachtig bouwwerk in koloniale stijl uit 1924. Hier werd in de Bevrijdingsoorlog van 1948 de wapenstilstand ondertekend.

De fraaie zuilen van het Casa Amarilla

Museo de Jade Fidel Tristán Castro ➓

Kaart 2 D3. Calle 9 en Avenida 7. ☎ 287-6034. 🚌 ☐ ma–vr 8.30–15.30 uur. ● feestdagen. 🚫 ♿

Op de bovenverdieping van het Nationale Verzekeringsinstituut (INS) huist het Jademuseum Fidel Tristán Castro met de grootste collectie pre-Columbiaanse jade van heel Amerika. Het museum werd in 1977 opgericht door Fidel Tristán Castro, de eerste president van het INS. Tentoongesteld zijn bijlen, ceremoniële koppen en ornamenten uit de periode 500 v.C.– 800 n.C. Daarnaast zijn er *metates* (slijptafeltjes van vulkanisch gesteente), keramiek en gouden ornamenten te zien. In de Sala de Jade zijn hangers met caleidoscopische groen- en blauwtinten tentoongesteld. Van achter verlicht komt de transparante jade goed tot zijn recht. In de museumlobby op de tiende verdieping, met de witmarmeren sculptuur *Overvloed* van José Sancho, hebt u een fraai uitzicht op de stad.

Barrio Amón ➓

Kaart 1 C2. Calles Central/9 en Avenidas 7/13. 🚌

De historische woningen in deze *barrio* (wijk), die rond 1890 door de Franse immigrant Amón Fasileau Duplantier werd gesticht, geven een goed beeld van de Costaricaanse architectuurgeschiedenis. De in verval geraakte buurt wordt nu opgeknapt.
De mooiste huizen staan aan Avenida 9 en tussen Calles 3 en 7 is de straat omzoomd met traditionele tegeltableaus van de plaatselijke kunstenaar Fernando Matamoros.
Begin in de Calle 11. Op nummer 980 staat een twee verdiepingen tellend herenhuis met op het balkon een levensgroot betonnen beeld van een *campesino* (boer), die over de smeedijzeren balkonrand staart. In Calle 7 vindt u **Hotel Don Carlos**

Detail van een traditioneel tegeltableau in de Barrio Amón

(blz. 200), de vroegere residentie van president Tomás Guardia *(blz. 45)* in een bouwstijl die het midden houdt tussen Art Deco en Neoclassicisme. Een blok verder naar het westen ziet u op de hoek met Calle 5 het **Casa Verde**, een huis uit 1910 van vurenhout uit New Orleans en een kamer met schitterend licht dat door glas-in-loodramen binnenvalt. Zeer opvallend is het **Aartsbisschoppelijk Paleis** aan Avenida 11 en Calle 3. Het werd in 1930 gebouwd in moorse stijl, met torentjes, kantelen, kleine ramen, een centrale koepel en een geveltableau met taferelen uit *Don Quichot*.

Centro Nacional de la Cultura ➓

Kaart 2 D3. Calles 11/15 en Avenidas 3/7. ☎ 255-3638; Museo de Arte y Diseño Contemporáneo: 257-9370. 🚌 ☐ di–za 10.00–17.00 uur. ● feestdagen. 🚫 💳 di–vr 10.00–15.00 uur op afspraak. ♿ 🚫

Direct ten oosten van het Parque España verrijst het imposante gebouw van het Nationaal Centrum voor Cultuur, op de plaats waar ooit de Fábrica Nacional de Licores (Staatsstokerij) stond. De buiten gebruik geraakte stokerij werd in 1994 herbouwd tot het multifunctionele Centro Nacional de la Cultura (CENAC). Nu is hier het ministerie voor Cultuur gevestigd en zijn er voorstellingen van het Nationaal Theater en het Nationaal Danstheater *(blz. 244–245)* bij te wonen. De meeste gebouwen van het centrum dateren van 1856, evenals de ommuring, waarvan de stenen westelijke poort door een driehoekig pediment wordt bekroond. Rechts van de zuidoostelijke *portalón* (poort) heeft architect Teodorico Quirós *(blz. 19)* in de buitenmuur een *reloj de sol* (zonnewijzer) uitgehouwen.
Het **Museo de Arte y Diseño Contemporáneo** (Museum voor Hedendaagse Kunst en Design) in het zuidoostelijke deel van het complex telt zes zalen die zijn gewijd aan kunst, architectuur en keramiek. Op de westelijke binnenplaats ziet u *Evelia con baton*, een sculptuur van Francisco Zúñiga.

Gevelornament van het Centro Nacional de la Cultura

JADE

Jadebewerking werd circa 500 v.C. in de regio rond San José geïntroduceerd door indianenstammen uit het noorden. Rond 800 n.C. stierf dit ambacht uit door de opkomst van het goud. Met behulp van zagen van vezeldraad, boren en beitels met punten van kwarts bewerkten de indianen de halfedelsteen tot halskettingen, hangers en religieuze figuurtjes met diermotieven. In Costa Rica is nooit een jadegroeve aangetroffen: de jade kwam uit Guatemala en omgeving.

Antropomorf jaden beeldje

Onder de loep: de buurt rond het Parque Nacional

Op een heuvel aan de oostkant van het centrum strekt zich het Parque Nacional uit. Dit park behoort tot de grootste van de stad en is een schaduwrijke oase van rust in het hart van San José. Langs drie zijden van het park liggen de belangrijkste regeringsgebouwen van Costa Rica, waaronder het complex van de wetgevende macht. In deze buurt zijn ook boeiende culturele bezienswaardigheden als het Nationaal Museum te vinden. Bovendien kunt u hier aangenaam wandelen, vooral nu er op de helling ten zuiden van het Parque Nacional een voetgangersgebied is aangelegd, waar u tot rust kunt komen.

Biblioteca Nacional
De Nationale Bibliotheek oogt modern, maar werd al in de jaren 1969–1971 gebouwd.

Centro Nacional de la Cultura
Waar ooit de Staatsstokerij was gevestigd, staat nu het Nationaal Centrum voor Cultuur met onder meer het prachtige Museum voor Hedendaagse Kunst en Design 🄬

Deze visvijver vol koi-karpers ligt aan de westkant van het park.

Het beeld *Epítome del Vuelo*

Plaza de la Libertad Electoral
Dit halfronde pleintje huldigt de vrijheid van kiesrecht. Tussen neoklassieke zuilen staat een standbeeld van roze graniet: Epítome del Vuelo (1996) van de beeldhouwer José Sancho Benito.

In het Tribunal Supremo de Elecciones zetelt het regeringsorgaan dat ervoor zorgt dat de verkiezingen goed verlopen.

STERATTRACTIES

★ **Asamblea Legislativa**

★ **Museo Nacional**

★ **Parque Nacional**

0 meter   100

SYMBOOL

– – – – Aanbevolen route

★ Parque Nacional

*In dit bomenrijke park rond het van brons en graniet ver-
vaardigde Monumento Nacional (1892) staan borstbeelden
van verschillende Latijns-Amerikaanse grootheden* **15**

Bulevar Ricardo Jiménez

*Het deel van Calle 17 ten zui-
den van het Parque Nacional
is een hooggelegen en door
palmen omzoomde voetgan-
gerszone, die ook wel Camino
de la Corte wordt genoemd.*

Buste van José Martí,
de Cubaanse patriot.

**Standbeeld van
Juan Santamaría**

★ Asamblea Legislativa

*De wetgevende macht van Costa Rica huist in
drie gebouwen; het oudste dateert uit 1914. De
bouwwerken verschillen in stijl en bieden
onderdak aan portretgalerijen* **13**

In het Casa Rosada zijn rege-
ringskantoren ondergebracht.

Het Castillo Azul is het
oudste gebouw van de
Asamblea Legislativa en
deed ooit dienst als
presidentieel paleis.

**Bulevar
Ricardo
Jiménez**

Het Plaza de la Democracía
werd in 1989 in de vorm van
betonnen terrassen aangelegd voor
de topconferentie in San José. Op de
zuidwestelijke hoek van het plein staat
een bronzen beeld van ex-president
José 'Don Pepe' Figueres (blz. 47).

**Buste van Don
Andrés Bello**,
een Venezolaanse
intellectueel.

★ Museo Nacional

*Het Nationaal Museum van Costa Rica
werd ondergebracht in een vroeg-19de-
eeuwse vesting en verschaft informatie
over de geschiedenis van het land, van
de pre-Columbiaanse tijd tot heden* **14**

Asamblea Legislativa ⑬

Kaart 2 E3. Calles 15/17 en Avenida Central. ☏ 243-2000. 🖥 ✉ verplicht: 9.00 uur; 243-2622. **Kamerdebatten** ma–do 15.00 uur; op afspraak. 🖥 www.racsa.co.cr/asamblea

De Costaricaanse regering zetelt in vier gebouwen. Het belangrijkst is het **Edificio del Plenario** (1958), dat samen met het pand ernaast dienstdoet als vergaderruimte. Op de binnenplaats aan de noordkant staat een bronzen beeld van de nationale held Juan Santamaría *(blz. 84)*, met een toorts in zijn hand. In het roze **Casa Rosada**, in het noordoosten, huizen diverse politieke partijen. Het mediterrane **Castillo Azul** in het zuidoosten werd in 1911 gebouwd voor Máximo Fernández, die destijds aanspraak maakte op het presidentschap. Het Castillo bleef tot 1927 de presidentiële residentie, waarna de Amerikaanse ambassade er enige tijd zetelde. Sinds 1989 wordt het gebouw gebruikt voor officiële gelegenheden en zijn er kantoren van de regering gevestigd. Er zijn zes salons met hardhouten vloeren en Italiaans marmer, waaronder de Sala Alfredo González Flores, waar het kabinet vergadert, en de Sala Próceres de la Libertad, met in vergulde lijsten gevatte portretten van Latijns-Amerikaanse vrijheidsstrijders als Simón Bolívar. In het Edificio del Plenario kunnen debatten worden bijgewoond. Let wel: mannen moeten dichte schoenen dragen en niemand mag met blote benen naar binnen.

Een deel van het Asamblea Legislativa-complex in San José

Pre-Columbiaanse stenen bollen in het Museo Nacional

Museo Nacional ⑭

Kaart 2 E4. Calle 17 en Avenidas Central/2. ☏ 257-1433. 🖥 ◯ di–zo 8.30–16.00 uur. ● feestdagen. 🖼 ♿ 📷 🖥 www.museocostarica.com

Het gekanteelde okerkleurige Bellavista-fort tegenover de Asamblea Legislativa werd gebouwd in 1917 en deed dienst als kazerne. In de buitenmuren, met op elke hoek een toren, zitten nog kogelgaten uit de burgeroorlog van 1948. Na zijn zege ontbond José 'Don Pepe' Figueres *(blz. 46–47)* zijn leger en werd het fort in gebruik genomen door het Nationaal Museum, dat in 1887 was gesticht.

Via de ingang aan de oostzijde betreedt u een binnenplaats met pre-Columbiaanse *carretas* (ossenwagens), stenen *bolas* (bollen) en kanonnen uit het koloniale tijdperk. Rechts van de ingang vindt u het museum dat tegen de wijzers van de klok in naar thema is ingedeeld. De zalen zijn gewijd aan geologische, koloniale, archeologische, moderne en religieuze geschiedenis van Costa Rica. De tentoonstelling begint bij de eerste nederzettingen en eindigt bij de stichting van de staat en gebeurtenissen uit het recente verleden. Een topstuk is de in 1987 aan president Oscar Arias Sánchez *(blz. 47)* uitgereikte Nobelprijs voor de Vrede. Zeer indrukwekkend is de pre-Columbiaanse collectie, met name vanwege de *metates* (stenen tafeltjes),

Buste van Don Andrés Bello in het Parque Nacional

het aardewerk en de gouden ornamenten, die in de Sala de Oro (noordoostelijke toren) zijn te bewonderen. De Sala Colonial is in 18de-eeuwse stijl ingericht met rustieke koloniale meubels. Van de binnenplaats loopt een trap omlaag naar een grote, met netten overspannen vlindertuin in de zuidwestelijke hoek van het complex. Achter deze tuin ligt de **Plaza de la Democracía**, die in 1989 werd aangelegd. Dit lelijke en slordig ingerichte plein is alleen de moeite waard vanwege het uit 1994 daterende bronzen standbeeld van José Figueres.

Parque Nacional ⑮

Kaart 2 E3. Calles 15/19 en Avenidas 1/3. 🖥

Het grootste park (1895) in de binnenstad van San José is een fraai groengebied dat u 's avonds echter beter kunt mijden. Het ligt op een glooiende heuvel die in oostelijke richting oploopt. Aan de onregelmatige paden, die langs bloeiende bomen, wuivende palmen en bamboehagen kronkelen, staan stenen banken. Middenin ligt onder reusachtige bomen het enorme *Monumento Nacional*. Het werd gemaakt in het atelier van Rodin in Parijs, onthuld op 15 september 1892 en is opgedragen aan de helden van de oorlog van 1856. Rond de granieten voet staan vijf bronzen amazones: personificaties van de

Spelende kinderen bij een visvijver in het Parque Nacional

Midden-Amerikaanse landen, die de avonturier William Walker *(blz. 45)* verdreven. In het midden ziet u Costa Rica, die in haar ene hand een vlag vasthoudt en met haar andere het gewonde Nicaragua ondersteunt.
El Salvador heeft een zwaard, Guatemala een bijl en Honduras een boog en een schild. Aan weerszijden van het monument zijn op bronzen bas-reliëfs strijdtaferelen te zien.
In het park staan borstbeelden van Latijns-Amerikaanse nationalisten als de Mexicaanse revolutionair en priester Miguel Hidalgo (1753–1811), de Venezolaanse dichter en intellectueel Don Andrés Bello (1781–1865) en de Cubaanse patriot en dichter José Martí (1853–1895). Ten noorden van het park staat de **Biblioteca Nacional** en ten zuiden ervan loopt de voetgangersstraat **Bulevar Ricardo Jiménez** – genoemd naar de man die driemaal president van Costa Rica was – heuvelafwaarts naar de drie straten verder gevestigde rechtbank.

Museo de Formas, Espacios y Sonidos ⓰

Kaart 2 F3. Calles 21/23 en Avenida 3. 222-9462. ▭ ◗ *ma–vr 9.30–15.00 uur.* ◗ *feestdagen.*

Dit kleine interactieve Museum voor Vorm, Ruimte en Geluid is gehuisvest in het voormalige Estación Ferrocarril al Atlántico (Station van de Atlantische Spoorlijn). Het op een pagode lijkende stationsgebouw is gebouwd in 1908 en werd later het eindpunt van de vermaarde *Jungle Train*. Sinds 1991 rijdt deze trein niet meer, want in dat jaar werd door een aardbeving een groot deel van de spoorlijn verwoest. In de Sala de Formas zijn beelden van hout, steen en metaal tentoongesteld en in de Sala de Espacios ziet u *maquetas* (schaalmodellen) van onder meer het station en de ruïnes van Ujarrás *(blz. 100)*. In de Sala de Sonidos zijn muziekinstrumenten te bewonderen. Treinfanaten kunnen hun hart ophalen aan de achterzijde van het museum, want daar is onder meer de Locomotora 59 te zien: een uit Philadelphia voor de Noordelijke Spoorwegmaatschappij geïmporteerde stoomlocomotief uit 1939. Een buste van Tomás Guardia *(blz. 45)*, onder wiens bestuur de spoorweg werd aangelegd, staat voor het museum, naast een obelisk die aan de afschaffing van de doodstraf in 1877 herinnert.

Opgezette vlinders in het Museo de Insectos in San José

Universidad de Costa Rica ⓱

Calle Central, San Pedro. 207-5508. ▭ **Museo de Insectos.** 207-5318. ◗ *ma–vr 13.00–16.45 uur.*

In de oostelijke voorstad San Pedro strekt zich het 32 ha grote terrein van de Universiteit van Costa Rica uit. De universiteit werd gesticht in 1940 en heeft altijd een grote aantrekkingskracht gehad op bohémiens. De campus is toegankelijk via de Calle Central (zijstraat van de Avenida Central), waar veel levendige studentencafés zijn te vinden. Het universiteitsterrein is niet heel interessant, maar wel schaduwrijk en verfraaid met borstbeelden. In de zuidwestelijke hoek ligt een botanische tuin.
Het **Museo de Insectos**, in de kelder van de muziekfaculteit in de noordoostelijke hoek, is is te bereiken via een smalle trap. Op de grote en verzorgde tentoonstelling zijn onder meer spinnen, vlinders, kevers en wespen te zien.

Het exterieur van het Museo de Formas, Espacios y Sonidos doet denken aan dat van een pagode

Centro Costarricense de Ciencias y Cultura ⑱

In een vestingachtig gebouw, waarin van 1910 tot 1979 de *penitenciario central* (centrale gevangenis) was gevestigd, werd in 1994 het Costaricaans Centrum voor Wetenschap en Cultuur ingewijd. De okergele gevel met zalmkleurige kantelen wordt 's avonds fraai verlicht. In het centrum huist ook de Galería Nacional met ruime tentoonstellingszalen, waarin onder andere schilderijen en beelden van de belangrijkste avantgardistische kunstenaars van Costa Rica zijn te bekijken. U vindt hier ook het Museo de los Niños, met een naar thema inge-richte interactieve tentoonstelling, die kinderen meer inzicht verschaft in natuur, wetenschap, techniek en cultuur. In het gebouw zijn ook een jongerencentrum en een auditorium ondergebracht. Rond het complex zijn modellen van diverse vervoermiddelen te bewonderen.

Gebrandschilderd plafond
Door een vidriera *(glas-in-loodraam) van de Italiaan Claudio Dueñas valt licht in het trappenhuis van de Galería Nacional.*

Op de muur aan de oostkant ziet u schilderingen van moderne kunste-naars als Fabio Herrera.

Museo Histórico Penitenciario
De cellen op deze afdeling verke-ren nog in de oorspronkelijke staat. Op oude foto's is te zien hoe de gevangenis er vroeger uitzag.

★ **Galería Nacional**
Boven beslaat de Nationale Galerie veertien grote zalen, waarin vroeger de gevangeniscellen waren gevestigd. Op wisselende tentoonstellingen is het mo-derne werk van Costaricaanse kunstenaars te zien.

STERATTRACTIES
★ **Galería Nacional**
★ **Museo de los Niños**

Sala Kaopakome
Kaopakome *is een woord uit de inheemse Bribri-taal, dat 'ontmoetingszaal' betekent. De ruimte wordt gebruikt voor kunstzinnige evenementen.*

Genesis
Deze graniet-sculptuur (1998) van Jorge Jiménez Deredia laat zien hoe een ei in een vrouw verandert.

TIPS VOOR DE TOERIST

Kaart 1 B1. Calle 4 en 100 m N van Avenida 9. ☎ 258-4929. 🚌 Sabana-Cemeterio aan Avenida 3. Neem bij voorkeur een taxi. ⏰ di–vr 8.00–16:30, za–zo 9.30–17.00 uur. 📷 📹 ♿ 🍴 🏪 w www.museocr.com **Auditorio Nacional** ☎ 222-7647.

In het Auditorio Nacional, het mooiste auditorium van Costa Rica, worden muziek- en dansvoorstelllingen gehouden.

Imagen Cósmica (1998) van Jorge Jiménez Deredia is een beeldhouwwerk van brons en marmer.

De entreehal heeft de vorm van een middeleeuws kasteel met twee torentjes.

★ **Museo de los Niños**
De tentoonstelling van het interactieve Kindermuseum is verdeeld over niet minder dan 39 zalen en gewijd aan onderwerpen als astronomie, de aarde, Costa Rica, ecologie, wetenschap, de mens en communicatiemiddelen.

In de Escuela 'El Grano de Oro' is een expositie te zien over de koffiecultuur in Costa Rica.

Deze elektrische trein werd gebouwd in de jaren 1928–1930, toen de spoorweg werd geëlektrificeerd.

Helikopter

Cockpit van een vliegtuig

Complejo Juvenil
Dit educatieve jongerencentrum telt twee verdiepingen en biedt onderdak aan een bibliotheek vol boeken, cassettebandjes, cd's, interactieve spelletjes en een internetcafé.

Parque Sabana ⑲

Calle 42/Sabana Oeste en Avenida las Américas/Sabana Sur.

Waar vroeger het belangrijkste vliegveld van de stad lag, werd in 1955 dit park aangelegd. De officiële naam luidt Parque Metropolitano La Sabana Padre Antonio Chapui, naar de eerste priester van San José (1710–1783). In de vroegere luchthavengebouwen is nu het Museo de Arte Costarricense ondergebracht. Aan de noordkant van het park verheft zich de gewelfde toren van het **ICE** (Costaricaans Instituut voor Elektriciteit) en aan de zuidkant de eigenaardig aflopende **Controlaría de la República**, het belangrijkste regeringsgebouw.
Het rommelige park is vanuit het centrum toegankelijk via de brede Paseo Colón. In het weekeinde komen hier vaak Costaricaanse families picknicken onder de eucalyptus- en pijnbomen. In het park vindt u het Nationaal Stadion, jog- en fietsroutes, basketbal- en volleybalvelden, tennisbanen, ruiterpaden, een zwembad, een sportschool en voetbalvelden.
Aan de zuidkant ligt een stuwmeer met rondom moderne sculpturen en aan de westkant staat een kruis ter ere van het bezoek dat Johannes Paulus II in 1983 aan Costa Rica bracht. Blijf aan de oostzijde van park en mijd het 's avonds liever helemaal.

Vlaggen te koop in het centrum van San José

Museo de Arte Costarricense ⑳

Calle 42 en Paseo Colón. 222-7155. di–za 10.00–16.00, zo 10.00–14.00 uur. feestdagen. zo gratis.

Het bekendste museum voor Costaricaanse kunst ligt aan de oostkant van het Parque Sabana en is ondergebracht in de oude, koloniaal ogende luchthaventerminal, die in de jaren vijftig werd gesloten. In het museum zijn niet alleen ruim 3200 belangrijke 20ste-eeuwse werken van Costaricaanse beeldhouwers en schilders te zien, maar komen ook buitenlandse kunstenaars aan bod, zoals de Mexicaan Diego Rivera (1886–1957). Slechts een klein deel van de collectie is te zien op jaarlijks wisselende tentoonstellingen. Veel stukken komen uit privé-collecties en geven gestalte aan een archaïsche, pastorale levenswijze, die het beste wordt verbeeld in *El Portón Rojo* (1945) van Teodorico Quirós Alvarado *(blz. 19)*. Zeer fraai zijn de houten sculpturen en houtsneden van Francisco Amighetti. Op de tweede verdieping vindt u de Salón Dorado met een basreliëf van brons en pleisterwerk van de Franse beeldhouwer Louis Ferrón. Het panorama bedekt allevier de muren en geeft een geïdealiseerd beeld van de Costaricaanse geschiedenis, van de pre-Columbiaanse tijd tot de jaren veertig. Op de muur aan de noordkant ziet u Christoffel Columbus met voor hem knielende indianen.
In de **Jardín de Esculturas** (Sculpturentuin) zijn naast beeldhouwwerken pre-Columbiaanse *esferas* (bollen) en petrogliefen te zien. Uiterst boeiend zijn de *Tres Mujeres Caminando* (drie wandelende vrouwen) van Francisco Zúñiga en de granieten *Danaide* (een vrouw in de foetushouding) van Max Jiménez Huete.

Het Museo de Arte Costarricense in San José

Museo de Ciencias Naturales 'La Salle' ㉑

Sabana Sur. 232-1306. dag. 7.30–16.00 uur. feestdagen.

Op het voormalige schoolterrein van het Colegio La Salle is sinds 1960 het La Salle Museum voor Natuurwetenschappen gevestigd.

Spectaculair vogeldiorama in het Museo de Ciencias Naturales 'La Salle'

Binnen is een prachtcollectie Costaricaanse en andere exotische flora en fauna te bewonderen. Er zijn ruim 70.000 museumstukken, die uiteenlopen van weekdieren tot motten en lamantijnen (een soort zeekoeien). Op de centrale binnenplaats is een van hars gemaakte replica van een *Tyrannosaurus rex*-skelet te bewonderen. Ook het bekijken waard zijn de fossielen, schelpen en vlinders. De meeste stukken zijn in hun natuurlijke omgeving tentoongesteld: slangen loeren naar hun prooien en vissen lijken hangend aan onzichtbaar draad te zwemmen. De opgezette dieren zijn wat mottig en hun onnatuurlijke houdingen dikwijls komisch. Niettemin krijgt u hier een goede eerste indruk van de natuur van Costa Rica.

Het 19de-eeuwse hotel Casa de Las Tías in San Rafael de Escazú

Traditionele dans in het
Parque Diversiones

Parque Diversiones (Pueblo Antiguo) ㉒

1,6 km W van Hospital México, La Uruca. 242-9200. vr-zo 9.00–19.00 uur.

Dit pretpark in de Barrio La Uruca, circa 3 km ten westen van het centrum, wordt druk bezocht door gezinnen uit San José, niet alleen vanwege de achtbanen, waterglijbanen en andere betaalde attracties, maar ook vanwege de vroeg-20ste-eeuwse Costaricaanse nederzettingen die in het ernaast gelegen Pueblo Antiguo (Oude Dorp) zijn nagebouwd. Het Pueblo Antiguo bestaat uit drie delen: de kust, het dorp en het platteland. De kerk, de markt, de brandweerkazerne, de bank en het

spoorwegstation zijn opgetrokken in traditionele stijl. Er zijn verschillende originele adobegebouwen, waaronder een koffiefabriek, een suikerfabriek en een melkboerderij, die ooit op het platteland stonden. Ook is er een hoeve met levende dieren.

U kunt hier een ritje maken in een paardenkoets, een ossenwagen of een elektrische trein en acteurs in traditionele kostuums wekken het verleden tot leven. Op vrijdag- en zaterdagavond worden er folkloreshows georganiseerd. Bovendien zijn er kunstnijverheidswinkels en een restaurant met de Costaricaanse keuken.

Escazú ㉓

3 km W van Parque Sabana.
Día del Boyero (maart).
Barry Biesanz Woodworks
Barrio Bello Horizonte. 289-4337. ma–vr 8.00–17.00 uur, za op afspraak.
www.biesanz.com

Deze deftige wijk ligt ten westen van het Parque Sabana en is toegankelijk via de Carretera Prospero Fernández. Escazú dankt zijn charme enerzijds aan het contrast tussen historische en moderne gebouwen en anderzijds aan zijn fraaie ligging aan de voet van de berg Cerro Escazú. De naam van deze buitenwijk

Detail van de kerkkoepel
in San Miguel de Escazú

is afgeleid van het indiaanse woord *itzkatzu* (rustplaats). De buurt bestaat uit de *barrios* San Rafael de Escazú, San Miguel de Escazú en San Antonio de Escazú.

Het moderne deel ligt in het drukke San Rafael de Escazú, waar een prachtige kerk in koloniale stijl uit de jaren dertig van de architect Teodorico Quirós Alvarado wordt omringd door hoge appartementencomplexen en grote winkelcentra. Als u 1 km heuvelopwaarts wandelt, ziet u in San Miguel de Escazú de adobehuizen uit de koloniale tijd, die stuk voor stuk met een blauwe streep zijn beschilderd – een groot deel van de lokale bevolking gelooft nog altijd dat dit heksen op afstand houdt. Hoger op de heuvel komt u in de boerengemeenschap San Antonio de Escazú.

Op de tweede zondag van maart wordt hier op de Día del Boyero (Dag van de Ossenmenners) een optocht van met bloemen versierde *carretas* (ossenwagens) gehouden. In de wijk Bello Horizonte, aan de oostkant van Escazú, vindt u **Barry Biesanz Woodworks**. Dit is de werkplaats van een houtbewerker die van Costaricaans hardhout de fraaiste meubels, schalen en kisten maakt. De vruchten van zijn arbeid zijn te koop in zijn studio en prijzige zaken in San José.

STRATENGIDS VAN SAN JOSÉ

Op de kaart hieronder ziet u hetzelfde gebied als op de kaart van blz. 54–55, evenals het zwart omkaderde centrum, dat gedetailleerd is weergegeven op blz. 78–79. De kaart toont ook de belangrijkste snelwegen door het soms verwarrende San José en omgeving.

Alle kaartverwijzingen naar bezienswaardigheden, hotels en restaurants in het centrum van San José hebben betrekking op de plattegronden van de *Stratengids*. In het *straatnamenregister* op blz. 77 zijn alle straatnamen en bezienswaardigheden opgenomen. Attracties ten westen van het centrum zijn te vinden op de kaart op blz. 54–55 en meer afgelegen bezienswaardigheden zijn aangegeven op de kaartinzet San José en omgeving *(blz. 55)*.

Toeristen verkennen San José

De drukke Calle Central loopt van noord naar zuid dwars door het centrum van San José

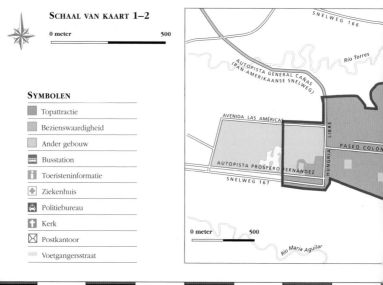

SCHAAL VAN KAART 1–2

0 meter   500

SYMBOLEN

▬	Topattractie
▬	Bezienswaardigheid
▬	Ander gebouw
🚌	Busstation
ℹ	Toeristeninformatie
✚	Ziekenhuis
🚓	Politiebureau
✝	Kerk
⊠	Postkantoor
▬	Voetgangersstraat

Straatnamenregister

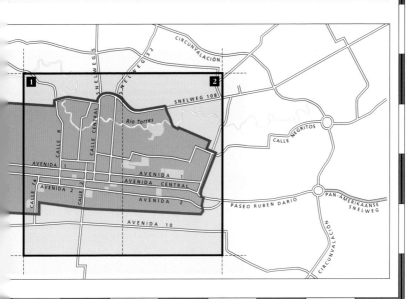

CENTRALE HOOGVLAKTE

S meulende vulkanen torenen uit boven het landschap van de Centrale Hoogvlakte, een brede vallei op een hoogte van zo'n 1000 m. Het gebied heeft adembenemend natuurschoon in de vorm van steile hellingen met weelderige groene wouden en koffieplantages. Mede dankzij het aangename klimaat woont tweederde van de Costaricanen tegenwoordig hier.

De eerste Spaanse kolonisten trokken naar de *meseta central* (centraal plateau) vanwege het milde klimaat en de vruchtbare bodem. In het gebied woonden al 10.000 jaar pre-Columbiaanse volken, hoewel hun grootste nederzetting, Guayabo, op mysterieuze wijze werd verlaten vóór de komst van de Spanjaarden en overwoekerd raakte, tot ze 500 jaar later werd ontdekt. Tegenwoordig hebben de inheemse stammen zich gedwongen teruggetrokken in het Talamanca-gebergte.

In de gehele vallei, en later ook op de hellingen, ontstonden agrarische gemeenschappen. Tijdens de Spaanse heerschappij leidden deze eenvodige adobedorpen een geïsoleerd bestaan en zelfs in stedelijke centra als Alajuela en Heredia kwamen weinig belangrijke gebouwen te staan.

De koloniale architectuur die er was, waaronder enkele mooie kerken, werd grotendeels verwoest door aardbevingen; de meeste historische bouwwerken zijn nauwelijks honderd jaar oud.

Over de kronkelende bergwegen zijn prachtige ritten te maken, waarbij u groene koffieplantages, weiden met vee en, op grotere hoogte, koele ceder- en dennenwouden passeert. De meeste hiervan zijn nu beschermd als nationaal park of als wildreservaat en bieden uitstekende mogelijkheden om te wandelen en dieren te observeren. Bezienswaardigheden als vlinderfarms en *fincas* (koffieplantages) en activiteiten als boomkruinexcursies en wildwatertochten bezorgen de Centrale Hoogvlakte zijn opwindende reputatie.

Op het hoofdplein van Sarchí staat de opvallende Iglesia de Sarchí

◁ **De Río Pacuare is een van de mooiste wildwaterbestemmingen ter wereld**

De Centrale Hoogvlakte verkennen

Dit door bergen omgeven gebied kent een gematigd klimaat. Het drukke Alajuela is een goede uitvalsbasis voor excursies naar de Volcán Poás, waarvan de top per auto te bereiken is. Heredia, het centrum van de koffieproductie, ligt hier vlakbij. De weg naar Sarchí en Zarcero in het noordwesten, de Ruta de los Santos en de Orosi-vallei vormen mooie autoroutes. Het Monumento Nacional Guayabo, ten oosten van San José, is een belangrijke pre-Columbiaanse vindplaats. Avontuurlijker reizigers kunnen de Río Reventazón en de Río Pacuare afzakken op een wildwatervlot; de nevelwouden van de vulkanen Poás, Barva en Turrialba bieden fantastische wandelmogelijkheden. Of breng een bezoek aan een van de koffieplantages.

Decoraties in de Iglesia de San José de Orosi

Orchidee, Jardín Botánico Lankester

BEZIENSWAARDIGHEDEN

Dorpen en steden
Alajuela ❶
Barva ⓰
Cartago blz. 93–95 ⓲
Grecia ❺
Heredia ⓮
La Guácima ❸
Sarchí ❻
Turrialba ㉕
Zarcero ❽

Historische vindplaatsen en gebouwen
Instituto Clodomiro Picado ⓱
Monumento Nacional Guayabo blz. 104–105 ㉖
Universidad de Paz ❹

Koffieplantages
Café Britt ⓯
Finca Doka ❿

Nationale parken
Parque Nacional Braulio Carrillo ⓭

Parque Nacional Tapantí-Macizo la Muerte ㉔
Parque Nacional Volcán Irazú ㉘
Parque Nacional Volcán Poás ⓫
Parque Nacional Volcán Turrialba ㉗

Overig natuurschoon
Dierenpark Zoo Ave ❷
Genesis II ⓴
Jardín Botánico Lankester ⓳
Nevelwoudreservaat Los Angeles ❼
Orosi-vallei blz. 98–100 ㉓
Regen- en nevelwoudreservaat Bosque de Paz ❾
San Gerardo de Dota ㉑
Watervallenpark La Paz ⓬

Rondrit
La Ruta de los Santos blz. 97 ㉒

SYMBOLEN
═══ Pan-Amerikaanse snelweg
═══ Hoofdweg
─── Secundaire weg
┄┄┄ Binnenweg
─── Toeristische route
▬▬▬ Provinciegrens
△ Bergtop

Het weidse uitzicht op de hellingen van de Volcán Irazú

13 PARQUE NACIONAL
BRAULIO CARRILLO

0 km   10

ZIE OOK

• *Accommodatie* blz. 203–206

• *Restaurants* blz. 227–229

DIA

Río Sucio

Alto Palma

PARQUE NACIONAL
VOLCÁN TURRIALBA
27

*Volcán Turrialba
3340 m*

INSTITUTO
DOMIRO PICADO
17

*Volcán Irazú
3430 m*

28
PARQUE NACIONAL
VOLCÁN IRAZÚ

26
MONUMENTO
NACIONAL GUAYABO

samparados   Pacayas

TURRIALBA
25
CATIE

CARTAGO **18**

19 Paraíso   *Angostura-meer*

RDÍN BOTÁNICO
LANKESTER   Ujarrás   Cachí

*Hacienda
Atirro*

San
tóbal Sur   Orosí   **23** OROSI-VALLEI

Hacienda
Grano de Oro   Chirripó
Abajo

C A R T A G O

Tapantí

GENESIS II
20

24
PARQUE NACIONAL
TAPANTI-MACIZO
LA MUERTE

Río Pacuare

Pablo
eón Cortés

22 LA RUTA DE
LOS SANTOS

árcos
rrazú   Santa María
de Dota

Río Grande de Orosí

SAN GERARDO
DE DOTA
21

San Isidro
de El General

VERVOER

De internationale luchthaven Juan Santamaría, aan de
rand van Alajuela, ligt 1,5 km van de Pan-Amerikaanse
snelweg, de verbinding tussen de Centrale Hoogvlakte
en de Grote-Oceaankust. Een verkenning per auto is de
makkelijkste optie, maar er zijn weinig *rótulos* (wegwijzers) en u kunt gemakkelijk verdwalen. Ga 's avonds niet
rijden en wees bedacht op gaten, bochten en in de bergen
op mist. Tussen grotere plaatsen en bezienswaardigheden
rijden bussen, soms in onregelmatige diensten. Voor excursies, gidsen en transfers kunt u terecht in San José.

Gezicht op een stadje nabij Grecia

Alajuela ❶

Wegenkaart D3. 19 km NW van San José. 🏠 *43.000*. 🛬 🚍 🚆 *za*. 🎫 *Día de Juan Santamaría (11 april); Festival de Mangos (juli)*.

Deze bedrijvige marktplaats aan de voet van de Volcán Poás is de derde stad van Costa Rica. Alajuela wordt ook wel 'stad van de mango's' genoemd vanwege de mangobomen aan het hoofdplein, de Plaza del General Tomás Guardia. Een decoratieve fontein met cherubijnen vormt het middelpunt van dit plein, dat ook een muziektent en bankjes met schaakborden telt. De sobere **Catedral de Alajuela** met zijn classicistische façade steekt erboven uit. Interessanter is de **Iglesia Santo Cristo de la Agonía** (1935), een barokke kerk die vijf straten verderop staat en van binnen is voorzien van intrigerende muurschilderingen. De oude gevangenis, één straat ten noorden van de plaza, is nu het **Museo Cultural y Histórico Juan Santamaría**. Het

Iglesia Santo Cristo de la Agonía

brengt een eerbetoon aan de jonge tamboer die tijdens de oorlog van 1856 *(blz. 44–45)* William Walker's schuilplaats in brand stak en daarbij het leven liet (bel eerst als u de videofilm wilt zien). In het kleine park twee straten van de plaza vandaan staat een bronzen beeld van Santamaría, met zijn brandende toorts in de aanslag.

OMGEVING: Het **Flor de Mayo**-centrum ten zuidoosten van Alajuela fokt Buffons- en geelvleugelara's, bedreigde soorten die opnieuw in het wild worden uitgezet.

🏛 **Museo Cultural y Histórico Juan Santamaría**
Calles Central/2 en Avenida 3. 📞 *441-4775*. 🕐 *di–zo 10.00–18.00 uur*. 🎫 *di–vr*. ♿
🌐 www.museojuansantamaria.go.cr
🦋 **Flor de Mayo**
Río Segundo de Alajuela, 3 km ZO van Alajuela. 📞 *441-2658*. 🕐 *op afspraak*. 🎫 *donatie*. 🌐 *www. hatchedtoflyfree.org*

Dierenpark Zoo Ave ❷

Wegenkaart D3. Snelweg 3, La Garita, 3 km O van de Pan-Amerikaanse snelweg. 📞 *433-8989*. 🚆 *vanuit San José (za–zo om 8.00 uur) en Alajuela*. 🕐 *dag. 9.00–17.00 uur*. 🎫 ♿ 🍴 🚻 🌐 www.zooave.org

Op het 59 ha grote terrein van Zoo Ave is de grootste verzameling tropische vogels van Midden-Amerika bijeengebracht. Deze particuliere dierentuin is een van de twee in de wereld waar quetzals leven. In grote volières fladderen meer dan zestig inheemse vogelsoorten rond, zoals vijf van de zes verschillende toekans. U kunt er ook zoogdieren zien, waaronder herten, pekari's, poema's, tapirs en de vier inheemse apensoorten. Krokodillen, kaaimannen en slangen behoren tot de vele reptielsoorten. Tal van dieren hier werden in beslag genomen bij stropers of op een andere manier gered.

Een van de kooien in het dierenpark Zoo Ave

Zoo Ave heeft ook met succes bedreigde soorten als de Buffons- en geelvleugelara weten te fokken. (Het fokcentrum en de gewenningsterreinen zijn niet toegankelijk voor bezoekers.)

La Guácima ❸

Wegenkaart D3. 12 km Z van Alajuela. 🏠 *15.500*. 🚆

Deze uitgestrekte gemeente is bekend om de chique Los Reyes Country Club, waarvan november tot april polowedstrijden worden gehouden. De **Butterfly Farm** levert vlinderpoppen aan dierentuinen. In de met een net overspannen tropische tuin fladderen meer dan zestig inheemse vlindersoorten. De twee uur durende rondleiding biedt informatie over het leven van deze schubvleugeligen; kom op een zonnige ochtend, als de vlinders op hun actiefst zijn. Paardenliefhebbers gaan graag naar de in een buitenwijk gelegen **Rancho San Miguel**, waar Andalusische paarden gefokt worden en rijlessen gegeven. Er is ook een dressuurshow met lipizzaners in de stijl van de Spaanse Rijschool in Wenen.

🦋 **Butterfly Farm**
Guácima Abajo, 300 m ZO van Los Reyes Country Club. 📞 *438-0400*. 🕐 *dag. 8.30–17.00 uur*. 🎫 🚌 *8.45, 11.00, 13.00, 15.00 uur*. ♿ 🍴 🚻
🌐 www.butterflyfarm.co.cr
🦋 **Rancho San Miguel**
3 km N van La Guácima. 📞 *438-0849*. 🕐 *dag. 9.00–17.00 uur; reserveren*. 🎫 **Shows** *di, do en za om 19.30 uur*. 🍴

Het Museo Cultural y Histórico Juan Santamaría in Alajuela

Vlinders van Costa Rica

Costa Rica is met meer dan 1250 vlindersoorten een paradijs voor lepidopteristen. De vlinderpopulatie neemt vooral toe aan het begin van de regens (mei tot juli), wanneer de paaractiviteit op haar hoogtepunt is. De meeste soorten voeden zich met nectar, hoewel sommige een voorkeur hebben voor rottend fruit, vogeluitwerpselen of zelfs aas. Vlinders hebben allerlei manieren om roofdieren af te schrik-

Costaricaanse mottensoort

ken. Heliconiidae eten planten die cyanide bevatten, waardoor ze bitter smaken; met opvallende kleuren – zwarte strepen met wit, rood of geel – worden vijanden hiervoor gewaarschuwd. Andere vlinders hebben een groen-bruine schutkleur. Vlinders trekken ook: sommige van het hoog- naar het laagland, andere wel duizenden kilometers; zo vliegen de zwart-groene Uraniidae elk jaar van Honduras naar Colombia.

VLINDERFARMS
Hier kunt u door volières wandelen waar tientallen vlindersoorten foerageren en zich voortplanten. Sommige farms kweken ze voor de export.

Rupsen, larven van motten en vlinders, beginnen met eten zodra ze uit het ei zijn. Deze veelvraten beschikken over imposante camouflage- en afweermethoden. Vele soorten hebben giftige stekels, en eentje lijkt zelfs op een slang.

De rups maakt een cocon door zich aan een blad of een twijg te hechten en zijn lichaam te laten verharden. Sommige rupsen spinnen een cocon van zijdedraad, andere vormen een koker van blad. Na de verpopping komen ze tevoorschijn als vlinder.

SOORTEN VLINDERS
In Costa Rica komt tien procent van alle vlindersoorten ter wereld voor, variërend van glasvleugelvlindertjes met transparante vleugels tot de reuzen van de insectenwereld, zoals blauwe morpho's.

De morpho is een oogverblindende soort met iriserende vleugels die in beweging een felblauwe kleur aannemen. In feite zijn ze bruin, maar de kleine, gelaagde schubben op het bovenste deel van de vleugels creëren een illusie van blauw. Er zijn meer dan vijftig soorten van deze neotropische vlinder.

Vleugels van de morpho

Malachietvlinders veranderen tussen het natte en droge seizoen van grootte en kleur.

Veel pages, die voorkomen op open plekken en in bossen, hebben een 'staart'.

De achtervleugels van uilvlinders hebben elk een afschrikwekkend, geelgerand 'uilsoog'.

De rups van de postbodevlinder eet het giftige blad van de passiebloem, zodat hij voor roofdieren onaangenaam zal smaken.

Grecia's opvallende roestbruine kerk, de Iglesia de Grecia

Universidad de Paz ❹

Wegenkaart D3. 13 km W van Escazú. 🚌 naar Ciudad Colón, dan taxi. ☎ 205-9000. ☐ ma–vr 9.00–15.00 uur. 📷🎥📹 op afspraak. ♿ 🍴 do, vr, za. ⓦ www.upeace.org

De Universiteit voor de Vrede (UPAZ), een VN-instituut, ligt op een idyllisch terrein van 300 ha dat is geschonken door de eigenaars van Hacienda Rodeo, een veeboerderij met een reservaat. De universiteit, die werd opgericht in 1980, beoogt het bevorderen van de vrede door middel van onderzoek en onderwijs. In de botanische tuin op de campus staan borstbeelden van beroemde pacifisten als Mahatma Gandhi, Alexey Tolstoy en Henry Dunant, de oprichter van het Rode Kruis. *Peace Pilgrim*, een ontroerend werk van Fernando Calvo, is opgedragen aan Mildred N. Ryder (1908–1981), die dertig jaar lang voor de wereldvrede over de aardbol trad. Over een van de paden bereikt u het **Reserva Forestal el Rodeo**, een 12 km² groot primair-bosreservaat met herten, apen, katachtigen en meer dan 300 vogelsoorten.

Grecia ❺

Wegenkaart C3. 18 km NW van Alajuela. 🏠 14.000. 🚌

Deze vredige marktplaats, die werd gesticht in 1864, is onlangs uitgeroepen tot schoonste stad van het land. Grecia dankt zijn bekendheid aan de **Iglesia de Grecia**, die

geheel uit roestbruine stalen platen bestaat. De kerk heeft decoratief wit maaswerk en een mooi marmeren altaar. Vlak bij Grecia zijn in het themapark **World of Snakes** 300 soorten slangen te zien, waarvan de niet-giftige mogen worden opgepakt.

🐍 World of Snakes
1 km ZO van Grecia.
☎ 494-3700.
☐ dag. 8.00–16.00 uur.
📷🎥📹📹
ⓦ www. snakes-costarica.com

Sarchí ❻

Wegenkaart C3. 29 km NW van Alajuela. 🏠 11.000. 🚌 🛈 Plaza de la Artesanía, Sarchí Sur. 🎉 Festival de las Carretas (feb.).

Dit belangrijke kunstnijverheidscentrum ligt omgeven door koffievelden op de zuidflank van Volcán Poás.

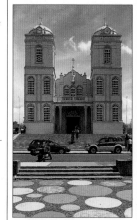

De Iglesia de Sarchí bevat fraaie beelden van lokale ambachtslui

De houten meubels, leren schommelstoelen en met geometrische en bloemmotieven beschilderde ossenkarren hebben Sarchí bekendgemaakt. In Sarchí Norte, het stadscentrum, staan witgepleisterde gebouwen met een zelfde soort motieven. Ga ook even kijken bij de roze-turquoise **Iglesia de Sarchí**; op een van de torens prijkt een ossenkarwiel, het handelsmerk van Sarchí. Veel kunstnijverheidszaken en *mueblerías* (meubelmakersateliers) liggen in Sarchí Sur, 1 km naar het oosten. Souvenirs kunt u kopen bij de **Fábrica de Carretas Joaquín Chaverrí** *(blz. 239)*. In de *tallers* (werkplaatsen) worden ossenkarren in verschillende maten gemaakt; het interessantst op dit gebied is de **Taller Eloy Alfaro**, de enige werkplaats van het land die nog traditioneel toegepaste karren maakt. Mijd Sarchí in het weekeinde, als er veel reisgezelschappen komen.

Handgemaakt krukje, Fábrica de Carretas Chaverrí

Fábrica de Carretas Joaquín Chaverrí
Sarchí Sur. ☎ 454-4411. ☐ dag. 8.00–18.00 uur. 🎥♿🍴📹
@ oxcarts@racsa.co.cr
Taller Eloy Alfaro
150 m N van Sarchí Norte. ☎ 454-4131. ☐ ma–do 6.00–17.00, vr 6.00–15.00 uur. 🎥♿

Nevelwoud-reservaat Los Angeles ❼

Wegenkaart C3. 32 km NW van Sarchí. ☎ 461-0301. 🚌 naar San Ramón, dan taxi. ☐ dag. 8.00–17.00 uur. 🎥🍴📹🌿
ⓦ www.villablanca-costarica.com

Dit 9 km² grote reservaat maakt het nevelwoud op een eenvoudige manier toegankelijk. Tussen de bomen weerklinkt de roep van diverse arassari's, klokvogels en drie soorten apen. Wilde katten sluipen door in mist gehulde bossen die in hoogte variëren van 700 tot 1800 m

De indrukwekkende bogengalerij in het Parque Francisco Alvardoa, Zarcero

en begaanbaar zijn via een dicht netwerk van paden van verschillende lengte en moeilijkheid. U kunt er ook paardrijden, wandelen met een gids of een boomkruintocht *(blz. 24–25)* maken (regencapes en paraplu's te leen).

Naast het reservaat ligt de voormalige melkveehouderij van Rodrigo Carazo Odio, die president was van 1978 tot 1982. De koloniale boerderij ligt op de continentale waterscheiding. Tegenwoordig zit hier het Villablanca Cloud Forest Hotel *(blz. 205)*. De kleine **La Mariana**-kapel heeft een plafond van beschilderde tegels die elk aan een vrouwelijke heilige zijn gewijd. Buiten heet het beeld van de zwarte heilige Martín de Porres u welkom.

Zarcero ❽

Wegenkaart C3. 22 km NW van Sarchí. 👥 *3800.* 🚌 🏛 *Feria Cívica (feb.).*

Dit rustige plaatsje op een hoogte van 1700 m ligt spectaculair te midden van groene weiden en beboste bergen. Het is bekend om zijn kaas, de zogenaamde *palmito.*

In het hart van de stad ligt de grootste trekpleister, het **Parque Francisco Alvardo**, een park met netjes onderhouden tuinen en vormsnoeiwerk. Sinds 1960 geeft hovenier Evangelisto Blanco de cipresstruiken allerlei bijzondere vormen: een kar

met os, een olifant (met gloeilampen als ogen), een helikopter en vliegtuig, een stierengevecht met matador en aanstormende stier en zelfs een aap op een motorfiets. Via het pad met een in art-nouveaustijl gesnoeide bogengalerij kunt u naar de witgepleisterde kerk met beschilderd interieur wandelen.

Regen- en nevelwoudreservaat Bosque de Paz ❾

Wegenkaart C2. 14 km O van Zarcero. ☎ *234-6676.* 🚌 *naar Zarcero, dan taxi.* ⏱ *dag. 9.00–16.00 uur; alleen op afspraak.* 🎟 🚗 ♿ 🌐 www.bosquedepaz.com

Diep in de vallei van de Río Toro op de noordhelling van de Volcán Platanar ligt dit 10 km² grote reservaat, dat de

verbinding vormt tussen het Parque Nacional Volcán Poás *(blz. 90)* en het afgelegen Parque Nacional Juan Castro Blanco. Paden van in totaal 22 km lengte leiden door primair en secundair bos, variërend van kletsnatte montane vegetatie tot hoger gelegen nevelwouden. De overvloedige regenval voedt een groot aantal watervallen en stroompjes die ruisend langs de kolibri- en vlindertuin lopen.

Op mooie dagen bieden de *miradores* (uitkijkpunten) grootse vergezichten en een kans om luiaards, wilde katten en brul-, doodshoofden slingerapen te zien. Meer dan 330 vogelsoorten, waaronder quetzals en drielelklokvogels, maken het park favoriet bij vogelaars.

Een rustieke lodge van hout en riviersteen *(blz. 204)* biedt maaltijden en accommodatie.

TRADITIONELE OSSENKARREN

De traditionele *carreta* (ossenkar), het symbool van Costa Rica, werd vroeger veel gebruikt om koffiebonen in te vervoeren. De aan weerszijden van een metalen as vastgemaakte wielen zijn 1,2–1,5 m in doorsnede en bestaan uit één stuk hout. Halverwege de 19de eeuw begon men de karren te beschilderen met gestileerde bloem- en stermotieven in felle kleuren. Metalen ringen moesten de naafdop verfraaien en de kar onder het rijden een uniek geluid bezorgen. Hoewel hij nog steeds op de traditionele manier wordt vervaardigd, heeft de *carreta* tegenwoordig een puur decoratieve functie; zo worden miniatuurversies gebruikt als drankkabinet.

Handbeschilderde ossenkar, Sarchí

Uitgestrekte koffieplantage van de Finca Doka

Finca Doka ⑩

Wegenkaart D3. Sabanilla de Alajuela, 11 km N van Alajuela. 🚌 *vanuit Alajuela.* 📞 *449-5152.* 🕐 *ma–vr 8.00–17.00 uur, za–zo 8.00–16.00 uur.* 🗓 *dag. 9.00, 10.00, 11.00, 13.30 en 14.30 uur; reserveren aanbevolen.* 🔌 🖥 🏪 W *www.dokaestate.com*

Deze koffieplantage aan de voet van de Volcán Poás werd aangelegd door koopman Clorindo Vargas in 1929 en is nog steeds eigendom van de familie Vargas. Met haar 15 km² koffiestruiken biedt de *finca* werk aan 200 vaste krachten en in de oogsttijd (van oktober tot februari) aan nog eens 3000 seizoenarbeiders.
De finca, die haar koffiebonen op de traditionele manier – in de zon – te drogen legt, vertelt bezoekers graag meer over de teelt en de verwerking van de bonen (*blz. 30–31*). De rondleiding door de *beneficio*, een uit 1893 stammend gebouw dat onlangs is uitgeroepen tot nationaal monument, begint met een verrukkelijke koffieproeverij. Vervolgens krijgt u de verschillende stadia in het productieproces te zien, met als laatste het branden van de koffie in een speciale ruimte. Het uitzicht op de berghellingen en de vallei beneden is fantastisch. Een klein, nabijgelegen hotel kan accommodatie bieden (*blz. 205*).

Parque Nacional Volcán Poás ⑪

Wegenkaart D1. 37 km N van Alajuela. 🚌 *vanuit Alajuela en San José.* 📞 *482-2165.* 🕐 *mei–nov. dag. 8.00–15.30 uur; dec.–april dag. 8.00–16.30 uur.* 🌑 *bij vulkanische activiteit.* 🗓 🔌 🖥 🏪 🖼

Het populairste nationale park van Costa Rica werd geopend op 25 januari 1971. Midden in het park ligt de Volcán Poás (2700 m), een rusteloze gigant die ruim 1 miljoen jaar geleden is ontstaan en soms gassen uitstoot. De activiteit bereikt eens in de veertig jaar een hoogtepunt.
Het bergdorp **Poasito** vormt de toegang tot het park. Na een schitterende rit langs koffievelden, moestuinen en weiden met melkvee, waarbij het uitzicht op de vallei in de diepte spectaculair is, bereikt u de top van de vulkaan. Van de parkeerplaats is het nog vijf minuten lopen over een verhard pad naar de rand van een van 's werelds grootste actieve kraters. Het uitzicht op het hart van de sissende, stomende caldeira (ingestorte krater, *blz. 153*), 300 m diep en 1,6 km breed, dwingt ontzag af. In de krater liggen een zuurhoudend turquoise meer, zwavelrijke fumarolen en een 75 m hoge kegel die rond 1950 is ontstaan. Op heldere dagen reikt

Toekans in het Parque Nacional Volcán Poás

het zicht soms helemaal tot aan de Caribische Zee en de Grote Oceaan.
Er zijn ook twee kleinere, slapende kraters. De **Von Frantzius-kegel**, ten noorden van de actieve krater, is ontstaan doordat de oorspronkelijke top werd weggeblazen.
De zuidwestelijke **Botoskegel** bevat het jadekleurige **Botos-meer**. Het pad erheen voert langs bossen met dwergmirte, magnolia's en laurier overdekt met bromelia's en mossen. Er zijn meer dan tachtig vogelsoorten aangetroffen, waaronder Irazú-kolibries, smaragdarassari's en quetzals, maar ook zoogdieren als de margay en de Poás-eekhoorn, die nergens anders ter wereld voorkomen.
In het nationale park zijn ook faciliteiten als een expositieruimte waar audiovisuele presentaties worden gegeven (zondag).
Doorgaans komt de bewolking halverwege de ochtend op, dus kunt u het beste vroeg komen.
Neem warme kleding mee; bij de top is de temperatuur gemiddeld 12° C, en op bewolkte dagen is het er ijskoud. Kom als het even kan door de week – in het weekeinde bevolken Costaricanen met schetterende radio's het park. Touroperators organiseren begeleide excursies door het park.

Het Botos-meer in de slapende vulkaan, Parque Nacional Volcán Poás

◁ **Uitzicht op de majestueuze krater van de Volcán Poás**

Watervallenpark La Paz ⑫

Wegenkaart D2. Montaña Azul, 24 km N van Alajuela. ☎ 482-2720. 🚌 vanuit San José. ⏰ 8.30–17.00 uur; laatste toegang: 16.00 uur. 🎫 🎫 🍴 🏪 ⬧ Ⓦ www.waterfall gardens.com

De grote trekpleister van dit veelzijdige park zijn de vijf watervallen die zich met oorverdovend geraas in de beboste ravijnen op de helling van de Volcán Poás storten. Verharde paden leiden door het ongerepte woud naar de cascaden beneden, waar de toeschouwers op de platforms besproeid worden met waternevel. Sommige watervallen zijn alleen te bereiken via metalen trappen, waarna weer een stevige klim heuvelopwaarts wacht.

Op het landschappelijk ingerichte terrein vindt u een **Kolibrietuin**, waar 26 soorten van dit gonzende vogeltje voorkomen. Educatieve borden bieden informatie. De **Vlindertuin**, die is overspannen met een ruim 100 m lang net, wordt bevolkt door 4000 vlinders. In een aangrenzend laboratorium kunt u deze prachtige insecten uit hun cocon zien kruipen. Ook de vogelexcursies onder leiding van bekende ornithologen trekken veel bezoekers. De veranda van het parkrestaurant biedt een prachtig uitzicht over de vallei en het woud. In de Peace Lodge is luxueuze accommodatie te huur *(blz. 206)*.

De Vlindertuin in Watervallenpark La Paz

Water mengt zich met een zwavelstroom, Parque Nacional Braulio Carillo

Parque Nacional Braulio Carrillo ⑬

Wegenkaart D2. Snelweg Guápiles, 20 km N van San José. 🚌 San José–Guápiles. 🏠 parkwachterskantoor Zurquí, snelweg 32, 268-1038. ⏰ di–zo 8.00–16.00 uur. 🎫 ⬧

Dit uitgestrekte park van 480 km², dat is vernoemd naar Costa Rica's derde president, verheft zich van het noordelijke laagland bij La Selva, op 36 m, tot de top van de Volcán Barva, op 2900 m. Dwars door het park loopt de Guápiles-snelweg, die San José verbindt met Puerto Limón. De aanleg van de weg vormde de aanleiding voor de creatie van dit park, dat het belangrijkste neerslaggebied bij San José moest beschermen. Ondanks de nabijheid van de stad is het een van de meest ongerepte parken van het land, met een dichte laag regenwoud. Vijf zones, waaronder een met nevelwoud, vormen het leefgebied van een gevarieerde fauna: 135 zoogdiersoorten, 500 vogelsoorten, en slangen.

De hoofdingang ligt bij het parkwachterskantoor **Zurquí**, vanwaar een kort pad naar een uitkijkpunt leidt. De gemakkelijkste wandeltochten beginnen bij het parkwachterskantoor **Quebrada González**, 13 km noordwaarts, vlak bij de Regenwoudkabelbaan

Margay in het Parque Nacional Braulio Carrillo

(blz. 159). De mooiste wandelingen voeren langs de top van de Volcán Barva, aan de westkant van het park. U komt er met een jeep via het parkwachterskantoor **Puesto Barva** boven Sacramento. Hier begint een pad naar de krater.

De in slaap verzonken Barva heeft drie vulkanische toppen die bestaan uit minstens dertien eruptieve kegels, veelal gevuld met meren. Bij het Danta- en Barva-meer komen regelmatig tapirs. Ervaren wandelaars kunnen een meerdaagse tocht maken over de langere paden die afdalen via de kloven op de noordhelling. Er zijn geen faciliteiten en een goede uitrusting is essentieel.

Er hebben zich overvallen en diefstallen uit auto's voorgedaan op de parkeerplaatsen bij het begin van de paden. Wandelaars dienen zich zowel bij vertrek als terugkeer te melden bij een parkwachterskantoor. Touroperators in San José kunnen excursies organiseren. Op de zuidhelling ligt het reservaat Cerro Dantas met het **Ecologisch Centrum Cerro Dantas**, dat studieprogramma's en wandelingen organiseert.

🥾 **Ecologisch Centrum Cerro Dantas**
35 km N van Heredia. ☎ 274-1997. ⏰ dag. 6.00–16.00 uur. 🎫 reserveren. 🍴 ⬧ Ⓦ www.cerrodantas.co.cr

Gebrandschilderd raam in La Imaculada Concepción, Heredia

Heredia ⑭

Wegenkaart D3. 11 km NW van San José. 🚗 *42.500.* 🚌 📅 *op afspraak.* 🚌 *za.* 🎭 *Paasprocessie in San Joaquin de Flores (maart/april).*

D e rustige, ordelijke stad Heredia, die in 1706 werd gesticht, heeft een centrum met een paar belangrijke koloniale gebouwen en een bruisend studentenleven; er is een dependance van de Universiteit van Costa Rica *(blz. 71)* gevestigd. Het Parque Nicolas Ulloa, in de volksmond Parque Central, vormt het middelpunt van Heredia. In de schaduw van grote mangobomen staan tal van borstbeelden en monumenten. Het park wordt beheerst door de plompe, verweerde kathedraal **La Parroquia de la Imaculada Concepción**. Deze kerk (1797) heeft een driehoekig fronton, mooie gebrandschilderde ramen en een tweekleurige marmeren vloer. Op het plein van het gemeentehuis, ten noorden van het Parque Central, staat het *Monumento Nacional a la Madre*, een ontroerend bronzen beeld van een moeder met kind door Miguela Brenes. Het koloniale **Casa de la Cultura**, naast de Municipalidad, is de voormalige residentie van president Alfredo González Flores (1877–1962). U vindt er nu een galerie en een klein museum. In de nabijheid staat **El Fortín**, een interessant rond fort uit 1876.

OMGEVING: Een grote attractie in Santa Barbara de Heredia, ten noordwesten van Heredia, is de **Ark Herb Farm** met 8 ha boomgaarden en tuinen. Men kweekt er geneeskrach-

tige kruiden voor de export. De Josefino's maken graag een uitstapje naar de steile hellingen van de Volcán Barva vanwege de zuivere lucht en de rust. In **Monte de la Cruz**, een reservaat met paden, zijn chalets in cipressen- en dennenwouden te huur. **Hotel Chalet Tirol** *(blz. 205)* organiseert een internationaal muziekfestival (juli–aug.). **INBioparque**, ten zuidoosten van Heredia, heeft een expositie over biodiversiteit.

🏛 **Casa de la Cultura**
Calle en Avenida Central.
🎫 *260-1619.*
📅 *dag. 9.00–21.00 uur.*

🌿 **Ark Herb Farm**
Santa Barbara de Heredia, 5 km NW van Heredia. 🎫 *846-2694.* 📅 *dag. 9.00–16.00 uur, op afspraak.* 📷 🎫 *9.30 uur, op afspraak.* 🅿
W www.arkherbfarm.com

🌿 **INBioparque**
5 km ZO van Heredia. 🎫 *507-8107.*
📅 *dag. 8.00–18.00 uur; laatste toegang: 16.00 uur.* 📷 🎫 🍴
🅿 W www.inbio.ac.cr

Tropische bloemen bewonderen in de Ark Herb Farm, Heredia

Café Britt ⑮

Wegenkaart D3. Santa Lucía, 1 km N van Heredia. 🎫 *260-2748.* 🚌 *georganiseerde excursies vanuit San José.* 📷 🎫 *verplicht; 15 dec.–april 9.00, 11.00 en 15.00 uur; mei–15 dec. 11.00 uur.* **Concerten, lezingen, films.** ♿ 🍴 🅿
W www.coffeetour.com

D eze *beneficio* is een Mekka voor koffiedrinkers en een drukbezochte toeristische attractie. In de fabriek worden heerlijke koffiesoorten gebrand en verpakt. 'Campesinos' gespeeld door gekostumeerde acteurs geven er een onderhoudende rondleiding. U krijgt een fictief, maar boeiend liefdesverhaal voorgeschoteld, en een interessant informatief gedeelte over de geschiedenis en het productieproces van de boon tot het kopje. Na een wandeling over de plantage wordt u door de verpakkingsfaciliteit geleid, waar een verleidelijk aroma in de lucht hangt. Een multimediapresentatie onderstreept het belang van koffie voor de democratie in Costa Rica, waarna het bezoek wordt besloten in de koffiebar.

Een etiket van Café Britt

Barva ⑯

Wegenkaart D3. 3 km N van Heredia. 🚗 *4900.* 🚌 *vanuit Heredia.* 🎭 *Festival de San Bartolomé (24 aug.).*

D eze nostalgische plaats, een van de oudste van het land, werd gesticht in 1613 onder de naam San Bartolomé de Barva. In het aan de voet van de vulkaan Barva gelegen stadje staat een groot aantal eenvoudige adobehuizen met rode pannendaken uit de 18de eeuw. Aan het bloemrijke plein uit 1913 staat de **Iglesia de San Bartolomé de Barva** uit 1867, gebouwd op de plek van een oude indiaanse begraafplaats. Twee eerdere kerken hier werden geveld door aardbevingen. Ernaast ligt een grot, die is gewijd aan de Maagd van Lourdes. Het **Museo de Cultura Popular**, aan de rand van Barva, schetst een beeld van het leven in de 19de eeuw aan de hand van historische voorwerpen. Oud-president Alfredo González Flores woonde ooit in dit gebouw. U kunt het adobemetselwerk, een mengsel van mest en stro, goed bekijken. In de keuken worden maaltijden bereid.

🏛 **Museo de Cultura Popular**
Santa Lucía de Barva, Z van Barva.
🎫 *260-1619.* ⬜ *ma–vr 9.00–16.00 uur, za–zo 10.00–17.00 uur.*

Instituto Clodomiro Picado ⓱

Wegenkaart D3. Dulce Nombre de Coronado, 8 km NO van San José. 🎫 *229-0344.* 🚌 *vanuit San José.* ⬜ *ma–vr 8.00–16.00 uur; alleen groepen op afspraak.* ♿
W *www.icp.ucr.ac.cr*

Dit instituut, plaatselijk ook wel 'de slangenmelkerij' genoemd, moedigt bezoekers aan om hun kennis over slangen te vergroten en hun fascinatie voor reptielen te bevredigen. De Nicaraguaanse professor Clodomiro Picado Twight (1887–1944) was een pionier in het onderzoek naar serums, immunisering en vaccinatie. Het naar hem genoemde instituut is een van 's werelds belangrijkste onderzoekscentra op het gebied van slangengif. Ook giftige kikkers en wespen maken deel uit van het onderzoek. U kunt zien hoe er gif wordt 'gemolken' bij

Het bord voor het Instituto Clodomiro Picado, de 'slangenmelkerij'

een *terciopelo* (lanspuntslang). In het serpentarium zullen in de toekomst wespen, schorpioenen en achttien giftige slangensoorten te zien zijn.

Cartago ⓲

Wegenkaart D3. 21 km O van San José. 🚹 *60.000.* 🚌 🎉 *Corpus Christi (mei/juni); Día de Nuestra Señora de la Virgen de los Ángeles (2 aug.).*

De oudste stad van het land en de oorspronkelijke hoofdstad van de kolonie werd in 1563 gesticht door de Spaanse gouverneur Juan Vásquez de Coronado *(blz. 42).* De naar het legendarische Carthago vernoemde stad verloor zijn status aan San José na de Slag bij Ochomogo in 1823. Bij een uitbarsting van de Irazú in 1723 werd hij volledig verwoest en de meeste hierna gebouwde koloniale gebouwen werden geveld bij de aardbevingen van 1841 en 1910. Het huidige agro-industriële centrum heeft dan ook geen bijzondere aantrekkingskracht. Desalniettemin is Cartago het

Orchidee in de Jardín Botánico Lankester

religieuze centrum van het land, met de Byzantijnse **Basilica de Nuestra Señora de los Ángeles** *(blz. 94–95),* die is gewijd aan de beschermheilige van Costa Rica ('La Negrita'). De ruïnes van de **Iglesia de la Parroquia** (1575), in het park naast het streng ogende hoofdplein, vormen een zichtbare herinnering aan de aardbeving van 13 april 1910. De kerk werd in totaal viermaal herbouwd.

Jardín Botánico Lankester ⓳

Wegenkaart D3. 6 km O van Cartago. 🎫 *552-3247.* 🚌 *vanuit Cartago.* ⬜ *dag. 8.30–16.30 uur.*
📷 ♿ 🚻

De universiteit van Costa Rica gebruikt ze sinds 1973 om onderzoek te doen, maar deze weelderige tuinen bestaan al sinds 1917. Ze werden aangelegd door tuinder en koffieplanter Charles Lankester West. Op een terrein van 11 ha staan bijna 3000 neotropische soorten, ingedeeld naar plantenfamilie. Het hoogtepunt is de kleurige orchideeëncollectie – bestaande uit 1100 soorten – die verspreid over de hele tuin groeit. De beste tijd om ze te bekijken is in het droge seizoen van februari tot april. Paden slingeren zich door een bamboetunnel, een premontaan bos, een tuin met medicinale planten, een vlindertuin en een cactustuin. Bij aankomst krijgen de bezoekers een inleidend praatje.

De verweerde ruïnes van de Iglesia de la Parroquia, Cartago

Cartago: Basilica de Nuestra Señora de los Ángeles

Detail op een pilaar

De kathedraal Onze-Lieve-Vrouwe van de Engelen, genoemd naar de nationale beschermheilige La Negrita, is Costa Rica's belangrijkste kerk. Volgens de legende vond het indianenmeisje Juana Pereira op 2 augustus 1635 het beeldje van een donkergetinte Maagd Maria op een rots. Het beeldje werd tweemaal veilig opgeborgen, maar keerde beide malen op mysterieuze wijze terug naar de rots. Op de plaats bouwde men een basiliek, die in 1926 bij een zware aardbeving werd verwoest en in 1929 herbouwd. Het is een imposant gebouw in Byzantijnse stijl met een sierlijke façade en een achthoekige koepel. Onder de basiliek ontspringt een bron, waarvan het water als genees-krachtig wordt beschouwd.

Zijaltaren
De altaren aan de zijkant bevatten schrijnen voor hei-ligen als San Antonio de Padua, San Cayetano, San Vicente de Paul en de zwarte heilige Benito de Palermo. Er staan ook levensgrote beelden van Jezus, Maria en Jozef.

★ La Negrita
Dit 20 cm hoge beeldje van Maria, dat de aanleiding voor de bouw van de kerk zou zijn geweest, staat in een schrijn boven het hoofdaltaar. De schrijn is verguld en bezet met edelstenen.

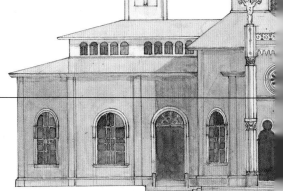

Façade
Bogen in moorse stijl en gecanneleerde zuiltjes met engelen sieren de façade.

BEDEVAART VOOR LA NEGRITA

Elk jaar op 2 augustus lopen vrome Costaricanen mee in de processie op de Día de Nuestra Señora de la Vir-gen de los Ángeles. Duizenden begeven zich van San José naar Cartago, een afstand van 24 km – vaak een groot deel van de weg kruipend of kruisen torsend. Daar aangekomen dalen de gelovigen af naar de Cripta de la Piedra om de rots aan te raken en heilig water uit de onderaardse bron te scheppen; het beeldje van La Negrita wordt in processie door de stad gedragen.

Pelgrims en toeristen voor de kerk

Plafond
De achthoekige, gelambriseerde koepel vormt het middelpunt van het houten plafond. Door de vensters rondom stroomt het zonlicht naar binnen, wat een gewijde sfeer creëert.

TIPS VOOR DE TOERIST

Calles 14/16 en Avenidas 2/4, Cartago. 551-0465. vanuit San José (Calle 5 en Avenidas 18/20). dag. 6.00–19.00 uur. dagelijks regelmatig diensten.

De muren zijn van gegalvaniseerd staal met een cementlaag.

★ Schip
Het sierlijke interieur in de vorm van een dubbel kruis bestaat geheel uit hardhout beschilderd met decoratieve witte bloempatronen. De parabolische bogen steunen op houten zuilen met een klaverbladornament.

De Cripta de la Piedra (Crypte van de Rots) bevat de rots waarop het beeldje van La Negrita zou zijn aangetroffen. Via een helling achter in de basiliek bereikt u deze ruimte vol votiefgeschenken.

STERATTRACTIES

★ **Schip**

★ **La Negrita**

Gebrandschilderd raam
De basiliek telt een aantal fraaie vitrales *(gebrandschilderde vensters) met bijbelse taferelen. De mooiste bevinden zich in de sacristie (zuidoosthoek) en tonen Jezus met verschillende heiligen.*

Het particuliere reservaat Genesis II beschermt dichte nevelwouden

Genesis II ⑳

Wegenkaart D3. La Damita, 35 km Z van Cartago. 📞 381-0739. 🚐 naar Km 58, dan lopen of jeep. 🕐 24 uur. 🖼🚹 reserveren. 🔗 Ⓐ Ⓦ www.genesis-two.com

Dit particuliere reservaat naast het Parque Nacional Tapantí-Macizo la Muerte (*blz. 101*) beschermt 38 ha dicht nevelwoud op een hoogte van 2350 m. Laaghangende wolken onttrekken de op eiken groeiende bromelia's, varens en tere orchideeën aan het zicht. Het 19 km lange netwerk van paden biedt wandelaars een goede kans om rolstaartberen, luiaards en apen te zien, en met wat geluk ook ocelotten en andere wilde katten en verschillende soorten slangen, hagedissen en kikkers. Quetzals pronken met hun schitterende groen-rode verentooi; meer dan 200 vogelsoorten maken Genesis tot een paradijs voor vogelaars. Het **Talamanca Treescape** biedt de mogelijkheid om langs een stalen kabel boven het bladerdak te glijden.
Zorg voor een warme jas en regenkleding. U kunt het beste overnachten in de rustieke lodge (*blz. 204*), maar dagjesmensen zijn ook welkom.

OMGEVING: De **Finca Eddie Serrano** (*blz. 205*), een tegen de helling gebouwde boerderij met fraai uitzicht, heeft een grote populatie quetzals. U kunt overnachten in leuke blokhutten.

San Gerardo de Dota ㉑

Wegenkaart D4. 9 km W van de Pan-Am. snelweg bij Km 80. 🚹 1000. 🚐 naar Km 80, dan lopen of transfer door een hotel in San Gerardo.

San Gerardo de Dota is een van de beste plaatsen van Costa Rica om quetzals te zien. Deze kleine gemeenschap ligt verscholen op de bodem van een diepe vallei die de Río Savegre heeft uitgesleten. Vanaf de Pan-

Savegre Berghotel & Biologisch Reservaat, San Gerardo de Dota

Amerikaanse snelweg daalt u af over een kronkelweg naar het plaatsje, dat in 1954 werd gesticht door Efraín Chacón en zijn familie. Tegenwoordig beschermt het reservaat van de Chacóns, het **Savegre Berghotel & Biologisch Reservaat**, 400 ha nevelwoud. Op het terrein staat het Quetzal Education Research Complex, een onderzoekscentrum voor quetzalecologie dat deel uitmaakt van de Southern Nazarene University in Oklahoma. Van april tot mei, het broedseizoen, zijn de quetzals het talrijkst. In totaal leven hier 170 verschillende vogelsoorten. Reizigers die de moeite nemen om af te dalen naar San Gerardo, worden beloond met spectaculaire natuur, zuivere lucht en een weldadige rust. In de door velden omgeven boomgaarden groeit allerlei fruit.
Het woud wordt doorsneden door 35 km aan paden. U kunt ook een begeleide trektocht maken van de Cerro Frío (3450 m) naar San Gerardo de Dota (2200 m) of langs de van regenboogforellen vergeven rivier wandelen.

🍴 **Savegre Berghotel & Biologisch Reservaat**
📞 740-1028. 🖼 🖥 🔗
Ⓦ www.savegre.co.cr

La Ruta de los Santos ㉒

Ten zuiden van San José loopt de Cerro de Escazú tussen Desamparados en Aserrí abrupt omhoog. Vandaar slingert de weg zich langs San Gabriel, San Pablo de León Cortés, San Marcos de Tarrazú, Santa María de Dota en San Cristóbal Sur in het door steile hellingen omgeven koffiegebied Tarrazú. Deze nog onontdekte plaatsjes, genoemd naar de heiligen Gabriël, Paulus, Marcus, Maria en Christoffel, hebben hun naam gegeven aan een schitterende route over groene hoogvlakten en valleien: de Ruta de los Santos.

TIPS VOOR DE AUTOMOBILIST

Lengte: *153 km.*
Rustpunten: *Een leuke plek om onderweg een hapje te eten is de charmante Bar Restaurante Vaca Flaca; La Casona de Sara in Santa María serveert stevige maaltijden* (blz. 228).
Informatie: *Beneficio Coopedota* ☎ *541-2828. Beneficio Coopetarrazú* ☎ *546-6098.*

Desamparados ①
Dit plaatsje wordt beheerst door een mooie kerk in classicistische stijl.

Aserrí ②
De bergen boven Aserrí bieden schitterend uitzicht op de vallei en de vulkanen Barva, Irazú en Turrialba.

San Cristóbal Sur ⑦
Hier staat de boerderij waar José Figueres *(blz. 47)* de revolutie van 1948 voorbereidde, die zou uitmonden in een burgeroorlog.

Santa María de Dota ⑥
Op de plaza van dit stadje staat een granieten gedenkteken voor de gevallenen uit de burgeroorlog van 1948. Beneficio Coopedota leidt bezoekers rond op zijn plantage (reserveren).

San Gabriel ③
Dit stadje op een uitloper boven de Río Tarrazú wordt beheerst door een witte kerk met koepeldak.

San Pablo de León Cortés ④
De Iglesia de San Juan de la Cruz uit 1997 verheft zich boven de plaza van dit koffiestadje.

SYMBOLEN

- Route
- Snelweg
- Andere weg
- Uitkijkpunt

San Marcos de Tarrazú ⑤
Dit centrum van de koffieteelt kan bogen op een mooie kerk. Reserveer voor een bezoek aan de koffiefabriek Beneficio Coopetarrazú.

De Orosi-vallei ㉓

Ten zuiden van Cartago daalt het hoogland abrupt af naar de Orosi-vallei, een brede kloof die in het zuiden wordt begrensd door het Talamanca-gebergte. De Río Reventazón voert het water uit de vallei af naar het Lago de Cachí, dat ook wordt gevoed door beken en andere rivieren die donderend uit de heuvels tevoorschijn komen. Koffiestruiken met glanzende blaadjes bedekken de vallei. Dit voormalige koloniale centrum telt twee van de oudste gewijde plaatsen van het land. De ruïnes van de 17de-eeuwse kerk in het dorpje Ujarrás, aan de rand van het meer, vormen het hoogtepunt van een bezoek aan de vallei. In het gehucht Orosi staat de oudste kerk van Costa Rica. U kunt in een halve dag rond de vallei rijden via snelweg 224, die de meeste bezienswaardigheden passeert.

De sluizen in de stuwdam aan het Lago de Cachí

Mirador de Orosi
Deze mirador (uitkijkpunt) van het ICT (Instituto Costarricense de Turismo) biedt een prachtig uitzicht over de vallei en picknicktafels in een veld vol gonzende kolibries.

CARTAGO

Mirador Ujarrás

Paraíso

224   224

Mirador de Orosi
Sanchirí

Río Aguacaliente

Orosi

224

Río Ma

Orosi
Het schilderachtige gehucht Orosi, ingebed in heuvels met koffieplantages en watervallen, is bekend vanwege de koloniale Iglesia de San José de Orosi met zijn kleine museum voor religieuze kunst. Er zijn ook een aantal warme minerale bronnen, de balnearios (blz. 100).

SYMBOLEN

 Hoofdweg

 Andere weg

 Pad

 Uitkijkpunt

 Bootverhuur

 Kampeerterrein

TIPS VOOR DE TOERIST

Wegenkaart D3. Cartago. 🏛 *14.000.* 🚌 *elk uur van Cartago naar Orosi. Er rijden ook bussen naar Cachí via Ujarrás.* 🚏 *533-3333 (Orosi Tourism); 533-3082 (MINAE).* 🎭 *Romería Virgen de la Candelaria (3de zo april); Koloniale Toeristenmarkt Orosi (sept.).* **La Casona de Cafetal** ◐ *dag. 11.00–18.00 uur.* ♿ **Parque de Purisil** ◐ *dag. 8.00–17.00 uur.*

Ujarrás

De overstroming van 1833 had dit dorp bijna weggevaagd. Hier bevinden zich de ruïnes van de beroemde Iglesia de Nuestra Señora de la Limpia Concepción (1693) (blz. 100).

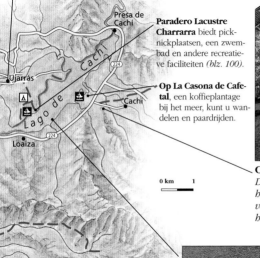

Paradero Lacustre Charrarra biedt picknickplaatsen, een zwembad en andere recreatieve faciliteiten *(blz. 100).*

Op La Casona de Cafetal, een koffieplantage bij het meer, kunt u wandelen en paardrijden.

0 km   1

Casa el Soñador

Dit is het huis van de beroemde houtsnijdersfamilie Quesada – versierd met hun eigen naïeve houtsnijkunst (blz. 100).

Lago de Cachí

Dit meer, ontstaan bij de indamming van de Río Reventazón (blz. 100), trekt vanwege zijn forelpopulatie veel vissers.

Het Parque de Purisíl, een recreatief park hoog boven de Orosi-vallei, is fraai aangelegd met watervallen en alpine planten. Het nevelwoud wordt doorkruist door wandelpaden en in de meertjes kan op forel worden gevist.

De Orosi-vallei verkennen

Houtsnijwerk, Iglesia de San José de Orosi

De eerste kolonisten trokken in 1564 naar de vallei van de Río Reventazón om de Cabécar te bekeren, een indianenvolk met een *cacique* (opperhoofd) genaamd Orosi. De vallei groeide algauw uit tot een religieus centrum. Veel bezoekers komen voor de koloniale overblijfselen, maar het landschap is niet minder aantrekkelijk; snelweg 224 brengt een stijgend aantal toeristen naar dit gebied.

In de Iglesia de San José de Orosi overheersen hout en terracotta

Ujarrás

13 km ZO van Cartago.
In Ujarrás, een gehucht aan de rand van het Lago de Cachí, liggen de ruïnes van de **Iglesia de Nuestra Señora de la Límpia Concepción**, een kerk uit 1693. Hij is omgeven door een tuin vol tropische bloeiende planten. Er heeft een oudere schrijn gestaan, La Parroquia de Ujarrás. Volgens de legende vond een bekeerde indiaan op een dag een houten kist met een beeld van de Maagd Maria. Hij bracht het beeld naar Ujarrás, maar daar werd het plotseling zo zwaar dat zelfs een groepje mannen het niet meer kon optillen. De priester, die dit als een teken van God opvatte, liet op die plaats een kerk bouwen. Toen het gebied in 1666 werd aangevallen door piraten onder leiding van Henry Morgan, baden de bewoners om redding. De Spaanse gouverneur Juan Lopez de la Flor en zijn soldaten slaagden erin de piraten te verjagen en bouwden ter ere van de Virgen del Rescate de Ujarrás (Maagd van de Redding) een kerk. Bij de overstroming van 1833 raakte deze beschadigd. Elke derde zondag van april wandelen pelgrims ter ere van de Maagd het 6 km verder gelegen Paraíso naar de kerk.

Orosi

8 km Z van Paraíso. 🏠 8862.
Balnearios Termales Orosi 📞 533-2156. ⏰ wo–ma 7.30–16.00 uur. 🏖
🍴 **Museo de Arte Religioso**
📞 533-3051. ⏰ di–zo 9.00–12.00 en 13.00–17.00 uur. 🏖 🚻 🏠 🚫
Dit dorpje op de oever van de Río Grande de Orosi is een centrum voor de koffieteelt. Uit de rotsen stromen warme minerale bronnen. U kunt van het water genieten in de keurige bassins van de **Balnearios Termales Orosi**.

De ruïne van de Nuestra Señora de la Límpia Concepción, Ujarrás

De trots van het dorp is de mooi bewaard gebleven **Iglesia de San José de Orosi**, de oudste kerk van Costa Rica die nog in gebruik is. Het witgepleisterde gebouw met zijn solide klokkentoren werd gebouwd door franciscaner monniken in 1743–1766. Ondanks de eenvoudige adobeconstructie heeft het een aantal aardbevingen doorstaan. Het interieur, met balkenplafond en tegelvloer, bevat een eenvoudig verguld altaar. Het franciscanenklooster naast de kerk is nu het **Museo de Arte Religioso**, met 300 jaar oude meubelen en religieuze afbeeldingen. De meeste objecten – schilderijen, beelden en altaarstukken – komen uit Mexico en Guatemala.

🌿 Lago de Cachí

Paradero Lacustre Charrarra
2 km O van Ujarrás. 📞 574-7557.
⏰ dag. 8.00–17.00 uur. 🏖 🚻 🍴
@ charrarralfacom@racsa.co.cr
Casa el Soñador 8 km O van Orosi.
📞 577-1186. ⏰ dag. 9.00–18.00 uur.
Dit enorme meer is ontstaan tussen 1959 en 1963, toen het Costaricaans Instituut voor Elektriciteit een dam aanlegde in de Río Reventazón. Het water voor de hydro-elektrische turbines wordt weggesluisd via de Presa de Cachí (stuwdam). Bezoekers kunnen kano- en kajakvaren op het meer (wend u tot de plaatselijke touroperators).
De **Paradero Lacustre Charrarra**, een recreatiecomplex van het nationale toeristenbureau, biedt boot- en paardrijtochten.
Op de zuidelijke oever ligt het **Casa el Soñador** ('dromershuis'), het uit bamboe en hout opgetrokken huis van de beeldhouwer Macedonio Quesada Valerín (1932–1994). De gesneden figuren die uit het bovenraam leunen, stellen de lokale roddelaarsters voor. Er is ook een bas-reliëf van Leonardo da Vinci's *Laatste avondmaal*. Macedonio's zonen houden de familietraditie in stand en vervaardigen wandelstokken, heiligenbeelden en siervoorwerpen van koffieplantwortels. In de galerie is lokale kunst te zien.

Waterval in het Parque Nacional Tapantí-Macizo la Muerte

Parque Nacional Tapantí-Macizo la Muerte ㉔

Wegenkaart D3. 9 km Z van Orosi. 📞 771-3297. 🚌 naar Orosi, dan jeeptaxi. ⭕ dag. 7.00–17.00 uur. 🖼 ✍

Ten zuiden van de Orosi-vallei ligt het weelderig groene nationale park Tapantí-Macizo, dat sinds 1982 583 km² van de Talamanca-gebergte beschermt. Dankzij het hoogteverschil (1200–2550 m) varieert de vegetatie van laag montaan regenwoud tot dwergwoud op grotere hoogten. Het nationale park wordt bijna het gehele jaar door overstelpt met regen, die de snelstromende rivieren in het gebied voedt. U kunt uw bezoek het beste plannen tussen februari en april, de periode met de minste regenval.

De rijkdom aan dieren, waaronder miereneters, jaguars, apen, tapirs en zelfs otters, is overweldigend. Tapantí vormt ook een paradijs voor vogelaars; in de dichte wouden leven ruim 260 vogelsoorten. De bosjes bij het parkwachterskantoor (met natuurexpositie) trekken veel quetzals. Gemarkeerde paden doorkruisen het ruige terrein. Een gemakkelijke, aangename wandeling maakt u via het **Sendero La Catarata**, dat naar een cascade leidt. Vissen is toegestaan van april tot oktober.

Turrialba ㉕

Wegenkaart E3. 44 km O van Cartago. 🚶 32.000. 🚌

Dit aangename regionale centrum ligt in de brede vallei van de Río Turrialba aan de voet van de Volcán Turrialba *(blz. 103)* op 650 m hoogte. Vroeger was dit het centrum voor het vervoer tussen San José en het Caribisch gebied, maar Turrialba verloor zijn positie door de opening van de Guápiles-snelweg in 1987 en de beëindiging van de spoordienst in 1991; roestende rails herinneren nog aan de tijd van de Atlantische Spoorlijn.

De stad ontleent zijn belang niet aan bezienswaardigheden, maar aan zijn status als centrum voor kajak- en wildwatertochten op de Río Reventazón en de Río Pacuare. Hij is ook een goede uitvalsbasis voor de bezienswaardigheden in de omgeving.

Houten schildpad, Turrialba

OMGEVING: Op de dalbodem ten zuidoosten van Turrialba ligt het 255 ha grote **Lago Angostura**, dat is ontstaan na de aanleg van een hydro-elektrische stuwdam in 2000. Het meer, in trek bij zowel vogels als watersporters, wordt bedreigd door de waterhyacint. Río Reventazón (Explosieve Rivier) heeft stroomversnellingen in de klasse III–IV en is erg schilderachtig. De nabijgelegen Río Pacuare is ook populair bij wildwatervaarders

(blz. 102). **Hotel Casa Turire**, een charmant luxehotel op de zuidoever van Lago Angostura, biedt onder andere mogelijkheid om te fietsen, wandelen en paardrijden *(blz. 205)*.

In het **Centro Agronómico Tropical de Investigación y Enseñanza (CATIE)** (centrum voor tropische landbouw) kunt u wandelen door een landschapspark van 9 km² met woud en exotische fruitbomen. Op het meer leven allerlei tropische vogels. Rondleidingen bieden interessante informatie over ecologie en veeteelt. Verder naar het oosten ligt het serpentarium **Parque Viborana**, met een grote toegankelijke kooi waar verschillende soorten slangen, zoals boa's, leven. Tijdens de rondleiding wordt er ook verteld over de ecologie van de slang.

In het **Reserva Indígena Chirripó** kunnen bezoekers indiaanse vrouwen in traditionele dracht ontmoeten. Dit indianenreservaat met een schitterende natuur ligt in het Talamanca-gebergte voorbij Moravia del Chirripó, ten zuidoosten van Turrialba.

Centro Agronómico Tropical de Investigación y Enseñanza (CATIE)
4 km O van Turrialba. 📞 558-2000. 🅿 op afspraak. ♿ 🍴 🛍 🔲 ⓦ www.catie.ac.cr

🦎 **Parque Viborana**
Pavones, 9 km O van Turrialba. 📞 538-1510. ⭕ dag. 9.00–17.00 uur. 🖼 🎫 op afspraak. 🔲

Casa Turire, een aangenaam hotel in de buurt van Turrialba

Wildwatervaren

Costa Rica's rivieren bieden ideale omstandigheden om te wildwatervaren. De beste bevaarbare rivieren stromen van de bergachtige Centrale Hoogvlakte naar de Caribische kust, waarbij het water zich door smalle kloven met stroomversnellingen perst, afgewisseld met rustige stukken. U peddelt stroomafwaarts in speciale rubberboten onder

Vlotvaarder

leiding van een ervaren gids. Tochten zijn er van een halve dag tot een week en voor elk niveau: de rivieren variëren van klasse I (gemakkelijk) tot VI (zeer zwaar). Mei, juni, september en oktober, wanneer regenval de rivieren extra doet aanzwellen, zijn de geschiktste maanden. Veel professionele organisaties voorzien in een uitrusting, eten en onderdak *(blz. 250–251)*.

Costa Rica's kolkende rivieren bieden een bijzondere combinatie van natuurschoon, dierenleven en avontuur. De Río Reventazón, een van de beste wildwaterbestemmingen, is geschikt voor vaarders van verschillende niveaus; op sommige stukken varieert de moeilijkheidsgraad van II tot V.

Wildwatervaarders dragen T-shirts en een korte broek en nemen extra kleding mee.

Achterin zit de gids, die stuurt en commando's geeft.

Voor de veiligheid is het dragen van reddingsvest en helm verplicht.

Op rustige stukken hebt u alle mogelijkheid om van de fauna te genieten – ijsvogels, papegaaien, toekans, kaaimannen, leguanen en apen laten zich gemakkelijk zien.

Río Pacuare
De donderende Río Pacuare geldt als een van de vijf beste wildwaterrivieren ter wereld. Tochten van uiteenlopende duur voeren sensatiezoekers langs dichtbeboste kloven, ruisende watervallen en adembenemende stroomversnellingen.

Langs de kloofwand stromen vele watervallen. Sommige storten zich tientallen meters omlaag en verspreiden een verkoelende nevel.

Stroomversnellingen, die overal op de Pacuare voorkomen, hebben moeilijkheidsgraad III of IV. Door de bouw van een dam zouden ze kunnen verdwijnen.

Er worden pauzes ingelast voor stevige ontbijten en lunches. Langere tochten, waarbij wordt overnacht in wildernislodges of tenten, bieden de mogelijkheid om te wandelen en van de natuur te genieten.

Monumento Nacional Guayabo ㉖

Blz. 104–105.

Parque Nacional Volcán Turrialba ㉗

Wegenkaart D3. 24 km NW van Turrialba. 🚌 *naar Santa Cruz, dan jeeptaxi.* 🛈 *232-5324 (MINAE).*

Turrialba, de 3340 m hoge, meest oostelijke vulkaan van Costa Rica, is sinds de periode van hevige activiteit in de jaren zestig van de 19de eeuw in slaap verzonken. De naam van de vulkaan stamt uit de woorden *turiri* en *abá*, Huetar-taal voor 'rivier van vuur'. Volgens een lokale legende ontmoette het indianenmeisje Cira tijdens een verkenningstocht een jonge man van een rivaliserende stam, op wie ze verliefd werd. De woedende vader van het meisje, die ze samen had aangetroffen, stond net op het punt om de jonge aanbidder te doden toen de Turrialba een rookzuil uitbraakte, een teken van goddelijke goedkeuring. Het in 1955 opgerichte Parque Nacional Volcán Turrialba beschermt een oppervlakte van 13 km², merendeels nevelwoud. In de hoogste delen van het woud groeien verweerde, kromme eiken en mirtebomen. Onverharde wegen voeren u tot op enkele kilometers van de top, waarna een inspannende wandeling over een zigzagpad volgt. Bij helder weer kunt u vanaf de top de Cordillera Central en de Caribische kust zien. Een pad daalt af naar de bodem van de grootste krater, waar sissende fumarolen en hitte de enorme energie van de slapende reus verraden. Er zijn geen faciliteiten of vervoer in het park, maar op de westflank van de vulkaan (2800 m) ligt de door particulieren geleide **Volcán Turrialba Lodge** *(blz. 206)*, een goede uitvalsbasis om het gebied te verkennen.

Groen meer in de grootste krater van het Parque Nacional Volcán Irazú

Parque Nacional Volcán Irazú ㉘

Wegenkaart D3. 30 km N van Cartago. 📞 *551-9398.* 🚌 *vanuit San José, za–zo.* ⏰ *dag. 8.00–15.30 uur.*

Dit nationale park strekt zich uit over de bovenste hellingen van de Volcán Irazú en beslaat 18 km². De in wolken gehulde Irazú is met 3430 m de hoogste vulkaan van Costa Rica. Historisch gezien is het ook de actiefste vulkaan – de eerste melding van een uitbarsting stamt uit 1723. Tussen 1917 en 1921 vond een aantal verwoestende explosies plaats. Een beroemde uitbarsting is die van 13 maart 1963, de dag waarop president John Fitzgerald Kennedy de top van Midden-Amerikaanse presidenten bijwoonde. De naam Irazú is afgeleid van het indiaanse woord *istarú*, dat 'donderberg' betekent. Volgens een legende offerde het opperhoofd Aquitaba zijn dochter aan de goden van de vulkaan. Toen hij later strijd

Wegwijzer in Parque Nacional Volcán Irazú

leverde met een andere stam, vroeg Aquitaba de goden om hulp, waarop de vulkaan vuur uitbraakte over de vijanden en hun dorp onder een modderlawine bedolf. De weg naar de top slingert zich omhoog langs groenteveldjes. Vanaf het platform kijken de bezoekers recht in de 300 m diepe en 1 km brede krater, die een grasgroen meer bevat. Vier andere kraters zijn ook toegankelijk, maar u dient wel op de gemarkeerde paden te blijven (er zijn actieve fumarolen). De vulkaan is vaak in mist gehuld, maar omdat de wolkengrens lager ligt, baadt de top meestal in het zonlicht. Hoe vroeger u komt, hoe groter de kans op mooi weer en een goed uitzicht. Het maanlandschap op de top omvat het **Playa Hermosa**, een grote asvlakte. Zelfs geharde planten als mirte en gunnera houden zich met moeite staande tegen de gasuitstoot in de bittere kou. Er leven weinig dieren in deze omgeving, maar het is mogelijk dat u roetlijsters of inheemse vulkaanjunco's ziet.

Monumento Nacional Guayabo ㉖

Het nationale monument Guayabo, dat op de zuidhelling van de Volcán Turrialba ligt, geldt als de belangrijkste pre-Columbiaanse vindplaats van Costa Rica. Hoewel de vindplaats klein is vergeleken bij de Mexicaanse Maya-resten – 218 ha – en nog met mysteries omgeven, wordt er een groot cultureel en religieus belang aan toegedacht. Tussen 1500 v.C. en 1400 zou Guayabo wel 10.000 inwoners hebben gehad, maar het werd om onbekende redenen verlaten. Het oerwoud deed zijn intrede en pas aan het einde van de 18de eeuw werd Guayabo ontdekt door de naturalist Anastasio Alfaro. De vredige vindplaats, waarvan een groot deel nog moet worden opgegraven, telt heuvels, petrogliefen, aquaducten en wegen. Het Museo Nacional *(blz. 70)* in San José toont aardewerk, gouden ornamenten en gereedschappen die hier werden gevonden.

Petrogliefen
De opmerkelijkste petrogliefen zijn te vinden langs het Sendero de los Montículos. De Monolitho Jaguar y Lagarto bestaat aan de ene kant uit een hagedis en aan de andere uit een magere jaguar met een ronde kop.

Cisternen
Aan de westkant van de stad ligt een aantal rechthoekige waterreservoirs, die zijn overspannen door een brug.

In het premontane regenwoud rond de vindplaats leven verschillende vogelsoorten, zoals arassari's en oropendola's.

Een netwerk
van al dan niet overdekte aquaducten voert nog steeds water naar de stenen reservoirs.

Sendero de los Montículos
Het 1,6 km lange pad bij de ingang loopt langs El Mirador Encuentro con Nuestros Origenes (Uitkijkpunt Ontmoeting met onze oorsprong) en daalt vervolgens af naar de hoofdvindplaats. Onderweg passeert u vijftien informatiepunten die inzicht bieden in de sociale structuur van de Guayabo-stam.

DE OPGRAVING
In 1968 startten de opgravingswerkzaamheden onder leiding van archeologen van de Universiteit van Costa Rica. Tot op heden zijn 5 ha blootgelegd. Delen van de weg en de gebouwen zijn gerestaureerd, maar het werk is nog niet voltooid.

STERATTRACTIES

★ **Calzada (weg)**

★ **Montículos (stenen funderingen)**

TIPS VOOR DE TOERIST

Wegenkaart E3. 19 km N
van Turrialba. 559-0099.
vanuit Turrialba. dag.
8.00–15.30 uur.
www.sinac.go.cr

★ Montículos (stenen funderingen)
Deze ronde en vierkante steenhopen, gedateerd 300–700 n.C., dienden als fundering voor conische houten gebouwtjes.

★ Calzada (weg)
Deze 6,5 m brede weg liep waarschijnlijk 4 à 12 km de jungle in. Een stuk van 225 m is gereconstrueerd, compleet met twee rechthoekige stenen bouwsels die misschien werden gebruikt als wachtposten.

De grootste steenhoop – 30 m in doorsnede en 4,5 m hoog – was vermoedelijk de fundering voor het huis van de *cacique* (opperhoofd).

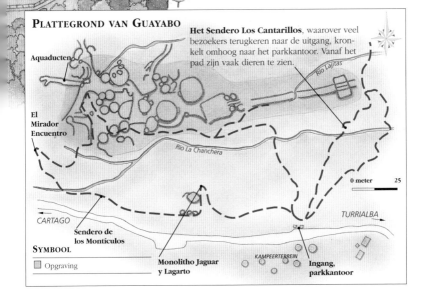

PLATTEGROND VAN GUAYABO

Het Sendero Los Cantarillos, waarover veel bezoekers terugkeren naar de uitgang, kronkelt omhoog naar het parkkantoor. Vanaf het pad zijn vaak dieren te zien.

Aquaducten

El Mirador Encuentro

Río Lajitas

Río La Chanchera

0 meter 25

← CARTAGO

TURRIALBA →

Sendero de los Montículos

SYMBOOL

Opgraving

Monolitho Jaguar y Lagarto

KAMPEERTERREIN

Ingang, parkkantoor

CENTRAAL-PACIFISCHE KUST EN ZUID-NICOYA

*I*n Zuid-Nicoya liggen hagelwitte stranden verspreid langs de kust. De Centraal-Pacifische kust wordt gekenmerkt door een woeste branding en een zonnig klimaat. Deze regio vormt de overgang tussen het droge ecosysteem van Midden-Amerika en het vochtige van de Andes, waardoor er planten en dieren uit beide systemen kunnen leven. De wildreservaten, zoals het Parque Nacional Manuel Antonio, behoren tot de gevarieerdste van het land.

De Golf van Nicoya is omzoomd met mangrovebossen en bezaaid met eilanden die dienen als broedplaats voor vogels. In de afgelopen eeuw zijn veel bosrijke gebieden, met name in Zuid-Nicoya, bijna geheel kaalgekapt, maar dankzij beschermings- en herbebossingsprojecten nemen ze weer toe.

De nederzettingen die de Spaanse veroveraars hier aan het begin van de 16de eeuw gesticht hadden, hadden te kampen met tropische ziekten en zich hevig verzettende indianenstammen, die uiteindelijk het onderspit dolven. De belangrijkste stad van de regio, Puntarenas, werd gesticht aan het begin van de 19de eeuw. Dankzij een bloeiende koffiehandel groeide Puntarenas uit tot de belangrijkste haven voor de export naar Europa. Ook werden er bananen geplant op de smalle, zuidelijke kustvlakten. In de jaren zeventig van de 20ste eeuw moest dit gewas plaatsmaken voor de Afrikaanse oliepalm, de motor van de huidige economie. De palmen strekken zich uit zover het oog reikt. Jacó heeft zich in de laatste decennia ontwikkeld tot een populaire surfbestemming, Quepos is een belangrijk centrum van de sportvisserij.

Wachten op de bus in Zuid-Nicoya

◁ Zeiljacht in het serene blauwe water bij Playa Blanca, aan de Pacifische kust

De Centraal-Pacifische kust en Zuid-Nicoya verkennen

Stranden en nationale parken met een overvloed aan dieren vormen de hoogtepunten van dit gebied. Vanuit de hoofdstad, Puntarenas, kunt u een dagtocht maken naar Isla Tortuga, een eiland met een prachtig strand. Bij Montezuma en Malpaís in Zuid-Nicoya, buiten de getreden paden, wachten meer mooie stranden. Deze streek is in trek bij surfers en budgetreizigers. Op de nabijgelegen Cabo Blanco ligt het oudste wildreservaat van het land. In het binnenland van de Centraal-Pacifische kust kunnen natuurliefhebbers een krokodillensafari maken over de Río Tárcoles en wandelen in het Parque Nacional Carara, waar geelvleugelara's, apen en andere dieren voorkomen. Grote trekpleisters aan de kust zijn de surfplaats Jacó en het sportviscentrum Quepos, dat toegang biedt tot het Parque Nacional Manuel Antonio, een van de populairste reservaten van het land.

Reserva Natural Absoluta Cabo Blanco

BEZIENSWAARDIGHEDEN

Dorpen en steden

Jacó **9**
Malpaís **7**
Montezuma **5**
Puntarenas **1**
Quepos **12**
Tambor **4**

Nationale parken en reservaten

Parque Nacional Carara **8**
Parque Nacional Manuel Antonio blz. 118–119 **13**
Refugio Nacional de Vida Silvestre Curú **2**
Reserva Natural Absoluta Cabo Blanco **6**

Overig natuurschoon

Boca Damas **11**
Isla Tortuga **3**
Rainmaker Conservation Project **10**
Valle del Río Savegre **14**

Kleurenpracht in het Tango Mar Resort, Tambor

Opgepoetste vissersboten in de jachthaven Los Sueños, bij Jacó

COSTA MAR DREAM CATCHER SPORT FISHING

Opvallende reclame voor visexcursies in de haven van Quepos

0 km 10

ZIE OOK

- *Accommodatie* blz. 206–208
- *Restaurants* blz. 229–231

VERVOER

Van de internationale luchthaven Juan Santamaría en vliegveld Tobias Bolaños in San José vertrekken dagelijks vluchten naar Jacó en Quepos aan de Centraal-Pacifische kust en Tambor in Zuid-Nicoya. In San José vertrekken ook lijnbussen en touringcars naar Puntarenas, Jacó en Quepos.

Puntarenas is de veerhaven voor Zuid-Nicoya. Er gaan regelmatig auto- en passagiersveren naar Paquera, vanwaar bussen de verdere verbinding naar Montezuma verzorgen (snelweg 160 is in een slechte staat). In het Centraal-Pacifische gebied loopt de vrij redelijke kustweg 34 langs de belangrijkste bezienswaardigheden. De meeste wegen in het binnenland zijn onverhard, wat in het regenseizoen verraderlijk kan zijn; voor een rondreis is een jeep dan ook onontbeerlijk.

SYMBOLEN

═══	Pan-Amerikaanse snelweg
═══	Hoofdweg
▬▬▬	Secundaire weg
┄┄┄	Binnenweg
▬▬▬	Provinciegrens

Puntarenas ❶

Wegenkaart B3. 120 km W van San
José. 🏘 100.000. 🚌 🚤 Carnaval
(laatste week van feb.); Festival de la
Virgen del Mar (half juli).

Puntarenas (Zanderige
Punt), dat nu de reputatie
heeft een provinciale stad te
zijn, was vroeger een be-
langrijke haven. In 1522
stichtten de Spanjaarden hier
een nederzetting die zou uit-
groeien tot het voornaamste
overslagpunt voor de koffiebonen van de hoogvlakte. Na
de aanleg van de Atlantische
Spoorlijn, rond 1890, verging
het Puntarenas minder
voorspoedig en raakten
de houten gebouwen in
verval. Tegenwoordig
leeft deze wat verlopen
stad van de visvangst,
getuige de lange rijen
boten aan de kade.
Puntarenas is ook een
centrum voor excur-
sies naar Isla Tortuga
en voor veerboten
naar Paquera en Naranjo
op Nicoya.
Het smalle, 5 km lange schiereiland van Puntarenas eindigt
in het zuiden bij een strand
met uitzicht op de Golf van
Nicoya. Aan de noordkant
strekt zich een breed estuarium met mangrovebossen
uit, waar rode lepelaars,
ooievaars, pelikanen en
fregatvogels leven.
Puntarenas is de favoriete
balneario (badplaats) van de
Josefino's, die zich in groten
getale naar de boulevard, de
Paseo de las Turistas, begeven. Een andere trekpleister
is het **Museo Histórico
Marítimo**, in de 19de-eeuwse
gevangenis, dat de indianen,

**De serene witte stranden van Refu-
gio Nacional de Vida Silvestre Curú**

de zeevaartgeschiedenis, het
koffietijdperk en de plaatselijke flora en fauna belicht.

**Bruine pelikaan,
Puntarenas**

OMGEVING: Het uitgestrekte
zandstrand **Playa San
Isidro**, 8 km naar het
oosten, ligt in het
weekeinde vol
zonaanbidders uit
San José.

🏛 **Museo Histórico
Marítimo**
Calles 5/7 en Avenida Central.
📞 661-5036. ◯ di–zo 9.45–12.00
en 13.00–17.15 uur.

Refugio Nacional de Vida Silvestre Curú ❷

Wegenkaart B3. 3 km Z van Paquera. 📞 641-0004. 🚌 Paquera–Coba-
no. ◯ dag. 7.00–16.00 uur; laat zo
mogelijk even weten dat u komt.
🏕 📷 op afspraak. 🍴 🚻
🌐 www.curutourism.com

Het nauwelijks bezochte
wildreservaat Curú
(85 ha), dat deel uitmaakt van

een grote hacienda, telt vijf
verschillende habitats aan
de Golfo Curú.
Het grootste deel van het
heuvelachtige reservaat bestaat uit tropische groenblij-
vende en half-groenblijvende
wouden met kapucijn- en
brulapen, miereneters, agoeti's, luiaards, wilde-katachti-
gen en 220 vogelsoorten. De
bedreigde slingeraap is er
opnieuw uitgezet. Aangezien
het bezoekersaantal laag is,
vallen de dieren hier gemakkelijker te observeren dan in
andere reservaten; door het
park lopen gemarkeerde
wandelpaden.
In de groene inhammen liggen drie mooie stranden
verscholen, **Playa Colorada**,
Playa Curú en **Playa Que-
sera**, die zich langs 5 km
kust uitstrekken. 's Nachts
kruipen karetschildpadden
en warana's aan land om
hun eieren te leggen in het
zachte witte zand. In de warme wateren voor de kust
zwemmen soms walvissen en
dolfijnen, terwijl de binnenlandse mangrovemoerassen
en -lagunen van de Río Curú
de kans bieden om kaai-
mannen te zien.

OMGEVING: Profelis, een
particulier reservaat 11 km
ten noordwesten van het
Refugio Nacional de Vida
Silvestre Curú, heeft als doel
om de inheemse kattenpopu-
latie van Costa Rica voor
uitsterven te behoeden (blz.
113). Profelis, 'programma
tot behoud van katachtigen',
ontfermt zich over jaguaroendi's, margays, ocelotten en
tijgerkatten die in beslag zijn
genomen of gered en bereidt
ze voor op het leven in het
wild.
Naast het bevorderen van het
milieubewustzijn doet Profelis
gedragsonderzoek en leidt het
een actief fokprogramma.
Er is een bezoekerscentrum,
met een audiovisuele pre-
sentatie, tentoonstellingen
en een educatieve route.

🐾 **Profelis**
San Rafael de Paquera, 8 km W van
Paquera. 📞 641-0646. ◯ ma–vr
8.00–15.00, za 8.00–12.00 uur;
reserveren. 📷
🌐 www.seibermarco.de/profelis

In de haven van Puntarenas liggen vissers- en excursieboten aangemeerd

Isla Tortuga biedt kajakverhuur, maar ook andere strandactiviteiten en watersporten

Isla Tortuga ❸

Wegenkaart B3. 3 km ZO van Curú.
🚤 *georganiseerde excursies.* 🏨 🍴

Deze zongebleekte archipel, bestaande uit de eilanden Isla Tolinga en het onbewoonde Isla Alcatraz, is een particulier natuurreservaat van 310 ha voor de kust van Curú. Isla Tolinga heeft geen accommodatie en is een zeer populaire bestemming voor dagexcursies.

Isla Tortuga wordt omzoomd door witte stranden die vervloeien met het turquoisekleurige water. Kokospalmen leunen over het strand. In het heuvelachtige, met woud bedekte binnenland voert een steil pad naar het hoogste punt van het eiland (175 m). Bordjes geven aan welke bijzondere hardhoutsoorten hier groeien, zoals *Indio desnudo* ('naakte indiaan').

Catamaran *Manta Ray* op weg naar Isla Tortuga

De favoriete activiteit op het eiland is luieren in een hangmat, met de plaatselijke cocktail, *coco loco* (rum, kokosmelk en kokoslikeur), binnen handbereik. In het warme water is het uitstekend snorkelen. Gelukkig zijn er geen jetski's die de rust verstoren, maar u hebt de keus uit een reeks andere watersporten of een tokkelbaanparcours *(blz. 24–25)*.

Calypso Cruise, de pionier onder de rederijen, vaart vanuit Puntarenas met een snelle, gemotoriseerde catamaran naar het eiland. Veel bedrijven bieden soortgelijke excursies aan, waarbij de transfer naar het hotel, de heen- en terugtocht en een lunch zijn inbegrepen. De 90 minuten durende tocht is op zich al de moeite waard; er komen regelmatig dolfijnen en walvissen in zicht. Ga bij voorkeur door de week en vergeet uw zonnecrème en zwemspullen niet.

Omgeving: Genten, pelikanen, fregatvogels en andere zeevogels nestelen in het **Reserva Biológica Isla Guayabo y Isla Negritos**, ten noorden van Isla Tortuga. U kunt ze bekijken vanaf de excursieboten die tussen de eilanden door varen, maar de eilanden zelf zijn niet toegankelijk.

Tambor ❹

Wegenkaart B3. 18 km ZW van Paquera. 🚌

Tambor, een gemoedelijk vissersdorp met een breed zilvergrijs strand, grenst aan de Bahía Ballena (Walvisbaai), zo genoemd vanwege de walvissen die hier 's winters samenscholen. Het met palmen omzoomde strand gaat naar het noorden toe over in mangrovemoerassen. In het dorp zelf gebeurt er niet veel, maar de twee luxe vakantiecomplexen aan de rand van Tambor trekken drommen toeristen die per vliegtuig aankomen. Tegen betaling kunt u een rondje golfen of tennissen in het **Tango Mar Resort** *(blz. 208)*, met een baan van 9 holes, of in de **Barceló Los Delfines Golf & Country Club**, met een baan van 18 holes. Duiken kan aan het strand van **Playa Tambor Beach Resort & Casino**. Er wordt ook enthousiast gevist en paardgereden in Tambor.

Omgeving: In de botanische tuin **Vivero Solera**, ten westen van Tambor, fladderen vlinders en kolibries rond.

Barceló Los Delfines Golf & Country Club
1,6 km O van Tambor. 📞 683-0333.
🖼 🏨 📺 🏠 ♥
♣ **Vivero Solera**
3 km W van Tambor. 📞 642-0469.
🕐 *ma–vr 6.00–16.00, za 6.00–12.00 uur.* 🖼 📷 🔲

De fraaie *greens* van een golfbaan in Tambor

Winkelpuien met kleurige uithangborden in Montezuma

Montezuma ❺

Wegenkaart B3. 26 km W van
Paquera. 🚌 vanuit Paquera.
🎿 Montezuma Muziekfestival (juli).

Het bij budgetreizigers
geliefde Montezuma heeft
een ontspannen levensritme,
schitterende oceaangezichten
en stranden, en leuke cafés.
Het is een compacte plaats,
verscholen aan de voet van
steile heuvels. Vissersboten
dobberen in de rotsige baai.
Aan de westkant ontvouwen
zich twee magnifieke stranden
– Playa Montezuma en Playa
Grande – in de schaduw van
hoge palmen met beboste
bergen op de achtergrond.
Zwemmers moeten
uitkijken voor de
getijdenstromen. De
**Montezuma Canopy
Tour**, een ongevaarlijke
boomkruintocht, doet de
adrenaline door de aders
stromen. **Finca Los Ca-
ballos** biedt verkwik-
kende paardrijtochten in
de heuvels naast de
Reserva Absoluta Nico-
las Weissenburg, dat
zelf niet toegankelijk is.
Het kan gevaarlijk zijn
om de rotswand van de
waterval aan de westkant van
het dorp te beklimmen; u
kunt beter verkoeling zoeken
in een van de poelen.

🪂 Montezuma Canopy Tour
1,6 km W van Montezuma.
☎ 642-0808. ⏰ dag. 📷 📸 9.00,
11.00 en 15.00 uur. 🆆 www.
montezumatraveladventures.com
Finca Los Caballos
3 km NW van Montezuma. ☎ 642-
0124. 📷 dag. 9.00 uur. 🍴 🐾
🆆 www.naturelodge.net

**Activiteiten in
Montezuma**

Reserva Natural Absoluta Cabo Blanco ❻

Wegenkaart B4. 10 km W van
Montezuma. ☎ 642-0093.
🚌 Montezuma–Cabuya. Of neem
een taxi in Montezuma. ⏰ wo–zo en
feestdagen 8.00–16.00 uur. 📷

Het Reserva Natural Cabo
Blanco, dat in 1963 als
eerste natuurgebied van Costa
Rica een beschermde status
kreeg, dankt zijn ontstaan aan
de inspanningen van Olof
Wessberg en Karen Morgen-
son, die ook hielpen met
het opzetten van de Servicio
de Parques Nacionales.
Aanvankelijk was Cabo
Blanco een 'absoluut',
besloten reservaat, maar
tegenwoordig is het
oostelijke deel van de
tropische wouden op
de punt van het schier-
eiland toegankelijk.
Circa 85 procent van
het reservaat bestaat uit
jong secundair woud en
tropisch laaglandwoud.
Naast een groot aantal
apen leven er mieren-
eters, witsnuitneus-
beren en herten. Het
5 km lange Sendero Sueco
voert naar het aantrekkelijke
Playa Cabo Blanco; langs
de kust liggen nog meer
stranden, maar deze moet
u vermijden wanneer het
tij opkomt.
De steile wanden van Isla
Cabo Blanco, voor de kust,
zien wit van de guano die
nestelende zeevogels, zoals
fregatvogels en bruine
genten, hier gedeponeerd
hebben.

Cabo Blanco is te bereiken
over een hobbelige, onverharde weg vanuit Cabuya. Touroperators in het hele land
organiseren excursies naar het
reservaat, maar u kunt ook een
taxi nemen in Montezuma.

Malpaís ❼

Wegenkaart B4. 10 km NW van
Montezuma. 🚌 vanuit Cóbano, 6 km
N van Montezuma.

De naam betekent dan
wel 'slecht land', maar
de kust van Malpaís is van
een ongeëvenaarde, ruige
schoonheid. Deze tot voor
kort onbekende streek heeft
in een paar jaar tijd naam
gemaakt als surfparadijs.
Drie dorpen met dezelfde
naam als hun stranden van
geel zand volgen elkaar op
langs de onverharde kustweg.
Het levensritme in deze
dorpen met kleurige hotels,
restaurants en bars is meer
dan ontspannen. Vanuit
Carmen, het belangrijkste
dorp, loopt de weg via Santa
Teresa verder naar Malpaís,
waar gieren neerstrijken op
de vissersboten. Tussen
getijdenpoelen en spectaculair
gevormde rotsen loopt het
strand dood; het laatste,
zuidelijke stuk kan alleen
per jeep worden afgelegd.
Het beste surfstrand is **Playa
Santa Teresa**, dat naar het
noorden toe overgaat in de
vrijwel verlaten *playas* Los
Suecos, Hermosa en Man-
zanillo. In Santa Teresa
ligt het Florblanca Resort
(*blz. 206*), een luxe vakantie-
complex dat een schril contrast vormt met de budget-
mogelijkheden.

**Surfer en zonnebaders bij Playa
Santa Teresa, Pacifische kust**

Wilde katten van Costa Rica

Costa Rica kent zes soorten wilde katten. Hun woongebied loopt uiteen van wetlands tot alpiene *páramo* (graslanden). Alle zes zijn ze min of meer bedreigd in hun voortbestaan en laten zich niet gemakkelijk zien. De grootte en tekening van deze goed gecamoufleerde, stille jagers varieert. Vier soorten – jaguar, ocelot,

Tijgerkat, wachtend op een prooi

margay en de zeer zeldzame tijgerkat – hebben een pels met vlekken. De meeste soorten bewegen zich net zo soepel in bomen als op de grond; balancerend over de takken zoeken ze naar knaagdieren, apen en andere eetbare buit. Dankzij hun uitzonderlijk goede ogen zijn ze doorgaans ook 's nachts actief.

De jaguar, de grootste neotropische kattensoort, werd vereerd door de pre-Columbiaanse volken. Deze kat met een gewicht van maximaal 150 kg was ooit talrijk in de regenwouden en savannen, maar wordt hij bedreigd door ontbossing en stroperij.

De jaguaroendi (león breñero), *een lange, slanke kat, houdt zich het liefst op in laaglandbos of savannegebieden.*

De ocelot (manigordo), *die in het hele land voorkomt, is een grondbewoner die vaak de door mensen gebaande paden volgt. De 1 m lange soort heeft een unieke, korte staart met zwart-witte ringen.*

De margay (caucel) *jaagt vooral 's nachts. Met zijn 180 graden draaiende enkelgewricht is hij perfect toegerust voor het leven in de bomen. De kleinere tijgerkat is familie van hem.*

Poema's (pumas) *worden zelden waargenomen. Deze grote, flexibele kat leidt een solitair bestaan.*

SOORT	UITERLIJKE KENMERKEN	MEEST WAARGENOMEN IN	ZICHTBAARHEID
Jaguar	Oranje of grijs-blauwe pels met grote zwarte rozetten	PN Corcovado en PN Tortuguero	Slecht
Jaguaroendi	Roest- tot chocoladebruine pels zonder vlekken; lange staart	PN Santa Rosa	Goed
Margay	Ter grootte van een huiskat; opvallend vlekkenpatroon	PN Corcovado	Redelijk
Ocelot	Grijze tot roodbruine pels met beige-zwarte ringvlekken	PN Corcovado	Redelijk
Tijgerkat	Kleiner en donkerder dan de margay; slanke staart	PN Tapantí en Biosfeerreservaat La Amistad	Zeldzaam; kans is zeer klein
Poema	Witte bef; effen pels, variërend van grijsbruin tot rood	PN Santa Rosa en PN Guanacaste	Slecht

Wandelaars in het laaggelegen woud van Parque Nacional Carara

Parque Nacional Carara ❽

Wegenkaart C3. 50 km ZO van Puntarenas. 📞 200-5023. 🚌 vanuit San José en Jacó. ⏱ dag. 7.00–16.00 uur. 🖼 ♿ Ⓦ www.sinac.go.cr

D e wouden van nationaal park Carara, gelegen in een gebied waar het droge noordelijke ecosysteem overgaat in het vochtige zuidelijke ecosysteem, zijn complex en gevarieerd. Op een relatief klein terrein – slechts 52 km² – zijn de meest uiteenlopende dieren te zien. Er leven zowel Midden-Amerikaanse als Amazonische diersoorten, zoals de bedreigde slingeraap en de pijlgifkikker. Het park kent ook een spectaculair vogelleven; vooral de geel-vleugelara's, die elke dag van het woud naar de mangrovebossen aan de kust vliegen, trekken veel bekijks. Van het bezoekerscentrum voert een aantal gemakkelijke paden door het woud; de langste wandelroute is 8 km. Met een gids kunt u een aantal pre-Columbiaanse vindplaatsen bezoeken. Voor een dagtocht naar het park kunt u terecht bij touroperators in San José.

OMGEVING: *Carara* is Huetar-indiaans voor 'krokodil'. De dieren liggen vaak te zonnen op de oevers van de Río Tárcoles. Vanuit **Tárcoles**, 3 km ten zuidwesten van Carara, kunt u een krokodillensafari maken. De spectaculaire, 183 m hoge **Catarata**

Manantial de Agua Viva is in trek bij wandelaars, die verkoeling zoeken in de poelen aan de voet van de waterval. De **Jardín Pura Vida**, hier vlakbij, biedt paden door 12 ha weelderig terrein.

🗻 Catarata Manantial de Agua Viva
Bijagual, 6 km O van Tárcoles. 📞 661-8263. ⏱ dag. 8.00–15.00 uur. 🖼 ♿

🌿 Jardín Pura Vida
Bijagual. 📞 200-5040. ⏱ dag. 7.00–17.00 uur. 🖼 ♿ 🍴 ▣ ▢ Ⓦ www.puravidagardens andwaterfalls.com

Jacó ❾

Wegenkaart C4. 65 km Z van Puntarenas. 🏔 6400. ✈ 🚌 🎵 *Internationaal Muziekfestival (juli–aug.).*

J acó, dat veel geld verdient aan de klandizie van surfers en Canadezen die de noordelijke winters ontvluchten,

heeft zich ontpopt tot de grootste en vrolijkste badplaats van Costa Rica. Het 3 km lange strand wordt beschaduwd door palmen, maar het zand is niet bepaald wit, het zeewater meestal troebel door de aanvoer van rivierslib en zwemmen onveilig vanwege de getijdenstromen. Toch is er van alles te doen, van krokodillensafari's tot paardrijtochten, en er is een bruisend uitgaansleven. Veel topsurfers hebben zich hier gevestigd, hoewel de golven in eerste instantie meer geschikt zijn voor beginners. **Lighthouse Point** heeft een vlindertuin en een tropische tuin met lagunes die worden bevolkt door krokodillen en kaaimannen. Buiten de stad ligt de **Pacific Rainforest-kabelbaan**, die u 90 minuten lang onder begeleiding door het woud laat zweven. De geluidloze, open gondels scheren over de grond, stijgen op boven reusachtige bomen, passeren watervallen en bieden prachtig uitzicht op de kust. U kunt ook een rondleiding nemen, zoals een pijlgifkikkerexcursie, of een van de natuurpaden volgen.

OMGEVING: Sportvis- en excursieboten vertrekken uit de jachthaven Los Sueños bij **Playa Herradura**, dat schuilgaat in de baai ten noorden van Jacó. De jachthaven hoort bij het **Los Sueños Marriott Ocean & Golf Resort** *(blz. 207),* dat ook een kampioenschapsgolfbaan uitbaat. Op de kaap ten noorden van Playa Herradura ligt **Hotel**

Het door palmbomen omzoomde Playa Jacó

Villa Caletas *(blz. 207)*, een creatie van de Franse ontwerper Denis Roy. De lange oprijlaan met Romeinse urnen biedt spectaculaire vergezichten en een opvallende toegang tot dit luxe hotel-restaurant. Musici treden op in een Grieks amfitheater op de heuvel. Het saunacomplex biedt weldadige behandelingen. Over een pad bereikt u **Playa Caletas**, een rotsig strand met een bar en een grillrestaurant. **Playa Hermosa**, ten zuiden van Jacó, wordt bediend door een aantal op surfers gerichte hotels; de ondiepten langs de kust zorgen hier voor een constant aanrollende branding.

Kleine hagedis in het Rainmaker Conservation Project

🦋 **Lighthouse Point**
Bulevar en Costanera Sur (snelweg 34). 📞 643-3083. ⏱ 24 uur. 📷 donatie. ⚟ 🍴 🏠 ⚘
🌐 www.lighthousepointcr.com
🎿 **Pacific Rainforest-kabelbaan**
3 km O van Jacó. 📞 257-5961.
⏱ ma 9.00–16.00, di–zo 6.00–16.00 uur. 📷 ⚟ 🏠 🚻
🌐 www.rainforestram.com

Rainmaker Conservation Project ➓

Wegenkaart D4. Pocares, 6 km O van snelweg 34, 45 km Z van Jacó. 📞 777-3565. 🚐 georganiseerde transfers.
⏱ ma–za 8.00–14.00 uur. 📷 ⚟ 🍴
🏠 🌐 www.rainmakercostarica.com

Een pad langs de kruinen van het regenwoud is het hoogtepunt van dit particuliere reservaat (5 km²) in de Fila Chonta-bergen. Het biedt bescherming aan vier afzonderlijke leefgebieden met een gemiddelde hoogte van 1700 m, waaronder montaan nevelwoud.

Er zijn verschillende paden in het reservaat. Een wandelroute leidt door de Río Seco-kloof naar een poel met glashelder water waarin u veilig kunt zwemmen. Een steile klim voert heuvelopwaarts naar het boomkruinpad. De hangende bruggen – sommige van wel 50 m lengte – vormen een weg waarover bezoekers kunnen

Bordje met plantennaam in het Rainmaker Conservation Project

wandelen, een ideale manier om luiaards, apen, leguanen en toekans te observeren. Tot de overige diersoorten die u kunt zien behoort de zeer zeldzame bonte klompvoetkikker, die hier pas geleden is herontdekt.

Boca Damas ⓫

Wegenkaart D4. 53 km Z van Jacó. 🚐

Dit *manglare* (mangrovestelsel) met een wirwar van drijflanden en geulen strekt zich uit langs de kust tussen Parrita en Quepos bij het estuarium van de Río Damas. Witsnuitneusberen, poema's, doodshoofdaapjes en diverse slangensoorten leven in de dichte wouden, en in het roodbruine water houden zich krokodillen en kaaimannen schuil. Hoogpotige steltlopers en schuitbekreigers met hun eigenaardige platte snavels zoeken de slikken af naar weekdieren. Touroperators in Quepos organiseren kajakexcursies. Vanuit de haven van Damas vertrekken bootexcursies met een gids.

KROKODILLENSAFARI'S

Het onbeperkte jagen van de laatste 400 jaar heeft geleid tot uitdunning van de spitssnuitkrokodillenpopulatie. Sinds 1981 wordt de *cocodrilo* echter officieel beschermd, waardoor hij weer in aantal is toegenomen. Krokodillen leven langs de gehele Pacifische kust, maar de grootste aantallen zijn geteld bij de monding van de Río Tárcoles: ruim 200 per 1,5 km. In de haven van Tárcoles, vlak bij de monding van de rivier, vertrekken boten voor een twee uur durende krokodillensafari. De reptielen, die wel 5 m lang kunnen worden, komen soms vlakbij, dus houd uw handen binnenboord. Er is een goede kans dat u ook rode lepelaars, geelvleugelara's of andere inheemse vogelsoorten te zien krijgt.

Krokodillen langs de Río Tárcoles, Puntarenas

Uitrusten in een cafeteria in het centrum van Quepos

Quepos ⓬

Wegenkaart D4. 55 km Z van Jacó.
🏠 *11.000.* ✈ 🚌 🎭 *Carnaval
(feb.–maart).*
Ⓦ www.quepolandia.com

Quepos, van oudsher een centrum voor de sport-visserij en de palmolieproductie, heeft naam gemaakt als toeristisch centrum en als poort tot het Parque Nacional Manuel Antonio. Deze plaats komt 's avonds, wanneer de bars en restaurants opengaan, helemaal tot leven.

Aan de noordkant van Quepos ligt Boca Vieja, een verzameling houten hutten met gammele plankieren aan het **Playa Cocal**. In de heuvels ten zuiden van Quepos herinneren schilderachtige houten huizen aan de jaren dertig van de vorige eeuw, toen de Standard Fruit Company hier bananenplantages liet aanleggen. Ze werden aangetast door de verwoestende panamaziekte en tegenwoordig is de kustvlakte bedekt met Afrikaanse oliepalmen.

OMGEVING: Ten zuiden van Quepos daalt een kronkelweg af naar **Manuel Antonio** en het **Playa Espadilla**, een strand met grijs zand. In de lagune aan de noordzijde zitten krokodillen. Onderweg passeert u tientallen restaurants, bars en hotels, waaronder **El Avión**, ondergebracht in een verbouwde Fairchild C-123. In de jaren zeventig bracht de CIA hiermee wapens naar de Nicaraguaanse Contra's *(blz. 135).*

Wandelroutes voeren door **Wildreservaat & vlindertuin Fincas Naturales**, dat rijk is aan luiaards, witsnuitneusberen en vogels.

De **Río Naranjo-vallei** strekt zich ten oosten van Quepos uit in de Fila Nara-bergen. Langs de weg staat de ruïne van een oude Spaanse missiepost uit 1570. Wildwatervaren is hier erg populair; de excursies starten in Quepos.

De **Rancho Los Tucanes**, in de vallei, biedt begeleide paardrij- en jeeptochten langs de vanille- en peperplantages. De 90 m hoge waterval Los Tucanos is te voet te bereiken.

🦋 **Wildreservaat & vlindertuin Fincas Naturales**
1,6 km Z van Quepos. ☎ 777-0850.
🕐 *dag. 6.00–20.00 uur; vlindertuin: dag. 8.00–16.00 uur.* 📷 💳
Ⓦ www.butterflygardens.co.cr

🦜 **Rancho Los Tucanes**
Londres, 11 km NO van Quepos.
☎ 779-1001. 🕐 *dag. 7.00–15.00 u.*
💳 Ⓦ www.lostucanestours.com

Parque Nacional Manuel Antonio ⓭

Zie blz. 118–119.

Valle del Río Savegre ⓮

Wegenkaart D4. 25 km ZO van Quepos. 🚌 *vanuit Quepos.*

De bodem van de Río Savegre-vallei, een scherpe sleuf in de Fila San Bosco-bergen, is bedekt met Afri-

kaanse oliepalmen. In El Silencio vindt u het ecotoerismecentrum **Coopesilencio** *(blz. 208),* beheerd door een boerencoöperatie, dat paarden verhuurt voor een ritje door het landelijke reservaat. In het dierenopvangcentrum worden geelvleugelara's, herten en apen verzorgd.

De **Rafiki Safari Lodge** *(blz. 208),* een kopie van een Zuid-Afrikaans safarikamp, bezet een bergkam met uitzicht op de Río Savegre. Dit is een ideale uitvalsbasis voor wandel- en paardrijtochten of het observeren van vogels. Op de rivier kunt u avontuurlijke wildwater- en kajaktochten maken. Binnen de muren van de lodge worden tapirs gefokt, een bedreigde diersoort die opnieuw in het wild wordt uitgezet.

🦋 **Coopesilencio**
40 km ZO van Quepos.
☎ 380-5581. 🕐 *dag. 9.30–12.00 en 13.00–15.30 uur.* 📷 💳 🍴 ♨
Ⓦ www.turismoruralcr.com

Oliepalmplantage in de Valle del Río Savegre

Sportvissen aan de Pacifische kust

In de wateren rond Costa Rica – een gedroomde bestemming voor sportvissers – worden elk jaar nieuwe records gevestigd; zo zijn er aan de Pacifische kust meer 'grand slams' gemeld – beide marlijnsoorten en minstens een zeilvis binnen een dag – dan waar ook ter wereld. In het natte seizoen, van mei tot november, is de Golfo de Papagayo de beste bestemming.

Kunst-aas

In het droge seizoen (december tot april), wanneer hevige wind de Golfo de Papagayo onveilig maakt, bieden de wateren verder naar het zuiden de beste mogelijkheden; de jachthavens van Quepos, Bahía Drake en Golfito zijn het hele jaar door geopend. Aan de Caribische kust wordt er anders gevist, meestal vlak bij de kust met lichter gerei *(blz. 251)*.

GEORGANISEERDE VISTOCHTEN

Sportvisboten moeten vaak meer dan 30 km buiten de kust varen om de vis te vinden. Het aan de haak slaan is pas het begin; bij deze sport draait alles om het gevecht dat erop volgt.

Voor de grotere soorten wordt er een speciale 'vechtstoel' gebruikt. De soms urenlang durende gevechten kunnen de visser bijna evenzeer afmatten als de vis.

Aan charterbedrijfjes en vislodges geen gebrek in Costa Rica; behalve boten kunnen ze ook visvergunningen leveren.

De Costaricaanse sportvisbedrijfjes zetten de gevangen vis in de regel wel terug. Er is echter weinig controle op de naleving van de wetten die overbevissing moeten voorkomen.

SOORTEN VISSEN

Hengelaars kunnen zich verheugen in een keur aan vissoorten. Er kan het hele jaar door worden gevist, maar voor elke soort gelden voorkeurslocaties en -seizoenen.

Geelvintonijnen zijn zeer sterk en kunnen wel 160 kg wegen. Ze zijn te vinden bij warme stromen, met name tussen juni en oktober.

De lange, slanke wahoo, een razendsnelle soort, trekt tussen mei en augustus door de noordelijke kustwateren.

Dorade ('dolfijnvis' of mahi-mahi), een soort met kleurige schubben, geeft zich niet zomaar gewonnen. Tussen mei en oktober komt hij veel voor.

Zeilvissen, vechtersbazen van wel 2 m lengte, staan bekend om hun hoge sprongen. Van december tot april zijn ze het talrijkst.

Een blauwe marlijn vangen is de droom van elke visser. De 'Stier van de Oceaan' vecht als geen ander. De wijfjes kunnen wel 450 kg worden. Augustus tot december is de beste periode.

Parque Nacional Manuel Antonio ⓭

**Bord in het
PN Manuel Antonio**

Dit mooie park tussen de oceaan en beboste heuvels is genoemd naar een Spaanse conquistador. De biodiversiteit van Manuel Antonio is gezien de oppervlakte – 16 km², het kleinste nationale park van Costa Rica – bijzonder groot. Er leeft een overvloed aan wilde dieren; langs de goed onderhouden paden zult u vrijwel zeker witsnuitneusberen, luiaards, toekans en geelvleugelara's waarnemen.
Het Parque Manuel Antonio wordt zeer druk bezocht; hoewel er een beperking rust op het aantal bezoekers, wordt het dierenleven bedreigd door vervuiling en de ongereguleerde bouw van hotels.

Wachtende bezoekers bij de ingang

NAAR QUEPOS

Playa Espadilla Sur
Dit langgerekte, koraalkleurige strand ten zuiden van het dorp Manuel Antonio sluit aan op het Playa Espadilla.

Punta Catedral
Dit voormalige eiland is te bereiken over een tombolo (natuurlijke landbrug). Rond de kaap met zijn getijdenpoelen loopt een pad, dat u kunt volgen naar de mirador (uitkijkpunt).

Isla Olocuita

GROTE

Playa Manuel Antonio
Dit sikkelvormige strand met zacht zand loopt af in kalm, jadekleurig water met een klein koraalrif. U kunt er fantastisch snorkelen. Soms broeden er warana's in het zand.

Het koraalrif vormt een schuilplaats voor krabben, zeesterren en kleurige vissen. Er worden vaak dolfijnen en walvissen gesignaleerd.

Quebrada Camaronera

Manuel Antonio

Playa Espadilla Norte

Playa Espadilla Sur

Playa Manuel Antonio

Punta Catedral

DE MANZANILLO

Manzanillo's

De *manzanillo* of ook wel 'strand-appelboom' is langs het strand te vinden. Nietsvermoedende toeristen die zijn schaduw opzoeken komen vaak in de problemen, want de *Hippomane mancinella*, herkenbaar aan de korte stam en de felgroene, ovale blaadjes, is giftig. Het sap en de bast kunnen blaren veroorzaken, de gele, appelachtige vruchten zijn giftig en de rook van het verbrande hout kan de longen irriteren.

TIPS VOOR DE TOERIST

Wegenkaart D4. 160 km Z van San José en 8 km Z van Quepos. 777-0644. vanuit San José en Quepos. di–zo 8.00–16.00 uur. Toegang beperkt tot 600 bezoekers per dag.

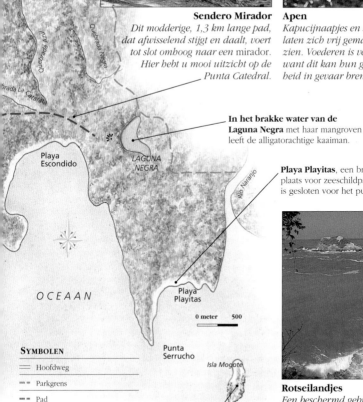

Sendero Mirador
Dit modderige, 1,3 km lange pad, dat afwisselend stijgt en daalt, voert tot slot omhoog naar een mirador. *Hier hebt u mooi uitzicht op de Punta Catedral.*

Apen
Kapucijnaapjes en saimiri's laten zich vrij gemakkelijk zien. Voederen is verboden, want dit kan hun gezond-heid in gevaar brengen.

In het brakke water van de Laguna Negra met haar mangroven leeft de alligatorachtige kaaiman.

Playa Playitas, een broed-plaats voor zeeschildpadden, is gesloten voor het publiek.

Quebrada Azul

Quebrada Negra

brada La Catarata

Playa Escondido

LAGUNA NEGRA

Río Naranjo

OCEAAN

Playa Playitas

0 meter   500

Punta Serrucho

Isla Mogote

Isla Mogote is heilig voor de Quepoa-indianen.

SYMBOLEN

— Hoofdweg

-- Parkgrens

-- Pad

☆ Uitkijkpunt

ℹ Informatiepunt

Rotseilandjes
Een beschermd gebied van nog eens 550 km² omvat twaalf eilanden met neste-lende zeevogelkolonies.

GUANACASTE EN NOORD-NICOYA

M*et zijn droge vlakten, mannen op paarden, rodeo's en stierengevechten is de provincie Guanacaste een typisch voorbeeld van het haciënda-erfgoed. De regio strekt zich uit van de in wolken gehulde vulkanen van de Cordillera de Guanacaste tot de moerassen van het Río Tempisque-bekken en de prachtige stranden van Noord-Nicoya – een paradijs voor zeeschildpadden en surfers.*

Aan de oostkant van dit uitgestrekte gebied loopt een lange vulkaan- en bergketen. In het noordwesten, waar de ruige Pacifische kust door diepe baaien een grillig karakter krijgt, vindt u de beste stranden van het land. Tussen de bergen en de kust ligt een brede trog met wetlands waar krokodillen en watervogels leven. In het zuidwesten ligt het schiereiland Nicoya met de door mangroven geflankeerde Golf van Nicoya. Hoewel het op de vlakten bloedheet kan zijn, bieden de bergen koele, mooie plaatsen en de stranden verfrissende briesjes.

In de lente vormen de dunbegroeide bladverliezende bossen van de vlakten een explosie van kleuren. U kunt hier vrij gemakkelijk wild zien. De dichte, altijdgroene nevelwouden op de hoge berghellingen zijn uiterst gevarieerd.

De Chorotega-cultuur was een van de meest ontwikkelde culturen in de tijd van de Spaanse invasie en werd snel geassimileerd. Er zijn geen grote pre-Columbiaanse bouwwerken ontdekt; wel wordt de hoogstaande keramiektraditie nog steeds in ere gehouden in de regio Guaitíl. De dominante cultuur van dit moment is die van de *sabanero* (cowboy); deze gaat terug tot de koloniale tijd, toen de grote haciënda's werden gebouwd. Het beroep van veehouder is hier overheersend, hoewel veel inwoners blijven vasthouden aan de manier van leven in de pre-Columbiaanse tijd en hun brood verdienen met de visserij.

Sabaneros (cowboys) met hun vee op een haciënda in Liberia

◁ Een *espavé*-boom *(Anacardium excelsum)* begroeid met een wurgvijg, Parque Nacional Rincón de la Vieja

Guanacaste en Noord-Nicoya verkennen

De droogste streek van Costa Rica heeft een gevarieerd landschap, van de spectaculaire nevelwouden van Monteverde tot de vulkaanparken Rincón de la Vieja, Miravalles en Guanacaste en het aan het strand gelegen Parque Nacional Santa Rosa. Vogelen doet u in Palo Verde, Lomas Barbudal en bij Cañas. In het noorden ligt Liberia met zijn koloniale gebouwen. Bij de gemoedelijke westelijke Playas del Coco kunt u goed duiken en Playa Flamingo is ideaal voor sportvissers. Verder naar het zuiden ligt het surfcentrum Tamarindo. Playa Grande en Playa Ostional trekken zeeschildpadden. Guaitíl is beroemd om zijn aardewerk; Barra Honda trekt speleologen.

Het grote plein van Liberia, omzoomd door bomen

Bezienswaardigheden

Dorpen en steden
Cañas ❸
Guaitíl ㉒
Islita ⑲
Liberia ❼
Nicoya ⑳
Nosara ⑰
Sámara ⑱
Santa Cruz ㉑
Tamarindo ⑮
Tilarán ❷

Nationale parken en reservaten
Parque Nacional Barra Honda ㉓
Parque Nacional Guanacaste ❾
Parque Nacional Palo Verde ❹
Parque Nacional Rincón de la Vieja ❽
Parque Nacional Santa Rosa
  blz. 134–135 ⑪
Refugio Nacional de Vida
  Silvestre Ostional ⑯
Reserva Biológica Lomas Barbudal ❺

Overig natuurschoon
Bahía Culebra ⑫
Bahía Salinas ❿
Monteverde en Santa Elena blz. 124–128 ❶
Volcán Miravalles ❻

Stranden
Playa Flamingo ⑭
Playas del Coco ⑬

Masker bij Rancho Armadillo, Playas del Coco

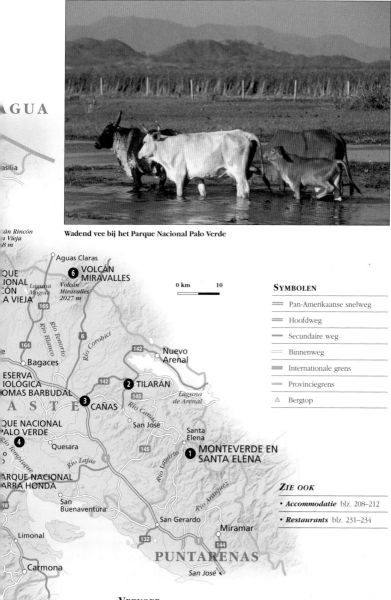

Wadend vee bij het Parque Nacional Palo Verde

SYMBOLEN

═══	Pan-Amerikaanse snelweg
══	Hoofdweg
──	Secundaire weg
┈┈	Binnenweg
▬▬▬	Internationale grens
──	Provinciegrens
△	Bergtop

0 km   *10*

Aguas Claras

❻ **VOLCÁN MIRAVALLES**
Volcán Miravalles 2027 m

Laguna Mogote

QUE IONAL CÓN A VIEJA

Volcán Rincón a Vieja 8 m

asilia

AGUA

165

164

Río Tenorio *Río Blanco*

Río Corobicí

6

142

Nuevo Arenal

Bagaces

ESERVA IOLÓGICA OMAS BARBUDAL

142

❷ **TILARÁN**

145

Laguna de Arenal

A S T E **CAÑAS** ❸

Río Cañas

San José

QUE NACIONAL ALO VERDE

❹

Quesara

Río Tempisque

Río Lajas

Santa Elena

145

❶ **MONTEVERDE EN SANTA ELENA**

ARQUE NACIONAL ARRA HONDA

18

San Buenaventura

Río Lagarto

Río Aranjuez

San Gerardo

Miramar

Limonal

132

PUNTARENAS

144

Carmona

San José

alito juco **Zapote**

160

San Francisco de Coyote

ZIE OOK

• *Accommodatie* blz. 208–212

• *Restaurants* blz. 231–234

VERVOER

De Pan-Amerikaanse snelweg loopt door de streek naar Nicaragua. Onverharde wegen lopen van de snelweg naar Monteverde en andere bezienswaardigheden. Snelweg 21 verbindt Liberia met Noord-Nicoya, de zijwegen lopen westelijk naar de grote vakantiecomplexen aan het strand. Een goede busdienst verbindt steden langs de Pan-Amerikaanse snelweg en vakantiecomplexen met San José, maar busreizen tussen deze resorts duren erg lang. Een auto huurt u in Liberia en Tamarindo. Liberia heeft een internationale luchthaven, Tamarindo, Nosara en Sámara een vliegveld voor binnenlandse vluchten.

Monteverde en Santa Elena ❶

Logo van Monteverde

Monteverde is wereldberoemd om zijn unieke nevelwoudreservaat, dat Costa Rica's naam als ecotoeristische trekpleister hielp vestigen. Het ligt op 1400 m hoogte en vormt een idyllisch berglandschap in het hart van de Cordillera de Tilarán. In het noordwesten ligt Santa Elena, dat vaak als deel van de Monteverde-streek wordt beschouwd. Dit gebied telt nog een paar reservaten, die behoren tot de Zona Protectora Arenal-Monteverde. Er is van alles te beleven in Monteverde – de verschillende boomkruintochten waar de bezoeker van hoog in de bomen een blik op het woud kan werpen, zijn een echte attractie. Maar ondanks de toenemende recreatie weet Monteverde zijn natuurlijke charme te behouden.

Boomkruintochten
Met een van de vier canopy tours *kunt u via een kabel of door abseilen het blader- dak verkennen.*

In Orquídeas de Monteverde groeit eenderde van alle orchi- deeënsoorten in Costa Rica *(blz. 126).*

Reserva Bosque Nuboso Santa Elena
In dit reservaat leven dezelfde diersoorten als in het bioreservaat Monteverde, met het voor- deel dat hier minder mensen komen (blz. 128).

Las Juntas

Sky Walk/ SkyTrek

Reserva Bosqu Nuboso Santa Selvatura Park en Juwelen van het Regenwoud

● Original Canopy Tour

SANTA ELENA

Kantoor Original Canopy Tour

CERRO PLANO

Ranario de Monteverde ●

Kantoor Skywalk/SkyTrek

SAN JOSÉ

Finca Ecológico biedt vier routes door montaan tropisch woud.

Quebrada Maquina

Serpentario
Hier kunt u kennis- maken met slangen die in de wouden leven, maar ook met andere reptielen en amfibieën (blz. 126).

Het Bajo del Tigre-pad is een route die u zonder gids aflegt. Onderweg worden vaak drielelklokvogels en quetzals waargenomen.

SYMBOLEN

═	Hoofdweg
═	Andere weg
▬	Pad
▬	Parkgrens
ℹ	Toeristeninformatie

Natuurcentrum en vlindertuin Monteverde
Hier vliegen tientallen vlindersoor- ten rond in met netten overspan- nen tuinen. In het natuur- centrum ziet u tentoonstellingen over de insectenwereld (blz. 126).

Santa Elena
Lager op de heuvel dan Monteverde ligt het grootste dorp van de streek, met een bank, bushalte en andere diensten. Tussen Santa Elena en Monteverde ligt het gebied Cerro Plano.

TIPS VOOR DE TOERIST

Wegenkaart C2. 68 km N van Puntarenas, 35 km bergopwaarts van de Pan-Amerikaanse snelweg. 🏠 *4000.* 🚌 *naar Santa Elena en het Reserva Biológica Bosque Nuboso Monteverde.* 🎪 *Ecotoeristische markt Monteverde (half juni).* W *www. acmonteverde.com* **Original Canopy Tour** ☎ *645-5243.* ○ *dag. 8.00–16.30 uur.*

La Lechería
De 'kaasfabriek' is opgezet door geëmigreerde quakers uit de Verenigde Staten. De plaatselijke economie drijft hierop. U kunt er zien hoe kaas wordt gemaakt (blz. 126).

Weiden
De glooiende heuvels van Monteverde vormen grazige weiden voor het vee, dat de bron is voor de beroemde kaas.

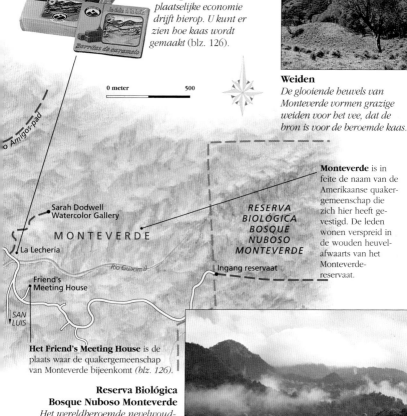

0 meter — 500

o Amigos-pad

Sarah Dodwell
Watercolor Gallery

MONTEVERDE

La Lechería

Rio Guacimal

Friend's
Meeting House

SAN
LUIS

RESERVA BIOLÓGICA BOSQUE NUBOSO MONTEVERDE

Ingang reservaat

Monteverde is in feite de naam van de Amerikaanse quakergemeenschap die zich hier heeft gevestigd. De leden wonen verspreid in de wouden heuvelafwaarts van het Monteverde-reservaat.

Het Friend's Meeting House is de plaats waar de quakergemeenschap van Monteverde bijeenkomt *(blz. 126)*.

Reserva Biológica Bosque Nuboso Monteverde
Het wereldberoemde nevelwoud-bioreservaat Monteverde is het belangrijkste gebied om de prachtige quetzal te zien – een van de meer dan 400 vogelsoorten die hier leven (blz. 127).

Monteverde en Santa Elena verkennen

Bord Monteverde-reservaat

Het koele en groene Monteverde heeft een aantal interessante bezienswaardigheden. De meeste liggen langs de onverharde kronkelweg die langzaam omhoogloopt van Santa Elena naar het Reserva Biológica Bosque Nuboso Monteverde. Ook liggen er een paar verborgen langs de vaak slecht begaanbare en steile zijwegen. Het is aangenaam om er lopend heen te gaan, hoewel de drukke wegen modderig of stoffig kunnen zijn, afhankelijk van het weer. Het is altijd verstandig om een paraplu mee te nemen. Langs de route staan tientallen hotels en restaurants. Een steilere zandweg leidt van Santa Elena noordoostwaarts naar het nevelwoudreservaat Santa Elena, via belangrijke attracties.

🦎 Ranario de Monteverde

300 m ZW van Santa Elena.
📞 645-6320. 🕐 dag. 9.00–20.30 uur. 🚫 🚻 🚻 ♿
🌐 www.ranario.com

In de kikvorsvijver van Monteverde leven zo'n 20 soorten kikkers en andere amfibieën, zoals slangen, salamanders en hagedissen, in grote glazen hokken waarin hun natuurlijke omgeving wordt nagebootst. Hier ziet u enkele zeer intrigerende *ranas* en *sapos* (kikkers en padden), waaronder pijlgifkikkers met hun felle kleuren, de vertederende roodoogmaki, transparante kikkers en enorme reuzenpadden. Breng 's avonds een bezoek, dan zijn de kikkers het actiefst en kunt u hun gekwaak horen. Het centrum heeft ook een cadeauwinkel.

🦎 Serpentario

500 m Z van Santa Elena. 📞 645-6002. 🕐 dag. 9.00–20.00 uur. 🚫 🚻 ♿ 🌐 www.snaketour.com

Tot de meer dan twintig slangensoorten die achter glas te bezichtigen zijn, behoren de *terciopelo* (lanspuntslang of *Bothrops asper*) en zijn vijand, de *terciopelo*-etende *musurana* (musurana of *Clelia clelia*). De meeste soorten die hier leven, komen ook in de plaatselijke wouden voor. U ziet hier tevens schildpadden, leguanen, basilisken, kameleons en kikkers. Hoewel de bordjes alleen in het Spaans zijn, zijn er ook gidsen aanwezig die zowel Spaans als Engels spreken.

Delicate orchideeën, gekweekt in de Orquídeas de Monteverde

🦎 Orquídeas de Monteverde

1,3 km O van Santa Elena.
📞 645-5509. 🕐 dag. 8.00–17.00 uur. 🚫 🚻

De orchideeëntuin van Monteverde is een uitgelezen plaats om meer over orchideeën te weten te komen *(blz. 183)*; er zijn hier ruim 500 plaatselijke soorten. Ze staan in 22 groepen langs een kronkelende route met educatieve bordjes. U krijgt een loep om beter te kunnen genieten van de kleine soorten als de *Platystele jungermannioides*, de kleinste bloem ter wereld.

🦎 Natuurcentrum en vlindertuin Monteverde

1,8 km Z van Santa Elena. 📞 645-5512. 🕐 dag. 9.30–16.00 uur. 🚫 🚻 🚫

Dit natuurcentrum is met zijn educatieve tentoonstellingen en vlindertuinen die drie habitats vertegenwoordigen de perfecte plek om alles te weten te komen over de levenscyclus van de vlinder. Tot de tentoongestelde dieren behoren tientallen levende spinachtigen en insecten, waaronder vogelspinnen, wandelende takken, reusachtige neushoornkevers en 13 cm lange rupsen die een cocon weven.

Er worden video's vertoond, en de 'insectencamera' neemt u mee het nest in van de bladsnijmier (*Acromyrmex versicolor*). Het hoogtepunt van de rondleiding van een uur is een grote met netten overspannen ruimte waar meer dan 40 soorten kleurige vlinders tussen dicht gebladerte rondfladderen. Hier wordt zowel de leefomgeving van een laaglandregenwoud als een montaan woud nagebootst. Kom halverwege de ochtend, als de vlinders actief worden.

🏭 La Lechería

3 km ZO van Santa Elena. 📞 645-5029. 🕐 ma–za 7.30–17.00, zo 7.30–12.30 uur. 🚫 🚫 9.00 en 14.00 uur. 🌐 www.monteverde.net

De 'kaasfabriek', in 1953 opgericht door de oorspronkelijke quakerkolonisten van Monteverde, produceert nu

---

DE QUAKERS

De oorspronkelijke kolonisten van Monteverde waren 44 leden van de protestantse religieuze groepering de quakers. Ze kwamen uit Alabama, waar ze gevangen werden gezet omdat ze dienstweigerden, en arriveerden in 1951 in Costa Rica, aangetrokken door het feit dat dit land na de burgeroorlog van 1948 zijn leger had afgeschaft. Ze streken neer in de Cordillera de Tilarán, waar ze melkkoeien fokten voor de kaas die nu zo beroemd is. De quakers zijn altijd grote voorvechters geweest van natuurbehoud in Monteverde.

Quaker in traditionele kledij

DE GOUDEN PAD

In 1964 ontdekten wetenschappers een nieuwe paddensoort *(Bufo periglenes)* in de nevelwouden boven Monteverde. Ze noemden het schitterende oranje diertje *sapo dorado* (gouden pad). Alleen het mannetje (3 cm groot) is helder oranje; het vrouwtje is groter en gespikkeld met zwarte, rode en gele kleuren. Hoewel deze pad nog tot 1986 veel voorkwam, is de *sapo dorado* sinds 1988 nooit meer gezien en is hij waarschijnlijk uitgestorven.

Gouden padden

veertien soorten gepasteuriseerde kaas, waaronder parmezaan, Goudse en de populaire Monte Rico, vermaard in heel Costa Rica. Tijdens een rondleiding krijgt u te zien hoe kaas wordt gemaakt. Meer dan 1000 kg kaas per dag rolt hier uit de fabriek. U kunt hier ter plekke *cajeta* kopen, een soort stroop, en natuurlijk kazen.

Reserva Biológica Bosque Nuboso Monteverde

6 km ZO van Santa Elena.
645-5122. dag. 7.00–16.00 uur. op afspraak.
W www.cct.or.cr

De zandweg die omhoogloopt bij Santa Elena eindigt bij het 105 km² grote nevelwoudreservaat Monteverde, de parel aan de kroon van de 300 km² grote Zona Protectora Arenal-Monteverde. Het reservaat is eigendom van het Tropical Science Center of Costa Rica, dat het ook beheert. Het strekt zich uit over de continentale waterscheiding en omvat zes verschillende ecologische zones, die uitlopen in de Pacifische en Caribische hellingen. De bossen van de montane zone in het reservaat worden continu bedekt met nevel, gevoed door zeer vochtige passaatwinden uit de Atlantische Oceaan. Op de kalere bergkammen worden de bomen niet hoog, vanwege de beukende wind. Het nevelwoudreservaat Monteverde is rijk aan diersoorten. Er zijn meer dan 150 amfibie- en reptielensoorten en ruim 500 vlindersoorten. Tot de meer dan 100 zoogdiersoorten behoren de vijf wilde katten: jaguar, jaguaroendi, poema, margay en ocelot. De parasolvogel en bedreigde drielelklokvogel behoren tot de 400 vogel-

Leguaan, Reserva Biológica Bosque Nuboso Monteverde

soorten. Quetzals zijn gemakkelijk te ontdekken, vooral in de paartijd (april–mei), wanneer ze na zonsopgang erg actief zijn. Kolibries zijn ook goed te zien; ze komen af op de voederbakjes buiten het bezoekerscentrum – in het reservaat leven meer dan 30 soorten. De meeste dieren zijn echter schuw en moeilijk te ontdekken.

Het reservaat wordt doorkruist door 120 km aan paden. En hoort een gids bij de educatieve punten langs de populairste routes die zijn bedekt met loopplanken en samen 'de triangel' vormen. Het Sendero Chomogo is een steil pad naar een *mirador* (uitkijkpunt) boven op de continentale waterscheiding. Vanhier kunt u, als op een zeldzame heldere dag de nevels optrekken, zowel de Grote als de Atlantische Oceaan zien. Er lopen ook avontuurlijker paden de Caribische hellingen af. Deze paden nemen een hele dag wandelen in beslag en zijn erg modderig. Gelukkig kunt u kaplaarzen huren, net als verrekijkers om de schuwere bewoners van het reservaat te ontdekken. De droogste maanden liggen tussen december en april. De hotels organiseren vervoer en vanuit Santa Elena rijden zowel taxi's als bussen.

Wandelen door het Reserva Biológica Bosque Nuboso Monteverde

🦋 Reserva Bosque Nuboso Santa Elena

6 km NO van Santa Elena. ☎ 645-5390. ○ dag. 7.00–16.00 uur. 🎫 🎫 7.30, 11.30 en 18.30 uur, op afspraak. ▢ 🛈
W www.reservasantaelena.org

Het 5 km² grote nevelwoud-reservaat Santa Elena wordt gefinancierd en geleid door de gemeenschap van Santa Elena. Het is gewijd aan natuur-behoud en onderwijs. De leerlingen van de plaatselijke middelbare school spelen een vitale rol in de ontwikkeling van het reservaat.

Deze betoverende groene we-reld, hoger gelegen dan het beroemdere en drukkere Re-serva Biológica Bosque Nubo-so Monteverde (blz. 127), is neveliger en natter, en rijkelijk begroeid met epifyten en va-rens. Slinger- en brulapen zijn gemakkelijk te ontdekken, net als de schitterende quetzal, oranjebuiktrogon, eekhoorn en agoeti, een knaagdierachtig zoogdier. Schuwer zijn de tapir, jaguar, ocelot, poema en tayra, die tot dezelfde familie als de otter en wezel behoort. Op heldere dagen hebt u ge-weldig uitzicht op de Volcán Arenal in het noordoosten. Voor de 11 km wandelpaden is een boekje verkrijgbaar.

🦋 Sky Walk/SkyTrek

5 km NO van Santa Elena.
☎ 645-5238. ○ dag. 7.00–16.00 uur. 🎫 🎫 8.00, 10.30 en 13.30 uur. ♿ ▢ 🛈 W www.skywalk.co.cr; www.skytrek.com

Deze attractie aan de rand van het Reserva Bosque Nuboso Santa Elena met zijn wandel-paden, kabels en hangbruggen

Een toerist loopt de Sky Walk door het bladerdak van het nevelwoud

hoog in de lucht biedt ver-schillende mogelijkheden om het bladerdak te verkennen. De avonturiers doen de twee uur durende SkyTrek. Veilig vastgemaakt in een tuigje glijdt u van platform naar platform, hoog in de boomtoppen (lengte: 1,6 km). Twee uitkijk-torens bieden panoramische uitzichten op het laagland van Guanacaste en Puntarenas. De minder spannende Sky Walk is ook perfect om dieren te observeren, met 1000 m aan paden met vijf hangbruggen die boomtoppen verbinden.

🦋 Selvatura Park en Juwe-len van het Regenwoud

6 km NO van Santa Elena.
☎ 645-5929. ○ dag. 7.00–17.00 uur. 🎫 ♿ 🛈 🍴 🛈
W www.selvatura.com

Selvatura heeft 3 km aan ver-hoogde wandelpaden met acht hangbruggen, die kriskras door de boomtoppen van het nevelwoud voeren. Er is ook een boomkruintocht langs 14 platformen, een van de langste van Costa Rica, waarbij u een uitzicht op het woud hebt van hoog in de bomen. De tocht omvat ook een optionele 'Tarzan Swing' en duurt zo'n drie uur.

Hoogtepunt vormt **Juwelen van het Regenwoud**, een prachtige tentoonstelling van de grootste particuliere insectencollectie ter wereld, samengesteld door de ento-moloog dr. Richard Whitten. U ziet in een zeer kleurrijk geheel duizenden wandelende takken, vlinders, spinnen, wespen, kevers, motten en andere insecten, tentoon-gesteld met leerzame bordjes en gerangschikt op geogra-fische streken en thema's. Ook zijn er reusachtige schaal-dieren en schedels van pre-historische dieren, zoals de sabeltijger, te zien. Er zijn mensenschedels, van de Australopithecus tot de Homo sapiens. In het auditorium worden video's over het insec-tenleven getoond. U kunt ook zien hoe dr. Whitten in zijn Selvatura-laboratorium aan het werk is, via een live videover-binding.

Selvatura's andere attracties zijn een kolibrietuin met meer dan 14 soorten kolibries, een klimmuur, natuurwandelingen met gids en een koepelvor-mige vlindertuin met klimaat-beheersing, waar meer dan 20 vlindersoorten fladderen, waaronder de glanzende blauwe morpho. Er komt een amfibie- en reptielenexpositie.

Ingang van het Reserva Bosque Nuboso Santa Elena

De nevelwouden van Costa Rica

Dulcedo polita

De nevelwouden van Costa Rica, genoemd naar de nevelen waarmee ze omhuld zijn, treft men vooral aan op hoogten boven de 1050 m. Deze montane tropische regenwouden, zoals ze officieel heten, bieden een keur aan flora. Op de winderige, onbeschutte bergruggen groeien bomen en struiken zo dicht mogelijk bij de grond uit zelfbescherming en vormen een feeëriek,
nog ongerept bos. Beschuttere gebieden bestaan uit hogere vegetatie van verschillende lengte, kenmerkend voor regenwouden *(blz. 22–23)*. Het groene bladerdak bereikt zelden een hoogte van 30 m, hoewel enorme bomen daar soms een uitzondering op vormen. Epifyten (orchideeën, bromelia's) groeien op takken, die zijn bedekt met zwammen, (korst)mossen en levermossen.

Sommige Piper-*soorten, groeiend in vochtige gebieden, kunnen bladeren van wel 50 cm hebben. Costa Rica telt 94* Piper-*soorten.*

Flarden nevel ontstaan door de vochtige Caribische passaatwind die condenseert bij de continentale waterscheiding.

Mossen ademen en halen water rechtstreeks uit de lucht via wortels die als een baard aan takken hangen.

FLORA EN FAUNA

De constante afwisseling van zonlicht, wolken en regen produceert in de nevelwouden een flora van een ongelooflijke diversiteit. Ook de fauna is zeer gevarieerd, hoewel door de nevel en het dichte gebladerte de dieren niet gemakkelijk te zien zijn.

Tot de bomen behoren de *guarumo*, allerlei vijgensoorten en de grote *zapote*, met takken zwaar van de epifyten.

Halsbandpekari's *foerageren in grote groepen en zijn zeer sociaal. Hun lange hoektanden zijn hun wapen.*

Het gejodel van de *tandsnavelbaardvogels verraadt hen. Toch zijn ze zelden te zien. Ze slapen tegen elkaar aan.*

Brulapen *zijn in bomen levende blad- en fruiteters. De mannetjes staan bekend om hun angstaanjagende gebrul.*

Tilarán ❷

Wegenkaart B2. 22 km O van Cañas.
🏚 *7700*. 🚍 Ⓡ *Feria del Día Civica (april–juni).*

Dit leuke kleine plaatsje ligt op een hoogte van 550 m op de continentale waterscheiding. De lucht is er heerlijk fris. Tilarán heeft een mooi pleintje met pijnbomen en ci-
pressen en vormt een prettig rustpunt op weg naar of van het Arenal-meer. De enige bezienswaardigheid is de met inlegwerk versierde kathedraal uit de jaren zestig. Het rustieke stadje ligt midden tussen de golvende weiden en staat bekend om zijn vee-show en rodeo.

Vogelen vanuit overhuifde boten in Parque Nacional Palo Verde

Toren kathedraal Tilarán

OMGEVING: Liefhebbers van de orchidee moeten naar **Vivero Poporí**, waar tropische orchideeën worden gekweekt en meer dan 20 vlindersoorten rondfladderen.

🌸 Vivero Poporí
3 km O van Tilarán. 📞 *695-5047.* ⭕ *dag. 7.00–17.00 uur.* 🅿️ 🚻 🚹

Cañas ❸

Wegenkaart B2. 77 km N van Puntarenas. 🏚 *19.000*. 🚍 Ⓡ *Feria Domingo de Resurrección (maart/april).*

Cañas, een stoffig cowboy-stadje in de luwte van de Cordillera de Guanacaste, staat ook bekend als Ciudad de la Amistad (Vriendschapsstad). Rond de stad liggen de haciënda's in het hete Tempisque-bekken; de *sabaneros* (cowboys) maken het stadje zo aantrekkelijk. Cañas ligt langs de Pan-Amerikaanse snelweg en vormt de toegang tot het Parque Nacional Palo Verde en het Arenal-meer.

OMGEVING: Het **Centro de Rescate Las Pumas** (Poema-opvangcentrum) is een particuliere opvang voor wilde katten. Sommige katten – er zijn jaguars, poema's, jaguaroendi's, margays, ocelotten en tijgerkatten – zijn redelijk tam: ze

zijn grootgebracht door de stichter, Lilly Bodmer de Hagnauer. Er staat geen hek om de kooien – wees voorzichtig. De naburige Río Corobicí is in trek bij rafters; de kleine stroomversnellingen zorgen voor avontuur. U kunt een tocht boeken bij **Safaris Corobicí**.

🐾 Centro de Rescate Las Pumas
Pan-Amerikaanse snelweg, 5 km N van Cañas. 📞 *669-6044.* ⭕ *dag. 8.00–16.00 uur.* 🅿️ *gift.*
Safaris Corobicí
Pan-Amerikaanse snelweg, 5 km N van Cañas. 📞 *669-1091.*

Parque Nacional Palo Verde ❹

Wegenkaart B2. 42 km W van Cañas. 📞 *200-0125.* 🚍 *naar Puerto Humo, daarna de boot naar begin van pad naar parkkantoor; naar Bagaces (22 km N van Cañas), dan jeeptaxi.* ⭕ *dag. 8.00–16.00 uur.* 🅿️ 🚻 🍴 🚹 🛶 🏕️

Een van de meest gevarieerde nationale parken van het land is Palo Verde, dat in 1980 is opgericht. Binnen 130 km² beschermt het allerlei habitats, waaronder (mangrove)moerassen, savannes en tropische droogbossen aan de monding van de Río Tempisque. Veel vegetatie bestaat uit droogtetolererende soorten als de *Guaiacum sanctum* en de zandkokerboom, maar ook de *paloverde* ('groene paal', *Parkinsonia aculeata*), waar het park zijn naam aan dankt. Er leven veel verschillende diersoorten. In het droge seizoen, van december tot april, staan de bomen in bloei. De rijpende vruchten lokken apen, witsnuitneusbe-

ren, witstaartherten, pekari's, poema's en andere zoogdieren. In het natte seizoen loopt veel land onder water, wat watervogels en waadvogels als reigers, jabiroes, ibissen en rode lepelaars aantrekt. Palo Verde telt meer dan 300 vogelsoorten, waaronder een grote populatie geelvleugelara's en hokko's. Het **Isla de Pájaros**, midden in de Río Tempisque, is een grote broedplaats.
In het droge seizoen hebt u de meeste kans wilde dieren te zien – de loofbomen zijn dan kaal en de dieren komen samen bij drinkplaatsen. Langs goed onderhouden paden staan uitkijkposten.

Reserva Biológica Lomas Barbudal ❺

Wegenkaart A2. 6 km ZW van Pan-Amerikaanse snelweg, 19 km NW van Bagaces. 📞 *671-1290.* 🚍 *naar Bagaces, dan met jeeptaxi.* ⭕ *dag. 8.00–16.00 uur (wisselt).* 🅿️ *donatie.* 🏕️

Het nauwelijks bezochte Reserva Biológica Lomas Barbudal (Bioreservaat 'Bebaarde Heuvels'), beroemd

De zeldzame droogbossen van Reserva Biológica Lomas Barbudal

om zijn vele insecten, waaronder 250 bijensoorten, beschermt het zeldzame tropische droogbos. Het reservaat, uit 1986, is heuvelachtig en dichtbebost. Het biedt een soortgelijke variatie aan fauna als het Parque Nacional Palo Verde en biedt plantensoorten die men meestal niet aantreft in droogbossen – langs de rivieren staan altijdgroene bomen als de jatoba en de vruchtdragende *níspero*. Vanaf het bezoekerscentrum Casa de Patrimonio aan de oever van de Río Cabuyo, waar het goed zwemmen is, lopen paden door het 23 km² grote reservaat. In februari en maart is het hier het mooist, als de bomen een overdaad aan bloesems tonen.

Fumarolen bij Las Hornillas, Volcán Miravalles

Volcán Miravalles ❻

Wegenkaart B2. 26 km N van Bagaces. 🚌 *uit Bagaces.*

D eze actieve vulkaan steekt 2030 m boven de vlakten van Guanacaste uit. Maar weinig mensen lopen de routes die het 109 km² grote reservaat Miravalles hoog op de hellingen biedt. Tapirs worden aangetrokken door de meren bij de top. Hier leven nog meer diersoorten.
De grootste attractie zijn **Las Hornillas** ('de oventjes'), een gebied met stoomgaten en borrelende en sissende modderpoelen aan de westkant. Het Instituut voor Elektriciteit (ICE) haalt energie uit de hete waterdamp bij het **Proyecto Geotérmico Miravalles**. Las Hornillas voeden ook de ther-

male baden van het **Centro Turístico Yökö** en **Centro Turístico Termomanía**, twee recreatiecentra met accommodatie en eetgelegenheid. Een korte route leidt van hier naar de fumarolen. Er zijn geen hekken en de grond is instabiel: houd afstand.

Proyecto Geotérmico Miravalles
27 km NO van Bagaces. 📞 673-1111, tst. 232. ⭕ op afspraak. ♿

Centro Turístico Yökö
3 km O van Guayabo, snelweg 164. 📞 673-0410. ⭕ dag. 7.00–23.00 uur. ♿ ♿ 🍴 🏠 ⛱

Centro Turístico Termomanía
3 km O van Guayabo, snelweg 164. 📞 673-0233. ⭕ dag. 8.00–22.00 uur. ♿ 🍴

Liberia ❼

Wegenkaart A2. 26 km N van Bagaces. 🏛 39.000. 🚌 🚕
🛈 665-0135. 🎉 *Día de la Anexión de Guanacaste (25 juli).*

D e charmante, historische hoofdstad van Guanacaste, gesticht in 1769, staat bekend als de Witte Stad, vanwege de witgekalkte adobehuisjes met terracottadakpannen. De mooiste huizen staan in de Calle Real (Calle Central). Een goed voorbeeld van het handelsmerk van Liberia, de *puertas del sol* – dubbele deuren, op weerskanten van een hoek, om zowel de ochtend- als middagzon te vangen – is te zien in het mooie koloniale Casa de Cultura. Nu is hier het

Interieur van woning uit koloniale tijd Calle Real, Liberia

Museo de Sabanero gevestigd, over de cowboycultuur. Aan het hoofdplein staat de moderne **Iglesia Imaculada Concepción de María**. Ernaast, bij het *ayuntamiento* (stadhuis), wappert de vlag van Guanacaste, de enige provincievlag van het land. In juli viert de bevolking de afscheiding van Nicaragua in 1824. De Iglesia de la Ermita de la Resurección, in de volksmond **Iglesia de la Agonía** genoemd, is een fraaie koloniale adobekerk uit 1825 met een museum met religieuze kunst. Liberia is de hoofdpoort naar het Parque Nacional Rincón de la Vieja *(blz. 132)* en de stranden van Noord-Nicoya.

Monumento Sabanero in Liberia

🏛 **Museo de Sabanero**
Calle 1 en Avenida 6. 📞 666-1606. ⭕ ma–za 8.00–12.00 en 13.30–17.00 uur. ♿

⛪ **Iglesia de la Agonía**
Calle 9 en Avenida Central. ⭕ dag. 14.30–15.30 uur.

DE COWBOYCULTUUR

De meeste *Guanacastecos* verdienen hun geld als *sabanero* (cowboy), ook wel *bramadero* genoemd, naar het sterke Brahma-vee. De *sabaneros* zijn fiere mannen die met rechte rug in hun fraai versierde zadels zitten en hun paarden de sporen geven. De belangrijkste dagen van het jaar in de Guanacasteco-cultuur zijn die van de *topes* (paardenshows) en *recorridos de toros* (stierengevechten). De stieren worden bereden en opgehitst, maar nooit gedood.

Een *sabanero* met zijn paard

Parque Nacional Rincón de la Vieja ❽

Wegenkaart B1. 30 km NO van Liberia. 〖 661-8139. 🚌 naar Liberia, dan jeeptaxi. 🕐 dag. 7.00–16.00 uur; laatste toegang: 15.00 uur. 🖼 🌳 Ⓐ Ⓦ www.acguanacaste.ac.cr

De indrukwekkende vulkaan Rincón de la Vieja telt maar liefst negen kraters, waarvan alleen de Rincón de la Vieja-krater (1800 m) actief is. De hoogste krater is de Santa María (1900 m); de Von Seebach-krater is nu een zuurhoudend turquoise meer.
Het park, opgericht in 1973, beschermt een gebied van 140 km². De oosthelling van de vulkaan is het hele jaar door nat; de westkant heeft een droog seizoen. Hier groeien bladverliezende bomen op de lagere hellingen en nevelwouden vlak onder het maanlandschap van de top.
U kunt hier kapucijnapen, brulapen en slingerapen zien, miereneters, luiaards, rolstaartberen en meer dan 300 vogelsoorten, waaronder quetzals en drielelklokvogels. Het erwtgroene **Lago Los Jilgueros** wordt door tapirs bezocht. Het park biedt geweldige wandeltochten. De routes beginnen bij het parkkantoor, de 19de-eeuwse **Hacienda Santa María**, en leiden langs modderpoelen, warme zwavelbronnen, watervallen en fumarolen. Het uitdagende 18 km lange pad langs de top is een rondwandeling van twee dagen. Op de top kunt u zelfs het Nicaragua-meer zien. Wandelaars moeten bij de parkwachterskantoren melden wanneer ze vertrekken en terugkomen. Het kantoor Santa María is vanuit Liberia te berei-

ken met de jeeptaxi. Vanhier leidt een pad naar het kantoor Las Pailas. Het droge seizoen van december tot april is de beste tijd om te komen.

Omgeving: Verschillende natuurlodges aan de westkant van de vulkaan dienen ook als activiteitencentrum. Op de zuidwestflank ligt **Hacienda Lodge Guachipelín** (blz. 211), een veebedrijf dat gespecialiseerd is in ruitertochten. U bereikt de haciënda vanuit Liberia via Curubandé. De naburige **Rincón de la Vieja-lodge** (blz. 211) heeft een 364 ha groot privé-bosreservaat. Beide lodges bieden boomkruintochten. Uit Liberia loopt een weg via Cañas Dulces naar **Buena Vista Mountain Lodge & Adventure Center** (blz. 211) op de noordwestkant. U kunt er paardrijden, een boomkruintocht maken of van de 400 m lange glijbaan glijden. **Hotel Borinquen Mountain Resort Thermae & Spa** heeft modderbaden en een kuuroord.

🏨 **Hotel Borinquen Mountain Resort Thermae & Spa**
30 km NO van Liberia via Cañas Dulces. 〖 666-0363. 🖼 🍴 🌳 Ⓦ www.borinquenresort.com

Parque Nacional Guanacaste ❾

Wegenkaart A1. 35 km N van Liberia. 〖 666-5051. 🚌 naar Liberia, dan met jeeptaxi. 🕐 dag. 8.00–17.00 uur. 🖼 🌳 reserveren. Ⓐ Ⓦ www.acguanacaste.ac.cr

Dit afgelegen nationale park beslaat meer dan 840 km² herbeboste bosgronden en weiden en loopt tot

Ecologisch centrum Hacienda Los Inocentes, vroeger een veebedrijf

aan de top van de Volcán Cacao (1650 m) en de Volcán Orosi (1500 m). Er zijn weinig voorzieningen, maar als u een beetje kunt survivallen, is de beloning immens. Het park, een voortzetting van het Parque Nacional Santa Rosa, kent verschillende habitats – de fauna is overweldigend. De biologische centra **Cacao, Pitilla** en **Maritza** hebben spartaanse onderkomens. Pre-Columbiaanse rotstekeningen zijn te zien op de **Llano de los Indios**, laag op de westkant van de Volcán Orosi.

Omgeving: Laag op de noordhellingen van de Volcán Orosi staat de **Hacienda Los Inocentes**, die gespecialiseerd is in natuurtochten te paard.

🏇 **Hacienda Los Inocentes**
Snelweg 4, 16 km O van Pan-Amerikaanse snelweg. 〖 679-9190. 🖼 🌳 🍴 🌳 Ⓦ www.losinocentes lodge.com

Bahía Salinas ❿

Wegenkaart A1. 62 km NW van Liberia. 🚌 naar La Cruz, dan jeeptaxi.

Deze flesvormige baai, in het noorden door rotsen, in het oosten door zoutpannen en in het zuiden door stranden omringd, wordt van december tot april door een stevige wind geteisterd. Aan de kust liggen vissersdorpjes. De hotels bij La Coyotera en Playa Copal zijn tevens surfcentra.
Fregatvogels vliegen weg op de opwaartse luchtstroom rond het **Refugio Nacional de Vida Silvestre Isla Bolaños**. Dit eiland, waar pelikanen en Amerikaanse bonte scholeksters broeden, is verboden terrein.

De ontzag inboezemende Volcán Rincón de la Vieja

De droogbossen van Costa Rica

Droge, bladverliezende bossen bedekten vroeger van Mexico tot Panama de laaglanden langs de Pacifische kust en ook vrijwel geheel het huidige Guanacaste en Nicoya. Na de komst van Columbus kapten de Spanjaarden hele wouden voor hun veehouderijen, die ook nu nog de economie van het Pacifische noordwesten domineren. Er is nog slechts

De oranje bloesem van de *poró*

2 procent over van het oorspronkelijke woud, dat vooral in het Tempisque-bekken en de parken Santa Rosa, Rincón de la Vieja en Guanacaste groeit. De laatste jaren worden onder leiding van de Amerikaanse bioloog dr. Daniel Janzen grote delen savanne en landbouwgrond weer met bossen beplant. De bedoeling is de ecosystemen van de droogbossen te herstellen.

De ondergroei bestaat uit lage bomen; erboven groeien bomen met platte kronen.

Gras en doornstruiken bedekken de bodem.

De bomen worden doorgaans niet hoger dan 12 m, met wijd uitstaande takken.

Het bos is relatief dun begroeid, met minder soorten flora.

In het droge seizoen *biedt het bos een explosie van kleur. Roze pouí-bloesems bloeien als eerste, gevolgd door de feloranje poró, rooskleurige* Tabebuia rosea, *vermiljoen malinche en paarse jacaranda.*

Parque Nacional Santa Rosa (blz. 134–135) *beschermt het belangrijkste restant van tropisch droogbos in heel Midden-Amerika.*

Guanacastebomen *spreiden hun takken laag bij de grond uit, wat schaduw biedt in de brandende middaghitte. Deze droogbossoorten zijn zo geëvolueerd dat ze de lange droogte kunnen doorstaan door hun bladeren te laten vallen.*

Indio desnudo, *'naakte indiaan', is genoemd naar de roodkoperkleurige bast, die afbladdert en zo een olijfkleurige stam toont. Deze boom heet ook wel gumbolimbo.*

De kleur van de *witstaartherten past goed bij de muisgrijze grassen en droge bossen. De herten zijn vooral in de schemering te zien, als ze op zoek gaan naar eten.*

Doornstruiken *als de acacia hebben lange stekels, zodat de dieren niet bij hun bladeren en zaden kunnen.*

Parque Nacional Santa Rosa ⓫

Het eerste nationale park van het land is Santa Rosa. Het stamt uit 1971 en beslaat 492 km² van het schiereiland Santa Elena en aangrenzende land. Santa Rosa is verdeeld in twee secties. In het noorden ligt het weinig bezochte Murciélago-deel, met verborgen stranden als Playa Blanca, die via een slecht begaanbaar pad te bereiken zijn. In het zuiden ligt het Santa Rosa-deel, waar in 1856 en 1955 slag geleverd werd en waar de mooiste bezienswaardigheden liggen. Het park beschermt het grootste stuk tropisch droogbos van het land en negen andere habitats. Met zijn 115 zoogdiersoorten, waaronder 20 vleermuissoorten, en 250 vogelsoorten is het park ideaal voor faunaliefhebbers, vooral in het droge seizoen, als de bomen hun blad verliezen.

Islas Murciélagos
Het water rond deze eilanden is ideaal duikgebied (blz. 252). Hier zwemmen veel reuzenmantra's, zaagbaarzen en andere grote vissen.

Playa Nancite
Dit is een van de twee plaatsen in Costa Rica waar warana's en masse broeden in arribadas (blz. 141), met name in de maanden september en oktober. Dit onderzoeksterrein is beschermd gebied en niet toegankelijk zonder vergunning.

Krokodillen
De mangroven aan de noord- en zuidkant van Playa Naranjo zijn een schuilplaats voor krokodillen.

Witch's Rock, bij Playa Naranjo, is bekend bij surfers om zijn krachtige, pijpvormige golven die hier met veel geweld het strand op rollen.

SANTA

Río Calera

Río Nígera

Playa
Tule

Estación
•Biológia
Nancite

Playa
Nancite

Estero
Real

Bahía
Naranjo

Peña
Bruja

Playa
Naranjo

GROTE OCEAAN

Playa Naranjo
Playa Naranjo, een prachtig wit surfstrand, heeft kampeerplaatsen met basale voorzieningen. U bereikt het via een steile weg die vaak wegspoelt in het regenseizoen – doe eerst navraag bij de parkbeheerders voor u naar het strand vertrekt.

PARQUE
NACIONAL SANTA ROSA

Islas
Murciélagos

Cuajiniquil

SYMBOLEN

Murciélago-deel

Santa Rosa-deel

TIPS VOOR DE TOERIST

Wegenkaart A1. 35 km N van Liberia. 666-5051. Santa Rosa-deel: uit Liberia; Murciélago-deel: vanaf parkingang Santa Rosa, via Cuajiniquil. tochten naar Playa Naranjo vanuit Playa Tamarindo en Playas del Coco. dag. 8.00–16.00 uur voor voertuigen; 24 uur voor wandelaars. reserveren. reserveren. W www.acguana caste.ac.cr

Mursiélago-deel, Islas Murciélagos

Tanquetas (pantserwagens) liggen half begraven in de ondergroei als roestende herinnering aan een rampzalige aanval van de Nicaraguaanse dictator Anastasio Somoza tegen Costa Rica in 1955.

Tanquetas

Sendero Indio Desnudo
Dit korte pad, genoemd naar de boom indio desnudo *('naakte indiaan') of gumbolimbo, leidt naar een monument voor de Costaricanen die vochten in de veldslagen van 1856 en 1955.*

SA-DEEL

Centro de
Investigaciones

La Casona

Het Centro de Investigaciones is het belangrijkste centrum voor onderzoek van tropisch droogbos in Costa Rica.

Het Sendero Los Patos leidt naar drinkplaatsen die u tijdens het droge seizoen de kans bieden pekari's en andere zoogdieren te zien.

La Casona
Dit belangrijke monument, ook Hacienda Santa Rosa genoemd, is een kopie uit 2001. Het origineel uit 1663 werd door pyromanen in de as gelegd. De slag van 1856 tegen William Walker (blz. 45) *werd buiten de haciënda uitgevochten – het gebouw is nu een historisch museum.*

0 km 2

SYMBOLEN

Pan-Amerikaanse snelweg

Andere weg

Pad

Parkgrens

Toeristeninformatie

Kampeerplaats

Uitzichtpunt

DE CONTRA-CONNECTIE

Oliver North

In de jaren tachtig werd het afgelegen Murciélago-deel gebruikt als geheim oefenterrein voor de door de CIA gesteunde Nicaraguaanse Contra's in hun strijd tegen de Sandinistische regering *(blz. 46)*. Kolonel Oliver North, een sleutelfiguur in het Iran-Contra-schandaal, gaf opdracht tot de aanleg van een illegale landingsstrook. De weg naar de parkingang loopt langs de baan, die op grond ligt die is geconfisqueerd van Nicaraguaanse leider Anastasio Somoza.

Toeristen aan het zonnebaden op het brede zandstrand van Tamarindo

Bahía Culebra ⓬

Wegenkaart A2. 19 km W van Liberia.

Bahía Culebra (Slangenbaai), met zijn spectaculaire kliffen en stranden van verschillende tinten, is het terrein van het Proyecto Papagayo, een controversieel toeristenproject met exclusief toegang tot het glinsterende water van de baai. Tegen de rotsen staan de grote hotels, zoals het **Four Seasons Resort at Papagayo Peninsula** *(blz. 208)*. Pre-Columbiaanse nederzettingen in de baai worden binnenkort opgegraven. Met **Witch's Rock Canopy Tour** kunt u via kabels of looppaden in de lucht het droogbos verkennen.

⚡ Witch's Rock Canopy Tour
37 km W van Liberia. **📞** *666-1624.* **🕐** *dag. 8.00–16.00 uur.* 🖊

Playas del Coco ⓭

Wegenkaart A2. 35 km ZW van Liberia. **🏨** *2000.* 🚌 **🎪** *Fiesta Civica (jan.); Festival de la Virgen del Mar (half juli).*

Dit brede, zilveren strand biedt de charme van een traditionele vissersgemeenschap met de sfeer van een eenvoudig vakantieoord. Hoewel het door pelikanen bezochte strand niet erg aantrekkelijk is, is het favoriet bij Costaricaanse families en heeft het een bruisend nachtleven. U kunt naar de Islas Murciélagos *(blz. 134)* om te duiken of vissen en naar Isla Catalina voor roggenscholen.

OMGEVING: Het verborgen Playa Ocotal, ten westen van Playas del Coco, is de beste

duikplek. Het is ook ideaal voor sportvissers. Playa Hermosa en Playa Panamá, ten noorden van Coco, zijn fraai gelegen met Isla Catalina dramatisch op de achtergrond.

Playa Flamingo ⓮

Wegenkaart A2. 62 km ZW van Liberia. **🏨** *2000.* 🚌

Met zijn sikkelvormige witte stranden en puntige landtongen doet het prachtige Playa Flamingo zijn officiële, maar minder bekende naam Playa Blanca (Wit Strand) eer aan. De grote jachthaven is een sportvissershaven. Luxe villa's staan op de rotsige landtongen. De meeste hotels zijn dure timesharecentra en ondanks het mooie strand wordt Flamingo gemeden door de alternatieve feestgangers.

Surfers op weg naar de zee

OMGEVING: Ten noorden van Playa Flamingo komt de riviermond van Río Salinas uit op het redelijk aantrekkelijke Playa Penca, waar rode lepelaars, reigers en allerlei andere vogels in de mangroven te zien zijn. Ten zuidwesten van Flamingo ligt **Playa Conchal** (Schelpenstrand) met zijn glinsterende zand; de diamantachtige schittering komt door de verpulverde schelpen. Het strand glijdt langzaam af in het turquoise water, waar het ideaal snorkelen is. Tegen betaling kunt u het **Paradisus Playa Conchal Beach & Golf Resort** *(blz. 210)* binnen, waar een wedstrijdgolfbaan ligt.

Tamarindo ⓯

Wegenkaart A2. 18 km Z van Flamingo. **🏨** *3800.* **✈** 🚌 **🎪** *Internationaal Muziekfestival (juli–aug.).*

Tamarindo, tot voor kort een slaperig vissersdorp, heeft zich snel ontwikkeld tot het populairste vakantieoord van de streek. Dit hippe surfcentrum is ook perfect voor sportvissers, duikers en snorkelaars. Tamarindo is in trek bij rugzaktoeristen, maar kent ook chique restaurants en boetiekhotels.
Het oord ligt binnen het **Parque Nacional Marino Las Baulas** (Nationaal Maritiem Park De Lederschildpad), opgericht in 1990. Het park beschermt 220 km² oceaan en 445 ha strand **(Playa Grande)**, een belangrijke nestelplaats van lederschildpadden. Tussen oktober en april zijn wel honderd lederschildpadden op het strand te zien. Ook nestelen hier soms warana's, groene zeeschildpadden en karetschildpadden. **El Mundo de la Tortuga** is een boeiend museum over de leerschildpad. Tot het park behoren ook Playa Langosta, ten zuiden van Tamarindo, en 400 ha mangrovebos, dat per boot te verkennen is.

⚡ Parque Nacional Marino Las Baulas
📞 *686-4967.* **🕐** *okt.–feb. 24 uur; maart–sept. dag. 6.00–18.00 uur.* 🖊 **📷** *op het strand verplicht; okt.–feb. dag. 18.00–6.00 uur.*

🏛 El Mundo de la Tortuga
Playa Grande. **📞** *653-0471.* **🕐** *okt.–mei dag. 16.00–6.00 uur.* 🖊

De surfstranden van Noord-Nicoya

Costa Rica, het Hawaii van Latijns-Amerika, heeft surfgebieden van wereldklasse en het zeewater is het hele jaar door warm. De grootste concentratie surfstranden ligt in Noord-Nicoya, waar de grote golven van de Grote Oceaan continu aanrollen. Tussen december en maart zijn de omstandigheden het ideaalst, als de Papagayo-winden de golven hoog opzwepen. Tientallen stranden garanderen de surfers altijd redelijk uitdagende surfmogelijkheden; de zeer grote verschillen tussen eb en vloed zorgen voor golven van elk niveau. Wees echter gewaarschuwd: er zijn veel getijdenstromen en elk jaar komen er wel surfers om; weinig stranden hebben strandwachten. Talloze dorpen zijn surfoorden geworden en zijn afhankelijk van de surfplankenhandel, met rijen surfscholen en surfwinkels.

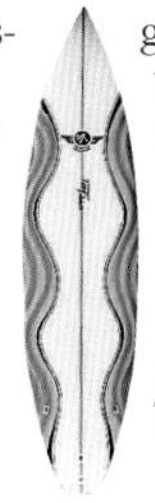

Surfplank

Playa Naranjo [1]
Dit afgelegen strand in de Golfo de Papagayo heeft een geweldige branding, Witch's Rock genaamd. Naranjo bereikt u met een terreinwagen of per boot vanuit de resorts van Noord-Nicoya.

Playa Grande [2]
Onophoudelijk slaan de hoge golven op dit lange, gemakkelijk bereikbare strand om. Het strand is beschermd vanwege de lederschildpadden die hier hun eieren leggen.

Tamarindo [3]
Het surfersparadijs van Noord-Nicoya is Tamarindo met zijn rivierbranding, rotsbranding en strandbranding. Het is ook de toegangspoort naar stranden als Playa Langosta, Playa Avellanas en Playa Negra.

Playa Nosara [4]
Nosara, dat onlangs door surfers is ontdekt, heeft een mooie branding en dito omgeving. Op de achtergrond groeien mangroven en op het strand zijn warme poelen te vinden.

Playa Bejuco en Playa San Miguel [5]
De lange stroken zilverzand hebben een fijne branding. Zeeschildpadden gaan hier aan land. Deze stranden zijn voor de budgetreiziger.

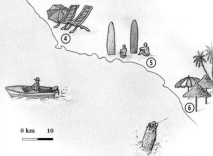

Playa Bongo, Playa Arío en Playa Manzanillo [6]
Deze drie stranden liggen zo ver van de bewoonde wereld als mogelijk is. Alleen al de weg ernaartoe is geweldig. De mooie golven en de geïsoleerde omgeving zijn het walhalla van de surfer. Er zijn vrijwel geen voorzieningen.

Refugio Nacional de Vida Silvestre Ostional ⑯

Wegenkaart A3. 55 km Z van Tamarindo. 📞 *682-0470.* 🚌 *uit Santa Cruz en Nicoya via Nosara.* 🕐 *dag. 24 uur.* 🚫 📷 *voor het strand verplicht.*

Meedoen aan een surfwedstrijd op Playa Guiones, Nosara

Het wildreservaat Ostional beschermt 10 km² land en zee rond Playa Ostional. Dit strand is een van de pakweg tien stranden in de wereld waar warana's massaal eieren leggen in *arribadas*. De beste periode om ze te zien zijn de maanden augustus en september. De groene zeeschildpad en lederschildpad broeden hier in kleinere aantallen.

Ostional is de enige plaats in Costa Rica waar de bewoners op het strand mogen komen, onder strikte regels, om tijdens de eerste 36 uur van een *arribada* de eieren te rapen.

Ostional is toegankelijk via onverharde wegen die in de regentijd alleen met een terreinwagen begaanbaar zijn. Door de geïsoleerde ligging en de bossen eromheen is het gebied nooit ontwikkeld; veel voorzieningen voor toeristen zijn er niet.

Contact met de schildpadden is verboden, net als het gebruik van flitslicht.

Nosara ⑰

Wegenkaart A3. 5 km Z van Ostional. 🏛 2800. ✈ 🚌

Deze geïsoleerde gemeenschap aan de kust van Nicoya bestaat uit twee dorpen. **Bocas de Nosara**, 5 km landinwaarts aan de oever van de Río Nosara, is een boerengehucht waar ossenwagens nog over de zandweggetjes gaan. **Playas de Nosara**, in het zuiden, is een voornamelijk buitenlandse gemeenschap, met moderne huizen tussen de bomen aan de kust. Hier zijn regelmatig allerlei dieren van dichtbij te zien. Verder naar het zuiden ligt het adembenemen-

de **Playa Guiones**, een lange strook wit zand en warme poelen waarin soms apen badderen. Door de sterke stroming kunt u hier niet zwemmen, maar de golven zijn perfect voor surfers. In het noorden ligt het door steile rotsen omgeven **Playa Pelada**. Er vlakbij beschermt het **Reserva Biológica Nosara** 50 ha tropisch bos langs de mond van de Río Nosara. Meer dan 250 vogelsoorten broeden hier, waaronder de kaalkopooievaar, witvoorhoofdamazone en fregatvogel.

Gieren, Nosara

🦅 **Reserva Biológica Nosara**
Bocas de Nosara. 📞 *682-0035.* 📷 🕐 *op afspraak.* 🍴 ☕ 🏪 ❤ 🌐 *www.lagarta.com*

Sámara ⑱

Wegenkaart A3. 26 km Z van Nosara. 🏛 2700. ✈ *bij Carrillo.* 🚌

Sámara is populair bij rugzaktoeristen, surfers en Costaricanen. Het is het zuidelijkste van alle stranden die voor toeristen zijn ontwikkeld. Een gigantische wurgvijg markeert de zuidkant van Playa Sámara bij Matapalo, waar dorpelingen hun kostje bij elkaar scharrelen. Er zijn weinig andere bezienswaardigheden – u gaat gewoon wat op het strand liggen, surfen of paardrijden. **Playa Carrillo**, 3 km ten zuiden van Sámara,

Bord voor strand, Sámara

is een sportviscentrum; de **Flying Crocodile Lodge and Flying Center** in het noorden biedt vluchten met een ultralicht vliegtuigje.

Flying Crocodile Lodge and Flying Center
Esterones, 5 km N van Sámara. 📞 *656-8048.* 🕐 *dag. 7.00–15.00 uur.* 📷 🍴 🏪 ❤ 🌐 *www.flying-crocodile.com*

Islita ⑲

Wegenkaart B3. 14 km Z van Sámara. 🏛 1000. 🚌 *naar Sámara, dan met jeeptaxi.*

Dit bekoorlijke dorp in de beschutting van de hoge Punta Islita staat bekend om zijn **Hotel Hacienda Punta Islita** *(blz. 208)*, een hotel op een heuvel waar de **Galería de Arte Contemporáneo Mary Anne Zürcher** is gevestigd. U ziet hier kunst van gevestigde en plaatselijke kunstenaars. Het hotel beheert ook het **Museo de Arte Contemporáneo al Aire Libre** (Openluchtmuseum van Hedendaagse Kunst), dat over het hele dorp is verspreid – huizen, bomen en zelfs voetbalvelden zijn met muurschilderingen en dergelijke versierd door bewoners en hotelpersoneel. U moet een paar rivieren doorsteken op weg naar Islita. In het regenseizoen is het vaak nodig om via San Pedro in het oosten om te rijden.

◁ **Boerderij in de Cordillera de Guanacaste**

Arribadas van warana's

D e *arribadas* (aankomsten), zoals het massale eieren leggen op hetzelfde tijdstip wordt genoemd, zijn uniek voor de warana en komen slechts op negen stranden in de wereld voor. Twee ervan liggen in Costa Rica – Playa Nancite en Playa Ostional. *Arribadas* vinden plaats tussen april en december, met de piek in augustus en september. Ze duren tussen de drie en acht dagen, in intervallen van twee tot vier weken,

Schildpad-mozaïek

meestal tijdens de laatste maanfase. Op zo'n avond komen er wel 20.000 schildpadden samen voor de branding. Vervolgens gaan ze met golven tegelijk het strand op, klimmend over elkaar, met maar één doel: een plaats op het overvolle strand vinden om eieren te leggen. Bij elke *arribada* worden miljoenen eieren gelegd, waarschijnlijk een evolutionaire aanpassing tegen de enorme eierroof.

Warana's *komen bij één enkele* arribada *in groepen van wel 100.000 het strand op. Ze leggen elk jaar eieren, soms wel drie keer per seizoen.*

Net uit hun ei *leggen de jongen de gevaarlijke weg naar het veilige water van de zee af. Slechts 1 procent haalt de volwassen leeftijd.*

Met de voorpoten schept de warana zand over haar nest.

Vrouwtjes leggen gemiddeld 100 eieren tijdens een *arribada*.

HET NESTELPROCES
De schildpadden zoeken een nestplaats boven de vloedlijn. De broedperiode duurt altijd zo'n 50 dagen. De temperatuur van het nest bepaalt de sekse van het jong – koelere nesten brengen mannetjes voort, warmere nesten vrouwtjes.

De nesten worden met de achterpoten uitgegraven tot een meter.

Wetenschappers *op Playa Nancite in Santa Rosa voorzien warana's van een zendertje om ze te kunnen volgen en bestuderen.*

Neusberen *graven net als wasberen en gieren schildpadeieren op; minder dan 10 procent van de eieren komt uit.*

Het rapen van eieren *voor de handel wordt legaal gedaan door de inwoners van Ostional.*

Nicoya ⑳

Wegenkaart A3. 71 km ZW van
Liberia. 🏠 *21.000*. 🚌 🎭 *Fiesta de
la Yegüita (12 dec.)*.

Nicoya, een slaperig koloniaal stadje, dateert uit
halverwege de 17de eeuw.
Het is genoemd naar de Chorotega-*cacique* (opperhoofd)
die in 1523 de Spaanse conquistador Gil González Davila
begroette. In de pre-Columbiaanse tijd stond hier een
hoogontwikkelde Chorotega-nederzetting. Nu is de stad het
bestuurscentrum van het
schiereiland Nicoya, waar
campesinos (boeren) en cowboys rondlopen. Nicoya is ook
de toegangspoort voor Sámara
en de stranden aan de Pacifische kust van het zuiden van
Nicoya.
Het leven speelt zich af rond
het oude plein, **Parque Central**. De knusse, van houten
balken voorziene **Iglesia
Parroquia San Blas** uit 1644
staat in de noordoosthoek van
het plein en heeft een eenvoudige gevel met twee klokken.
Binnen is een museum met
historische kunst en religieuze memorabilia.

OMGEVING: De natuurliefhebber rijdt 27 km noordoostwaarts naar **Puerto Humo**,
een kleine rivierhaven waar
boten vertrekken naar het
Parque Nacional Palo Verde
(*bz. 130*). De met mangroven
begroeide oevers van de Río
Tempisque trekken watervogels en andere vogels.
Misschien ziet u een krokodil
zonnen op de modderige
oever. Als u zelf rijdt, is een
terreinwagen zeer aan te
bevelen. Vanuit Nicoya
vertrekken ook bussen.

Santa Cruz ㉑

Wegenkaart A2. 22 km N van
Nicoya. 🏠 *17.500*. 🚌 🎭 *Fiesta
Patronal de Santo Cristo (half jan.);
Fiesta de Santiago (25 juli)*.

Santa Cruz, vol plaatselijke
tradities en zwaar beïnvloed
door de cowboycultuur, is de
officiële Ciudad Folklórica
(Nationale Folklorestad) van
Costa Rica. Dit cultuurcentrum
(1760) staat via snelweg 160
met Tamarindo en de stranden
van het noordelijk deel van
midden-Nicoya in verbinding. Hoewel veel

**Oude klokkentoren, Plaza
Bernabela Ramos, Santa Cruz**

houten koloniale gebouwen in
de oude kern onlangs door
brand zijn verwoest, hangt er
nog een prettige sfeer. De
Plaza de los Mangos wordt
gebruikt voor de stadsfeesten,
waar bezoekers uit de wijde
omtrek op afkomen om te genieten van de traditionele marimbamuziek en -dans. *Topes*
(paardenshows) en *recorridos
de toros* (stierengevechten)
vinden hier ook plaats.
Het architectonische hoogtepunt van Santa Cruz is de met
bomen begroeide **Plaza
Bernabela Ramos**. Aan de
oostkant staat een moderne
kerk met gebrandschilderde
ramen. Ernaast staat de klokkentoren van een kerk in koloniale stijl, die in 1950 door
een aardbeving werd verwoest. De plaza is een aangename plek met mooie beelden,
zoals dat van de Chorotega-*cacique* Diriá in de zuidwesthoek en dat van een *montador* (stierenrijder) in het
noordoosten.

De eenvoudige gevel van de Iglesia Parroquia San Blas in Nicoya

---

FIESTA DE LA YEGÜITA

*De maagd van Guadalupe
door Miguel Cabrera*

Dit fiësta, ook bekend als het
Feest van de Maagd van Guadalupe, is een samensmelting van
Chorotega- en katholieke tradities.
De legende gaat dat twee
tweelingbroers streden om de
liefde van een indianenprinses
toen een *yegüita* (kleine merrie)
tussenbeide kwam. Het feest vindt
elke december plaats en gaat
gepaard met Costaricaans eten,
stierenvechten, rodeo's, processies, vuurwerk, muziek, dans en
oude indianenrituelen.

**Standbeeld van een stierenvechter,
Plaza Bernabela Ramos, Santa Cruz**

Guaitíl ㉒

Wegenkaart A2. 11 km O van Santa Cruz. 🚶 *1500.* 🚌

In dit dorpje is nog de oorspronkelijke traditionele cultuur (blz. 32–33) van Costa Rica te vinden. Midden in het hart van een landbouwgebied verdient bijna de hele gemeenschap haar inkomen met keramiek in pre-Columbiaanse stijl. Guaitíl combineert beide culturen – zelfs de moderne stukken zijn geïnspireerd op traditionele Chorotega-ontwerpen. Zo'n 100 families werken samen in verschillende kunstenaarscoöperaties, waaronder een kindercoöperatie. Bijna elke familie, met aan het hoofd een vrouw, heeft een traditionele, op hout gestookte, koepelvormige *horno* (oven) voor potten en andere keramische objecten. U bent welkom in de werkplaatsen, waar u kunt zien hoe de vaklieden de rode klei van de rivieroevers bewerken. De stoffige straatjes worden geflankeerd door winkeltjes met rieten daken en open schuurtjes waar het keramiek te zien is. De grote belangstelling van toeristen heeft de trots van de bevolking aangewakkerd en nu leeft de Chorotega-cultuur ook in naburige dorpen op.

Parque Nacional Barra Honda ㉓

Wegenkaart B3. 18 km O van Nicoya. 📞 *659-1551.* 🚌 *Nicoyadorp Santa Ana (1 km van parkingang), dan jeeptaxi.* ⏰ *dag. 8.00–16.00 uur, laatste toegang 12.00 uur; grotten: dag. 7.00–13.00 uur.* 🎫 🚗 🍴 🛍 ℹ️

In dit nationale park van 23 km^2 uit 1974 kunt u grotten bezoeken. Barra Honda, een tropisch droogbosgebied, werd vroeger gebruikt om vee te fokken. Nu wordt het herbebost. In het park is het heerlijk wandelen. Paden leiden naar uitkijkpunten boven op de Cerro Barra Honda (442 m), een massief dat door tektonische krachten is opgericht. De Cerro Barra Honda telt een flink aantal kalksteengrotten die in miljoenen jaren tijd door

CHOROTEGA-KERAMIEK

Kleifiguur uit Guaitíl

De ambachtslieden van Guaitíl gebruiken hetzelfde simpele gereedschap als hun voorouders voor het maken van aardewerk, waardoor de eeuwenoude pottenbaktradities worden voortgezet. De decoratieve kommen, potten en beeldjes worden gepolijst met *zukias* (oude slijpstenen) en gezegend door sjamanen, waarna totemachtige diermotieven in zwart, rood en wit tegen een okeren achtergrond erop worden geschilderd. Een typisch Guaitíl-stuk is de vaas met drie poten in de vorm van een koe. Het meeste werk is traditioneel, maar oude en nieuwe ideeën worden ook samengevoegd.

het water zijn gevormd. Van de 40 ontdekte grotten zijn er nu 20 verkend. **Santa Ana**, de grootste, is wel 240 m hoog. In de **Cueva Terciopelo** produceert de druipsteenformatie El Órgano (Het Orgel) muzikale klanken als ze wordt aangeraakt.
La Pozo Hediondo (Stinkende Put) is genoemd naar de uitwerpselen van de vleermuizen die hier slapen. In sommige grotten leven blinde salamanders en blinde vissen, en de meeste hebben spectaculaire stalactieten en stalagmieten. Ook zijn er inheemse voorwerpen in de grotten gevonden.

Afdalen in de Cueva Terciópelo kan van november tot april; een bevoegde gids is hierbij verplicht. Speleologen gaan de Terciópelo binnen via een 30 m lange touwafdaling. De andere grotten kunnen alleen na toestemming vooraf bezocht worden. De gids en een uitrusting voor de grotten zijn te huur bij **Proyecto Nacaome**, een cooperatie. Wandelaars moeten zich melden bij

Puente de Amistad con Taiwan over de Río Tempisque, snelweg 18

parkwachterskantoor Los Laureles. De ingang van het park is per terreinwagen bereikbaar. Uit Nicoya rijden jeeptaxi's.

OMGEVING: De **Puente de Amistad con Taiwan** (Vriendschap-met-Taiwanbrug) stamt uit 2003 en is een spectaculaire hangbrug over de Río Tempisque. De brug verbindt Nicoya met de Pan-Amerikaanse snelweg.

Een speleoloog in Cueva Terciopelo, Parque Nacional Barra Honda

HET NOORDEN

D e noordelijke provincies bestaan uit laagvlakten: schilderachtige landschappen met grasland, fruitplantages en vochtig regenwoud. Hoge, steile bergen omgeven dit lage land. Het uiterste noorden van deze altijd natte streek, de habitat van duizenden watervogels, is een wereld van meren en meertjes die regelmatig buiten hun oevers treden. De hogergelegen regenwouden in het zuiden zijn veelal nationale parken en wildreservaten.

De glooiende *llanuras* (vlakten), smal in het westen en naar het oosten toe steeds breder, lopen van de voet van de *cordilleras* (bergketens) naar de Río San Juan in het noorden, tot aan Nicaragua. Het Arenal-meer, dat in een kom tussen het Guanacaste- en Tilarán-gebergte ligt, is in schoonheid bijna niet te overtreffen. De Volcán Arenal steekt, in nevelen gehuld, hoog boven het meer uit. De nabijgelegen stad La Fortuna profiteert van deze onophoudelijk rommelende vulkaan en aanverwante attracties. Het stadje is het beginpunt voor uiteenlopende, avontuurlijke activiteiten. Toen de Spanjaarden in Costa Rica voet aan wal zetten, werden de lagere berghellingen bezet door de Corobicí-volkeren, die in oorlog met hun Nicaraguaanse buren waren. Tijdens de koloniale periode mocht men alleen langs de grote rivieren nederzettingen stichten. Helaas vielen de bewoners regelmatig ten prooi aan piraterij.

De streek bleef in ontwikkeling achter bij de rest van het land, maar bloeide op toen begin 1800 een handelsroute werd aangelegd tussen de bergdorpen en een zeehaventje (nu Puerto Vieja), zodat toegang tot het Caribische gebied ontstond. Ciudad Quesada werd het bestuurscentrum van de streek. In 1950 begon de overheid de aanleg van dorpen te stimuleren. De fruitplantages, dorpen en veehouderijen leidden tot een enorme kaalslag in het regenwoud.

De Volcán Arenal is de enige vulkaan in Costa Rica die dagelijks van zich laat horen

◁ De botanische tuinen van Arenal aan de noordoever van de Laguna de Arenal

Het Noorden verkennen

De belangrijkste toegang tot de noordelijke laagvlakte is Ciudad Quesada, het centrum voor de melkveehouderijen op de berghellingen aan de zuidgrens van de streek. La Fortuna, in het westen, is een centrum voor buitenactiviteiten, van speleologie tot paardrijden. De grootste trekpleister van de streek is het Parque Nacional Volcán Arenal, een ideale locatie voor trektochten, maar ook om te luieren in de warmwaterbronnen bij Tabacón. Ten oosten van Ciudad Quesada liggen verscheidene particuliere natuurreservaten, met in één ervan de spannende kabelbaan door het regenwoud. Puerto Viejo de Sarapiquí is het vertrekpunt voor bootexcursies op de Río Sarapiquí. Het wildreservaat Caño Negro is een paradijs voor vogelliefhebbers en vissers.

Stenen beeldje, Centro Neotrópico SarapiquíS

NICARAGUA
La Cruz
Brasilia
4
San José
Río Pizole
Upala
Los Chiles
REFUGIO NACIONAL DE VIDA SILVESTRE CAÑO NEGRO
8
Caño Negro
Lago Caño Negro
35
Río Negro
Río Frío
Aguas Claras
6
4
Bijagua
Cañas
San Rafael
Río Frío
143
Orquídea
Lago de Coter
CAVERNAS DE VENADO
TABACÓ HOT SPR RESORT AND SPA
Nuevo Arenal
ARENAL-HANGBRUGGEN
7
LAGUNA DE ARENAL
4
5
LA FORTU
2
1
PARQUE NACIONAL VOLCÁN ARENAL
3
Volcán 5,400 f
6
ARENAL-REGENWOUD-RESERVAAT EN -KABELBAAN

Bezienswaardigheden

Dorpen en steden

Ciudad Quesada 9
La Fortuna 1
Puerto Viejo de Sarapiquí 12

Nationale parken en reservaten

Parque Nacional Volcán Arenal 3
Refugio Nacional de Vida Silvestre Caño Negro 8
Refugio Nacional de Vida Silvestre Corredor Fronterizo 14

Overig natuurschoon

Arenal-hangbruggen 5
Arenal-regenwoudreservaat en -kabelbaan 6
Biologisch Centrum La Selva 15
Cavernas de Venado 7
Laguna de Arenal blz. 150–152 4
La Marina Zoológica 10
Rara Avis 17
Regenwoudkabelbaan 18
Sarapiquí Heliconia Island 16
Selva Verde 13
Tabacón Hot Springs Resort and Spa 2

Oorspronkelijke bewoners

Centro Neotrópico SarapiquíS 11

Een cowboy in Selva Verde

De Volcán Arenal, in nevelen gehuld

ZIE OOK

- *Accommodatie* blz. 212–214
- *Restaurants* blz. 234–235

De warmwaterbronnen in Tabacón, bij de Volcán Arenal

REFUGIO NACIONAL DE VIDA SILVESTRE CORREDOR FRONTERIZO **14**

Concho

Boca San Carlos

Río San Juan

Laguna del Lagarto

Trinidad

Río Infiernito

Coopevega

227

Río San Carlos

Boca Tapada

Río Sarapiquí

U E L A

San Marcos

Las Medias

Pangola

Buenos Aires

Río Toro

250

H E R E D I A

4

Pital

SELVA VERDE

PUERTO VIEJO DE SARAPIQUÍ

La Virgen de Sarapiquí

13 **15** **16**

SARAPIQUÍ HELICONIA ISLAND

LA MARINA ZOOLÓGICA

35

141

10

140

11

BIOLOGISCH CENTRUM LA SELVA

4

Las Horquetas

4

0 km   10

9 CIUDAD QUESADA

CENTRO NEOTRÓPICO SARAPIQUÍS

Río Corinto

141

Alajuela

17 RARA AVIS

12

REGENWOUD-KABELBAAN **18**

Guápiles

SYMBOLEN

═══ Hoofdweg

──── Secundaire weg

╌╌╌ Binnenweg

▪▪▪▪ Internationale grens

──── Provinciegrens

△ Bergtop

VERVOER

Naar Upala en Los Chiles gaan chartervluchten; deze steden zijn de uitvalsbases voor de toeristische attracties. De vluchten naar La Fortuna zijn sinds 2000 afgelast vanwege een aantal vliegrampen. San José en andere grote trekpleisters in de streek kunt u vanuit deze stad per toeristenbus bereiken. Via tour-operators en hotels kunt u een georganiseerde rondreis boeken. De beste manier van rondreizen is echter per huurauto. Om Caño Negro en andere bezienswaardigheden in het binnenland te bereiken hebt u beslist een terreinwagen nodig. Vaak zijn delen van de weg verzakt, vooral langs de noordoever van het Arenal-meer en tussen La Fortuna en Upala.

La Fortuna ❶

Wegenkaart C2. 131 km NW van San José. 🏃 9750. 🚌

De Volcán Arenal domineert deze landbouwplaats die tevens het toeristische centrum van de streek is. De officiële naam is La Fortuna de San Carlos. Dit schilderachtige plaatsje is aangelegd rond een met groen ingerichte plaza met een beeld van een uitbarstende vulkaan. Aan de plaza staat een moderne kerk met een grote klokkentoren, die afsteekt tegen de Arenal op de achtergrond. In de stad wemelt het van de restaurants en hotels die op de avontuurlijke toerist zijn ingesteld. U kunt hier paardrijden, grotten verkennen, vissen, fietsen en wildwatervaren. De paardrijtochten naar Monteverde *(blz. 124–128)* zijn zeer in trek. Af en toe bezwijkt een overwerkt paard tijdens de tocht.

Paardrijden in La Fortuna

OMGEVING: De **Ecocentro Danaus Butterfly Farm and Tropical Garden** geeft voorlichting over de plaatselijke fauna. Het heeft een vlindertuin, een slangenhuis, een kikvorstuin en een meertje met watervogels en kaaimannen. **Arenal Mundo Aventura** is een wildreservaat en ecocentrum van 5 km², met wandelroutes, een tokkelbaan en *canopy tours* (kabelbaan langs het bladerdak). De ecolodge **Albergue La Catarata** heeft ook een vlindertuin en een fokkerij van reuzenknaagdieren, (*tepescuintles* genaamd). Er vlakbij daalt een steil, modderig pad naar de voet van de **Catarata La Fortuna** af, een waterval van 70 m. Het is af te raden om na hevige regenval in het meertje bij de waterval te zwemmen. U kunt beter een warme duik nemen in de thermen van de **Baldi Termae Spa**. Ten zuidoosten van La Fortuna aan snelweg 142, ligt **Hotel Bosques de**

Een van de vele bussen tussen La Fortuna en de diverse attracties

Chachagua *(blz. 212)*, een veehouderij met een particulier ecowoud van 130 ha, aan de voet van hoge bergen. Dit reservaat, waar dagjesmensen ook welkom zijn, organiseert paardrijtochten en trektochten.

🦋 **Ecocentro Danaus Butterfly Farm and Tropical Garden**
3 km O van La Fortuna. 📞 460- 8005. ⏰ dag. 8.00–15.30 uur. 🅿️ ♿

🦋 **Arenal Mundo Aventura**
1,6 km Z van La Fortuna.
📞 479-9762. ⏰ dag. 8.00–17.00 uur.
🅿️ ♿ ♻
W www.arenalmundoaventura.com

🦋 **Albergue La Catarata**
3 km ZW van La Fortuna.
📞 479-9612. 🅿️ donatie.
🅿️ ♿ 🍴 ♻
W www.cataratalodge.com

🦋 **Catarata La Fortuna**
5 km ZW van La Fortuna. 📞 479-8360. ⏰ dag. 8.00–17.00 uur. 🅿️ ♿

🌊 **Baldi Termae Spa**
5 km W van La Fortuna.
📞 479-9652. ⏰ dag. 10.00–22.00 uur. 🅿️ ♿ 🍴 ♻

Tabacón Hot Springs Resort and Spa ❷

Wegenkaart C2. 13 km W van La Fortuna. 📞 460-2020. 🚌 vanuit La Fortuna en Nuevo Arenal. ⏰ dag. 10.00–22.00 uur. 🅿️ ♿ 🍴 ♻
W www.tabacon.com

Aan de voet van de Volcán Arenal komt heet water aan de oppervlakte, dat door de weelderig aangelegde *balneario* (badplaats) stroomt. De Río Tabacón voorziet een aantal bassins van geneeskrachtig water met temperaturen van 27° C tot 39° C. (Er zijn diverse kuurbehandelingen mogelijk.) Midden in het grote zwembad staat een bar en in het restaurant hebt u een schitterend uitzicht *(blz. 235)*. De nabijgelegen *balneario* La Fuentes Termales is bereikbaar via een tokkelbaan vanuit de Tabacón Lodge. In 1968 werden Tabacón en Pueblo Nuevo verwoest door een vulkaanuitbarsting. Ondanks zijn ligging in het pad van de lavastroom, is Tabacón een drukbezocht kuuroord, vooral in de weekeinden.

OMGEVING: Op de noordhelling van de vulkaan liggen de **Jungla y Senderos Los Lagos,** met krokodillenvijvers, trekkerspaden door primair regenwoud en paardrijmogelijkheden.

🦋 **Jungla y Senderos Los Lagos**
6 km W van La Fortuna. 📞 479-8000. ⏰ dag. 6.00–22.00 uur.
🅿️ ♿ 🍴 📷

De lommerrijke, warme bronnen van de *balneario* in Tabacón

Een panoramisch uitzicht op Volcán Arenal en de vlakte van San Carlos

Parque Nacional Volcán Arenal ❸

Wegenkaart C2. 18 km W van La Fortuna. **(** 461-8499. 🚌 *naar La Fortuna, vervolgens jeeptaxi.* 🕐 *dag. 8.00–16.00 uur.* 📷 🌱

De Volcán Arenal ligt midden in dit nationale park van 120 km². Met zijn volmaakte kegelvorm rijst de 1650 m hoge Arenal statig boven de vlakte van San Carlos uit. Dit is ontegenzeggelijk één van de mooiste panorama's in Costa Rica. Voor de pre-Columbiaanse indianen was de vulkaan de Heilige Woonplaats van de 'Vuurgod'. Tussen de 13de en de 16e eeuw was de vulkaan inactief, en hij bleef dat tot in juli 1968 een aardbeving de slapende reus deed ontwaken. Het rommelt er onophoudelijk en iedere dag is er wel een kleine eruptie. De vulkaan lijkt 's nachts op een vuurspuwer die de roodgloeiende lava over de noordwestelijke helling uitspuugt. De top is meestal in nevel gehuld, zodat u een beetje geluk moet hebben om een uitbarsting met eigen ogen te kunnen zien. Vraag in uw hotel of men u bij een nachtelijke eruptie wil wekken. Op de lagergelegen westelijke helling, die op een maanlandschap van rokend gruis lijkt, zijn wandelpaden uitgezet. Betreed nooit een verboden

Bord naar Arenal Observatory Lodge

terrein. De vulkaan heeft al menig leven opgeëist. In het oostelijke deel van het park staat de Volcán Chato, een vulkaan van 1150 m hoog in ruste. In de **Arenal Observatory Lodge** *(blz. 213)*, halverwege de westelijke helling van de Chato, hebt u een overweldigend uitzicht op de Arenal en het Arenalmeer. De observatiepost heeft een vulkaanmuseum, en als de Arenal uitbarst dan hebt u in het restaurant het mooiste uitzicht. Vanaf de uitkijkpost gaat een wandelpad door de dichtbeboste hellingen naar de krater van de Chato, waarin het jadegroene kratermeer ligt te glinsteren. In het parkkantoor bij de ingang zijn plattegronden te koop en is er gelegenheid om u op te frissen.

Laguna de Arenal ❹

Blz. 150–152.

Arenal-hangbruggen ❺

Wegenkaart C2. 19 km W van La Fortuna. **(** 479-8362. 🚌 *naar La Fortuna, vervolgens jeeptaxi.* 🕐 *dag. 7.30–16.30 uur.* 📷 📷 📷
Ⓦ *www.hangingbridges.com*

Door het maagdelijk primair woud van 250 ha slingert zich een educatief pad, dat door veertien hangbruggen over ravijnen afgewisseld wordt. Deze 3 km lange wandeling is niet moeilijk en tijdens de tocht hebt u, van bodem tot boomkruin, uitzicht op het regenwoud. Vroege vogelexcursies en nachttochten zijn onder begeleiding van een gids.

Arenal-regenwoudreservaat en -kabelbaan ❻

Wegenkaart C2. El Castillo, 22 km W van La Fortuna. **(** 479-9944. 🕐 *dag. 7.00–21.00 uur.* 🚌 *naar La Fortuna, vervolgens jeeptaxi.* 📷 📷 *7.30 en 15.30 uur.* 📷 📷 📷
Ⓦ *www.arenalreserve.com*

In dit in 2004 geopende particuliere reservaat trekt een kabelbaan de bezoekers snel over de noordelijke hellingen van de Cordillera de Tilarán. De open gondels gaan steil omhoog door het regenwoud naar een *mirador* (uitkijkpunt) op 1300 m, vanwaar u een fantastisch uitzicht hebt op het Arenalmeer en de vulkaan. Van de *mirador* lopen kabels, zodat u, veilig in een gordel, al glijdend een 3 km lange tocht over ravijnen en langs boomkruinen kunt afleggen.

OMGEVING: De **Jardín de Mariposas/Castillo de Insectos** bezit een fascinerende collectie insecten, schorpioenen en slangen en onderhoudt een vlindertuin.

🦋 Jardín de Mariposas/ Castillo de Insectos
El Castillo, 22 km W van La Fortuna. **(** 479-8014. 🕐 *dag. 8.00–16.00 uur.* 📷

De kabelbaan in het Arenalregenwoudreservaat

Laguna de Arenal ❹

Vlinder bij het Laguna de Arenal

Het Arenal-meer ligt op 540 m hoogte en beslaat 124 km². Het ligt midden in de heuvels, en met de Volcán Arenal in het oosten is dit gebied adembenemend mooi. Het meer ligt in een tektonische deperessie tussen Tilarán en de Cordillera de Guanacaste. In 1973 werd de oostzijde van de vallei ingedamd door het Instituto Costarricense de Electricidad (ICE) en ontstond het huidige meer. De enige plaats hier is Nuevo Arenal, aan de noordzijde van het meer. De oostoever is dichtbebost; de zuid- en westoever worden door graslanden omzoomd. Het altijd stevige briesje zorgt voor optimale surfomstandigheden. Op de bodem van het meer zijn resten van pre-Columbiaanse nederzettingen gevonden.

Lucky Bug Gallery
Dit kleine winkeltje bij Restaurante Willy's Caballo Negro (blz. 235) verkoopt een uitgebreid assortiment goede kunstnijverheid.

Lago de Coter
Meertje waar u kunt kajakken, zwemmen en vogels observeren (blz. 152).

Hotel Tilawa
Skateboardpark biedt goede faciliteiten.

Windmolens aan de rand van de continentale waterscheiding op de winderige westoever van het meer voorzien een deel van het land van energie (*blz. 152*).

0 km — 3

Tilawa Windsurf Center
(blz. 152)

SYMBOLEN

══ Hoofdweg

══ Andere weg

━ ━ Grens Parque Nacional Volcán Arenal

Botanische Tuin Arenal
Deze grote, particuliere tuin werd in 1991 aangelegd en bezit honderden tropische plantensoorten, waaronder een aantal kleurige bloeiende variëteiten. U vindt er ook een vlindertuin en een kolibriereservaat (blz. 152).

De prachtige omgeving van het Laguna de Arenal

TIPS VOOR DE TOERIST

Wegenkaart B2.18 km van La Fortuna langs snelweg 142.
La Fortuna. **Hotel Tilawa Skateboard Park** 695-5050.
zonsopgang–zonsondergang.
W www.hotel-tilawa.com

Arenal-hangbruggen

De hangbruggen maken deel uit van een 3 km lang pad door het regenwoud. Tijdens de tocht hebt u een schitterend uitzicht op de Volcán Arenal ❺

De **Presa Sangregado**, de aarden dam van 88 m lang en 56 m hoog die dit meer deed ontstaan, levert een groot deel van Costa Rica's benodigde energie.

Unión
VENADO
Mata de Caña
Arenal-hangbruggen
Presa Sangregado
LA FORTUNA
DE ARENAL
142
Volcán Arenal
Arenal-regenwoud-reservaat
El Castillo

El Castillo

Dit plaatsje is het beginpunt van een paardrijtocht naar Monteverde over de Cordillera Tilarán. De Jardín de Mariposas heeft een klein museum met insecten en reptielen en een vlindertuin (blz. 149).

Kabelbaan in het Arenal-regenwoud-reservaat

De kabelbaan in het regenwoudreservaat bestaat uit open gondels, die langs de beboste berghellingen omhooggaan. Het uitzicht op het meer en de vulkaan is overweldigend ❻

Laguna de Arenal ontdekken

Langs de west- en noordoever van het Arenal-meer loopt de kronkelende autoweg 142, die Tilarán met La Fortuna verbindt. Ten oosten van Nuevo Arenal wordt de weg steeds slechter; soms is hij geblokkeerd door een aardverschuiving of modderstroom. De zandweg langs de zuidoostoever wordt niet aangeraden. Onderweg is het prettig vertoeven in de hotels en restaurants aan de noordoever. Het mooiste wat de streek u echter te bieden heeft zijn de vergezichten, vooral die aan de zuidwestkust. Het meer is geliefd bij sportvissers, windsurfers en overige watersporters.

Het Tilawa Windsurf Center aan het Arenal-meer

Nuevo Arenal

39 km W van La Fortuna.

2200.

Na de voltooiing van de dam in 1973 kwam het oude dorp onder water te liggen. Nuevo Arenal is nu het verzorgingscentrum van het gebied rond het meer. Het heeft het enige pompstation in de streek, een Duitse bakker en een Italiaans restaurant. Een zandweg door het dal van de Río Quequer verbindt Nuevo Arenal met San Rafael aan snelweg 4.

Het Arenal-meer gezien vanuit de Botanische Tuin Arenal

Botanische Tuin Arenal

3 km O van Nuevo Arenal.

385-4557. *dag. 9.00–17.00 uur.*

mei–nov. zo.

www.junglegold.com

In deze botanische tuin van 3 ha groeien ruim 2500 soorten tropische en subtropische planten van over de hele wereld, waaronder orchideeën, bromelia's en varens. De gembersoorten, heliconia's en anthurium trekken hele kolonies kolibries aan. Helaas hangen er weinig bordjes, zodat het identificeren van veel planten aan de bezoeker zelf wordt overgelaten. Neem in ieder geval een informatiefoldertje mee bij de ingang voordat u het modderige pad opgaat, dat zich zigzaggend over de steile helling slingert. Het door bamboebos omgeven pad loopt ook door een vlindertuin. Onder de netten fladderen onder andere blauwe morpho's, heliconiidae en *Caligno memnon*, een uilvlindersoort. De tientallen slangensoorten liggen echter veilig achter glas.

Tilawa Windsurf Center

18 km ZW van Nuevo Arenal.

695-5050.

http://windsurfcostarica.com

Tussen november en maart kan het flink waaien boven het Arenal-meer, met als gevolg dat het meer hoog op de lijst van beste surflocaties ter wereld prijkt. Het surfcentrum Tilawa aan de westzijde is ingesteld op surfers van ieder niveau. Naast de verhuur van surfplanken organiseert men meerdaagse excursies en lessen voor beginners en gevorderden.

Rain Goddess

231-4299.

www.bluwing.com

Het Arenal-meer, vol met *guapote* en nog vele andere vissoorten die met gewone hengels zijn te bevissen, is een uitstekende visstek. Bij de plaatselijke hotels en touroperators kunt u visexcursies boeken, evenals bij de *Rain Goddess*. Dit 20 m lange passagiersschip, met luxe, met hout betimmerde hutten, organiseert meerdaagse visarrangementen.

Lago de Coter

6 km NW van Nuevo Arenal.

Het Lago de Coter, ten noorden van het Arenal-meer, ligt in een bekken in het Fila Vieja Dormida-gebergte. Bij de **Lake Coter Eco-Lodge** *(blz. 213)* kunt u kanovaren, kajakken, paardrijden en mountainbiken. De kamers hier zijn zeer aantrekkelijk. In de aangrenzende bossen zijn meer dan 350 vogelsoorten geregistreerd. In het junglereservaat kunt u onder begeleiding van een gids wandelen, vogels observeren en langs het bladerdak scheren.

WINDMOLENS

Ruim honderd windmolens van ieder 35 m hoog steken boven de westelijke oever van het Arenal-meer uit. De windmolens staan bij het dorp Tejona, waar de hoogste gemiddelde windsnelheden ter wereld worden gemeten. Dit is het grootste molenpark van Midden-Amerika, met een geschatte jaarlijkse productie van 70 MW, die aan het staatsbedrijf ICE (Instituto Costarricense de Electricidad) wordt verkocht.

Elektriciteit opwekkende windmolens bij het Arenal-meer

Vulkanen in Costa Rica

Costa Rica ligt in een van de seismisch meest actieve gebieden ter wereld. Het land heeft zeven actieve vulkanen en minstens zestig slapende of uitgedoofde vulkanen. Vulkanen ontstaan door schollentektoniek: de bewegingen tussen de schollen (platen) van de aardkorst, die op het magma (vloeibaar gesteente) in de mantel 'drijven'. De meeste vulkanen komen voor op de

Gunnera, gevonden op de vulkanische grond

breuklijn van de bewegende platen, waarbij het magma zich door spleten een uitweg omhoog zoekt. Costa Rica's vulkanen liggen in het noordwesten en in het midden, 160–240 km landinwaarts ten opzichte van de breuklijn tussen de Cocos- en de Caribische plaat. De vulkanen zijn opgebouwd uit het zeer explosieve, silicaatrijke magma. De Volcán Arenal is de actiefste.

DE FORMATIE VAN VULKANEN OP COSTA RICA

Costa Rica ligt op de Caribische plaat, waaronder de naar het oosten opkruipende Cocosplaat een breuklijn vormt. De enorme druk doet het gesteente smelten, de magma komt omhoog en vormt zo een vulkaan.

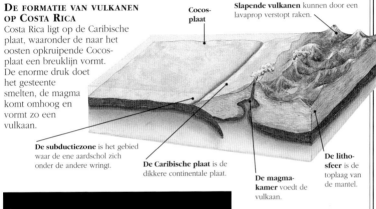

Cocosplaat

Slapende vulkanen kunnen door een lavaprop verstopt raken.

De subductiezone is het gebied waar de ene aardschol zich onder de andere wringt.

De Caribische plaat is de dikkere continentale plaat.

De magmakamer voedt de vulkaan.

De lithosfeer is de toplaag van de mantel.

In de actieve periode van de Arenal zijn er met tussenpozen van enkele uren uitbarstingen te zien en kokende lava die langs de hellingen vloeit. De lava die uit de flank van de berg naar buiten komt, verschijnt als nuées ardentes (gloedwolken) – een hete lawine van gas, as en steen die naar beneden raast.

Rook en as *komen met grote regelmaat bij actieve vulkanen, zoals de Volcán Arenal (blz. 149), naar buiten. Soms ziet u rokende blokken lava langs de berghelling rollen.*

Borrelende modderpoelen *en fumarolen (stoomkraters), ontstaan door onderaardse opwarming van regenwater, zoals bij vulkaan Miravalles (blz. 131).*

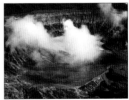

Caldeira's *worden gevormd wanneer een kraterpijp inzakt. Deze caldeira op 2700 m hoogte in de Volcán Poás is 1,6 km breed, blaast nog steeds rook uit en heeft een mineraal meer. (blz. 90).*

Het watergebied van het Refugio Nacional de Vida Silvestre Caño Negro

Cavernas de Venado ❼

Wegenkaart C2. 1,6 km W van Venado, 39 km NW van La Fortuna. 479-9390. Ciudad Quesada. ◯ dag. 7.00–20.00 uur. 8.00 en 13.00 uur.

Lichtgevende paddestoelen schijnen u bij tijdens uw tocht door de ondergrondse gangen van deze kalkgrotten. Over een lengte van 3 km heeft men al 10 kamers bestudeerd. In de labyrint-achtige, smalle ruimten ziet u niet alleen zeefossielen, maar ook prachtige stalagmieten, stalagtie-ten en andere onder-aardse formaties. De **Cascada de La Muerte** is een onder-grondse waterval die tijdens het natte sei-zoen, van mei tot november, en na hevige regenval naar beneden gutst. De grotten worden bewoond door vleer-muizen, blinde vissen leven in de stroompjes en doorzich-tige kikkers springen rond in het modderige water. De tocht met gids duurt twee uur. De eigenaar van het ter-rein, Wilbert Solis, voorziet u van een helm, zaklantaarn en kaplaarzen. Bereid u voor op een modderige onderneming en neem schone kleding mee. In La Fortuna kunt u een rondleiding boeken. Venado is ook bereikbaar via een zandweg die begint bij Toad Hall (*blz. 234*) op de noord-oever van het Arenal-meer. Het dorp biedt eenvoudige accommodatie.

Refugio Nacional de Vida Silvestre Caño Negro ❽

Wegenkaart C1. 105 km NW van La Fortuna. 471-1309. Upala. Los Chiles. ◯ dag. 8.00–16.00 uur.

Een van de belangrijkste beschermde watergebie-den in Costa Rica is het na-tuurreservaat Caño Negro, met ruim 98 km² moeras-sen, lagunes en *yolillo*-palmbossen. De meeste bezoekers ko-men hier om op grote snoeken en tarpons te vissen, die in groten ge-tale voorkomen in de Río Frío en andere stroompjes die het seizoengebonden Lago Caño Negro (9 km²) van water voorzien. Ook de

Bigua-aalscholver

geep zwemt hier rond. Het korte droge seizoen loopt van december tot april; het is de beste tijd om de krokodillen, kaaimannen en grote zoog-dieren, die in de buurt van de niet opgedroogde bekkens leven, te zien. Apen en tapirs laten zich wel aan bezoekers zien, de jaguars en andere katachtigen zijn schuwer. Met een beetje geluk ziet u grote vluchten trekvogels en watervogels, waaronder de jabiroe, de Nicaraguaanse troepiaal, de rode lepelaar en de grootste kolonie bigua-aalscholvers in Costa Rica. **Caño Negro**, het enige dorp in het reservaat, ligt op de westoever van het Lago Caño Negro. Hier staat het hoofd-

kantoor van het park en er zijn enkele lodges, die rond-leidingen organiseren en visvergunningen verzorgen. In Los Chiles verhuurt men boten en de touroperators in San José bieden visexcur-sies, vooral in de periode juli–maart. Het is dan wel het natte seizoen met vaak moeilijk begaanbare wegen.

Ciudad Quesada ❾

Wegenkaart C2. 95 km NW van San José. 36.350. Catuzon, zuidkant van de plaza, 479-9106. za. Feria del Ganado (april).

Ciudad Quesada is de be-langrijkste marktplaats waar de melk- en veeboeren uit de streek hun producten verhandelen. In de stad, die op 650 m hoogte op de Cor-dillera de Tilarán ligt, zetelt ook het bestuursorgaan van het gebied. De oude naam van de stad is San Carlos, in heel Costa Rica befaamd om zijn jaarlijkse veemarkt en *tope* (paardenshow). Sinds de regering in 1950 haar beleid richtte op het ontsluiten van het ontvolkte noorden is de streek in rap tempo vooruitgegaan. De prachtig aangelegde plaza en de vele *talabarterías* (zadelmakers) maken de stad een bezoekje waard.

OMGEVING: Snelweg 140 loopt aan de oostzijde langs **Termales del Bosque**, waar u terechtkunt voor warm-waterbronnen en modder-

Mineraal bronwater, Termales del Bosque, Ciudad Quesada

baden, een wandeling in de botanische tuinen, paardrijden of een boomkruintocht in het regenwoud. **Hotel Occidental El Tucano** (*blz. 212*) is ook een kuuroord met warmwaterbronnen en het vertrekpunt van tochten door een regenwoudreservaat.

🔥 Termales del Bosque

6 km O van Ciudad Quesada. 📞 460-4740. ⏰ dag. 7.00–22.00 uur. 🏖
♿ 🍴 📷 ⚲
W www.termalesdelbosque.com

La Marina Zoológica ❿

Wegenkaart C2.10 km O van Ciudad Quesada. 📞 474-2202.
🚌 Vanuit Ciudad Quesada.
⏰ dag. 8.00–16.00 uur. 🏖 📷

Dit park is een particulier initiatief zonder winstoogmerk. Verweesde en andere door de parkbeheerders gevonden dieren worden hier opgevangen. Zo ziet u hier jaguars, agoeti's, apen, penari's, slangen, ara's, toekans en vele andere vogelsoorten. Er worden tapirs gefokt die later in het wild worden uitgezet.

Sjamanistische geneestafel en stenen, Museo de Cultura Indígena

Centro Neotrópico SarapiquíS ⓫

Wegenkaart D2. La Virgen de Sarapiquí, 47 km N van Alajuela. 📞 761-1004. 🚌 San José–Puerto Viejo de Sarapiquí. ⏰ dag. 7.00–20.00 uur.
🏖 📷 ♿ 🍴 ⚲ W
www.sarapiquis.org

Dit ecologische centrum aan de oever van de Río Sarapiquí belicht op vele manieren de inheemse culturen (*blz. 32–33*). Het **Museo de**

Parque Arquealógica Alma Alta bij het Centro Neotrópico SarapiquíS

Cultura Indígena, gehuisvest in een *palenque* (bouwsel met rieten dak), is gewijd aan de huidige inheemse bewoners van Costa Rica en hun kunst. Het is een indrukwekkende tentoonstelling van maskers, schilderijen op boombast en vele andere decoratieve, huishoudelijke of rituele voorwerpen, zoals sjamanistische stokken. Audiovisuele presentaties en een documentaire nemen u mee in de animistische, spirituele wereld van de inheemse volkeren.

Het **Parque Arquealógica Alma Alta** ligt in een sinaasappelboomgaard en is rond vier inheemse graftomben uit de 15de eeuw en een nagebouwd pre-Columbiaans dorp opgetrokken. In de **Botanische Tuin Chester** zijn fascinerende rondleidingen met indiaanse gidsen. In de tuinen, vernoemd naar de natuurvorser Chester Czepulos (1912–1992), groeien 500 soorten inheemse geneeskrachtige planten, die al sinds de pre-Columbiaanse tijd gebruikt worden. Er is een uitstekend boekje voor wie de tuin op eigen houtje wil bezoeken. Het centrum heeft een goed restaurant en een hotel, bibliotheek en conferentiecentrum.

Omgeving: Het centrum ligt naast het **Tirimbina-regenwoudreservaat**, dat 300 ha halfhoog premontaan bos beschermt. Het is verbonden met het Centro Neotrópico SarapiquíS door een 260 m lange hangbrug over de Río Sarapiquí. Een loopbrug van 3 km onder het bladerdak is onderdeel van de 8 km lange wandelroute in Trimbina. Er

worden nachtelijke vleermuisexcursies georganiseerd. Het educatieve centrum, op het eiland Trimbina in de rivier, dient het wetenschappelijk onderzoek en bezit een bibliotheek voor de tropenecologie.

Hacienda Pozo Azul is een veehouderij in bedrijf, die wildwater- en boomkruintochten organiseert. U vindt accommodatie in Magsasay Lodge, bij het Parque Nacional Braulio Carrillo (*blz. 91*). In de nabijgelegen **slangentuin** kunt u de 70 soorten slangen bijna aanraken.

🏇 Tirimbina-regenwoudreservaat

📞 761-1579. ⏰ ma–vr 7.00–17.00, za–zo 7.00–16.00 uur. 🏖 📷
W www.tirimbina.org

🏇 Hacienda Pozo Azul

La Virgen de Sarapiquí. 📞 761-1360. ⏰ dag. 9.00–17.00 uur. 📷
🍴 📷 ♿ ⚲ Ⓐ
W www.haciendapozoazul.com

🏇 Slangentuin

La Virgen de Sarapiquí. 📞 761-1059. ⏰ dag. 9.00–17.00 uur. 🏖 ♿ 📷

Paardrijden op de haciënda Pozo Azul, een veehouderij in bedrijf

Puerto Viejo de Sarapiquí ⑫

Wegenkaart D2. 84 km N van San José. 🏃 *16.300.* 🚌 ⛴

Puerto Viejo, aan de voet van de Cordillera Central, aan de Río Sarapiquí, is al sinds de koloniale tijd een belangrijke havenstad. Voordat in 1890 de Atlantische Spoorlijn werd geopend, was de haven voor San José de toegangspoort naar de Caribische Zee. De *pangas* (watertaxi's) brengen u over de Río San Juan naar het Parque Nacional Tortuguero *(blz. 167)* en Barra del Colorado. Puerto Viejo is ook het vertrekpunt van bootexcursies. De laagvlakte Llanura de San Carlos rond Puerto Viejo wordt bijna geheel in beslag genomen door bananenplantages. U bent van harte welkom in de bananenverwerkingsfabriek **Bananero La Colonia**.

Bananero La Colonia
5 km ZO van Puerto Viejo.
📞 *768-8683.* 📷 *op afspraak.* 🚪
🌐 www.bananatourcostarica.com

Watertaxi's op de Río San Juan in Puerto Viejo de Sarapiquí

Een groen pad door de regenwouden van Selva Verde

Selva Verde ⑬

Wegenkaart D2. 8 km W van Puerto Viejo de Sarapiquí. 📞 *766-6800.* 🚌 *San José–Puerto Viejo via Vara Blanca.* 🕐 *dag. 6.00–16.00 uur.* 📷🎫🍴🚪 ✉🌐 www.selvaverde.com

Het reservaat Selva Verde (Groen Woud) grenst aan het Parque Nacional Braulio Carrillo *(blz. 91)*. Het is een zeer goed beheerd particulier reservaat, en vanwege het grote aantal vogelsoorten is het zeker voor vogelaars interessant. Het maagdelijke premontane regenwoud wordt door ruim 420 vogelsoorten bewoond, waaronder acht papegaaiensoorten. De ocelot, de luiaard, het kapucijnaapje en de mantelbrulaap zijn maar een greep uit de 120 zoogdiersoorten. Selva Verde heeft ook een met netten overspannen vlindertuin met 500 vlindersoorten. Op de Río Sarapiquí, in Selva Verde, organiseert men kanotochten met gids. De goed onderhouden wandelroutes staan aangegeven op kaarten en gespecialiseerde natuurgidsen zijn in te huren. In het reservaat is een lodge met comfortabele kamers.

ZOETWATERHAAIEN

De haaien in het Nicaraguameer zorgen al eeuwen voor een raadsel. Rond 1970 werden enkele haaien door wetenschappers elektronisch 'geringd'. Ze ontdekten dat de haaien zich over een afstand van 169 km van de Caribische Zee via de Río San Juan naar het meer verplaatsen. Deze euryhaline haaien, die in zoet en zout water kunnen leven, kunnen zelfs stroomversnellingen nemen.

Stierhaai in het Nicaraguameer

Refugio Nacional de Vida Silvestre Corredor Fronterizo ⑭

Wegenkaart C1. Bahía Salinas naar Punta Castillo. 📞 *283-8004.*

De biologische corridor langs de grens met Nicaragua beslaat een gebied van 590 km² van Bahía Salinas aan de westkust tot Punta Castillo in het oosten. Het oostelijke deel van het reservaat loopt langs de Río San Juan. Deze brede rivier, omzoomd door regenwouden, stroomt 195 km ten oosten van het Nicaraguameer naar Punto Castillo. De rivier is vaak de inzet geweest van twisten tussen Costa Rica en Nicaragua.
Panga's verbinden Puerto Viejo de Sarapiquí met het dorp Trinidad, waar de Río Sarapiquí en de Río San Juan samenkomen. Tijdens de riviertocht ziet u luiaards, krokodillen en duizenden vogels, waaronder troepialen en de zeldzame agami-reigers.

OMGEVING: Boca San Carlos, 39 km stroomopwaarts van Trinidad aan de Río San Juan, heeft een landingsstrook maar kan ook worden bereikt over een zandweg. Hier gaan de meeste rivierexcursies naar Nicaragua van start. Vlakbij ligt de **Laguna del Lagarto**, een particulier reservaat dat 5 km² maagdelijk regenwoud en moeras beheert. De lagunes zijn het leefgebied van de schuwe lamantijn; de lodge in het reservaat is een goede uitvalsbasis voor wildexcursies. Het 17de eeuwse, met mos overgroeide **Fortaleza de la Inmaculada Concepción**, bij het Nicaraguaanse gehucht El Castillo, 40 km stroomopwaarts van Boca San Carlos, is een leuke afwisseling. Het museum roept de herinnering op aan de tijd dat de Spanjaarden vochten tegen piraten en de Engelse vloot aangevoerd door lord Nelson.

🦌 **Laguna del Lagarto**
16 km Z van Boca San Carlos. 📞 *289-8163.* 🎫 🍴 ✉
🌐 http://lagarto-lodge-costa-rica.com

Slangen in Costa Rica

Costa Rica heeft ruim 160 soorten *serpientes* of *culebras*, waarvan er slechts 22 giftig zijn. Het leefgebied van de slangen strekt zich uit van de savanne tot aan de montane regenwouden; ook zijn verschillende diepzee-soorten aangetroffen. Sommige slangen hebben een huid in alle kleuren van de regenboog, maar de meeste zijn groen of bruin van kleur. De slang is een nachtdier, dat zich weinig laat zien. Ze zijn zelden agressief, en als ze bijten doen ze dat uit noodweer. De meeste slachtoffers vallen onder de landarbeiders.

Wees altijd bedacht op slangen voordat u zich een weg baant door struikgewas. Draag stevige schoenen die de enkels beschermen.

Muurtekening in de slangentuin, La Virgen

SOORTEN

De slangen in Costa Rica behoren tot negen families, als Elapidae (koraalslangen), Boidae (reuzenslangen), en Viperidae (adders). De meeste andere behoren tot de Colubridae.

*In **Serpentarios** (slangenfarms), mag u onder begeleiding van de oppassers de slangen zelf oppakken.*

Camouflagekleuren van de groefkopadder: bananengeel en limoengroen.

De schildachtige schubben op de bovenkaak geven de slang zijn naam.

De spitsneusslang met zijn smalle snuit en draadmagere lijf wordt hoogstens 30 cm lang.

Groefkopadders (bocaracá) *zijn zeer giftig, met giftanden als injectienaalden. Met de warmtesensoren tussen neusgaten en ogen nemen ze een warmbloedige prooi waar, ook in duisternis.*

De lanspuntslang (terciopelo) *is een grote, zeer giftige slang, die in graslanden en langs rivieroevers leeft. Dit zeer snel voortbewegende reptiel veroorzaakt de meeste beten met dodelijke afloop.*

De spitsneusslang (bejuquillo) *houdt zich meestal op in bromelia's, waar hij op kikkers en vogels jaagt. Bij bedreiging verstijft hij en steekt zijn tong uit, zodat hij op een takje lijkt.*

Koraalslangen (corál) *zijn zeer giftig. In Costa Rica komen vier soorten voor, felgekleurd met rode, gele, zwarte, witte of gele banden.*

Boa's (boa) *zijn vrij schuw, en ook al zijn ze niet giftig, hun scherpe tanden kunnen nare beten veroorzaken. Boa's kunnen 4 m lang worden. Ze wikkelen zich rond de prooi en wurgen hem vervolgens.*

Breedsnavelmotmot, Biologisch Centrum La Selva

Biologisch Centrum La Selva ⓯

Wegenkaart D2. 3 km Z van Puerto Viejo. 📞 766-6565. 🚌 OTS-pendeldienst uit Puerto Viejo en San José. 🅿 op afspraak 8.00–17.00 uur. 🈳 🚻
♿ 🍴 ♻ Ⓦ www.ots.ac.cr

Het Biologisch Centrum La Selva is in 1954 opgericht door de wetenschapper dr. Leslie Holdridge en wordt sinds 1968 geleid door de OTS (Organisatie voor Tropische Studies). Het onderzoek in dit gebied van 15 km² (voornamelijk laagland en premontaan regenwoud) richt zich op de fysiologische ecologie, bodemonderzoek en bosbouw. Het Holdridgearboretum telt ruim 1000 boomsoorten.
Het centrum ligt aan de voet van het Parque Nacional Braulio Carrillo *(blz. 91)*. De vele slangen in het gebied laten zich nauwelijks zien. Maar de felgekleurde pijlgifkikker is minder schuw, en ook de honderden vlinders kunnen u niet ontgaan. De jaguars en andere katachtigen sluipen door het woud op jacht naar apen, neusberen en herten, enkele van de 120 zoogdiersoorten in La Selva. Het wemelt er van de bladsnijdermieren, die af en aan rennen met hun vracht. Ongeveer de helft van alle vogelsoorten in Costa Rica is hier waargenomen.
Ieder jaar in december doen ornithologen uit de hele wereld La Selva aan voor de jaarlijkse *Christmas Bird Count,* een 24 uur durende vogeltelling. Op zaterdagochtend kunt u een basiscursus vogels observeren volgen.
Wetenschappers en studenten die het reservaat willen bezoeken hebben voorrang boven het gewone publiek. Een wandelroute van 50 km over plankieren is kriskras door La Selva aangelegd. Met een neerslag van ruim 400 cm per jaar zijn de wandelpaden veelal modderig. De OTS organiseert vanuit San José excursies met gids, inclusief vervoer. Bij de wandelroute hoort een informatiefolder. Zolang er plaats is kunt u overnachten in een slaapzaal.

Sarapiquí Heliconia Island ⓰

Wegenkaart D2. 8 km Z van Puerto Viejo. 📞 762-0520. 🚌 San José–Puerto Viejo de Sarapiquí via PN Braulio Carrillo. 🅿 dag. 8.00–17.00 uur, op afspraak. 🈳 🚻
Ⓦ www.heliconiaisland.com

Deze schitterende tuin langs de Río Puerto Viejo werd in 1992 door de Amerikaan Tim Ryan aangelegd. Op een oppervlakte van 2 ha groeien honderden tropische plantensoorten. De tuin, die ook bekendstaat als de Botanische Tuin Sarapiquí, is gespecialiseerd in heliconia's, met ruim 80 soorten uit de hele wereld. Ook doen enkele soorten gember het goed en is er een interessante verzameling bamboe en orchideeën. In de palmentuin groeit onder andere de reizigerspalm uit Madagascar. Hij dankt zijn naam aan het feit dat dorstige reizigers zich kunnen laven aan het water dat in zijn stengels is opgeslagen.

Tropische heliconia

De exotische planten trekken ook honderden vogelsoorten aan, zoals de kolibrie, de violette trogon en de toviparkiet. In de *almendro* (amandelboom) nestelt de zeldzame Buffon's ara.
Tim Ryan zelf is uw enthousiaste gids, die u alles vertelt over het beheer van een tropische tuin en graag uw vragen beantwoordt. De fakkeltoer in de donkere avond is om nooit te vergeten. Op veel plaatsen in de rivier kunt u veilig zwemmen.

PIJLGIFKIKKERS

Een kleurige pijlgifkikker

Het regenwoud in Midden- en Zuid-Amerika is het leefgebied van de pijlgifkikker *(Dendrobates* spp*)*. De naam verwijst naar zijn gif, dat de indianen op hun pijlpunten smeren. De pijlgifkikker is één van de 65 soorten die behoren tot de *Dendrobatinae.* Drie soorten produceren gif dat voor de mens dodelijk is. Het bittere gif wordt in de slijmklieren geproduceerd. Zijn felgekleurde lijf geeft aan dat hij giftig is om hopelijk eventuele belagers af te schrikken. In tegenstelling tot de meeste kikkersoorten is de pijlgifkikker overdag actief tussen de bladeren op de bodem. Sommige niet-giftige kikkers imiteren de kleur van hun giftige familielid. De pijlgifkikker eet mieren en termieten en bij gebrek daaraan verliest hij zijn giftige potentie.

Rara Avis ⑰

Wegenkaart D2. 27 km Z van Puerto Viejo. 📞 764-3131. 🚌 San José–Las Horquetas. 🚗 🍴 ♿
ⓦ www.rara-avis.com

Rara Avis was een van de eerste particuliere, beschermde natuurgebieden in Costa Rica. Dit wereldberoemde reservaat grenst aan het Parque Nacional Braulio Carrillo en aan La Selva. Rara Avis beslaat 10 km² en ligt op 700 m hoogte op de afgelegen hellingen van de Volcán Chato.
Rara Avis is het geesteskind van de ondernemer Amos Bien, die in 1983 als eerste op het idee kwam om geld te verdienen aan ecologisch duurzame projecten in beschermde primaire regenwouden. Het reservaat beheert een vlinderkwekerij en een filodendron- en orchideeenkwekerij.
De paden voeren door maagdelijk premontaan regenwoud. De variëteit aan wildsoorten in dit gebied is indrukwekkend, van miereneters, slingerapen en stekelvarkens tot boa constrictors, koraalslangen, roodoogmakikikkers, schichtige jaguars en poema's, en bijna 400 vogelsoorten, waaronder de penseelparasolvogel, de zonneral en de bedreigde Buffon's ara. Een tokkelbaan brengt u oog in oog met de kruinbewoners hoog boven de grond, zoals kapucijnapen en toekans. Het park heeft ook een aantal watervallen, maar wees voorzichtig met zwemmen in de nabijgelegen waterpoelen. Rara Avis is zeer moeilijk te bereiken via een weg waarbij u soms tot uw knieën in de modder staat. Het vervoer van Las Horquetas aan snelweg 4 naar het reservaat gebeurt per traktor met overhuifde aanhanger, een hobbelige route van drie uur. Neem regenkleding mee, voor rubberlaarzen wordt gezorgd. Overnachten ter plaatse is zeer aan te raden. Het reservaat beschikt over enkele rustieke lodges.

Stekelvarken, Rara Avis

BANANEN

Costa Rica staat zevende op de ranglijst van bananenproducenten en tweede op die van bananenexporteurs. De plantages nemen ruim 500 km² in beslag. Ieder jaar worden er vele hectaren beschermd regenwoud gekapt voor de aanleg van bananenplantages. De bestrijdingsmiddelen vergiftigen de wateren en veroorzaken massale vissterfte. De wildgroei van algen verstikken de delta's en koraalriffen. Onder druk van de milieubeweging tracht de bananenindustrie nu mileuvriendelijk te produceren.

Rijpend fruit op een bananenplantage

Regenwoud-kabelbaan ⑱

Wegenkaart D3. snelweg 32, 40 km NO van San José. 📞 257-5961. 🚌 San José–Guápiles. 🕐 ma 9.00–16.00, di–zo 7.00–16.00 uur. 🍴 🚗 ♿ 🍴 📷 ♿ ⓦ www.rainforestram.com

Deze bijzondere manier van voortbewegen door het regenwoud is oorspronkelijk ontwikkeld door de Amerikaanse wetenschapper dr. Donald Perry, toen hij voor onderzoek in Rara Avis verbleef. De regenwoudkabelbaan uit 1994 is de topattractie van het 355 ha tellende privénatuurreservaat aan de oostzijde van het Parque Nacional Braulio Carrillo. De bezoekers worden in open gondels geruisloos over de bodem van het regenwoud getrokken, om vervolgens zwevend een circuit van 3 km boven de boomtoppen af te leggen. De tocht duurt 90 minuten en wordt voorafgegaan door een video over het ontstaan van dit project en over de tropische flora en fauna. In iedere gondel zit een natuuronderzoeker die u door het woud gidst. Van heel dichtbij kunt u apen bekijken, evenals miereneters, leguanen, neusberen en zelfs de groefkopadder, die door zijn schutkleur vrijwel één is met zijn omgeving. 's Ochtends of 's avonds hebt u de meeste kans om wild te zien. Echter, de nadruk van de excursie ligt op het vergaren van kennis over de ecologie van het regenwoud.
Er is een wandelroute naar de Río Corinto uitgezet. Het park organiseert vogelexcursies met gids. De accommodatie bestaat uit eenvoudige houten hutten. In Costa Rica kunt u bij reisagenten ter plaatse excursiepakketten boeken.

De regenwoudkabelbaan begint aan zijn tocht

CARIBISCHE KUST

D*it gebied is uniek om zijn Afro-Caribische cultuur en tradities van Jamaicaanse oorsprong, wat bijdraagt aan de kleurrijke, relaxte charme van de kustdorpen. De Caribische kust is een van de vochtigste gebieden van Costa Rica en strekt zich uit over een afstand van 200 km tussen de grenzen van Nicaragua en Panama. Langs de kust liggen mooie stranden, in het noorden vindt u oerwouden met moerasachtige lagunes en in het zuiden domineert het ruige Talamanca-gebergte.*

Nadat de Spanjaarden de haven van Puerto Limón in 1665 *(blz. 43)* voor handel hadden afgesloten, werd weinig ondernomen om het gebied te koloniseren. Dit trok piraten en smokkelaars aan die slaven dwongen om kostbaar hardhout voor de illegale handel te winnen. Eind 19de eeuw arriveerden Jamaicaanse arbeiders er met hun gezinnen voor de aanleg van de Atlantische Spoorlijn en om op bananenplantages te werken. Hun nakomelingen wijdden zich aan landbouw en visserij. In het binnenland, in reservaten in de uitlopers van de Talamanca, leven afstammelingen van de oorspronkelijke bevolking op traditionele wijze in relatieve afzondering.

De enige belangrijke stad van het gebied is Puerto Limón, dat halverwege de kust ligt. In het noorden strekken laagvlakten zich uit tot de grens met Nicaragua. Achter de kuststrook liggen de moerassige regenwouden en zoetwaterlagunes van het Parque Nacional Tortuguero en het reservaat Barra del Colorado. Een netwerk van kanalen, dat rond 1960 werd aangelegd om Puerto Limón met Barra te verbinden, heeft dit anderszins ontoegankelijke gebied ontsloten. Langs de kust ten zuiden van Puerto Limón liggen fraaie stranden. De interessante dorpen Cahuita en Puerto Viejo zijn populair bij surfers en rugzaktoeristen.

In felle kleuren geschilderd houten huis in het dorp Cahuita

◁ **Palmen langs het surfstrand Playa Chiquita, nabij Puerto Viejo de Talamanca**

De Caribische kust verkennen

De vochtige Caribische kust kent verscheidene nationale parken en natuurreservaten. Het belangrijkste hiervan is het Parque Nacional Tortuguero met zijn dichte regenwouden, raffiapalmmoerassen en exotische fauna. Het noordelijkere, kletsnatte Barra del Colorado trekt vissers aan. De havenstad Puerto Limón leidt naar de dorpen Cahuita en Puerto Viejo de Talamanca, levendige centra van Afro-Caribische cultuur. Het Parque Nacional Cahuita, naast het dorp Cahuita, beschermt ook een klein koraalrif. Ten zuiden van Gandoca-Manzanillo, een moerasgebied aan de kust, dat een leefgebied voor lamantijnen en een belangrijk nestgebied voor zeeschildpadden is, liggen mooie stranden. Langs snelweg 32 liggen veel tuinen met tropische flora.

Punta Castillo

Ingang van een huis in Puerto Limón

ZIE OOK

- *Accommodatie* blz. 214–216
- *Restaurants* blz. 235–236

SYMBOLEN

═══	Hoofdweg
───	Secundaire weg
═══	Binnenweg
▬▬▬	Internationale grens
────	Provinciegrens
‑ ‑	Kanaal

Strand bij Puerto Viejo de Talamanca

④ CANAL DE TORTUGUERO-TOCHT

Matina — Punta de Riel

Estrada
32

PUERTO LIMÓN
Moín ③ *Isla Uvita*

Petróleo
Trébol
Aguas Zarcas
Finca Banaga
36

WILDRESERVAAT ⑦
AVARIOS DEL CARIBE   Penshurst
rripó   *Playa Negra*
ajo   Río Banano
Finca 7   CAHUITA ⑨ ⑩ PARQUE NACIONAL
Vesta   CAHUITA
Cuen ⑧
PUERTO VIEJO DE   *Playa*
RESERVA BIOLÓGICA   TALAMANCA ⑪   *Cocles*
HITOY-CERERE   Bribri   Manzanillo ⑫ REFUGIO NACIONAL
M Ó N   Río Telire   Shiroles   DE VIDA SILVESTRE
Teliré   Gandoca GANDOCA-MANZANILLO
INDIANEN- ⑬   Bratsi   36
RESERVATEN
San José   Sixaola
Cabécar

PANAMA

0 km   20

Een plukker met een grote kam bananen, Cahuita

VERVOER

Snelweg 32, die San José met Puerto Limón verbindt, is behoorlijk druk, met name in de berggebieden. Een busdienst biedt gemakkelijk toegang tot Cahuita en Puerto Viejo de Talamanca. Er gaan geen wegen naar Tortuguero en Barra del Colorado, maar beide dorpen hebben landingsstroken waarop dagelijks vluchten uit San José landen. Een andere populaire mogelijkheid is reizen via de kanalen – reisbureaus kunnen dit organiseren. Een onregelmatige busdienst rijdt over ruige zandwegen naar de indianenreservaten – een oncomfortabele, doch goedkope rit.

De Groene suikervogel, een van de in Las Cusingas levende vogelsoorten

Las Cusingas ❶

Wegenkaart D3. 3 km Z van snelweg 32, 59 km O van San José. 🚌 *San José–Guápiles, daarna per jeeptaxi of te voet.* ☎ 710-2652. ◯ *dag. 8.30–16.30 uur.* 🎥 🖬 🍴 ✦

In deze botanische tuin, die zich nabij de onaantrekkelijke plaats Guápiles uitstrekt over een gebied van 14 ha, doet men onderzoek naar tropische flora, fruit en meer dan 80 soorten medicinale planten. Kolibries, papegaaien en andere vogelsoorten komen af op de nectar en de zaden. Er zijn twee korte bospaden, waarvan er één naar Río Santa Clara en 26 km² beschermd bosgebied leidt. Het bezoekerscentrum, waarin een bibliotheek gehuisvest is, biedt informatie over herbebossing, natuurbehoud, tropische ecologie en het gebruik van medicinale planten.
Er worden twee rondleidingen van ongeveer 2 uur aangeboden. U kunt een rustieke hut met een houtoven huren en u kunt dineren bij de vriendelijke Tico-eigenaars.

OMGEVING: De bejubelde Amerikaanse kunstenares Patricia Erickson verwelkomt bezoekers in haar atelier **Gallery at Home** met een expositie van haar levendige, door het Caribische gezinsleven geïnspireerde schilderijen. Om er te komen moet u bij Río Blanco naar het zuiden gaan; het atelier ligt een stukje verderop aan de linkerkant. In het ernaast gevestigde **Muebles de Bamboo** laat haar echtgenoot Brian zien hoe bamboemeubels worden gemaakt. Hij gebruikt daarbij de 32 verschillende soorten die in een bamboetuin worden verbouwd. In de **Finca La Suerte**, op de grens van het Parque Nacional Tortuguero en het Refugio Nacional de Fauna Silvestre Barra del Colorado *(blz. 167),* kunt u de wilde natuur observeren in een keur aan leefomgevingen, waaronder regenwouden en moerassen. Er leven vooral pijlgifkikkers *(blz. 158)* en apen. Dit particuliere centrum voor onderwijs en onderzoek is gespecialiseerd in tropische ecologie en biedt daarnaast accommodatie. U kunt het bereiken met uit Guápiles vertrekkende bussen die door het dorp Cariari rijden.

Gallery at Home
300 m Z van snelweg 32, 6 km W van Guápiles.
☎ 710-1958. ◯ *op afspraak.*
🏹 **Finca La Suerte**
La Primavera, 43 km NO van Guápiles.
☎ 710-8005. ◯ *dag. 9.00–17.00 uur.* 🎥 🖬 🍴 ✦
🆆 www.lasuerte.org

EARTH ❷

Wegenkaart D2. 12 km O van Guápiles. ☎ 713-0000. 🚌 *San José–Puerto Limón.* ◯ *dag. 9.00–16.00 uur.* 🎥 🖬 🍴 📪 🏢 ✦
🆆 www.earth.ac.cr

De Escuela de Agricultura de la Región Tropical Húmeda (Landbouwopleiding voor Vochtige Tropische Gebieden), een van de belangrijkste tropische onderzoekscentra van de wereld, wijdt zich aan ecologisch verantwoorde landbouw. Het in 1990 gestichte centrum biedt universitaire opleidingen. EARTH beheert een eigen experimentele bananenplantage, een bananenverwerkingsfabriek en een papierfabriek die bananenschillen als grondstof gebruikt. Men biedt rondleidingen aan door een 400 ha groot primair oerwoud. Er worden ook paarden verhuurd.

OMGEVING: In het bijzonder kleurrijke landschap van **Costa Flores** bloeien meer dan 600 soorten tropische bloemen, waaronder diverse heliconiasoorten. Het 120 ha grote gebied omvat de grootste commerciële kwekerij van tropische planten. Men gebruikt een 19 km lang monorailsysteem voor het vervoer van de bloemen naar de inpakafdeling, die de omvang bezit van een hangar. In de landschapstuinen vliegen kolibries, de enige bestuivers van de heliconia.

Heliconia, Costa Flores

🏵 **Costa Flores**
14 km O van Guápiles.
☎ 716-6430. ◯ *ma–vr 9.00–16.00 uur, za–zo op afspraak.* 🎥 🖬 🍴
📪 🆆 www.costafloresgarden.com

Bord voor EARTH, een centrum voor tropisch onderzoek

Buste van don Balvanero Vargas in Parque Vargas, Puerto Limón

Puerto Limón ❸

Wegenkaart F3. 160 km O van San José. 🏛 *85.000*. ✗ ▭ ⛴
🎭 *Festival van de Zwarte Cultuur (sept.); Dia de las Culturas (12 okt.).*

De havenstad Puerto Limón, die in de baai ligt waar Christophorus Columbus en zijn zoon Fernando in 1502 voor anker gingen, stamt uit de vroege koloniale tijd. De nederzetting, die door piraten en smokkelaars werd gebruikt voor de handel in mahonie en andere tropische houtsoorten, bloeide dankzij deze illegale activiteiten. De stad kent een grote Chinese minderheid, die afstamt van de Chinese arbeiders die rond 1880 voor de aanleg van de Atlantische Spoorlijn werden aangetrokken. Een kleine Chinese begraafplaats bij de ingang van de stad eert de Aziatische erfenis. Tegenwoordig is de stad de belangrijkste zeehandelshaven van het land; de belangrijkste snelweg ernaartoe staat de hele dag vol vrachtwagens. De havenfaciliteiten zijn uitgebreid om ook in het Caribisch gebied rondvarende cruiseschepen te verwelkomen. Columbus kwam mogelijk bij het 1 km van de kust gelegen **Isla Uvita** aan land. Zijn landing wordt herdacht met een bronzen buste, die in 1992 werd onthuld ter gelegenheid van de 500ste verjaardag van zijn aankomst in Amerika. Het beeld kijkt uit op **Parque Vargas**, een klein park dat is genoemd naar don Balvanero Vargas, een voormalige gou-

verneur van de provincie Limón. Het park, dat een buste van don Vargas bevat, ligt aan het oosteinde van de voetgangersweg Avenida 2 (ook bekend als El Bulevar). Er vlakbij is een mooie muurschildering van de kunstenaar Guadalupe Alvarez met een impressie van de lokale geschiedenis sinds de pre-Columbiaanse tijd. Puerto Limón bezit enkele intrigerende gebouwen met mooie balkons. Het roomkleurige, belle époque **Alcadía** (stadhuis) ten westen van het Parque Vargas is een fraai voorbeeld hiervan. Verder staan er gebouwen in Caribisch volksstijl, gemaakt van hout en geschilderd in levendige tropische pastelkleuren, met brede balkons op palen waaronder de plaatselijke bevolking domino speelt. In de levendige **Mercado Central** ten noorden van het museum is alles te koop, van

Muurschildering (detail) van Guadalupe Alvarez bij Parque Vargas

Winkelpubliek buiten Mercado Central in Puerto Limón

varkenskoppen tot verse vis. Het nachtleven van Puerto Limón is druk en kleurrijk, maar een beetje verlopen, en niet vrij van drugshandel. Bezoekers moeten op hun hoede zijn; vermijd Parque Vargas in het donker.

OMGEVING: In **Playa Bonita**, 3 km ten noorden van de stad, wordt veel gesurfd. In het weekend wordt dit strand druk bezocht. Het is gevaarlijk om in het zuideinde van de baai te zwemmen. In **Moín**, 1,6 km ten noorden van Playa Bonita, staan raffinaderijen en worden bananen ingeladen voor verscheping naar Europa en Noord-Amerika. Er vertrekken hier schepen naar Tortuguero *(blz. 167)*.

🏛 **Mercado Central**
Calles 3/4 en Aves Central/2.
🕐 *dag. 6.00–18.00 uur.*

CARNAVAL

In de tweede week van oktober vindt in Puerto Limón een kleurrijk carnavalsfeest *(blz. 37)* plaats. Het een week durende Caribische Mardi Gras-feest eindigt op de Día de las Culturas (Columbusdag). Er vertrekken extra bussen uit San José en de stad krijgt wel 100.000 bezoekers te verwerken. Iedereen danst op live reggae-, salsa- en calypsomuziek. Verder vinden er schoonheidswedstrijden, stierenrennen, *desfiles* (parades), kermissen en vuurwerkshows plaats. Op de zaterdag voor 12 oktober vindt het hoogtepunt van de Grand Desfile plaats: een grote parade met levendige kostuums en praalwagens. In de haven is het het drukst.

Extravagant geklede dansers tijdens een carnaval

Canal de Tortuguero-tocht ❹

IJsvogel

Het reizen langs de Caribische kustlijn werd mogelijk door de aanleg van het Tortuguero-kanalenstelsel in 1966–1974. Deze 105 km lange, door regenwoud omzoomde watersnelweg, die uit vier kanalen bestaat, verbindt de haven van Moín met het dorp Barra del Colorado. In het kanaal, dat smal lijkt op plaatsen waar het bos het water lijkt in te sluiten, kunnen veel dieren worden waargenomen, zoals kaaimannen en waterschildpadden en vogels als arassari's en ijsvogels.

Een toeristenboot in het Tortuguero-kanaal

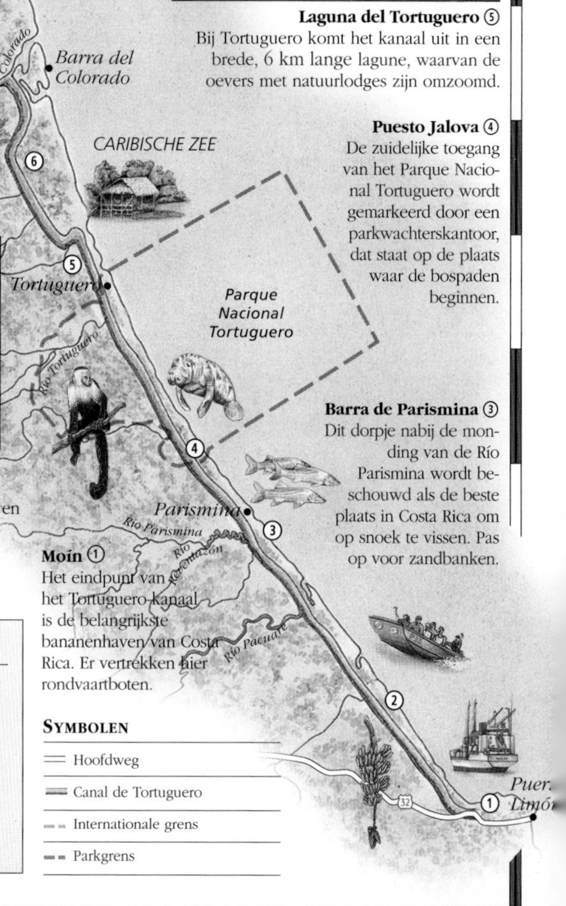

Río San Juan
Río Colorado
Barra del Colorado
0 km 10
CARIBISCHE ZEE
Tortuguero
Parque Nacional Tortuguero
Río Tortuguero
Parismina
Río Parismina
Río Reventazón
Río Pacuare
32
Puer.
Limó

Caño de Penitencia ⑥
Dit kanaal, dat uitmondt in de Río Colorado, verbindt Tortuguero met Barra del Colorado. Het noordelijke Caño de Palma-kanaal voert door een *yolillo*-moeras en raffiapalmbossen.

Laguna del Tortuguero ⑤
Bij Tortuguero komt het kanaal uit in een brede, 6 km lange lagune, waarvan de oevers met natuurlodges zijn omzoomd.

Puesto Jalova ④
De zuidelijke toegang van het Parque Nacional Tortuguero wordt gemarkeerd door een parkwachterskantoor, dat staat op de plaats waar de bospaden beginnen.

Caño Blanco ②
Deze kleine kade aan de Río Matina fungeert als aankomst- en vertrekplaats van rondvaartboten. Op de oevers ziet men regelmatig rode lepelaars.

Barra de Parismina ③
Dit dorpje nabij de monding van de Río Parismina wordt beschouwd als de beste plaats in Costa Rica om op snoek te vissen. Pas op voor zandbanken.

Moín ①
Het eindpunt van het Tortuguero-kanaal is de belangrijkste bananenhaven van Costa Rica. Er vertrekken hier rondvaartboten.

TIPS VOOR REIZIGERS

Rondvaartboten: *De meeste bezoekers reizen op privé-boten. Draag warme kleding omdat het koud kan worden aan boord.*
Tijdsduur: *2,5 uur.*
Halteplaatsen: *Parismina bezit sportvislodges en eenvoudige restaurants. Rondvaartboten stoppen er op verzoek.*

SYMBOLEN

- Hoofdweg
- Canal de Tortuguero
- Internationale grens
- Parkgrens

Een gids leidt een reisgezelschap door het Parque Nacional Tortuguero

Parque Nacional Tortuguero ❺

Wegenkaart E2. 52 km N van Puerto Limón. ☎ 709-8086. 🚌 van Pavona, Moín en Caño Blanco. ⭕ dag. 5.30–18.00 uur; laatste toegang 16.00 uur. 📷 📋

Het 190 km² grote Parque Nacional Tortuguero werd opgericht ter bescherming van het belangrijkste nestgebied van de groene zeeschildpad op het westelijk halfrond. Het park strekt zich over een lengte van 22 km langs de kust uit en loopt 30 km de zee in. Het Canal de Tortuguero verbindt een labyrint van delta's, kanalen en lagunes.
Met zijn elf leefomgevingen, variërend van raffiapalmbossen tot groene moerassen, biedt het park een interessante kennismaking met de natuur van het land. Hoewel er bij de parkwachterskantoren aan het noord- en zuideinde van het park paden beginnen, kan deze waterige wereld het beste per boot worden bezocht: de brede kanalen bieden goed uitzicht op de natuur en de stille gang over het water maakt het mogelijk om de fauna van zeer dichtbij te zien. Otters, kaaimannen, brul-, slinger- en kapucijnapen, en vogels zoals oropendola's, toekans, glansvogels en andere watervogels zijn makkelijk te zien. Het is aan te raden om een gids te nemen omdat u anders kunt verdwalen.
De soepschildpad, die tussen juni en november zijn nest maakt, is voor de meeste bezoekers de belangrijkste attractie. In de loop van het jaar komen ook drie andere soorten zeeschildpadden hier aan land, zij het in minder grote getale. 's Nachts is de toegang tot het strand zeer beperkt – er mogen dan maar twee reisgezelschappen het strand op onder leiding van een gids van de plaatselijke coöperatie.
Houd er rekening mee dat er geen wegen naar het park leiden; men bereikt het per boot of met vliegtuigjes die bij het dorp Tortuguero landen.

Omgeving: De inwoners van **Tortuguero**, dat ten noorden van het park ligt op het punt waar het Canal de Tortuguero uitkomt op de Laguna del Tortuguero, leefden vroeger van houtkap en de jacht op schildpadden. Tegenwoordig leven ze van toerisme en natuurbehoud. Het **John H. Phipps Biological Station** and **Natural History Visitor's Center** bevat een kleine, maar goede expositie over ecologie. De **Cerro Tortuguero** (119 m), 5 km ten noorden van het dorp, biedt fraai uitzicht over het gebied.

🦋 **John H. Phipps Biological Station and Natural History Visitor's Center**
500 m N van Tortuguero. ☎ 711-0680. ⭕ ma–za 10.00–12.00 en 14.00–17.30 uur, zo 14.00–17.30 uur. 📷

Refugio Nacional de Fauna Silvestre Barra del Colorado ❻

Wegenkaart E2. 34 km ten N van Tortuguero. ☎ 711-1201. 🚌 van Tortuguero, Puerto Viejo de Sarapiquí, en Pavona. ⭕ dag. 8.00–16.00 uur. 📷 inclusief toegang PN Tortuguero.

Dit 910 km² grote reservaat, dat via de Caño de Penitencia met het Parque Nacional Tortuguero in verbinding staat, strekt zich in het noorden tot de grens met Nicaragua uit. Ondanks de rijke natuur worden de moerassen, regenwouden en grote raffiapalmbossen nog nauwelijks door natuurtoeristen bezocht. Men kan er krokodillen en vogels zoals jabiroes en de bedreigde Buffon's ara's waarnemen. In de bossen en moerassen leven tapirs, jaguars en lamantijnen. In de vele rivieren van het reservaat vindt men tarpons, snoeken en gepen. Rond Barra del Colorado bij de monding van de Río Colorado liggen lodges voor vissportliefhebbers die accommodatie behoeven.

LAMANTIJNEN

De bedreigde Caribische lamantijn *(Trichechus manatus)* vindt men in lagunes en kustgebieden. Dit onbehaarde grijze zoogdier met voorvinnen en een roeispaanachtige staart lijkt op een walrus zonder slagtanden. Hij leeft voornamelijk van waterplanten zoals waterhyacinten. Hij leeft vooral onder water en laat zich zelden zien. Toenemende waarnemingen van lamantijnen in Tortuguero en Barra del Colorado doen vermoeden dat hun aantal toenemen.

**Caribische lamantijn
*(Trichechus manatus)***

Wildreservaat Aviarios del Caribe ❼

Wegenkaart F3. 35 km Z van Puerto Limón. 🕿 *750-0775.* 🚌 *Puerto Limón–Cahuita.* ⭘ *dag. 6.00–15.00 uur, op afspraak.* 📷 ✔ ♿ ⊘
Ⓦ www.ogphoto.com/aviarios

D it privé-reservaat in de delta van de Río Estrella, bevat het enige centrum in de wereld dat zich bezighoudt met het onderzoek naar en het behoud van luiaards. Het **Buttercup Sloth Center,** dat is genoemd naar de tweevingerige luiaard die als mascotte van het centrum fungeert, zorgt voor tientallen luiaards en plaatst indien mogelijk dieren terug in de natuur. Er lopen paden door het vochtige tropische woud van het 75 ha grote reservaat. U kunt kanovaren in zoetwaterlagunes en moerassen, waarin otters en waterschildpadden leven. Ook pijlgifkikkers zijn er regelmatig te zien. In een houten lodge is accommodatie voorhanden.

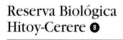

Pijlgifkikker, wildreservaat Aviarios del Caribe

Reserva Biológica Hitoy-Cerere ❽

Wegenkaart F3. 45 km Z van Puerto Limón en 20 km ZW van snelweg 36 in Penshurst. 🕿 *798-3170.* 🚌 *van Puerto Limón naar Finca 12, verder per jeeptaxi.* ⭘ *dag. 8.00–17.00 uur.* 📷 Ⓦ www.sinac.go.cr

H et 100 km² grote Reserva Biológica Hitoy-Cerere, dat nabij het uiteinde van het dal van de Río Estrella ligt en zich uitstrekt over de westelijke flanken van het Talamanca-gebergte, is in trek bij wandelaars en natuurliefhebbers. Het bevat ongerepte regenwoudhabitats. Juli, augustus, november en december zijn de natste maanden. Er razen dan rivieren van de steile hellingen. Grote zoogdieren gedijen goed in de dichte bossen; onder hen de zes in Costa Rica levende katachtigen *(blz. 113).* Wie geluk heeft kan zelfs de zeer zeldzame harpij zien. Bedenk dat dit geïsoleerde reservaat een minimale infrastructuur bezit.

Een van de vele stranden van het Parque Nacional Cahuita

OMGEVING: Reserva Selva Bananito, dat aan het Parque Internacional de La Amistad *(blz. 179)* grenst, beschermt een 13 km² groot ecologisch landbouwgebied en een regenwoud.

In **Orquídeas Mundo** kweekt men zeldzame hybride orchideeën. De botanicus Pierre Dubois geeft hier interessante rondleidingen.

🦋 **Reserva Selva Bananito**
35 km ZW van Puerto Limón. 🕿 *253-8118.* 📷 ✔ 🍴 ⊘
Ⓦ www.selvabananito.com

🌺 **Orquídeas Mundo**
Penshurst, 31 km Z van Puerto Limón. 🕿 *750-0789.* ⭘ *dag. 8.00–16.00 uur.* 📷 ✔ ♿ 🍴 ▣
@ orchidpierre@yahoo.com

Cahuita ❾

Wegenkaart F3. 43 km Z van Puerto Limón. 🎭 *5300.* 📅 *Zuid-Caribisch Muziekfestival (maart–april); Carnavalito Cahuita (begin dec.).*

C ahuita (een indianenwoord voor mahoniekaap) is het kleurrijkste dorp in Costa Rica. Het tussen de zee en een berg gelegen dorpje is zeer

De plaatselijke bevolking buiten een snackbar in Cahuita-dorp

karaktervol, dankzij zijn Afro-Caribische inwoners, die in kleurige houten huizen leven, waarvan sommige op palen boven de zanderige straten staan. De lokale bevolking spreekt een soort Engels met een zangerig accent, de kruidige keuken *(blz. 222)* heeft veel te danken aan de Jamaicaanse. Het langzame ritme van Cahuita trekt reizigers aan die op willen gaan in de relaxte cultuur. Ten noorden van het dorp ligt het zwarte zand van het palmomzoomde **Playa Negra**.

Parque Nacional Cahuita ❿

Wegenkaart F3. 43 km Z van Puerto Limón. 🕿 *755-0461.* 🚌 *Puerto Limón–Cahuita.* ⭘ *dag. 8.00–16.00 uur.* 📷 *bij Puerto Vargas-parkwachterskantoor; donatie bij Kelly Creek-station.*

D it 10 km² grote park, direct ten zuiden van Cahuita, werd in 1970 gesticht ter bescherming van moerassen, mangrovebossen en tropische regenwouden. Er leven veel wilde dieren en natuurpaden verschaffen een gemakkelijke manier om gordeldieren, agoeti's, miereneters, toekans en Buffon's ara's te observeren. In rivieren zijn kaaimannen te zien. Rond een uitgedund koraalrif nabij Playa Blanca zwemmen papegaaivissen, kreeften en soepschildpadden. Het wordt afgeraden om te zwemmen bij Playa Vargas, in het zuiden; golven beuken op het lange strand waarop zeeschildpadden nesten bouwen. Een 6 km lang pad verbindt het parkwachterskantoor Kelly Creek in Cahuita met de basis in Puerto Vargas.

◁ **Langs het Canal de Tortuguero, Parque Nacional Tortuguero**

De zeeschildpadden van Costa Rica

Schildpadden, overlevenden uit het dinosaurustijdperk, zien er al 200 miljoen jaar hetzelfde uit. Zeeschildpadden (Chelonidae) kunnen met hun krachtige zwempoten grote afstanden afleggen en steken vaak hele oceanen over om te eten, te paren en eieren te leggen. De mannetjes brengen hun hele leven door in zee, terwijl de vrouwtjes elke twee of drie jaar aan land gaan om eieren te leggen. De meeste bouwen een nest op hun geboortestrand en keren om de paar weken terug om eieren te leggen. Costa Rica, een van de belangrijkste plekken op de wereld voor het observeren van schildpadden, beperkt de toegang tot de nestgronden. Toch worden de schildpadden bedreigd: de illegale jacht op hen en hun eieren gaat door, en de jongen vallen ten prooi aan andere dieren.

**Een schildpad-
vormige
plantenhouder**

SCHILDPADSOORTEN

Vijf van de zeven zeeschildpadsoorten in de wereld bouwen nesten op de kusten, met name de Caribische kust, van Costa Rica.

De eieren (omvang golfbal) worden vaak gestroopt.

Een dikke huid omspant het skelet.

***Warana's**, de kleinste zeeschildpadden, leggen hun eieren tegelijkertijd. Tienduizenden bouwen nesten bij Playa Ostional en Playa Nancite (blz. 141).*

***De lederschildpad**, die in alle oceanen voorkomt, wordt ernstig bedreigd. Het is het grootste reptiel ter wereld; het mannetje kan tot 900 kg zwaar worden. De vrouwtjes nestelen op verscheidene stranden in Costa Rica, met name in Playa Grande (blz. 136).*

***Soepschildpadden**, waarvan er ooit vele leefden, werden in de 19de eeuw door jacht gedecimeerd. Nu is Tortuguero een belangrijk nestgebied (blz. 167).*

***Onechte karetschildpadden**, die in Costa Rica minder vaak worden gezien dan andere schildpadden, prefereren de Caribische kust en zijn te vinden in Tortuguero.*

SCHILDPAD	BESTE PLAATS VOOR WAARNEMING	NESTTIJDEN
Soepschildpad	PN Tortuguero (C) Playa Grande (G)	juni–nov. mei–aug.
Karetschildpad	Gandoca-Manzanillo (C)	maart–aug.
Lederschildpad	Gandoca-Manzanillo (C) Playa Grande (G)	feb.–april okt.–april
Onechte karetschildpad	PN Tortuguero (C)	het hele jaar door
Warana	Playa Ostional en Playa Nancite (G)	april–dec.

C – Caribische kust, G – Grote-Oceaankust

***Karetschildpadden**, vanwege hun mooie schilden bij stropers in trek, worden zelden groter dan 92 cm. U kunt ze het beste waarnemen in het Gandoca-Manzanillo-natuurreservaat (blz. 172).*

Puerto Viejo de Talamanca ⓫

Wegenkaart F3. 13 km Z van Cahuita.
🏠 *4000.* 🚌 ℹ️ *750-0398 (Tala-manca-vereniging voor ecotoerisme en natuurbehoud/ATEC).* 🎵 *Zuid-Caribisch Muziekfestival (maart–april).*

P uerto Viejo de Talamanca, een van de beste surfge-bieden aan de Caribische kust, is ook bij rugzagktoeristen een populaire bestemming. Tien jaar geleden was het dorp niet meer dan een verzameling paalhutten, maar het is sindsdien snel gegroeid. Hoe-wel het dorp in 1996 elektri-citeit kreeg, in 2001 gevolgd door een verharde weg, behield het zijn relaxte sfeer. Tussen december en maart komen surfers hier om hun vaardigheden te testen op La Salsa Brava, waar golven wel 6,5 m hoog worden. Het door palmen omzoomde zwarte zand van **Playa Negra** ligt ten noor-den van het dorp. De **Botanische Tuin Finca la Isla** ten noorden van het strand is een goede plaats om het kustregenwoud te verken-nen. In deze 5 ha grote tuin, die onder meer in bromelia's is gespecialiseerd, kweekt men vruchten en sierplanten. Puerto Viejo bezit enkele van de beste goedkope accommo-datiemogelijkheden in Costa Rica, en kleurrijke, pretentie-loze eetgelegenheden. 's Nachts komen de gezellige openluchtbars en -disco's tot leven.

Beeld (detail) bij een hut in Puerto Viejo

DE TUCUXÍ-DOLFIJN

De zeldzame *tucuxí*-dolfijn *(Sotalia fluviatilis)* – uit-spraak 'toe koe sjie' – leeft in de zoetwaterrivie-ren en lagunen van Gandoca-Manzanillo en vergelijkbare

Tucuxí-dolfijn

omgevingen. Deze kleine soort groeit tot een lengte van 2 m en is blauwgrijs met een roze buik en een lange snuit. Hij is verlegen en mijdt boten doorgaans, maar gaat wel om met zijn grotere neef, de tuimelaar.

Omgeving: Er strekt zich een serie mooie surfstranden – **Playa Cocles**, **Playa Uva** en **Playa Chiquita** – ten zuiden van Puerto Viejo naar het dorpje Manzanillo uit. Langs de kust ligt een geplaveide weg die wordt omzoomd door hotels en *cabinas (blz. 197).* Het binnenland bestaat uit beboste heuvels. Via **Seahorse Stables** kunt u paardrijtochten maken. De **Mariposario**, een vlindertuin, ligt op een bergrichel die uitkijkt op de Playa Uva. Het openbaar vervoer in deze gebieden is beperkt, maar in Puerto Viejo kunt u fietsen, scooters en auto's huren.

🦋 Botanische Tuin Finca la Isla
1 km NW van Puerto Viejo.
📞 *750-0046.*
🕐 *vr–ma 10.00–16.00 uur.* 🌐 ✓
🔲 http://greencoast.com/garden.htm
Seahorse Stables
3 km Z van Puerto Viejo.
📞 *750-0468.*
🕐 *op afspraak.*
🔲 www.costaricahorsebackriding.com

🦋 Mariposario
6 km Z van Puerto Viejo. 📞 *750-0086.*
🕐 *dag. 8.00–16.00 uur.* 🌐 ✓

Refugio Nacional de Vida Silvestre Gandoca-Manzanillo ⓬

Wegenkaart F4. 13 km Z van Puerto Viejo. 📞 *759-9001.* 🚌 *van Puerto Viejo de Talamanca.* 🕐 *dag. 8.00–16.00 uur.* 🔲 🍴 🐾 🅰️

H et Gandoca-Manzanillo-natuurreservaat, dat een mozaïek aan leefomgevingen omvat, is een park met dorpjes waarvan de inwoners in har-monie met de omgeving leven. Dit uit 1985 stammende, 83 km² grote reservaat strekt zich uit tot in de zee en be-schermt daar een koraalrif en een 44 km² groot zeegebied waar diverse schildpadsoorten zich voortplanten. De Costa-ricaanse natuurbeschermings-vereniging **Asociación ANAI** organiseert een vrijwilligers-programma voor mensen die willen helpen bij het onder-zoek naar en de bescherming

Het strand bij het Refugio Nacional de Vida Silvestre Gandoca-Manzanillo

van schildpadden. Op het land bezit het reservaat een mangrovebos, een moeras met zeldzame *yolillo*-palmen en een *cativo*-bos en een tropisch regenwoud, alle vol met wilde dieren. In de lagunes en riviermondingen leven lamantijnen en *tucuxí*-dolfijnen. Deze wateren zijn ook een paaigebied voor haaien en kreeften. Een pad langs de kust en enkele paden in het binnenland – vaak overwoekerd en modderig – bieden veel mogelijkheden tot het waarnemen van zoogdieren en een verbluffende keur aan vogels, amfibieën en reptielen. Het kustpad leidt naar de Punta Mona (Apenkaap) en het **Punta Mona Center**, een educatief instituut annex biologische boerderij.

OMGEVING: ASACODE (Asociación Sanmigueleña de Conservación y Desarrollo), een boerencoöperatie, biedt rondleidingen door een 250 ha groot reservaat naast het Gandoca-Manzanillo-reservaat. **Finca Lomas** is een experimentele boerderij.

Leguaan, gefokt in het Reserva Indígena KeköLdi

Asociación ANAI
Manzanillo. 750-0020.
www.anaicr.org
Punta Mona Center
5 km ZO van Manzanillo. 352-4442. dag. 8.00–17.00 uur.
http://puntamona.org
ASACODE
San Miguel, 14 km W van Gandoca.
751-2261. 7.00–17.00 uur.

Indianen-reservaten ⓭

Wegenkaart F4. naar Bribri, daarna per jeeptaxi. 750-0191 (ATEC).

De inheemse Bribri en Cabécar wonen in een aantal gefragmenteerde reservaten op de Caribische hellingen van het Talamanca-gebergte. Deze twee verwante groepen slaagden erin om een groot deel van hun cultuur, taal, animistische dansen en sjamanistische gebruiken *(blz. 32–33)* in stand te houden. Het toegankelijkste reservaat is het **Reserva Indígena KeköLdi**, dat zich uitstrekt over een

In een huis in het Reserva Indígena KeköLdi

36 km² groot gebied in de heuvels ten zuidwesten van Puerto Viejo. Tot de lokale natuurbehoudprojecten behoort een boerderij waar groene leguanen worden gefokt. De boerderij ligt bij de hoofdweg nabij Hone Creek, 30 minuten lopen van Puerto Viejo. Verder zuidwaarts, voorbij het regionale centrum Bribri, ligt het **Reserva Indígena Talamanca-Bribri**. Dit reservaat, 18 km ten zuidwesten van Bribri, omvat de Valle de Talamanca, een breed bekken vol bananenplantages – waar het vaak onrustig is omdat de plantagearbeiders slecht worden betaald. De **Albergue Finca Educativa Indígena**, een educatief centrum met toeristenaccommodatie in Shiroles, organiseert tochten naar de dorpen. Er vertrekt uit Bambú, 10 km ten westen van Bribri, een kanotocht over de Río Yorkín naar het **Reserva Indígena Yorkín**, waar bezoekers in traditionele hutten kunnen logeren om de inheemse cultuur beter te leren kennen. Een an-

der in het gebied gelegen reservaat is het **Reserva Indígena Talamanca-Cabécar**, dat u vanuit Shiroles kunt bereiken via ruige wegen die door het dal van de Río Coén lopen. Dit afgelegen dorp van de San José-Cabécar wordt gezien als het belangrijkste centrum voor sjamanisme en indianencultuur. Hiervandaan loopt een pad dat vervolgens afdaalt naar Buenos Aires op de westelijke hellingen. Leg deze meerdaagse wandeltocht niet af zonder een plaatselijke gids. De Vereniging voor ecotoerisme en natuurbehoud Talamanca (ATEC) in Puerto Viejo de Talamanca organiseert wandeltochten inclusief accommodatie naar de reservaten. Houd er rekening mee dat het officieel verboden is om op eigen gelegenheid naar de reservaten te reizen; vraag ATEC om toestemming. De enige plaats waar u die niet nodig hebt is de leguanenfokkerij in het Reserva Indígena KeköLdi.

Albergue Finca Educativa Indígena
Shiroles. 248-2538. op afspraak.

SJAMANISME

De Bribri en de Cabécar hebben een animistische kijk op de wereld, waarbij de sjamaan-medicijnman – die door de Bribri *awá* en door de Cabécar *jawá* wordt genoemd – de hoogste gezagsdrager van de gemeenschap is. Tot de sjamanistische gereedschappen behoren magische stenen, *seteé* (helende kettingen), *uLú* (stokken), en een keur aan geneeskrachtige kruiden, die men samen met rituele zang en dans gebruikt om ziekten en andere problemen te bestrijden.

Ritueel muziekinstrument

Veer van een Bribri-sjamaan

HET ZUIDEN

H et afgelegen Zuiden van Costa Rica nodigt uit tot schitterende avonturen. Het bezit uitstekende surf- en sportvisgebieden en men kan er scubaduiken tussen hamerhaaien. In de fraaie oerwouden liggen pre-Columbiaanse restanten begraven. De grootste traditionele gemeenschappen van het land leven op geïsoleerde plaatsen in de bergen in dit gebied.

De Spaanse conquistadores trokken dit gebied in om de nomadische Chibchas- en Diquis-stammen te onderwerpen en naar goud te zoeken – tevergeefs. Het kustgebied werd in de koloniale tijd en daarna verwaarloosd en genegeerd. In 1938 begon de United Fruit Company bananen te planten in de dalen van de Sierpe- en de Coto-Colorado-rivier; de bananenplantages zijn nog altijd de belangrijkste inkomstenbronnen van het gebied. In het noorden wordt de kust ingesloten door de dichtbeboste Fila Costanera-bergen. Het verder naar het zuiden gelegen Peninsula de Osa wordt geteisterd door regens die het enorme smaragdgroene regenwoud voeden. Het schiereiland ligt rond de Golfo Dulce – een kalme baai met een grote aantrekkingskracht op dolfijnen, walvissen, en sportvisboten uit de plaats Golfito. Aan de einder ligt het Isla del Caño. Dit werd door pre-Columbiaanse stammen als heilig beschouwd en bevat oude graven. Het onbewoonde Isla del Coco in het zuidwesten wordt omringd door zeeën vol leven.

De hoogste berg van de Talamancas, in het noordoosten van het gebied, is de 3820 m hoge Cerro Chirripó. Hier vechten de Boruca en de Guaymí voor het behoud van hun cultuur in afgelegen gemeenschappen die worden bedreigd door houtkap en andere commerciële belangen. De ruige bergen zijn bedekt met dichte bossen die een ongerepte omgeving vormen waar jaguars, tapirs en andere bedreigde diersoorten leven. Tussen de twee bergruggen ligt de vruchtbare Valle de El General, die veel landbouwbedrijven bevat.

Een wandelaar kijkt uit over het uitgestrekte Parque Nacional Chirripó

◁ **Een school zeesnoeken rondzwemmend in de wateren nabij het Isla del Coco**

Het Zuiden verkennen

L angs de met oerwoud begroeide kust van het Zuiden liggen enkele van de fraaiste stranden van het land, waaronder die bij Bahía Drake, Zancudo en Parque Nacional Marino Ballena. Surfers trekken naar Dominical en Pavones, terwijl Golfito bij sportvissers in trek is. In de kustwateren, met name rond Isla del Caño, zitten walvissen en dolfijnen, en bij het afgelegen Isla del Coco kunnen ervaren duikers tussen de hamerhaaien en walvishaaien zwemmen. Langs de kust liggen de regenwouden van het Parque Nacional Corcovado (op het Peninsula de Osa) en minder bekende reservaten als Terraba-Sierpe en Barú. In Chirripó in het noorden kunt u een interessante wandeling naar de top maken.

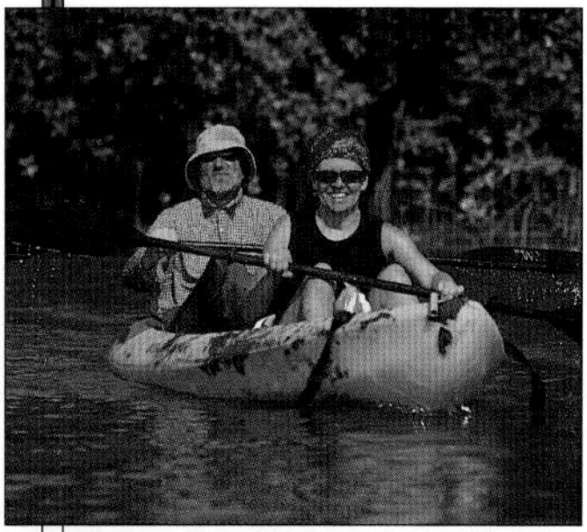

0 km   20

Varen in een kajak in Reserva Forestal del Humedad Nacional Terraba-Sierpe

San José

CERRO DE LA MUERTE ❶

Piedra

PARQUE NACIONA CHIRRIPÓ ❹

Río Savegre

VALLE DEL RÍO CHIRRIPÓ ❸

San Gerardo de Rivas

Cerro Chirri 3820

Savegre Abajo

Rivas

SAN ISIDRO DE EL GENERAL ❷

Santa Elena

Cedral

Esperan

REFUGIO NACIONAL DE VIDA SILVESTRE BARÚ ❼ ❽

243

22

S A N

J O S É

Juntas

Cerro Uvita 1220 m

Río General

Pejibaye

DOMINICAL

34

Uvita

PARQUE NACIONAL MARINO BALLENA ❾

Isla Ballena

Ojochal

Tortuga Abajo

Playa Tortuga

34

Bahia de

Cortés

RESERVA FORESTAL DEL HUMEDAD NACIONAL TERRABA-SIERPE ⓬

PALM

223

Sie

Río Sierpe

Coronado

RESERVA BIOLÓGICA ISLA DEL CAÑO ⓭

Bahía Drake

Rincón

RNVS Punta Río Claro

Agujitas

La Pal

Playa San Josecito

San Pedrillo

Parque Nacional Corcovado

P E N I N S U DE OSA

⓮

PARQUE NACIONAL ISLA DEL COCO ⓳
500 km ZW

Laguna Corcovado

Sirena

Carat

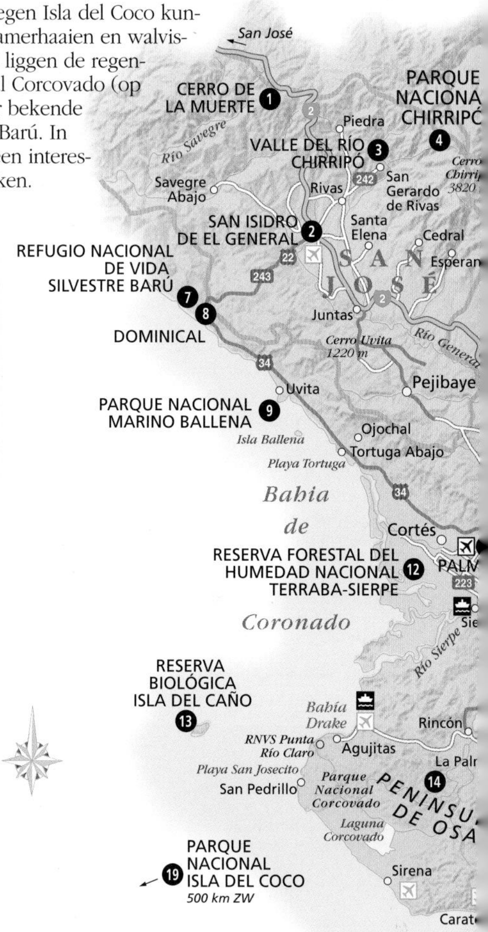

SYMBOLEN

- ══ Pan-Amerikaanse snelweg
- ══ Hoofdweg
- — Secundaire weg
- ┄┄ Binnenweg
- ▬▬ Internationale grens
- ▬▬ Provinciegrens
- △ Bergtop

BEZIENSWAARDIGHEDEN

Weelderige vegetatie aan de rand van de zeegroene wateren bij Bahía Drake

Kleurrijke bloemen buiten een huis nabij het Parque Nacional Chirripó

VERVOER

Palmar, Puerto Jiménez, Golfito en Ciudad Neily hebben luchthavens, terwijl chartervliegtuigen kleinere landingsstroken gebruiken. Vanuit San José kan men belangrijke toeristische attracties per langeafstandsbus bereiken. Streekbussen zijn de belangrijkste vorm van transport in deze streek, hoewel u afgelegener attracties alleen kunt bereiken met een jeeptaxi of goedkope, maar oncomfortabele *colectivos* (pickups).

Snelweg 2 (de Pan-Amerikaanse snelweg) is verhard, net als snelweg 16 door de Valle de Coto Brus, maar de meeste wegen zijn zandwegen met gaten. Veel natuurlodges op het Peninsula de Osa en de kusten van de Golfo Dulce kunnen alleen per watertaxi worden bereikt.

MÓN

Río Telire
Cerro Punibeta
2438 m

Río Coén

5

PARQUE INTERNACIONAL LA AMISTAD

Cerro Utyum
3078 m

Río Cerbo

Cerro Kamuk
3550 m

Reserva
Indígena
Cabagra

Cerro Nai
3121 m

Buenos Aires

Cabagra

PANAMA

Río Cabagra

Brujo

Cerro Bine
3200 m

serva
dígena
rraba

Térraba

Potrero Grande

Cerro Echandi
3160 m

RESERVA
10 INDÍGENA
BORUCA

PUNTARENAS

Alturas

raba

Reserva
Indígena
Currú

Santa
Elena

Río Colón

Lucha

Río Coto Brus

Río Limón

237

Piedra
Pintada

Venecia

San Vito

Sabalito

Piedras Blancas

16

BIOLOGISCH CENTRUM
6 LAS CRUCES

245

237

15 PARQUE NACIONAL
PIEDRAS BLANCAS

Ciudad Neily

Dulce

Playa **16** GOLFITO
Cacao

Coto 47

14

RNVS
Preciosa
Platanares

Pueblo
Nuevo

Santa
Rita

Gloria

rto
nez

Playa
Zancudo

Playa
Platanares

17 ZANCUDO

Río Coto Brus

La Cuesta

238

PAVONES **18**

Reserva
Indígena
Guaymí

Cabo
Matapalo

Punta
Banco

Las Peñas

Peninsula
de Burica

Een door het dal van de Cerro de la Muerte slingerende weg

Cerro de la Muerte ❶

Wegenkaart D4. 50 km Z van Cartago. 🚌 San José–San Isidro.

De Cerro Buenavista wordt in de volksmond ook wel Cerro de la Muerte (Berg van de Dood) genoemd, naar de boeren die er voor de aanleg van de Pan-Amerikaanse snelweg bij het transport van hun waren naar San José van de kou bezweken. De **Casa Refugio de Ojo de Agua**, een hut bij kilometerpaal 76, bevat een expositie over de pioniers. De snelweg, die San José met de Valle de El General verbindt, loopt onder de door de wind geteisterde top (3500 m). De vegetatie bestaat uit *páramo* (grasland), met laagblijvende soorten die zich hebben aangepast aan de koude omstandigheden. Als de wolken wegtrekken kunt u van schitterende uitzichten genieten. Circa 6 km voor San Isidro staat een enorm Christusbeeld dat de automobilisten op de enge weg zegent. Op dit stuk van de Pan-Amerikaanse snelweg moet u voorzichtig zijn – vermijd het 's nachts.

OMGEVING: In het **Reserva Bosque Nubioso Iyök Amí**, een nevelwoudreservaat, kunt u quetzals zien.

🦋 Reserva Bosque Nubioso Iyök Amí
Pan-Am. snelweg bij Km 80. 📞 772-0222. 🕐 dag. 8.00–16.00 uur. 🏍️ 🎫 🍴 🥾 🖥️ www.iyokami.com

San Isidro de El General ❷

Wegenkaart E4. 82 km Z van Cartago. 🏘️ 41.200. 🏢 **i** Selva Mar, Calle 1 en Avenidas 2/4, 771-4582. 🎉 Día de San Isidro Labrador (15 mei).

Deze vredige plaats ligt aan de voet van de Cerro de la Muerte en is het bestuurscentrum van de Valle de El General. Toeristen gebruiken het vooral om benzine in te slaan en als uitvalsbasis voor bezoeken aan Chirripó en het Parque Internacional La Amistad. De enige interessante attracties in de stad zijn het kleine **Museo Regional del Sur** (Museum van het Zuiden) met exposities over de lokale historie en cultuur, en de moderne, betonnen kathedraal aan de oostzijde van de plaza. De kathedraal (1967) bezit gebrandschilderde ramen en een simpel altaar, dat wordt gedomineerd door een schildering van San Isidro Labrador, de beschermheilige van San Isidro.

OMGEVING: Vogelliefhebbers kunnen hun hart ophalen in **Neotropisch Vogelreservaat Los Cusingos**. Dit 142 ha grote vogelreservaat, dat door het Tropisch Wetenschappelijk Centrum van Costa Rica wordt beheerd, werd gesticht door de beroemde Amerikaanse ornitholoog Alexander Skutch (1904–2004). Er zijn meer dan 300 vogelsoorten waargenomen. Het terrein bevat veel rotstekeningen.

🏛 Museo Regional del Sur
Calle 2 en Ave 1. 📞 771-8453. 🕐 ma–vr 8.00–12.00 en 13.00–16.30 uur.

De opvallende, moderne kathedraal van San Isidro de El General

🦋 Neotropisch Vogelreservaat Los Cusingos
Quizarrá de Pérez Zeledón, 14 km ZO van San Isidro. **i** 200-5472 (tropisch wetenschapscentrum). 🕐 di–zo 7.00–16.00 uur, op afspraak. 🥾

Kunstwerken in het Museo el Pelicano, Valle del Río Chirripó

Valle del Río Chirripó ❸

Wegenkaart E4. 10 km O van San Isidro. 🚌 van San Isidro.

Dit dal werd door de wilde Río Chirripó in het Talamanca-gebergte uitgeslepen. In het heldere water van de rivier zwemt forel en de stroomversnellingen zijn aantrekkelijk voor kajakliefhebbers. Een mooie stopplaats in het dal is de fruit-en-koffie *finca* **Rancho La Botija** (blz. 219), een bij de plaatselijke bevolking populaire weekeindbestemming. Tot de attracties behoren een antieke *trapiche* (suikerrietfabriek), een restaurant en accommodatie. De langs de weg gelegen **Piedra de los Indios** (Indianenrots) vlakbij bevat pre-Columbiaanse rotstekeningen en wat moderne graffiti. Naarmate de weg verder de bergen in klimt wordt het landschap dramatischer en het klimaat alpiner. Uiteindelijk bereikt hij **San Gerardo de Rivas**, dat warmwaterbronnen bezit. Dit dorpje hangt boven het ravijn van de rivier en is de toegang tot het Parque Nacional Chirripó. Het nabije **Museo el Pelicano** is een curiositeit vanwege de steen-

Een keur aan flora in het Chirripó Cloudbridge Reserve

en-houtkunst van de koffie-
boer Rafael Elizondo Basulta.
Van het eind van de zandweg
leidt een steil, met rotsen
bezaaid pad naar de top van
de Cerro Chirripó en het
**Chirripó Cloudbridge Re-
serve**. In dit reservaat lopen
enkele goede paden.

🏛 Museo el Pelicano
Canaan, 16 km O van San Isidro.
[390-4194. **🏠**
🦋 Chirripó Cloudbridge
Reserve
San Gerardo de Rivas, 20 km O van San
Isidro. **🚶** 771-1866. **◻** dag. 8.00–
16.00 uur. 🗺 ✒
W www.cloudbridge.org

Parque Nacional
Chirripó ➍

Blz. 180–181.

Parque
Internacional
La Amistad ➎

Wegenkaart F4. 🚌 naar Guácimo,
107 km ZO van San Isidro, daarna per
jeeptaxi. **🚶** San Isidro HQ, Calle 2 en
Avdas 4/6, 771-3155; Estación Altamira,
50 km ZO van Buenos Aires, 730-0846.
◻ dag. 8.00–16.00 uur. 🗺 ✒ ⌾ ▲

Het zich tot in Panama uit-
strekkende Internationale
Vriendschapspark vormt één
geheel met andere beschermde gebieden die het Reserva
de la Biosfera La Amistad
(Amistad-biosfeerreservaat)
vormen. Het strekt zich uit
over een 1750 km² groot gebied in het ruige Talamanca-
gebergte met hoogten varië-

rend van 150 m tot 3550 m (de
Cerro Kamuk). Dit grote park
omvat acht habitats van
premontaan regenwoud tot
hooggelegen moerassig grasland. Tot de gevarieerde fauna
behoren vijf katachtigen en de
bedreigde harpij.
Met een vergunning en een
gids kunnen ervaren wandelaars door de Talamancas trekken via een pad dat begint bij
de stad Buenos Aires, 61
km ten zuidoosten van
San Isidro, en naar het Reserva Indígena Talamanca-
Cabécar *(blz. 173)* leidt.
Bij **Estación Altamira**,
het aanbevolen toegangs-
punt, vindt u het
parkwachterskantoor, een
jeugdherberg en een
ecologische expositie.
Alle ingangen zijn
alleen per vierwielaan-
drijving bereikbaar.

**OMGEVING: Reserva Biológica
Durika**, een 9 km² groot bos-
reservaat ten oosten van Buenos Aires, opereert als een
holistische gemeenschap. Men
biedt er wandeltochten met
gids, vegetarische maaltijden
en rustieke accommodatie. **La
Amistad Lodge** *(blz. 218)*, ten

zuidoosten van Buenos Aires
en te bereiken via het berg-
dorpje San Vito, is een goede
basis voor het verkennen van
de zuidelijke Talamanca's.
Deze gezellige lodge, onderdeel van een veehouderij
annex koffieplantage, biedt
toegang tot het reservaat Zona
Protectorado Las Tablas. Men
biedt ritten te paard en
vogelaarstochten naar twee
bergkampen aan.

🦋 Reserva Biológica Durika
18 km N van Buenos Aires. **[** 730-
0657. ✒ 🍴 ⌾ **W** www.durika.org

Biologisch centrum
Las Cruces ➏

Wegenkaart F5. 6 km Z van San Vito.
[773-4004. 🚌 San Vito–Ciudad
Neily. **◻** dag. 8.00–16.00 uur. 🗺 ✒
🍴 🏠 ⌾ **W** www.ots.ac.cr

Las Cruces, een van de belangrijkste tropische onder-
zoeks- en onderwijscentra van
de wereld, wordt geleid
door de Organisatie voor
Tropische Studies (OTS).
Het centrum is omringd
door een 235 ha groot
bos, waar een grote diversiteit aan vogels en zoogdieren is te zien. Er loopt
ongeveer 10 km aan
paden doorheen. Het
reservaat wordt bedekt
door een wolkendek dat
de veelheid aan
varens, palmen, bro-

**Varens, Biolo-
gisch Centrum
Las Cruce**

melia's en orchideeën voedt in
de 10 ha grote **Wilson Botanische Tuin**, die werd
ontworpen door de vooraanstaande Braziliaanse land-
schapsarchitect Roberto Burle-
Marx. Het zelfs in het regen-
achtigste weer zeer kleurrijke
park bevat kassen waar men
tropische planten kweekt.

DE QUETZAL

In Costa Rica leeft de schitterende quetzal, een van
de mooiste tropische vogels. Het mannetje heeft
iriserend groene veren, een bloedrode borst en
60 cm lange staartveren; het vrouwtje oogt minder
flamboyant. Pre-Columbiaanse culturen aanbaden de
quetzal als een levende afbeelding van Quetzalcoatl, de
gevederde slangengod. De staartveren van het mannetje,
die in ceremoniën werden gebruikt, werden
Quetzal als kostbaarder dan goud beschouwd; alleen
edelen en priesters mochten ze dragen.

Parque Nacional Chirripó ❹

Roodstaart-buizerd

Costa Rica's hoogste berg, de Cerro Chirripó (3820 m), wordt omringd door het 502 km² grote Parque Nacional Chirripó. Het park, onderdeel van het Amistad-bioreservaat, beschermt drie afzonderlijke habitats in een ruig, ongerept gebied waar wilde dieren gedijen met minimale menselijke bemoeienis. Maar liefst 60 procent van alle diersoorten van Costa Rica is hier te vinden, waaronder alle zes soorten katachtigen *(blz. 113)* en veel inheemse flora en fauna. Zo'n 35.000 jaar geleden schiepen gletsjers kleine u-vormige valleien en lieten nog altijd zichtbaar gletsjerpuin achter. De lente is de beste tijd om te wandelen, hoewel het weer onvoorspelbaar is, met regelmatig mist en regen.

COSTA RICA

Het Zuiden

GROTE OCEAAN

Symbolen

☐	Parque Nacional Chirripó
☐	Geïllustreerde gedeelte

Nevelenwoud
De bijna voortdurend in mist gehulde bossen boven de 2500 m zijn rijk aan dwergbomen behangen met epifyten en mossen. Er zijn veel apen en quetzals te zien.

Het parkwachtersstation in San Gerardo de Rivas verkoopt wandelkaarten. U moet zich hier melden voordat u naar de top klimt.

Het **Sendero Termometro**, dat het nevelenwoud invoert, is een van de steilste stukken van het pad.

CORDILLERA DE TALAMANCA

Cerro Uran
3350 m

Río Blanco

Río Uran

●Herradura

San Gerardo
de Rivas

Río Chirripó Pacífico

Río Bo.

Refugio
Llano Bonito

*SAN ISIDRO
DE EL GENERAL*

Río Chirripó

IN HET PARK LOPEN

De meeste bezoekers lopen via een pad dat vanaf het beginpunt nabij San Gerardo de Rivas 2500 m klimt naar de top. De 32 km lange wandeling heen en terug kost gewoonlijk twee dagen, inclusief overnachting nabij de top. Huur gids-dragers in San Gerardo. Er loopt een alternatieve route vanuit Herradura via de Cerro Uran.

Wandelaars in Chirripó

Symbolen

══	Secundaire weg
▪▪	Parkgrens
▪▪	Pad
✲	Uitzichtpunt
ℹ	Bezoekersinformatie
▲	Bergtop

Het Serene Lago San Juan, Parque Nacional Chirripó

TIPS VOOR DE TOERIST

Wegenkaart E4. 19 km NO van San Isidro de El General. naar San Gerardo de Rivas, 3 km van het park. Park-wachtersstation, San Gerardo de Rivas; 771-3155 (Parkkantoor, San Isidro de El General). dag. 7.30–17.00 uur; op afspraak. Er worden niet meer dan 40 mensen tegelijk toegelaten. mei. verplicht. reserveren.

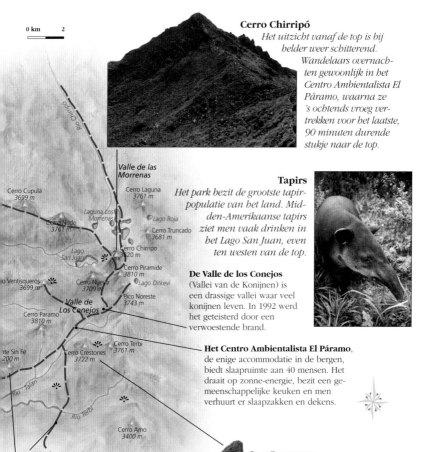

0 km 2

Cerro Chirripó

Het uitzicht vanaf de top is bij helder weer schitterend. Wandelaars overnachten gewoonlijk in het Centro Ambientalista El Páramo, waarna ze 's ochtends vroeg vertrekken voor het laatste, 90 minuten durende stukje naar de top.

Valle de las Morrenas

Cerro Cupula
3699 m

Cerro Laguna
3761 m

Cerro Nudo
3761 m

Laguna Los Morrenas

Lago Roja

Cerro Truncado
3681 m

Lago San Juan

Cerro Chirripo
3820 m

Cerro Piramide
3810 m

Lago Ditkevi

Ventisqueros
3699 m

Cerro Nuevo
3709 m

Pico Noreste
3743 m

Cerro Paramo
3810 m

Valle de Los Conejos

te Sin Fe
200 m

Cerro Crestones
3722 m

Cerro Terbi
3761 m

Rio Talari

Rio Terbi

Cerro Amo
3400 m

Tapirs

Het park bezit de grootste tapir-populatie van het land. Midden-Amerikaanse tapirs ziet men vaak drinken in het Lago San Juan, even ten westen van de top.

De Valle de los Conejos
(Vallei van de Konijnen) is een drassige vallei waar veel konijnen leven. In 1992 werd het geteisterd door een verwoestende brand.

Het Centro Ambientalista El Páramo, de enige accommodatie in de bergen, biedt slaapruimte aan 40 mensen. Het draait op zonne-energie, bezit een gemeenschappelijke keuken en men verhuurt er slaapzakken en dekens.

De Sabana de los Leones (Savanne van de leeuwen) is genoemd naar de poema's op de zuidelijke hellingen.

De Monte Sin Fe (Berg zonder Geloof) bereikt u via een steil pad dat La Cuesta del Agua wordt genoemd.

Los Crestones

Deze dramatische verticale rotsformaties vormen het einde van een steile, 2 km lange beklimming, die men La Cuesta de los Arrepentidos (De Last der Boetelingen) noemt. Ze werden ooit als heilig beschouwd.

Tokkelen in het Refugio Nacional de Vida Silvestre Barú

Refugio Nacional de Vida Silvestre Barú ❼

Wegenkaart D4. 3 km N van Dominical. 📞 *787-0003.*
🚌 *Dominical–Quepos.* ⏱ *dag. 7.00–17.30 uur.* 🖼 ⚙ ♿ 🍴 🅿 🌳
ⓦ www.haciendabaru.com

De 30 ha grote Hacienda Barú, een voormalige vee-ranch annex cacaoplantage, omvat diverse leefomgevingen, waaronder een 3 km lang strand waarop karetschildpadden en warana's eieren leggen, die worden verzameld en uitgebroed in een kweekplaats. Barú bezit meer dan 310 vogel- en diverse zoogdiersoorten, zoals jaguaroendi's en in bomen levende rolstaartberen. Er zijn vlinder- en orchideeëntuinen. Ook biedt men boomkruintochten, kajaktochten door mangrovebossen, wandelingen, ritten te paard en accommodatie in boomtenten.

Dominical ❽

Wegenkaart D4. 29 km ZW van San Isidro de El General. 🏚 *1400.* 🚌

Dit bij surfers populaire dorp moet het hebben van rugzaktoeristen: de gemeenschap bestaat overwegend uit buitenlandse surfers die zich hier hebben gevestigd. Het lange bruine strand strekt zich zuidwaarts van de monding van de Río Barú uit naar het vissersdorp Dominicalito. Ervaren surfers, die zich voelen aangetrokken tot de golven bij het strand, het rif en de riviermonding, moeten oppassen voor de getijdenstromen.

OMGEVING: De Fila Costanera, de dichtbeboste bergen ten zuiden van Dominical, worden ook de **Escaleras** (Trap) genoemd. **Bella Vista Lodge** *(blz. 217)* biedt hier ritten te paard en accommodatie in een lodge met schitterend uitzicht. De nabije **Finca Brian y Emilia** is een kleine fruitkwekerij waar bezoekers meer over exotische vruchten kunnen leren en kunnen genieten van een veelheid aan vogels, hartige *campesino* (pachters)kost, eenvoudige accommodatie en een met een houtvuur verwarmd bad bij de rivier. Snelweg 243 slingert door de Río Barú-vallei en verbindt Dominical met San Isidro. Reisorganisaties bieden tochten naar **Las Cascadas Nauyaca** (ook Cascadas Santo Cristo of Cascadas Don Lulo genaamd), een dramatische waterval, die een 6 km lange rit te paard van de snelweg ligt. De toegangsprijs is inclusief een bezoek aan 'don' Lulo's minidierentuin.

Finca Brian y Emilia
Escaleras, 5 km ZO van Dominical. 📞 *396-6206.* ⚙ *op afspraak.* 🍴 🌳
🌿 **Las Cascadas Nauyaca**
Platanillo, 10 km O van Dominical. 📞 *787-0198.* 🖼 ⚙ *8.00 uur.* ⓦ www. ecotourism.co.cr/ nauyacawaterfalls

Parque Nacional Marino Ballena ❾

Wegenkaart D4. 18 km Z van Dominical. 📞 *743-8236.* 🚌 *van Dominical.* ⏱ *dag. 6.00–18.00 uur; 24 uur met Pasen en Kerstmis.* ♿ 🍴 🅰
ⓦ www.sinac.go.cr

Het Parque Nacional Marino Balina, opgericht ter bescherming van het grootste koraalrif van het land, strekt zich 13 km langs de kust van Bahía de Coronado uit, en loopt tot 14 km de zee in. Het is genoemd naar de bultrugwalvissen die er in december–april komen om te paren. Het park omvat **Las Tres Hermanas** en **Isla Ballena**, nestgebieden voor fregatvogels, bruine pelikanen en genten. In de regentijd maken karetschildpadden en warana's nesten op de rustige, door palmen omzoomde stranden. Er kunnen kajak- en scubaduiktochten worden georganiseerd.

OMGEVING: Het **Refugio Nacional de Vida Silvestre Rancho Merced** in het noorden biedt stadsmensen de gelegenheid om voor cowboy te spelen; het fungeert ook als natuurreservaat. Het nabijgelegen **Reserva Biológica Oro Verde**, een boerderij in de Fila Tinamaste-bergen, is bekend om zijn vogels. Bij **Playa Tortuga** leggen zeeschildpadden eieren. De dorpjes **Tortuga Abajo** en **Ojochal** in het binnenland zijn goede bases voor het verkennen van het gebied. **Manglar Sur**, een rivierboot, biedt tochten door de mangrovebossen van Terraba-Sierpe *(blz. 184).*

Bord van RNVS Rancho Merced

🦌 **Refugio Nacional de Vida Silvestre Rancho Merced**
Uvita, 18 km Z van Dominical. 📞 *823-5858.* ⚙ 🌳
🦌 **Reserva Biológica Oro Verde**
3 km NO van Uvita. 📞 *743-8072.* ⚙
🍴 🌳 ⓦ www. costarica-birding-oroverde.com
🚤 **Manglar Sur**
Tortuga Abajo, 11 km Z van Uvita. 📞 *304-1717.* ⚙ *dag. na reservering.* 🍴
ⓦ www.manglarsur.com

Surfers wadend in de zee bij het strand in Dominical

Costa Rica's tropische bloemen

Costa Rica, dat een zeer gevarieerde natuur bezit, telt meer dan 15.000 plantensoorten, waaronder 800 soorten varens. Tropische bloemen zoals canna's, plumeria's en begonia's gedijen goed in de warme en vochtige gebieden, evenals bromelia's en andere epifyten, die vocht en zuurstof aan de lucht onttrekken. Op de

Orchidee

drogere laaglanden vindt men cactussen terwijl op grotere hoogten dwergbossen en roze, witte en lila balsemien groeien. Bloeiende bomen kleuren de tropische wouden: de flamboyant bezit vermiljoenen bloesem en als de jacaranda in de lente zijn paarsblauwe, klokvormige bloesem laat vallen ontstaan er spectaculaire tapijten.

Heliconia's staan bekend om hun ongewone schutbladen. De heliconia rossata (rechts) *heeft een rood schutblad met een gele punt. De 30 inheemse heliconiasoorten van Costa Rica gedijen in zeer vochtige gebieden.*

De schutbladen maken deel uit van bloeiwijzen aan stengels die wel 8 m groot kunnen worden.

De grote bladeren wijzen erop dat de heliconia verwant is aan de bananenplant.

Passiebloemen *verspreiden een vieze lucht om bestuivers aan te trekken, met name Heliconiidae* (blz. 85).

De aristolochia *bezit een smerige geur, die doet denken aan rottend vlees. Dit trekt vliegen, zijn belangrijkste bestuivers, aan.*

Anthuriums *bezitten een karakteristieke hartvormige bloeischede – gewoonlijk rood, wit, of groenig – waaruit bloeiing steekt.*

Gemberplanten *hebben grote hyacintachtige bloemen met veel nectar. Deze uit Azië afkomstige planten ziet men veel in landschapstuinen.*

Bromelia's *vergaren water in hun dikke, wasachtige bladeren. In de krans gevallen bladafval geeft voeding aan de plant en schept een zelfvoorzienend ecosysteem.*

De papegaaibloem *komt met zijn oranje bloembladen en blauwe kelkbladen te voorschijn uit een fraaie bloeischede. De bloeischede, die een rechte hoek met de stengel maakt, ziet er uit als een vogelkop.*

ORCHIDEEËN

Er groeien meer dan 1400 soorten orchideeën in Costa Rica, van het zeeniveau tot de hoogten van Chirripó *(blz. 181).* De meeste worden gevonden op gemiddelde hoogten, onder de 1830 m. Ze variëren van de 1 mm brede *Platystele jungermannioides,* de kleinste bloem van de wereld, tot andere met afhangende, 1 m lange bloembladen. Alle soorten orchideeën tellen drie bloembladen en drie kelkbladen. Sommige ontwikkelden unieke eigenschappen om specifieke bestuivers aan te trekken: zo zijn de markeringen op sommige bloemen alleen te zien in het ultraviolet spectrum.

Detail van een tegeltableau met verscheidene orchideeën

Reserva Indígena Boruca ⑩

Wegenkaart E5. 35 km ZW van Buenos Aires. 🚌 *van Buenos Aires.* 🎭 *Fiesta de los Diablitos (31 dec.–2 jan.).*

Dit is een van meerdere indianenreservaten – bewoond door de Boruca en de Bribri – in de bergen rondom de Valle de El General. Het in de Fila Sinancra-bergen gelegen reservaat is bekend om zijn Fiesta de los Diablitos en zijn gesneden *jícara's* (kalebassen) en *mascaras* (maskers) van balsahout. De vrouwen gebruiken traditionele weefgetouwen om katoenen tassen en omslagdoeken te weven. De rit naar het dorpje **Boruca** levert fraaie uitzichten op het ravijn van de Río Terraba op. In het **Museo Comunitario Boruca** maakt u kennis met de plaatselijke cultuur. Naast het Boruca-reservaat liggen het **Reserva Indígena Térraba** en het **Reserva Indígena Curré**. Het **Reserva Indígena Cabagra**, waar de Bribri leven, kunt u bereiken vanuit de plaats Brujo, 11 km ten zuidoosten van Buenos Aires. Omdat bezoekers steeds meer interesse voor inheemse culturen tonen, stellen deze afgelegen gemeenschappen zich geleidelijk open voor toerisme.

🏛 **Museo Comunitario Boruca**
Boruca, 40 km ZW van Buenos Aires. 📞 *730-2468.* ◯ *op verzoek.* 📷

Palmar ⑪

Wegenkaart E5. 125 km ZO van San Isidro de El General. 🏨 *9900.* ✕ 🚌

Palmar, dat in de Río Terraba-vallei ligt bij de kruising van de Costanera Sur en de Pan-Amerikaanse snelweg, is het dienstencentrum van de streek. De plaats ligt aan weerskanten van de Río Terraba, die westwaarts door de brede Valle de General loopt. In de plaza van Palmar Sur staan pre-Columbiaanse *esferas de piedra* (stenen bollen) en een honderd jaar oude stoomlocomotief. Palmar Norte is de moderne wijk van Palmar.

Het Reserva Forestal del Humedad Nacional Terraba-Sierpe

Reserva Forestal del Humedad Nacional Terraba-Sierpe ⑫

Wegenkaart E5. 18 km W van Palmar. 🚤 🛈 *786-7825 (Cámara de Turismo de Osa).* ◯ *ma–za 8.00–16.00 uur.* 📷

Het Reserva Forestal del Humedad Nacional Terraba-Sierpe, dat is opgericht ter bescherming van het grootste stuk mangrovebos en -moeras van het land, beslaat een 220 km² groot gebied tussen de delta's van de rivieren Sierpe en Terraba. Dit belangrijke ecosysteem, dat 40 km kust omvat, wordt doorkruist door talloze waterlopen. Bezoekers die in deze rustige waterlopen kajakken kunnen een keur aan wilde dieren zien, waaronder basilisken, leguanen, krokodillen en kaaimannen, alsook apen en krab etende wasberen. Ook vogelaars kunnen er hun hart ophalen. In Ciudad Cortés, 6

km ten westen van Palmar, en Sierpe, 14 km ten zuiden van Palmar biedt men rondvaarten en kajaktochten aan.

Reserva Biológica Isla del Caño ⑬

Wegenkaart D5. 19 km W van Bahía Drake. 🛈 *735-5036 (PN Corcovado).* 🚤 *rondvaarten vanaf Bahía Drake, Manuel Antonio en Dominical.* ◯ *dag. 8.00–16.00 uur.* 🎭 🆆 www.sinac.go.cr

Het 325 ha grote onbewoonde Isla del Caño werd in 1976 samen met 26 km² zee eromheen tot natuurreservaat uitgeroepen. Het wordt beheerd als onderdeel van het Parque Nacional Corcovado *(blz. 191)*. Omdat de bliksem er vaker inslaat dan waar dan ook in Costa Rica werd het door de pre-Columbiaanse Diquis als heilig beschouwd.
De stranden zijn zeer geschikt om te zonnebaden. In de ondiepe koraalriffen wemelt het van kreeften en vis. Dolfijnen, walvissen en reuzenmanta's zwemmen in het warmere water verder buiten de kust. Duiken is alleen toegestaan in bepaalde zones *(blz. 252)*. Het eiland telt verhoudingsgewijs weinig landdieren, maar men kan er bruine genten en visarenden treffen.
Er liggen met mos bedekte pre-Columbiaanse graven en granieten *esferas* (bollen) langs een pad dat van de rangerhut aan het strand naar een uitzichtpunt loopt. Het pad passeert 'melkbomen' *(Brosimum utile)*, genoemd naar hun drinkbare melkachtige latex. Het is niet toegestaan om er te overnachten. Veel pensions in het gebied bieden dagtochten.

FIESTA DE LOS DIABLITOS

De Boruca komen 31 december om middernacht bijeen om de oorlog tussen hun voorouders en de Spaanse conquistadores na te spelen. Bij het geluid van een tritonshoorn achtervolgen mannen met duivelsmaskers een als een stier verklede stamgenoot. De *diablitos* (duivels) drinken *chicha* (maïsbier) en spelen de tribale geschiedenis na. Na drie dagen wordt de stier symbolisch gedood, een metafoor voor de bevrijding van koloniale onderdrukking.

Boruca's in duivelsmaskers

De mangrovebossen aan de kust van Costa Rica

Costa Rica's kusten bevatten vijf van de 65 mangrovesoorten van de wereld – zwarte, *buttonwood*-, rode, *tea*- en witte. Mangroven zijn halofyten – planten die er tegen kunnen om in zout water te staan – en vormen drassige bossen in gebieden die worden beïnvloedt door de getijden. Deze bossen zijn van vitaal belang voor het maritieme ecosysteem en kennen een

Krab gevonden in mangroven

rijk dierenleven. De wortels remmen de kracht van de golven af waardoor ze erosie van de kust voorkomen. Ook filteren ze het slib dat door rivieren wordt meegevoerd: het verzamelde slib zorgt voor landaanwas. Dit fragiele ecosysteem, dat wordt bedreigd door de ontwikkeling van de kust, wordt nu wettelijk beschermd. Het Terraba-Sierpe-reservaat is het grootste stuk.

HET MANGROVE-ECOSYSTEEM

Mangroven groeien in modder die zo compact is dat er weinig zuurstof is en voedingsstoffen worden geleverd door composterende bladeren dicht aan het oppervlak. De meeste planten ontwikkelen steltwortels die boven het water rijzen.

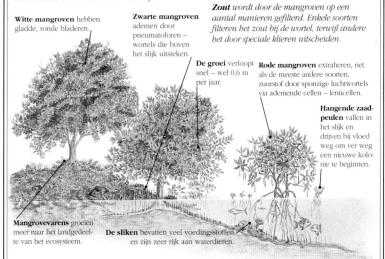

Zout wordt door de mangroven op een aantal manieren gefilterd. Enkele soorten filteren het zout bij de wortel, terwijl andere het door speciale klieren uitscheiden.

Witte mangroven hebben gladde, ronde bladeren.

Zwarte mangroven ademen door pneumatoforen – wortels die boven het slijk uitsteken.

De groei verloopt snel – wel 0,6 m per jaar.

Rode mangroven extraheren, net als de meeste andere soorten, zuurstof door sponzige luchtwortels via ademende cellen – lenticellen.

Hangende zaadpeulen vallen in het slijk en drijven bij vloed weg om ver weg een nieuwe kolonie te beginnen.

Mangrovevarens groeien meer naar het landgedeelte van het ecosysteem.

De sliken bevatten veel voedingsstoffen en zijn zeer rijk aan waterdieren.

DE RIJKE FAUNA VAN DE MANGROVEN

De micro-organismen die in het voedselrijke slijk groeien bevorderen de groei van grotere wezens zoals garnalen en andere schaaldieren, die op hun beurt zoogdieren, reptielen en vogels aantrekken.

Kweekplaatsen voor oesters, sponzen en talloze vissoorten, waaronder haaien en pijlstaartroggen, gedijen in het tanninerijke water. De wortels beschermen babykaaimannen en -krokodillen tegen roofdieren.

Grotere soorten, zoals wasberen, coyotes, slangen en waadvogels jagen op hagedissen en krabben.

Fregatvogels, pelikanen en inheemse soorten als de dendroica petechia erithachorides slapen boven in de mangroven.

Peninsula de Osa ⑭

**Geel-
vleugelara**

Het geïsoleerde Peninsula de Osa, dat aan drie kanten door warm water uit de Grote Oceaan is omgeven, maakt een boog om de Golfo Dulce. Het schiereiland was een centrum van de pre-Columbiaanse Diquis, wier vaardigheid als goudsmeden de Spaanse conquistadores tot een vergeefse zoektocht naar goudmijnen aanzette. Omdat het er het hele jaar door regent, blijft een groot deel van dit ruige gebied onbewoond en zonder paden. Ongeveer de helft van Osa wordt beschermd binnen het Parque Nacional Corcovado, de grootste van de parken en reservaten die het Corcovado-natuurgebied vormen. Liefhebbers van avontuur worden rijkelijk beloond met een fraaie natuur en spectaculaire mogelijkheden om wilde dieren te zien.

Bahía Drake
De fraai gelegen Drake-baai is zeer geschikt voor scubaduiken en sportvisserij. Het centrum ervan is het kleine dorp Agujitas (blz. 190).

Playa San Josecito
Dit is een mooi gouden strand met accommodaties. U kunt het bereiken per boot of te voet.

Het Refugio Nacional de Vida Silvestre Punta Río Claro, in het binnenland achter Punta Marenco, beschermt meer dan 400 vogelsoorten, vier apensoorten en een primair regenwoud Corcovado *(blz. 190).*

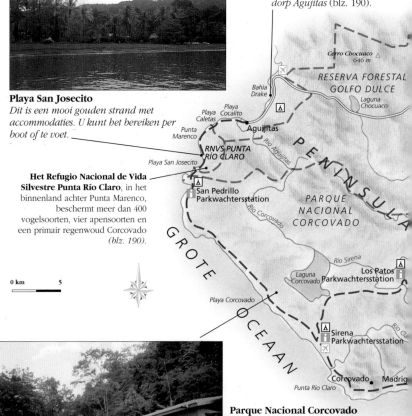

0 km   5

*Cerro Chocuaco
646 m*

RESERVA FORESTAL
GOLFO DULCE

*Laguna
Chocuaco*

*Bahía
Drake*

*Playa
Caletas* *Playa
Cocalito*

*Punta
Marenco* **Agujitas**

**RNVS PUNTA
RÍO CLARO**

Playa San Josecito

San Pedrillo
Parkwachtersstation

Río Aguijitas

Río Corcovado

P E N I N S U L A

*PARQUE
NACIONAL
CORCOVADO*

G R O T E

O C E A A N

Río Sirena

*Laguna
Corcovado* Los Patos
Parkwachtersstation

Playa Corcovado

Sirena
Parkwachtersstation

Río Cla

Corcovado Madrig
Punta Río Claro

Parque Nacional Corcovado
Het Parque Nacional Corcovado beschermt een van de laatste stukken oorspronkelijk tropisch regenwoud aan de Grote-Oceaankust van Midden-Amerika. La Leona (links) is een van de vier parkwachtersstations. In het park leven veel krokodillen, tapirs, jaguars en geelvleugelara's (blz. 191).

◁ **Een groep bruine pelikanen in het Parque Nacional Corcovado**

HOUTKAP

Het grote arsenaal kostbare hardhoutsoorten op het schiereiland, waaronder mahoniehout, heeft onder excessieve houtkap geleden. Hoewel er aan de kap beperkingen zijn opgelegd, gaat het vellen van beschermde boomsoorten onverminderd door.

Houthakkersvrachtwagen

TIPS VOOR DE TOERIST

Wegenkaart E5. ZW-Costa Rica. ✈ 12.000. ⊠ in Puerto Jiménez; landingsstroken in Carate, PN Corcovado en Bahía Drake. 🚌 naar Puerto Jiménez of La Palma, neem daarna een jeeptaxi naar het park of loop (van La Palma naar Los Patos). ⛴ naar Bahía Drake, ga daarna te voet of neem een boot naar het park of naar Puerto Jiménez.

Dolfijnen

Dolfijnen en bultrugwalvissen kunnen regelmatig in de Golfo Dulce (Zoete Golf) worden waargenomen.

SYMBOLEN

═══	Hoofdweg
▬ ▬	Pad
▪ ▪	Parkgrens
⊠	Landingsstrook
Ⓐ	Kampeerplaats
🛈	Bezoekersinformatie

Pan-Amerikaanse snelweg

Puerto Jiménez

De enige grotere plaats op het Osa-schiereiland is het beginpunt voor bezoeken aan Corcovado, en een centrum voor wandelen, surfen en vergelijkbare activiteiten, waaronder kajakken door de nabije mangrovebossen (blz. 190).

Playa Platanares
Het strand, een belangrijk nestgebied voor zeeschildpaden, wordt omgeven door een bos met veel wilde dieren. Voor de kust ligt een koraalrif waarin u kan snorkelen.

Dos Brazos, een voormalig goudwingebied, biedt bezoekers de mogelijkheid om naar goud te zoeken.

Cabo Matapalo is populair bij surfers.

In de Laguna Pejeperrito leven kaaimannen, krokodillen en watervogels.

Carate, de toegangspoort tot Corcovado, is bereikbaar per vliegtuig en via een ruig zandpad.

Map labels: Rincón · Puerto Escondido · La Palma · Barrigones · Golfo Dulce · Agujas · Sandalo · Lalitas · Dos Brazos · Puerto Jiménez · Playa Preciosa · Playa Platanares · DE OSA · Cerro Rincón 320 m · RNVS PRECIOSA PLATANARES · HUMEDAL LACUSTRINO LAGUNA PEJEPERRITO · Leona parkwachtersstation · Carate · RESERVA FORESTAL GOLFO DULCE · RNVS PEJEPERRO · Cerro Osa 747 m · Playa Sombrero · Playa · Cabo Matapalo

Peninsula de Osa verkennen

Rangerstation, Parque Nacional Corcovado

De regenwouden van Corcovado liggen in het hart van het Osa-schiereiland. Hoewel het toerisme in het gebied bloeit, is reizen in het binnenland nog een uitdaging. Snelweg 245 volgt de oostelijke kust en een zijweg verbindt Rincón nu met Bahía Drake, maar het enige betrouwbare vervoer naar de westelijke kusten is per boot of klein vliegtuig. Er staan lodges langs de kust.

Langs de kust van de fraaie Bahía Drake

Bahía Drake

De Drake-baai wordt omgeven door rotsachtige kliffen en beboste heuvels. Sir Francis Drake zou hier met zijn *Golden Hind* in maart 1579 voor anker zijn gegaan.

In 2003 werd een zandweg aangelegd van Rincón, aan de Golfo Dulce, naar Bahía Drake, maar de weg is bij nat weer vaak ontoegankelijk, zelfs voor auto's met vierwielaandrijving. De meeste bezoekers arriveren per schip uit Sierpe *(blz. 184)*. Het dorpje **Agujitas**, bij het zuideinde van de baai, leeft overwegend van landbouw en visserij. De vrouwen hebben echter een andere inkomstenbron: de op traditionele wijze gemaakte *molas*. Trips waarbij u dolfijnen en walvissen kan waarnemen zijn populair. Men kan goed snorkelen in de zuidelijke baai, waar u het ravijn van de Río Agujitas per kajak kan verkennen. Er zijn diverse goedkope accommodatiemogelijkheden en lodges die scubaduiken en sportvisserij bieden. Een ervan is **Jinetes de Osa** *(blz. 216)*, dat naast snorkelen scubadui-

Kleurrijke, gebreide *molas* **van vrouwen uit het dorp Agujitas**

ken en diepzeevissen biedt. Tot de andere attracties behoren tokkeltochten en een observatiewandelpad door de boomkruinen.

Van Agujitas loopt een kustpad 13 km lang zuidwaarts, via **Playa Cocalito**, **Caletas** en **San Josecito**, naar het Parque Nacional Corcovado, en voert daarbij langs het **Refugio Nacional de Vida Silvestre Punta Río Claro**. Dit 5 km² grote natuurreservaat ligt naast Corcovado, en is het leefgebied van veel diersoorten die ook in Corcovado voorkomen. Bij de nabije Punta Marenco Lodge kan men wandelingen met gids bespreken. Tijdens het kanovaren op **Laguna Chocuaco**, ten oosten van Agujitas, ziet u regelmatig tapirs en krokodillen; de plaatselijke coöperatie organiseert tochten.

✕ Refugio Nacional de Vida Silvestre Punta Río Claro
Playa Caletas, 6 km Z van Agujitas.
ℹ 258-1919 (San José). ⏰ dag.
8.00–17.00 uur. 🅿 🏧 🍴 🐾
W www.puntamarenco.com

Puerto Jiménez
🏠 6200.

Dit stoffige dorp, de enige nederzetting van belang op het schiereiland, is populair bij rugzaktoeristen. Rond 1980 bloeide Puerto Jiménez korte tijd na de vondst van goud en genoot het de reputatie van een 'wildwestdorp'. Nu leeft het plaatsje van het toerisme. Plaatselijke reisorganisaties bieden avontuurlijke activiteiten. De mangrovebossen die zich oostwaarts langs de kust van de Golfo Dulce naar de monding van de Río Platanares uitstrekken zijn populair bij kajakkers. Dit ecosysteem, waarin krokodillen, kaaimannen, zoetwaterschildpadden en rivierotters leven, wordt beschermd binnen het 225 ha grote **Refugio Nacional de Vida Silvestre Preciosa Platanares**. Het reservaat ligt aan de kust van het mooie **Playa Platanares**, dat een klein koraalrif bezit waar men goed kan snorkelen. Het strand, een nestgebied voor vijf soorten zeeschildpadden, kan het beste tussen mei en december worden bezocht. In een kleine *vivero* (kweekplaats) bereidt men jonkies voor om ze los te laten in het jadegroene water. De kust ten zuiden van Puerto Jiménez is door stranden omzoomd. **Cabo Matapalo**, bij het puntje van het schiereiland, en **Playa Sombrero** zijn goede surfgebieden.

✕ Refugio Nacional de Vida Silvestre Preciosa Platanares
3 km O van Puerto Jiménez. **📞** 735-5007. ✉ donatie. 🅿 🍴 🐾

Plaatselijke bevolking in de hoofdstraat van Puerto Jiménez

Het Corcovado Lodge Tent Camp op het strand in het Parque Nacional Corcovado

❅ Parque Nacional Corcovado

40 km ZW van Puerto Jiménez. **☎** 7355036. ◯ dag. 8.00–16.00 uur. 🖼 🚻 ⚓ 🅰 🔲 www.sinac.go.cr

Dit 425 km² grote park, dat als het kroonjuweel van de vochtige tropische gebieden wordt beschouwd, werd in 1975 geschapen om het grootste aan de Grote Oceaan gelegen regenwoud in Amerika te behouden, en 52 km² aan leefgebied in zee. Corcovado (wat 'gebochelde' betekent) omvat acht afzonderlijke habitats, waaronder moerassen en montaan woud. Het gebied kent een neerslag van zo'n 400 cm per jaar, met stortbuien van april tot december.

De fauna behoort tot de meest gevarieerde in Costa Rica. Het park heeft meer dan 400 vogelsoorten, waaronder de bedreigde harpij, en de grootste geelvleugelarapopulatie van Midden-Amerika; vogelliefhebbers kunnen er hun hart ophalen. Jaguars en tapirs zijn er vaker te zien dan in enig ander park in het land. De beide soorten zijn vaak op de stranden te zien, met name rond de schemering.

Corcovado staat bekend om zijn grote groepen pekari's – dreigende wilde zwijnen die vermeden moeten worden. De bedreigde *titi* (doodshoofdaapje) is hier ook te vinden. Er zijn meer dan 115 soorten amfibieën en reptielen. Pijlgifkikkers *(blz. 158)* met hun kakelbonte uiterlijk zijn gemakkelijk waar te nemen, maar de schuwe lichtgroene roodoogmahikikker en Fleischmanns glaskikker zijn moeilijker waar te nemen. De gelukkigen kunnen zeeschildpadden aan land zien kruipen om eieren te leggen. Helaas kent het park personeelstekort en de fauna wordt door stropers bedreigd.

Hoewel er hotels en georganiseerde tochten voorhanden zijn, is het park het meest geschikt voor wandelaars die van ruige avonturen houden. Er zijn vier officiële ingangen en parkwachterskantoren. **San Pedrillo**, in het westen, kan worden bereikt via een pad uit de Bahía Drake. **Los Patos**, in het oosten, kan worden be-

Kleine dubbeldekker voor transport in Osa

reikt vanuit La Palma, 19 km ten noordwesten van Puerto Jiménez. **La Leona**, in het zuiden, ligt 1,6 km ten westen van de landingsbaan bij Carate, een dorpje dat 40 km ten westen van Puerto Jiménez ligt; daarna moeten bezoekers te voet of te paard verder. **Sirena**, de belangrijkste parkwachtersbasis, ligt 16 km ten noordwesten van La Leona en 26 km ten zuidoosten van San Pedrillo. De bases zijn met elkaar verbonden via slecht bewegwijzerde paden; het is verstandig om een gids te huren.

Het aan de kust gelegen San Pedrillo–La Leona-pad loopt langs de indrukwekkende 30 m hoge **Cascada La Llorona**. Wees bereid om op deze twee dagen durende tocht door rivieren met krokodillen te waden. Het noordelijkste deel van het pad is alleen geopend van december tot april. Het San Pedrillo–Los Patos-pad leidt naar **Laguna Corcovado**, waar regelmatig tapirs en jaguars zijn te zien. Er is geen regelmatige luchtverbinding naar de landingsbanen bij het park, maar chartermaatschappijen bieden luchttaxi's aan. Interessante attracties nabij het Parque Nacional Corcovado zijn het 43 ha grote **Humedal Lacustrino Laguna Pejeperrito**, 3 km ten oosten van Carate, en het 350 ha grote **Refugio Nacional de Vida Silvestre Pejeperro**, 4 km verder oostwaarts. Deze wetlands worden weinig bezocht, maar men kan er goed vogels en krokodillen observeren.

GOUD DELVEN

Oreros (goudzoekers) zoeken al sinds de pre-Columbiaanse tijd naar goud in de rivieren van het schiereiland Osa. Toen de United Fruit Company *(blz. 41)* zich in 1985 uit het gebied terugtrok, stroomden werkeloze arbeiders toe, wat tot een goudkoorts leidde. Deze veroorzaakte veel schade: bomen werden omgehakt, rivieroevers opgeblazen, grond weggespoeld. Na gewelddadige confrontaties met de autoriteiten werden de *oreros* in 1986 verwijderd. Sommigen werken nog steeds aan de randen van Corcovado, anderen verdienen de kost door goud te zoeken met toeristen.

Goudklompjes

Parque Nacional Piedras Blancas **⑮**

Wegenkaart E5. 46 km ZO van Palmar. **[** 741-1173. **▭** *van Golfito.* **◯** *dag. 8.00–16.00 uur.*

Dit 140 km² grote park, dat in 1991 werd afgesplitst van het Parque Nacional Corcovado, beschermt de bergen ten noorden van de Golfo Dulce. Plaatselijke inspanningen voor natuurbehoud concentreren zich in het dorp La Gamba, waar een coöperatie de **Esquinas Rainforest Lodge** *(blz. 218)* beheert die *tepezcuintles* (knaagdieren) fokt en wandeltochten organiseert. De bossen groeien tot op de stranden – Playa Cativo en Playa San Josecito, dat de botanische tuin **Casa de Orquídeas** bevat, is bekend om zijn encyclopedische collectie orchideeën en sierbloemen. Langs de kusten staan natuurlodges. Boottochten, waaronder watertaxiritjes van Puerto Jiménez en Golfito naar de twee stranden zijn leuke excursies.

▣ Casa de Orquídeas
Playa San Josecito, 10 km N van Puerto Jiménez. **[** 776-0012. **▨ ◩**

Bord van de kleurrijke botanische tuin Casa de Orquídeas

Golfito **⑯**

Wegenkaart F5. 77 km ZO van Palmar. **▨** *10.900.* **⌧ ▭**

Het vervallen Golfito (Kleine Golf), sportvissersbasis, haven en bestuurlijke centrum van de zuidelijke regio, bezit een 6 km lange kust. De in 1938 door de United Fruit Company gestichte plaats was de belangrijkste bananenhaven van het land totdat het bedrijf zich in 1985 uit de regio terugtrok. De nalatenschap van 'Big Fruit' is te zien in de intrigerende architectuur van de Zona Americana met houten huizen op palen. Op de kleine

Huis op palen in de Zona Americana, Golfito

plaza van de Pueblo Civíl staat een antieke locomotief. Het nabije **Museo Marino** is de moeite waard vanwege zijn collectie koralen en schelpen. In het weekeinde en op feestdagen wordt Golfito bezocht door Tico's die afkomen op de Depósito Libre (Vrijhandelszone), een winkelcentrum dat in 1990 werd gesticht om de economie van de stad nieuw leven in te blazen.
De beboste heuvels in het oosten en noorden behoren tot het **Refugio Nacional de Vida Silvestre Golfito**.

🏛 Museo Marino
Hotel Centro Turístico Samoa, nabij het Pueblo Civil. **[** 775-0233. **◯** *dag. 7.00–11.00 uur.*
✘ Refugio Nacional de Vida Silvestre Golfito
O van Golfito. **[** 775-1210.
◯ *dag. 8.00–16.00 uur.*
◪ *lokale organisaties.*

Zancudo **⑰**

Wegenkaart F5. 10 km Z van Golfito (66 km over de weg). **▭ ▱** *watertaxi van Golfito.*

Dit dorpje op de oostkust van de Golfo Dulce staat bekend om zijn verbluffend mooie grijze strand. De 6 km

lange zandstrook is een uitsteeksel aan de kust. Een mangrovebos in het binnenland is een goede plaats om krokodillen, kaaimannen en watervogels te observeren. Sportvisserscentra bieden goede mogelijkheden tot vissen in de riviermonding *(blz. 251)*, terwijl aan de kust op tarpon en snoek kan worden gevist.

Pavones **⑱**

Wegenkaart B5. 12 km Z van Zancudo. **⌧ ▭ ▱** *watertaxi van Golfito.*

Dit kleine vissersdorp, in de surferswereld bekend om zijn consistente, 1 km lange, 3 minuten durende golf, bloeide de afgelopen jaren dankzij de toestroom van jonge surfers. De golven pieken tussen april en oktober. Langs de mooie, rotsachtige kustlijn staan kokospalmen.

OMGEVING: Langs de kust bouwen zeeschildpadden nesten. In **Punta Banco**, 10 km ten zuiden van Pavones, neemt de plaatselijke bevolking deel aan het Tiskita Foundation Sea Turtle Restoration Project, waar babyschildpadden worden grootgebracht om te worden losgelaten. De nabije **Tiskita Lodge** *(blz. 218)* biedt een prachtig uitzicht. Deze rustieke natuurlodge is onderdeel van een grote fruitkwekerij die veel vogelsoorten en andere dieren aantrekt. Er worden tochten met gids aangeboden in een prachtig privé-reservaat.
Reserva Indígena Guaymí, 14 km ten zuiden van Punta Banco, is het afgelegen leefgebied van de Guaymí. Gelieve hier niet te komen.

Een surfer op de kust van Pavones

Parque Nacional Isla del Coco ⑲

Het grootste onbewoonde eiland van de wereld, dat in 1978 tot nationaal park werd uitgeroepen, staat op de UNESCO-werelderfgoedlijst. Het 23 km² grote vulkanische eiland is onderdeel van de Galapagosketen. De spectaculaire watervallen die in de zee storten worden gevoed door de vele stortbuien. Het land is bedekt met een dicht bos, waar 70 inheemse plantensoorten voorkomen en diersoorten als de inheemse kogelvingergekko (*Sphaerodactylus pacificus*). Bijzonder zijn de grote kolonies zeevogels, waaronder fregatvogels, noddy's en opaalsternen. Het water rond het eiland is een wereldberoemd duikgebied *(blz. 252)*.

TIPS VOOR DE TOERIST

500 km ZW van het vasteland. ☷ met duikorganisaties (een 36-urige reis). ⛑ 256-7476 (Fundación Amigos de La Isla del Coco). ⬤ dag. Om aan land te komen is een vergunning nodig, die de duikorganisaties voor u regelen. ⛵ **Duikorganisatie** Undersea Hunter: 228-6535; Okeanos Aggressor: blz. 253. Ⓦ www.cocosisland.org

Isla del Coco, het 'Dinosauruseiland' van *Jurassic Park*

Bahía Chatham
In de kliffen van de belangrijkste ankerplaats hebben zeelui tekeningen achtergelaten. Vele van deze zijn eeuwenoud.

Bahía Wafer is een veilige haven voor zeiljachten. De door steile kliffen omgeven baai is schitterend gelegen.

Koraalriffen rond het eiland bevatten 18 soorten koraal en meer dan 300 vissoorten.

Roodpootgent
Deze zeevogels zijn niet bang voor mensen. Tot de inheemse vogels van het eiland behoren de Cocoskoekoek en de Cocosvink.

Cerro Yglesias, het hoogste punt, kan worden beklommen via een steil, modderig pad. Op de berg groeit een naaldbos.

0 km 1

SYMBOLEN
-- Pad
⚜ Uitzichtpunt
△ Bergtop
ℹ Bezoekersinformatie

Hamerhaaien
Deze haaien, die zich met zijn honderden verzamelen, bieden een opwindende ervaring voor scubaduikers. De rijkdom aan vissen rond het eiland trekt ook witpunthaaien aan.

TIPS VOOR
DE REIZIGER

 Cabinas Monteverde Paraíso / (506) 2645-5933 / Fax (506) 2645-6104 / deparaiso@costarricense.cr / verdeparaiso.net / Roy Cruz & Yesenia Rojas Propietarios / Hotel Europa San José COSTA RICA

ACCOMMODATIE

Costa Rica biedt een ruime keus aan accommodatie in het hele land. Zelfs in de meest afgelegen streken is nog een goedkope *cabina* te krijgen. De grootste troef van het land zijn de wildernislodges in natuurgebieden, waar de gast de wilde dieren vanuit zijn hangmat kan observeren. Verder zijn er lodges die zich richten op speciale activiteiten, zoals surfen of sportvissen. De hotels lopen uiteen van *apartotels* met kookgelegenheid tot luxueuze complexen van topklasse en boetiekhotels die nadrukkelijk het stempel van hun eigenaars dragen. In de afgelopen jaren is het aantal hotels voor rugzakreizigers explosief gestegen; ook de kwaliteit is verbeterd. Costaricaanse hotels werken zelden met het sterrensysteem. In plaats daarvan geldt het Certificaat voor Duurzaam Toerisme (CST), waarbij hotels worden beoordeeld op hun culturele en ecologische beleid, bijvoorbeeld ten aanzien van het energieverbruik.

Bord van de Orosi Lodge (blz. 205)

Een warm welkom in het luxueuze Four Seasons (blz. 208)

HOTELKETENS

Hotelketens in Costa Rica bedienen verschillende prijsklassen. Bij de **Enjoy Group** zijn alle voorzieningen in de Fiesta-complexen aan het strand bij de prijs van een kamer inbegrepen: alle maaltijden, het amusement en overige faciliteiten. Internationale ketens als **Best Western**, **Choice Hotels** en **Quality Inn** hebben veel vestigingen in de lage en middenklasse. **Occidental** en **Marriott** bieden een betrouwbare service en kwaliteit. **Four Seasons** vertegenwoordigt de luxecategorie. De dagelijkse schoonmaak van de kamer, dagelijks schoon linnengoed en een eigen badkamer met douche zijn standaard; alle ketenhotels hebben een restaurant en een bar. Bij de budgetketens varieert de standaard echter aanzienlijk en kunnen de faciliteiten minder zijn dan wat u in Noord-Amerika of Europa gewend bent. De duurdere ketens bieden doorgaans een goed restaurant, een fitnessruimte, een casino of nachtclub en soms een excursiebureau en boetieks.

BOETIEKHOTELS

Een leuke optie voor een verblijf in Costa Rica vormen de intieme boetiekhotels, die zich kenmerken door een aansprekende originaliteit en gastvrijheid. Ze lopen uiteen van door families beheerde luxe bed-and-breakfasts tot architectonische parels op koffieplantages of op Bali geïnspireerde strandhotels. Deze exquise accommodatie is verspreid over het hele land te vinden. De meeste boetiekhotels zijn het geesteskind van buitenlandse ondernemers met een artistieke visie. Vaak worden ze door de eigenaars zelf beheerd – een voordeel. Ze zijn doorgaans goedkoper dan ketenhotels van dezelfde standaard en bieden veel waar voor uw geld. Veel boetiekhotels bieden een restaurant voor fijnproevers, een saunaruimte en verschillende activiteiten en excursies.

Capitán Suizo, een van de Costaricaanse boetiekhotels (blz. 212)

WILDERNISLODGES

Natuurliefhebbers hebben de keus uit een paar honderd wildernislodges. De meeste liggen dicht bij of midden in nationale parken of reservaten, of bieden rechtstreeks toegang tot gebieden met veel natuurschoon. Veel lodges bieden wandeltochten onder leiding van een gids en andere natuuractiviteiten aan. De accommodatie varieert van eenvoudig tot redelijk luxueus, hoewel alle een zekere mate van rusticiteit gemeen hebben. De nadruk ligt hier niet op de voorzieningen, maar op de beleving van de natuur. Sommige lodges zijn internationaal befaamd; reserveren is hier aanbevolen. Veel van de eenvoudiger lodges,

◁ **Balkon van een hotel in San José, met een fraai uitzicht over de omringende heuvels**

Badkamer in de Shawandha Lodge in Puerto Viejo *(blz. 215)*

waaronder die in inheemse reservaten, worden beheerd door coöperatieven van de lokale gemeenschap. Hier krijgt u de kans te proeven van de lokale cultuur en de natuur te beleven vanuit het perspectief van de lokale bevolking. **Cooprena** verzorgt de promotie en boekingen van veel van zulke ecolodges.

BUDGETHOTELS

Costa Rica telt duizenden eenvoudige *cabinas*, budgetaccommodatie die zich richt op Tico's (Costaricanen) en rugzaktoeristen. Meestal verwijst de term naar een rijtje hotelkamers, maar ook wel naar andere soorten accommodatie. Zo wordt *cabina* wel gebruikt voor *albergue*, *hospedaje* of *posada*, drie termen die 'pension' betekenen. Een *albergue* is meestal een eenvoudig onderkomen op het platteland, *hospedajes* en *posadas* zijn min of meer vergelijkbaar met een bed-and-

breakfast. Het wordt heel normaal gevonden als u een kamer eerst wilt zien. Voorzieningen en inrichting zijn minimaal. Bij de badkamer zijn hooguit zeep en een handdoek inbegrepen; neem zelf een universele afvoerstop en washand mee. Bij goedkopere *cabinas* moet u de badkamer vaak met andere gasten delen. Reken op koud water. Als er al warm water voorhanden is, wordt dit meestal verwarmd met ondeugdelijke elektrische apparatuur en kunt u een schok krijgen. Soms worden gasten verzocht het toiletpapier in een emmer te doen om te voorkomen dat de afvoer verstopt raakt. Diefstal is in alle *cabinas* een probleem. Neem een hangslot mee en controleer of ramen en deuren gesloten zijn en mensen niet door gaten of kieren naar binnen kunnen kijken. Verschillende budgethotels zijn lid van de Internationale Jeugdherbergencentrale (IYHF). De meeste bieden een zeer hoge standaard en hebben schone slaapzalen, doorgaans gescheiden, maar soms ook gemengd. **Hostelling International Costa Rica** vertegenwoordigt het IYHF in Costa Rica en verzorgt reserveringen bij jeugdherbergen in het hele land.

APARTOTELS EN MOTELS

Tico's zijn dol op *apartotels* ('appart-hotels'), eenvoudige appartementen met een keuken of andere kookgelegenheid en een woonkamer. Ze worden vaak voor wat langere tijd verhuurd. Een restaurant of andere voorzie-

ningen zijn echter doorgaans niet aanwezig. In San José vindt u veel *apartotels* en verder ook in andere grotere plaatsen en de belangrijkste badplaatsen.

Verwacht bij een motel niet wat u in Noord-Amerika of Europa gewend bent: het zijn rechttoe rechtaan plekken die voornamelijk door geliefden worden gebruikt en per uur worden verhuurd. Meestal kunt u er wel overnachten, ook als u alleen bent. Soms kunnen ze van pas komen als er helemaal niets anders voorhanden is.

Het Corcovado Lodge Tent Camp met zijn luxetenten *(blz. 216)*

KAMPEREN

Bezoekers van een nationaal park of natuurreservaat kunnen vaak in het park of bij het parkwachterskantoor kamperen, waar water en toiletten en soms ook douches beschikbaar zijn. Bij sommige kantoren kunt u maaltijden krijgen, als u dat van tevoren hebt geregeld; neem anders uw eigen proviand mee. Een muskietennet en waterdichte tent zijn essentiële items. Buiten de reservaten is weinig kampeergelegenheid, behalve bij de grote badplaatsen. De Tico's slaan in het weekeinde en op feestdagen massaal hun tenten op op het strand. Dit is illegaal; ga liever naar een officieel kampeerterrein. Koop of huur een hangmat; u mag ze bijna overal ophangen. Wees als u kampeert bedacht op diefstal en laat uw bezittingen nooit onbeheerd achter.

Casa de Las Tías *(blz. 202)*, Escazú

Zwembad van het bijzondere Hotel Villa Caletas *(blz. 207)*

HOTELGROEPEN

Costa Rica kent enkele hotelgroepen waarvan de leden zich gezamenlijk presenteren op basis van hun overeenkomsten. Zo zijn zes van de mooiste boetiekhotels verenigd in de groep **Small Distinctive Hotels of Costa Rica**. Deze biedt een bijzondere ambiance met uitstekende voorzieningen, op locaties die uiteenlopen van de hoofdstad tot de bergen en het strand. **Small Unique Hotels** is een groep van zes hotels op strategische plekken in het hele land. Alle bieden een service van topklasse. Verschillende hotels onder Zwitsers en Duits beheer vallen onder de paraplu van de **Charming & Nature Hotels of Costa Rica**.

SPECIALE VAKANTIES

Veel hotels richten zich op speciale activiteiten. Zo zijn er wildernislodges die volledig zijn ingesteld op sportvissers en een totaalpakket aanbieden. Meestal liggen ze op afgelegen plekken die alleen per boot bereikbaar zijn. Andere zijn gespecialiseerd in scubaduiken en bieden duiklessen voor beginners. Wie moeilijker duiken wil maken, moet kunnen aantonen gevorderd te zijn. Aan veel stranden vindt u op de budgetreiziger georiënteerde 'surfkampen'. Sommige bieden nog relatief veel faciliteiten, van hangmatten in de openlucht tot een eigen kamer met airconditioning. Er zijn ook veel hotels die zich op gezondheidsaspecten richten, variërend van rustieke lodges tot luxueuze yogaoorden.

Veel reisorganisaties verzorgen gespecialiseerde tochten *(blz. 248)*, waarbij de grootste nadruk op het ecotoerisme ligt. Een pakket omvat meestal een verblijf in wildernislodges met wandeltochten, vogelexcursies en vergelijkbare natuuruitstapjes.

RESERVEREN

Het is aan te raden uw accommodatie ruim van tevoren te regelen, zeker als u in het droge seizoen (december–april) reist. Vooral rond Kerst, de jaarwisseling, Pasen en tijdens speciale lokale festivals, zoals het carnaval in Puerto Limón, is het druk. Als u tijdens uw vakantie een bepaalde route wilt afleggen, kunt u eveneens beter tijdig reserveren. *Cabinas* zijn doorgaans wel beschikbaar, maar in het hoogseizoen kan het toch raadzaam zijn om tijdig te reserveren.

Veel hotels in Costa Rica hebben de reputatie reserveringen niet na te komen en gemaakte kosten niet te vergoeden. Reserveer daarom via een reisbureau of touroperator. Als u liever zelf wilt boeken, doe dat dan niet per post, want die is niet betrouwbaar. Boek telefonisch of per fax of maak gebruik van de website van het hotel. Als u een aanbetaling moet doen, betaal dan per creditcard. Zorg er in alle gevallen voor dat u een schriftelijke bevestiging van uw reservering krijgt.

Het Los Sueños Marriott Ocean & Golf Resort *(blz. 207)* **ligt op een uitgestrekt terrein in Playa Herradura**

Het El Sano Banano Beach Hotel
(blz. 207) **in Montezuma**

TARIEVEN EN BETALINGEN

Voor alle typen hotels geldt dat de tarieven in het droge seizoen hoger zijn dan in het natte seizoen (mei–november). Daarnaast berekenen de duurdere hotels vaak nog een extra toeslag voor het hoogseizoen (Kerst–Nieuwjaar en Pasen). Soms variëren de tarieven ook voor het soort kamer. Hotels die veel met zakenreizigers te maken hebben bieden vaak een gereduceerd tarief voor de weekeinden en voor een langer verblijf. Touroperators kunnen voordelige tarieven bedingen die u als particulier niet krijgt. Veel hotels hebben ook speciale aanbiedingen, bijvoorbeeld voor surfers.

De toeristenbelasting bedraagt 16,39 procent. De opgegeven tarieven zijn niet altijd inclusief deze heffing. In de meeste hotels kunt u betalen met travellercheques en creditcards. Budgethotels accepteren vaak alleen contant geld. Bijna overal worden ook Amerikaanse dollars geaccepteerd.

FOOIEN

Het is gebruikelijk om het hotelpersoneel aan het eind van uw verblijf een fooi *(propina)* te geven. Hoeveel precies is afhankelijk van de geboden service en de lengte van uw verblijf. Over het algemeen is een fooi van $1 voor een piccolo en $1 of meer voor een kamermeisje gewoon. Bedenk dat het lagere hotelpersoneel in Costa Rica vrij weinig betaald krijgt en dat de fooien in dollars vaak een hoognodige aanvulling van het gezinsinkomen vormen.

GEHANDICAPTE REIZIGERS

Alleen de meer recent gebouwde hotels zijn op reizigers met een handicap ingesteld en bieden bijvoorbeeld rolstoeltoegankelijke badkamers. Wel zijn bij veel wildernislodges vlakke paden voor rolstoelgebruikers aangelegd. Het hotelpersoneel is overal in Costa Rica erg behulpzaam. **Vaya con Silla de Ruedas** (Ga met de Rolstoel) biedt diensten aan voor reizigers met een handicap, inclusief aanbevelingen voor aangepaste accommodatie.

De lobby van het Hotel Grano de Oro *(blz. 203)* in San José

ADRESSEN

HOTELKETENS

Best Western
☏ 0800-011-0063.
Ⓦ www.bestwestern.com

Choice Hotels
☏ 0800-011-0517.
Ⓦ www.choicehotels.com

Enjoy Group
☏ 296-6263.
Ⓦ www.fiestaresort.com

Four Seasons
☏ 696-0000.
Ⓦ www.fourseasons.com/costarica

Marriott
☏ 298-0844.
Ⓦ marriott.com

Occidental
☏ 248-2323.
Ⓦ www.occidental-hoteles.com

Quality Inn
☏ 0800-011-0517.
Ⓦ www.qualityinn.com

WILDERNIS-LODGES

Cooprena
☏ 248-2538.
Ⓦ www.turismoruralcr.com

JEUGD-HERBERGEN

Hostelling International Costa Rica
Calles 29/31 en Avenida Central, 1002 San José.
☏ 234-8186.
Ⓦ www.hicr.org

HOTEL-GROEPEN

Charming & Nature Hotels of Costa Rica
Ⓦ www.charminghotels.net

Small Distinctive Hotels of Costa Rica
☏ 258-0150.
Ⓦ www.distinctivehotels.com

Small Unique Hotels
Ⓦ www.costa-rica-unique-hotels.com

GEHANDICAPTE REIZIGERS

Vaya con Silla de Ruedas
PO Box 54, 4150 Sarchí.
☏ 454-2810.
Ⓦ www.gowithwheelchairs.com

Een hotel kiezen

De hotels in deze gids zijn uitgekozen op basis van hun faciliteiten, de goede prijs-kwaliteitverhouding en de locatie. De prijzen zijn volgens opgave van de hotels; reisbureaus kunnen soms kortingen bedingen. De hotels zijn gerangschikt per regio. De kaartcoördinaten voor San José verwijzen naar blz. 78–79.

PRIJSKLASSEN
Voor een tweepersoonskamer per nacht in het toeristenseizoen, inclusief bediening en belasting:

Ⓢ Minder dan $25
ⓈⓈ $25–40
ⓈⓈⓈ $40–80
ⓈⓈⓈⓈ $80–140
ⓈⓈⓈⓈⓈ Meer dan $140

SAN JOSÉ

CENTRUM Casa Ridgway ⬛🅿🍴♿   Ⓢ
Calle 15 en Avenidas 6 bis/8 **Tel.** *222-1400* **Fax** *233-6168* **Kamers** *13*   **Kaart** *2 E4*

Dit rustige, zeer betaalbare hostel dicht bij het Museo Nacional in het centrum van San José wordt beheerd door quakers. Het biedt zowel ruime slaapzalen als eigen kamers en een gemeenschappelijke keuken. Verder zijn er een bibliotheek en een tv-kamer. **www.amigosparalapaz.org**

CENTRUM Costa Rica Backpackers 🅿🍴♨♿   Ⓢ
Calles 21/23 en Avenida 6 **Tel.** *221-6191* **Fax** *223-2406* **Kamers** *16*   **Kaart** *2 F4*

De Franse eigenaars hanteren een hoge standaard in dit veilige hostel voor rugzakreizigers, dat aan de oostrand van het centrum ligt. Eigen kamers en slaapzalen, gemeenschappelijke keuken, tv-kamer, internetkamers en faciliteiten voor het plannen van tochten. In de weelderige tuin ligt een zwembad. **www.costaricabackpackers.com**

CENTRUM Kap's Place ⬛🅿♿   ⓈⓈ
Calle 19 en Avenidas 11/13 **Tel.** *221-1169* **Fax** *256-4850* **Kamers** *18*   **Kaart** *2 E2*

Dit grote, tot een hotel verbouwde woonhuis op een rustige locatie dicht bij de Barrio Amón wordt gekenmerkt door een huiselijke sfeer en vrolijke kleuren. Elke kamer is anders, sommige hebben tv. Gasten mogen gebruikmaken van de keuken, in de geterrasseerde tuin hangen hangmatten. Gratis toegang tot internet. **www.kapsplace.com**

CENTRUM Pensión de la Cuesta ⓈⓈ
Calles 11/15 en Avenida 1 **Tel.** *256-7946* **Fax** *255-2896* **Kamers** *9*   **Kaart** *2 D3*

Dit 80 jaar oude, in koloniale stijl gebouwde houten huis ligt in een rustige buurt bij het Parque Nacional. Het staat vol planten. Gasten kunnen gebruikmaken van de keuken en er is een tv-kamer. Het pension verzorgt ook dagtochten, transfers en verhuur van terreinwagens. **www.suntoursandfun.com/lacuesta**

CENTRUM Gran Hotel 🅿🍴🍽♿📺   ⓈⓈⓈ
Calle 3 en Avenida 2 **Tel.** *256-7575* **Fax** *256-9393* **Kamers** *94*   **Kaart** *1 C4*

Het Gran Hotel is een historisch monument uit 1899. Het ligt op een fantastische locatie voor de toeristische attracties. Het casino in de lobby biedt non-stop plezier. Het patiocafé – 24 uur per dag geopend – is een geweldige plek om naar marimbamuziek te luisteren en de wereld aan u voorbij te zien trekken. **www.granhotelcr.com**

CENTRUM Hotel Don Carlos 🅿🍴♨♿📺   ⓈⓈⓈ
Calle 9 bis en Avenida 9 **Tel.** *221-6707* **Fax** *255-0828* **Kamers** *36*   **Kaart** *2 D2*

Het Don Carlos is een deel van de erfenis van San José. Het ligt in het hart van de Barrio Amón en was de residentie van twee voormalige presidenten. Het hotel is een doolhof van stille gangen met kunst en pre-Columbiaanse motieven en ligt in een mooie tuin. De souvenirwinkel is uitstekend. **www.doncarloshotel.com**

CENTRUM Hotel Kekoldi 📺   ⓈⓈⓈ
Calles 5/7 en Avenida 9 **Tel.** *248-0804* **Fax** *248-0767* **Kamers** *10*   **Kaart** *2 D2*

Dit gerenoveerde art-decohuis in het hart van de historische Barrio Amón is in vrolijke pastelkleuren geschilderd. De kamers baden in het licht en zijn mooi ingericht. De kleine tuin is in Japanse stijl aangelegd. Het hotel kan excursies, transfers en een huurauto voor u regelen. **www.kekoldi.com**

CENTRUM Hotel Presidente 🅿🍴🍽♿📺   ⓈⓈⓈ
Calles 7/9 en Avenida Central **Tel.** *222-3022* **Fax** *221-1205* **Kamers** *100*   **Kaart** *2 D4*

Dit hotel op een steenworp van het Plaza de la Cultura heeft een casino, een bubbelbad en sauna op het dak en een uitstekend café en restaurant aan de straatzijde. De beste suite bevat een 8-persoonsbubbelbad, een openluchtdouche en een schitterend uitzicht door de buitengewoon grote ramen. **www.hotel-presidente.com**

CENTRUM Hotel Santo Tomás 🍴♨🍽📺   ⓈⓈⓈ
Calles 3/5 en Avenida 7 **Tel.** *255-0448* **Fax** *222-3950* **Kamers** *20*   **Kaart** *1 C3*

Dit 19de-eeuwse herenhuis bij het Museo de Jade heeft een neoclassicistische vormgeving. Het heerlijke restaurant *(blz. 225)* komt uit op een tuin met een kleine vijver en een bubbelbad. Gasten kunnen gebruikmaken van een kluisje en internetfaciliteiten. Een tropisch ontbijtbuffet is bij de prijs inbegrepen. **www.hotelsantotomas.com**

Verklaring van de symbolen: *zie de achterflap*

CENTRUM Britannia Hotel
`P ⚏ 目 TV` $$$$

Calle 3 en Avenida 11 **Tel.** *223-6667* **Fax** *223-6411* **Kamers** *23*   **Kaart** *1 C2*

Dit gerestaureerde herenhuis in de Barrio Amón werd in 1910 gebouwd voor een Spaanse koffiebaron. De glas-in-loodramen, vloermozaïeken en contemporaine inrichting dragen bij aan de warme sfeer. De moderne aanbouw is in dezelfde stijl ingericht en beschikt over groene binnenplaatsen. **www.hbritannia.com**

CENTRUM D'Raya Vida Villa
`P TV` $$$

Calle 15 bis en Avenida 11 **Tel.** *223-4168* **Fax** *223-4157* **Kamers** *4*   **Kaart** *2 E2*

Dit fraaie herenhuis in de stijl van een zuidelijke planterswoning is nu een bed-and-breakfast met een stijlvolle inrichting en prachtige kunst. De rustige tuinkamer met fontein en de zonnige serre zijn ideale plekken om even bij te komen. Het hotel biedt gratis vervoer van en naar het vliegveld. **www.rayavida.com**

CENTRUM Hotel Amón Plaza
`P ⚏ 🍴 目 & TV` $$$$

Calle 3 bis en Avenida 11 **Tel.** *257-0191* **Fax** *257-0284* **Kamers** *87*   **Kaart** *2 C2*

Dit moderne hotel in de Barrio Amón biedt een goede service en uitstekende faciliteiten. De lobby is fraai ingericht met kunst. Het hotel beschikt voorts over een disco, een conferentiecentrum, een saunacomplex en een goed restaurant in de openlucht. Alle kamers hebben een draadloze internetverbinding. **www.hotelamonplaza.com**

CENTRUM Hotel Balmoral
`P ⚏ 🍴 目 & TV` $$$$

Calles 7/9 en Avenida Central **Tel.** *222-5022* **Fax** *221-7826* **Kamers** *112*   **Kaart** *2 D3*

Het moderne Hotel Balmoral is geschikt voor zakenmensen en toeristen. De inrichting is ongeïnspireerd, maar het hotel ligt dicht bij de belangrijkste bezienswaardigheden en biedt veel voorzieningen, zoals zakelijke faciliteiten en conferentieruimten. Wie een gokje wil wagen kan terecht in het casino. **www.balmoral.co.cr**

CENTRUM Hotel Fleur de Lys
`P ⚏ 目 TV` $$$$

Calle 13 en Avenidas 2/4 **Tel.** *223-1206* **Fax** *257-3637* **Kamers** *31*   **Kaart** *2 D4*

Dit gerestaureerde 19de-eeuwse herenhuis dicht bij het Museo Nacional is één en al charme. De fraaie kamers zijn individueel ingericht en hebben smeedijzeren bedden met gevlochten riet. De atriumtuinen staan vol tropische planten. U kunt uw wasgoed laten verzorgen door het hotel. Toegang tot internet. **www.hotelfleurdelys.com**

CENTRUM Hotel Villa Tournon
`P ⚏ 🛏 目 & TV` $$$$

Barrio Tournon, O van 'La Republica' **Tel.** *233-6622* **Fax** *222-5211* **Kamers** *80*   **Kaart** *2 D1*

Dit moderne hotel ten noorden van de Barrio Amón is ingericht met moderne kunst, blinkende hardhouten vloeren en warme stoffen in de gastenkamers, die alle zijn voorzien van een internetaansluiting. De pianobar en het restaurant zijn uitstekend. Het hotel biedt ook zakelijke faciliteiten en conferentieruimten. **www.hotel-costa-rica.com**

CENTRUM Hotel Aurola Holiday Inn
`P ⚏ 🛏 🍴 目 & TV` $$$$$

Calle 5 en Avenida 5 **Tel.** *222-2424* **Fax** *255-1171* **Kamers** *200*   **Kaart** *2 D3*

Het Aurola Holiday Inn is een modern gebouw van 17 verdiepingen aan het Parque Morazán. Sommige kamers bieden een adembenemend uitzicht op de vulkanen en de stad. Het hotel beschikt over een ruime, elegante lobby, een casino, een fitnessruimte, een sauna en zakelijke faciliteiten. **www.aurola-holidayinn.com**

CENTRUM Radisson Europa Hotel and Conference Center
`P ⚏ 🛏 🍴 目 & TV` $$$$$

Calle 3 en Avenida 15 **Tel.** *257-3257* **Fax** *257-8192* **Kamers** *107*   **Kaart** *1 C1*

Dit eigentijdse zakenhotel aan de noordrand van het centrum biedt een service en faciliteiten op internationaal niveau, waaronder een casino, een fitnessruimte, draadloze snelle internetverbinding, zes conferentieruimten en winkels. **www.radisson.com/sanjosecr**

TEN OOSTEN VAN HET CENTRUM Hostal Toruma
`P ⚏ TV` $

Calles 29/31 en Avenida Central **Tel.** *224-4085* **Fax** *224-4085* **Kamers** *18*

Deze jeugdherberg, de voormalige residentie van een vroegere president van Costa Rica, is brandschoon en voldoet aan een hoge standaard. U kunt kiezen uit een slaapzaal of een eigen kamer. Het ontbijt is inbegrepen. Verder zijn er een gemeenschappelijke keuken, een internetcafé en een reisinformatiebalie voor gasten. **www.toruma.com**

TEN OOSTEN VAN HET CENTRUM Hotel 1492
`P & TV` $$$

Calles 31/33 en Avenida 1, nr. 2985 **Tel.** *225-3752* **Fax** *280-6206* **Kamers** *10*

Dit aardige, sfeervolle bed-and-breakfast is gevestigd in een gebouw in koloniale stijl. Wat dit hotel zo bijzonder maakt zijn de persoonlijke service, de gezellige lounge met open haard en de wijn en kaas die in de patiotuin worden geserveerd. **www.hotel1492.com**

TEN OOSTEN VAN HET CENTRUM Hotel Don Fadrique
`P TV` $$$

Calle 37 en Avenida 8 **Tel.** *225-8186* **Fax** *224-9746* **Kamers** *20*

In een rustige, wat duurdere buurt van San Pedro zijn twee smaakvolle historische woonhuizen samengevoegd en verbouwd tot een intiem hotel. Kenmerkend zijn de levendige decoraties en pastelkleurige interieurs. Sommige kamers beschikken over een eigen tuintje. **www.hoteldonfadrique.com**

TEN OOSTEN VAN HET CENTRUM Boutique Hotel Jade
`P ⚏ 🛏 & TV` $$$$

N van Autos Subaru-dealer, Barrio Dent **Tel.** *224-2455* **Fax** *224-2166* **Kamers** *29*

Dit hotel van twee verdiepingen, bij de Universidad de Costa Rica, biedt openbare ruimten met een levendig, hedendaags decor, zoals een sigarenbar en een uitstekend restaurant *(blz. 225)*. Alle kamers hebben internetverbinding en een minibar. Het hotel is lid van de Small Unique Hotels of Costa Rica *(blz. 198)*. **www.hotelboutiquejade.com**

TEN OOSTEN VAN HET CENTRUM Hôtel Le Bergerac   P ⏐⏐ & TV $$$$

Calle 35, Z van Avenida Central **Tel.** *234-7850* **Fax** *225-9103* **Kamers** *19*

Dit hotel, gevestigd in een koloniaal huis in San Pedro, is doordrenkt van een klassieke Europese esthetiek. Het heeft een goed Frans restaurant *(blz. 225)*. Veel van de ruime kamers met hun houten vloeren hebben een eigen patiotuin. Het hotel staat bekend om zijn uitstekende service. **www.bergerachotel.com**

TEN OOSTEN VAN HET CENTRUM Hotel Milvia   P ⏐⏐ TV $$$$

NO van het Centro Comercial M&N, San Pedro **Tel.** *225-4543* **Fax** *225-7801* **Kamers** *9*

Hotel Milvia is een klein, intiem hotel in een huis uit de jaren dertig van de vorige eeuw. Het ligt in een rustige woonwijk. U kunt er heerlijk ontspannen in de zitkamers en de tropische tuin. Hardhouten vloeren, ruime kamers en badkamers met handbeschilderde tegels verlenen het geheel extra elegantie. **www.hotelmilvia.com**

ESCAZÚ Casa de Las Tías   P TV $$$

San Rafael de Escazú **Tel.** *289-5517* **Fax** *289-7353* **Kamers** *5*

Deze bed-and-breakfast is gevestigd in een groot 19de-eeuws huis van cederhout. Hij ligt in een weelderig begroeide tuin op loopafstand van Escazú. De sfeer is huiselijk en rustig, de eigenaars zijn fantastisch en verzorgen een ontbijt voor fijnproevers. **www.hotels.co.cr/casatias.html**

ESCAZÚ Costa Verde Inn   P ⏐⏐ ≋ & TV $$$

Barrio Rosa Linda, San Miguel de Escazú **Tel.** *228-4080* **Fax** *289-8591* **Kamers** *18*

Glimmend opgewreven hardhout is een kenmerk van deze leuke bed-and-breakfast, die over een gezellige lounge met een haardvuur beschikt. Elke kamer is weer anders ingericht. Gasten kunnen zich ontspannen in het zwembad of luieren in een hangmat in de weelderige tuin. **www.costaverdeinn.com**

ESCAZÚ Posada El Quijote   P TV $$$

Bij Calle del Llano, San Miguel de Escazú **Tel.** *289-8401* **Fax** *289-8729* **Kamers** *10*

Een prachtige tuin, compleet met een kabbelend beekje, en een adembenemend uitzicht door ramen die van de vloer tot het plafond lopen zijn de hoogtepunten van dit hedendaagse hotel boven op een heuvel. Alle kamers hebben handgemaakte meubels en een eigen badkamer. Kinderen niet welkom. **www.quijote.co.cr**

ESCAZÚ Villa Escazú   ⏟ P $$$

W van Banco Nacional, San Miguel de Escazú **Tel.** *289-7971* **Fax** *289-7971* **Kamers** *6*

Rond drie zijden van dit Zwitserse chalet loopt een veranda met prachtige uitzichten; op die boven staan schommelstoelen. De rustieke sfeer van het geheel wordt benadrukt door de lommerrijke tuin en gezellige inrichting, compleet met haardvuren. Het eenkamerappartement is voorzien van keuken en tv. **www.hotels.co.cr/vescazu.html**

ESCAZÚ Apartotel María Alexandra   P ⏐⏐ ≋ ⏟ ▤ & TV $$$$

NW van El Cruce, San Rafael de Escazú **Tel.** *228-1507* **Fax** *289-5192* **Kamers** *14*

Dit *apartotel* biedt moderne appartementen en twin-level units met een elegante inrichting, dicht bij het centrum van Escazú. De faciliteiten omvatten een zwembad, een sauna, een fitnesscentrum, een midgetgolfbaan en een reisbureau. Motorfans kunnen een Harley-Davidson huren. **www.mariaalexandra.com**

ESCAZÚ The Alta Hotel   P ⏐⏐ ≋ ⏟ ▤ & TV $$$$$

Alto de las Palomas, 3 km W van Escazú **Tel.** *282-4160* **Fax** *282-4162* **Kamers** *23*

Dit elegante, tegen een heuvel gebouwde hotel combineert koloniale en hedendaagse stijlkenmerken. De fraai ingerichte kamers beschikken over diepe badkuipen in Romeinse stijl. Het niveau van het fijnproeversrestaurant, La Luz *(blz. 226)*, wordt echter gekenmerkt door schommelingen. **www.thealtahotel.com**

ESCAZÚ Hotel Real Intercontinental   P ⏐⏐ ≋ ⏟ ▤ & TV $$$$$

Autopista Prospero Fernández en Bulevar Camino Real **Tel.** *289-7000* **Fax** *289-8989* **Kamers** *261*

Real Intercontinental ligt 1,6 km ten westen van San Rafael de Escazú en biedt luxueuze voorzieningen. Het wordt veel bezocht door zakenlieden. U vindt er een schoonheidssalon, fitnesscentrum en zwembad en verder onder meer een verlichte tennisbaan, winkels, een reisbureau en zakelijke faciliteiten. **www.iccostarica.gruporeal.com**

ESCAZÚ Tara Resort Hotel   P ⏐⏐ ≋ TV $$$$$

San Antonio de Escazú **Tel.** *228-6992* **Fax** *228-9651* **Kamers** *41*

Dit vooroorlogse landhuis, oorspronkelijk een buiten, ligt prachtig tegen een berghelling. Met zijn antieke inrichting komt het behoorlijk imposant over. Er zijn zowel kamers als villa's, een fitnessruimte, een uitgebreid saunacomplex, tennisbanen, croquetbanen en een uitstekend restaurant *(blz. 226)*. **www.tararesort.com**

TEN WESTEN VAN HET CENTRUM Gaudy's Backpackers   ⏟ P $

Calles 36/38 en Avenida 5 **Tel.** *258-2937* **Fax** *258-2937* **Kamers** *13*

Dit schone hostel voor rugzaktoeristen ligt in een rustige straat in een woonwijk bij de Paseo Colón. Het biedt zowel gemengde slaapzalen als eigen kamers met badkamer. Koffie en thee en de internetverbinding zijn er gratis, in de lounge is kabel-tv. Geen avondklok. **www.backpacker.co.cr**

TEN WESTEN VAN HET CENTRUM La Mariposa Azúl   P TV $

Calles 40/42 en Avenida 4 **Tel.** *258-7878* **Fax** *258-7878* **Kamers** *5*

Dit eenvoudig ingerichte hostel voor rugzakreizigers ligt tegenover het Parque Sabana. Het is schoon, rustig en veilig. U hebt de keus uit een eigen kamer of een bed op de slaapzaal en kunt gebruikmaken van faciliteiten als de keuken, toegang tot het internet en tv. Op loopafstand liggen enkele restaurants. **www.lamariposaazul.com**

Verklaring van de prijsklassen: *zie blz. 200*   **Verklaring van de symbolen:** *zie de achterflap*

TEN WESTEN VAN HET CENTRUM Classic Hotel B&B ⬚🅿🍴♿📺 $$

Calle 20 en Avenidas 3/5 **Tel.** *223-4316* **Fax** *257-3123* **Kamers** *13*

Dit schone, veilige hotel ligt dicht bij het Coca-Cola-busstation. De kamers zijn prettig ingericht en voor rugzak-toeristen is er een grote slaapzaal. Leuke tuin en toegang tot het internet. Er is geen avondklok; overdag blijft het hotel gewoon open. **www.costaricabackpackerstravel.com**

TEN WESTEN VAN HET CENTRUM Apartotel La Sabana 🅿♒🍴♿📺 $$$

Calle 44, N van Avenida las Américas **Tel.** *220-2422* **Fax** *231-7386* **Kamers** *25*

Dit moderne *apartotel* bij het Parque Sabana heeft kamers, eenkamerappartementen en gewone appartementen. Als onderdeel van zijn Business Express-service biedt het een kantoor op de kamer, compleet met ergonomische stoel. Andere voorzieningen zijn onder meer kinderoppas op verzoek en een sauna. **www.apartotel-lasabana.com**

TEN WESTEN VAN HET CENTRUM Barceló Rincón del Valle 🅿🍴♿📺 $$$

Z van Sabana Sur **Tel.** *231-4927* **Fax** *231-5924* **Kamers** *20*

Blinkend geboend hardhout en een prettige, eigentijdse inrichting zijn de pluspunten van dit moderne hotel. Dankzij de nabijheid van het Parque Sabana, het Museo de Ciencias Naturales 'La Salle' en andere bezienswaardigheden is het een goede uitvalsbasis voor een verkenning van San José. **www.barcelo.com**

TEN WESTEN VAN HET CENTRUM Hotel Cacts 🅿🍴♒♿ $$$

Calles 28/30 en Avenida 3 bis, nr. 2845 **Tel.** *221-2928* **Fax** *221-8616* **Kamers** *33*

Dit grote hotel in een heuvelachtige woonwijk heeft uiterst schone kamers met een eenvoudig decor. De kamers in de moderne uitbouw zijn vrij donker. Sommige kamers hebben een gedeelde badkamer, in de luxekamers staat tv. Het ontbijt wordt op het dakterras geserveerd. Reisbureautje aanwezig. **www.tourism.co.cr/hotels/cacts**

TEN WESTEN VAN HET CENTRUM Hotel Rosa del Paseo 🅿🍴♿📺 $$$

Calles 28/30 en Paseo Colón **Tel.** *257-3225* **Fax** *223-2776* **Kamers** *18*

Dit hotel aan de Paseo Colón is gevestigd in een 100 jaar oud Caribisch-Brits gepleisterd huis met veel historische elementen, zoals Italiaanse mozaïekvloeren en oude Engelse meubels. De kamers liggen rond twee patiotuinen; het ontbijt wordt buiten opgediend. Er is ook een kunstnijverheidswinkeltje. **www.rosadelpaseo.com**

TEN WESTEN VAN HET CENTRUM Best Western Irazú 🅿🍴♒🍴♿📺 $$$$

Barrio La Uruca **Tel.** *232-4811* **Fax** *231-6485* **Kamers** *350*

Best Western Irazú is een comfortabel modern hotel aan de noordwestrand van de stad. Het biedt voorzieningen als tennisbanen, een casino en een bar, een reisbureau en een winkelcentrum. Het hotel biedt een pendeldienst van en naar het centrum en de internationale luchthaven. **www.bestwesterncostarica.com**

TEN WESTEN VAN HET CENTRUM Hotel Grano de Oro 🅿🍴♿📺 $$$$

Calle 30 en Avenidas 2/4 **Tel.** *255-3322* **Fax** *221-2782* **Kamers** *35*

Dit door Canadezen bestierde hotel in een koloniaal landhuis heeft een trouwe clientèle, die afkomt op het verfijnde decor, de voorbeeldige service en de rustige locatie. Geniet van bubbelbaden op het dak en een uitstekend fijnproe-versrestaurant *(blz. 226)*. Lid van de Small Distinctive Hotels of Costa Rica *(blz. 198)*. **www.hotelgranodeoro.com**

TEN WESTEN VAN HET CENTRUM Hotel Parque del Lago 🍴📺 $$$$

Calles 40/42 en Avenida 2 **Tel.** *257-8787* **Fax** *223-1617* **Kamers** *40*

Parque del Lago is een mooi onderhouden, modern hotel dicht bij het Parque Sabana. Er komen veel zakenlieden. Het hotel heeft een stijlvolle bar; de openbare ruimten zijn uitgevoerd in tropisch hardhout, met koloniaal tegelwerk en details uit de traditionele Costaricaanse architectuur. **www.parquedellago.com**

TEN WESTEN VAN HET CENTRUM Quality Hotel Centro Colón 🅿🍴🎭🍴♿📺 $$$$

Calle 38 en Avenida 3 **Tel.** *257-2580* **Fax** *257-2582* **Kamers** *103*

Dit hotel, gevestigd in twee torenflats bij het Parque Sabana, biedt een eigentijdse elegantie. Tot de voorzieningen behoren onder meer een casino, een discotheek, een koffieshop, een reisbureau, een souvenirwinkel en zakelijke faciliteiten. **www.hotelcentrocolon.com**

TEN WESTEN VAN HET CENTRUM Tryp Corobicí 🅿🍴♒🎭🍴♿📺 $$$$$

Autopista General Cañas, Sabana Norte **Tel.** *232-0618* **Fax** *231-5698* **Kamers** *203*

Dit karakteristieke hotel met zijn opvallende architectuur en hoge atrium is populair bij zakenreizigers. Het beschikt over ruime kamers en tal van faciliteiten, zoals een casino, twee restaurants en een bar, een reisbureau en een gratis pendeldienst. **www.trypcorobici.solmelia.com**

CENTRALE HOOGVLAKTE

ALAJUELA Hotel II Millenium B&B 🅿♿📺 $$$

Rio Segundo de Alajuela, 1,6 km ZO van Alajuela **Tel.** *430-5050* **Fax** *441-2365* **Kamers** *12*

Dit eenvoudige, maar goede hostel is favoriet bij rugzaktoeristen. Het heeft een aangename sfeer en zowel eigen kamers met bad als slaapzalen. De eigenaars halen hun gasten gratis op het vliegveld af, ook midden in de nacht. Verder organiseren ze dagtochten in de omgeving. Internetfaciliteiten aanwezig. **www.bbmilleniumcr.com**

ALAJUELA Hotel Los Volcanes
P TV $$$

Calle Central en Avenida 3 **Tel.** *441-0525* **Fax** *440-8006* **Kamers** *11*

Dit gerestaureerde huis uit de jaren twintig van de vorige eeuw zit vol hardhout. In alle kamers staan fraaie smeedijzeren bedden. Sommige kamers liggen rond een patio. Het hotel biedt internetfaciliteiten, een gratis pendeldienst van en naar het vliegveld en een reisbureau. **www.montezumaexpeditions.com/hotel.htm**

ALAJUELA Orquideas Inn
P ⑪ ⚌ ⚊ & TV $$$$

Cruce de Grecia y Poás, 3 km W van Alajuela **Tel.** *433-9346* **Fax** *433-9740* **Kamers** *28*

Dit sfeervolle gebouw in haciëndastijl ligt op een weelderig begroeid terrein aan de voet van de Volcán Poás. De comfortabele kamers zijn met vrolijke kleuren ingericht. Het zwembad, dat een houten zonneterras heeft, wordt gevoed door fonteinen. De bar trekt zijn eigen clientèle. **www.orquideasinn.com**

ALAJUELA Pura Vida Hotel
P ⑪ ⚊ & TV $$$$

Cruce de Tuetal Norte y Sur, 1 km N van Alajuela **Tel.** *441-1157* **Fax** *441-1157* **Kamers** *7*

Deze door een familie gedreven bed-and-breakfast was vroeger een koffie-*finca* (landgoed). De gasten slapen er in losstaande *casitas* (huisjes) in verschillende stijlen. In het openluchtrestaurant worden fantastische maaltijden geserveerd. De honden van de eigenaars lopen los rond op het terrein. **www.puravidahotel.com**

ALAJUELA Xandari
P ⑪ ⚌ ⚊ & TV $$$$$

Tacacori, 5 km N van Alajuela **Tel.** *443-2020* **Fax** *442-4847* **Kamers** *21*

Prachtig boetiekhotel met een hedendaags ontwerp, gelegen op een koffie-*finca* in de heuvels ten noorden van Alajuela. De ruime gastenvilla's hebben golvende plafonds, kunst en een fantastisch uitzicht. Verder zijn er een restaurant *(blz. 227)* en een saunacentrum. Paden voeren door bamboebosjes naar een waterval. **www.xandari.com**

ATENAS Hotel Vista Atenas
⚌ P ⑪ ⚌ & $$

3 km W van Atenas **Tel.** *446-4272* **Fax** *446-4272* **Kamers** *9*

Dit aangename hotel op een oostelijke helling kijkt uit over de hele Centrale Vallei. Het uitzicht op de vulkanen Poás, Barva en Irazú is fantastisch. Het hotel biedt hutten en kamers en een restaurant waar heerlijke Europese gerechten worden opgediend. **www.vistaatenas.com**

ATENAS El Cafetal Inn
P ⑪ ⚌ TV $$$$

Santa Eulalia, 5 km N van Atenas **Tel.** *446-5785* **Fax** *446-7028* **Kamers** *16*

Deze vriendelijke plattelandsherberg ligt op een koffie-*finca* met natuurpaden. Het fraaie huis van twee verdiepingen heeft hoekerkers met rondlopende ramen en kijkt uit over het dal van de Río Colorado en koffie- en suikerrietvelden. De eigenaars, aangename gesprekspartners, wonen in het huis. Keuze uit kamers of huisjes. **www.cafetal.com**

BOSQUE DE PAZ-RESERVAAT Bosque de Paz Lodge
P ⑪ $$$$$

14 km O van Zarcero **Tel.** *234-6676* **Fax** *225-0203* **Kamers** *12*

Deze lodge aan de rand van een nevelwoud is gebouwd van rivierkeien en hout en telt twee verdiepingen. Terracotta vloeren, smeedijzeren bedden en een bibliotheek met natuurhistorische boeken en onderzoeksverslagen met betrekking tot het reservaat. Maaltijden zijn inbegrepen. Reserveren is noodzakelijk. **www.bosquedepaz.com**

GRECIA Posada Mimosa
⚌ P ⚌ $$$$

Rincón de Salas, 3 km Z van Grecia **Tel.** *494-5868* **Fax** *494-5868* **Kamers** *10*

Posada Mimosa is een aansprekend hotel dat wordt bestierd door een familie. Het ligt op een paar hectare grond met bos en suikerrietvelden en een geweldig uitzicht over de vallei. De locatie van het zwembad is spectaculair. U kunt kiezen uit verschillende soorten kamers en hutten, alle van goede kwaliteit. **www.mimosa.co.cr**

HEREDIA Hotel Bougainvillea
P ⑪ ⚌ & TV $$$$

Santo Domingo de Heredia, 3 km ZO van Heredia **Tel.** *244-1414* **Fax** *244-1313* **Kamers** *81*

Dit zeer redelijk geprijsde hotel hanteert een hoge standaard. Op allerlei plekken hangt in opdracht vervaardigde moderne kunst. De kamers zien uit op de bergen of op de skyline van San José. Het hotel biedt tennisbanen, een zwembad en een joggingroute, evenals een bekend restaurant *(blz. 227)*. **www.bougainvillea.co.cr**

HEREDIA Finca Rosa Blanca Country Inn
P ⑪ ⚌ $$$$$

Santa Barbara de Heredia, 6 km NW van Heredia **Tel.** *269-9392* **Fax** *269-9555* **Kamers** *9*

Dit fabuleuze, door een familie geleide hotel op een koffielandgoed is een architectonische parel, geïnspireerd op Antoni Gaudí. Elke gastenkamer heeft weer een andere inrichting. Het hotel serveert maaltijden voor fijnproevers *(blz. 228)* en kan paardrijtochten, bungeejumps en wildwatertochten voor u regelen. **www.fincarosablanca.com**

LA DAMITA Genesis II Eco-Lodge
⚌ TV $$$

35 km Z van Cartago **Tel.** *381-0739* **Kamers** *4*

Deze rustieke natuurlodge ligt in het hart van een nevelwoud *(blz. 96)* en biedt eenvoudig comfort en verschillende activiteiten. Gasten kunnen kiezen uit een kamer of een *cabina*; kamperen is ook mogelijk. Om water te besparen deelt u de badkamer met anderen. Er is een gemeenschappelijke keuken. **www.genesis-two.com**

LA GARITA Hotel La Rosa de América
P ⑪ ⚌ & TV $$$

Barrio San José, 5 km W van Alajuela **Tel.** *433-2741* **Fax** *433-2741* **Kamers** *12*

La Rosa de América is een intiem, redelijk geprijsd hotel op een hoogte van 915 m tussen La Garita en Alajuela. De kamers zijn gevestigd in hutten in een weelderige tuin. De Amerikaanse familie die het hotel bezit houdt alles brandschoon. **www.larosadeamerica.com**

Verklaring van de prijsklassen: *zie blz. 200*   **Verklaring van de symbolen:** *zie de achterflap*

LA GARITA Martino Resort & Spa [P] 🍴 🏊 🍷 ❄ [TV] $$$$

Snelweg 3, 3 km O van Pan-Amerikaanse snelweg ***Tel.*** *433-8382* ***Fax*** *433-9052* ***Kamers*** *42*

Kortgeknipte gazons, weelderig hardhout en beelden in Romaanse stijl zijn de kenmerken van dit stijlvolle, door een familie geleide hotel. De faciliteiten omvatten een casino, een tennisbaan, een moderne fitnessruimte en saunacomplex, een sigarenbar en een fijnproeversrestaurant *(blz. 228)*. **www.hotelmartino.com**

LOS ANGELES-NEVELWOUDRESERVAAT Villablanca Cloud Forest Hotel [P] 🍴 ♿ [TV] $$$$

San Ramón ***Tel.*** *461-0300* ***Fax*** *461-0302* ***Kamers*** *34*

Deze onlangs gerenoveerde koloniale boerenhoeve ligt op de continentale waterscheiding aan de rand van een nevelwoud. Gasten verblijven in leuke huisjes met een open haard. Paardrij- en wandeltochten en vogelexcursies over het terrein (12 km²) met weidegronden en nevelwoud zijn een specialiteit. **www.villablanca-costarica.com**

MONTE DE LA CRUZ Hotel Chalet Tirol [P] 🍴 🏊 🍷 ♿ $$$

10 km NO van Heredia ***Tel.*** *267-6222* ***Fax*** *267-6373* ***Kamers*** *23*

Dit buitenverblijf in de bergen is gebouwd in de stijl van een Zwitsers bergdorpje. U kunt kiezen uit moderne hotelkamers of rustieke, maar gezellige chalets. Paden voeren het nevelwoud in. Naast faciliteiten als tennisbanen, een sauna en vergader- en conferentieruimten biedt het hotel een goed restaurant *(blz. 228)*.

OROSI Orosi Lodge [P] 🍴 ❄ $$$

ZW van plaza in Orosi-dorp ***Tel.*** *533-3578* ***Fax*** *533-3578* ***Kamers*** *6*

Dit charmante familiehotel ligt op een steenworp van warme bronnen en vlak bij andere lokale bezienswaardigheden, zoals het Casa el Soñador. Het biedt kamers met kookgelegenheid, een eigen badkamer en terrassen. De Orosi Lodge staat bekend om zijn uitstekende café met internetfaciliteiten *(blz. 228)*. **www.orosilodge.com**

OROSI Rancho Río Perlas Resort & Spa [P] 🍴 🏊 ♿ [TV] $$$$

1,6 km W van Orosi ***Tel.*** *533-3341* ***Fax*** *533-3085* ***Kamers*** *52*

Een pluspunt van dit moderne ketenhotel is dat het te midden van weelderige tuinen in een rustig dal ligt. Het zwembad en het saunacomplex worden gevoed door warme bronnen. Sportvissers kunnen hier terecht voor visexcursies naar de vijf poelen in de omgeving.

POÁS Siempre Verde Bed & Breakfast [P] 🍴 ♿ [TV] $$$

Doka Estate, 11 km N van Alajuela ***Tel.*** *449-5562* ***Fax*** *239-0445* ***Kamers*** *4*

Dit warme, vriendelijke hotel ligt op een uitgestrekte koffieplantage en vormt daardoor een vredig toevluchtsoord voor wie de drukte van de steden zat is. Siempre Verde serveert een ontbijt en verzorgt maaltijden voor speciale gelegenheden, zoals conferenties en particuliere feestjes. **http://dokaestate.com**

SALISPUEDES Finca Eddie Serrano 💳 [P] 🍴 ♿ $$$

Km 80 aan Pan-Amerikaanse snelweg ***Tel.*** *381-8456* ***Kamers*** *16*

Quetzals zijn er in overvloed op de Finca Eddie Serrano *(blz. 96)*, ook bekend als de Albergue Mirador de Quetzales. Deze rustieke houten lodge bij Genesis II biedt eenvoudige blokhutten met een adembenemend uitzicht. Perfect voor vogelliefhebbers. Het tarief is inclusief ontbijt en diner. **ww.exploringcostarica.com/mirador/quetzales.html**

SAN GERARDO DE DOTA Trogon Lodge [P] 🍴 $$$

8 km W van Pan-Amerikaanse snelweg ***Tel.*** *293-8181* ***Fax*** *239-7657* ***Kamers*** *23*

Deze houten lodge ligt in een weelderig begroeide tuin op een hoogte van 2135 m in de Valle de San Gerardo. Het heldere water van de Río Savegre is vlakbij. De lodge biedt mogelijkheden tot forelvissen, wandelen, paardrijden en mountainbiken. **www.grupomawamba.com**

TURRIALBA Hotel Wagelia 🍴 ❄ ♿ [TV] $$$

Calles 2/4 en Avenida 4 ***Tel.*** *556-1566* ***Fax*** *556-1596* ***Kamers*** *18*

Het centraal gelegen Wagelia heeft een sobere inrichting en een zeer redelijk geprijsd restaurant. Het beschikt ook over een reisbureau, dat wildwater- en kanotochten op de Río Pacuare en bezoeken aan attracties als Guayabo en de Volcán Turrialba voor u kan regelen. **www.hotelwagelia.com**

TURRIALBA Hotel Casa Turire [P] 🍴 🏊 [TV] $$$$$

Hacienda Atirro, 8 km ZO van Turrialba ***Tel.*** *531-1111* ***Fax*** *531-1075* ***Kamers*** *16*

Dit heerlijke boetiekhotel op de oever van het Angostura-meer heeft ruime kamers en een stijlvol restaurant *(blz. 229)*. Via het hotel kunt u onder meer een bezoek brengen aan suikerriet-, koffie- en macadamiaplantages. Casa Turire is lid van de Small Distinctive Hotels of Costa Rica *(blz. 198)*. **www.hotelcasaturire.com**

TURRIALBA Rancho Naturalista 💳 [P] 🍴 $$$$$

Tuís, 14 km O van Turrialba ***Tel.*** *433-8278* ***Fax*** *433-4925* ***Kamers*** *11*

Deze huiselijke wildernisranch in de bergen wordt als een van de beste keuzen voor vogelaars in Costa Rica gezien. Er ligt een uitgebreid padenstelsel en er zijn vogelexperts ter plekke. Gasten kunnen kiezen tussen een huisje of een kamer. Maaltijden en wandelingen onder leiding van een gids zijn inbegrepen.

VARA BLANCA Poás Volcano Lodge [P] 🍴 ♿ $$$$

22 km N van Alajuela ***Tel.*** *482-2194* ***Fax*** *482-2513* ***Kamers*** *11*

Deze boerenhoeve op een berg is nu een gezellig hotel met een fantastisch uitzicht. Het wordt omringd door weidegronden voor het vee. Haardvuren, donzen dekbedden en zelfgebakken kummelbrood, een spellenkamer, een souvenirwinkel, een kleine bibliotheek en een galerie horen bij het aanbod. **www.poasvolcanolodge.com**

VARA BLANCA Peace Lodge [P] 🍴 🏊 [TV] $$$$$

Montaña Azul, 24 km N van Alajuela ***Tel.*** *225-0643* ***Fax*** *225-1082* ***Kamers*** *17*

Deze lodge bij het Watervallenpark La Paz is luxueus ingericht met natuurlijk gevormde houten balken, hardhouten vloeren, met de hand gemaakte hemelbedden, open haarden, groene badkamers en douches met rivierstenen in de ruime kamers. Elke kamer heeft ook een bubbelbad en een extra groot balkon. **www.waterfallgardens.com**

VOLCÁN TURRIALBA Volcán Turrialba Lodge [P] 🍴 ❄ ♿ $$$$

19 km NW van Turrialba ***Tel.*** *273-4335* ***Fax*** *273-0703* ***Kamers*** *22*

Deze eenvoudige lodge ligt tussen de vulkanen Turrialba en Irazú in. U kunt er perfect paardrijden of wandelen. De door de lodge georganiseerde tocht naar de Volcán Turrialba is een unieke kans om af te dalen naar de bodem van een grote krater. De lodge is alleen met een terreinwagen te bereiken. **www.volcanturrialbalodge.com**

CENTRAAL-PACIFISCHE KUST EN ZUID-NICOYA

JACÓ Hotel Cocal and Casino [P] 🍴 🏊 ❄ $$$

Calle Cocal ***Tel.*** *643-3067* ***Fax*** *643-1201* ***Kamers*** *43*

Dit levendige hotel huist in laagbouw aan het strand. Kleine reisgezelschappen komen er graag genieten van de voorzieningen, zoals twee zwembaden, een bar aan de rand van het zwembad, een openluchtrestaurant met een goede, internationale keuken en een casino. Kinderen niet welkom. **www.hotelcocalandcasino.com**

JACÓ Hotel Poseidon [P] 🍴 🏊 ❄ ♿ [TV] $$$$

Calle Bohío ***Tel.*** *643-1642* ***Kamers*** *14*

Het fijnproeversrestaurant *(blz. 229)* is het hoogtepunt van dit twee verdiepingen tellende hotel met zijn eenvoudige inrichting. De kamers boven zijn beter. Alle kamers hebben een minibar. Het hotel kan excursies en activiteiten voor u verzorgen. **www.hotel-poseidon.com**

JACÓ Vista Guapa Surf Camp [P] 🏊 ❄ $$$$

1,6 km NW van Jacó ***Tel.*** *643-2830* ***Fax*** *643-3242* ***Kamers*** *6*

Dit surfhotel beschikt over eenvoudige, maar comfortabel ingerichte bungalows, die prachtig uitzien op de oceaan. In de gemeenschappelijke lounge staat een tv. Het hotel heeft geen apart restaurant, maar in het hoofdgebouw zijn ontbijt en diner verkrijgbaar. Het hotel is gespecialiseerd in surfvakanties. **www.vistaguapa.com**

JACÓ Hotel Club del Mar [P] 🍴 🏊 ❄ ♿ [TV] $$$$$

Snelweg 34, 1,6 km Z van Jacó ***Tel.*** *643-3194* ***Fax*** *643-3550* ***Kamers*** *31*

Dit moderne hotel aan het strand biedt zowel kamers als zelfvoorzienende villa's rond een enorm zwembad met een tapasbar. Verder zijn er een fraaie tuin en een uitgebreid saunacomplex. De nadruk ligt op watersport, met mogelijkheden tot zwemmen, surfen en kanoën. U kunt ook een kajak huren. **www.clubdelmarcostarica.com**

MALPAÍS Malpaís Surf Camp & Resort [P] 🍴 🏊 🍸 $

Z van Carmen ***Tel.*** *640-0031* ***Fax*** *640-0061* ***Kamers*** *16*

Dit uitstekend beheerde surfkamp biedt verschillende soorten accommodatie, van een kampeerterrein en hutten met een gedeelde badkamer tot kamers aan het zwembad en rustieke bungalows met eigen faciliteiten. U kunt via het hotel ook paardrijden, mountainbiken, brandingvissen en surfen. **www.malpaissurfcamp.com**

MALPAÍS Funky Monkey Lodge 🚫 [P] 🍴 🏊 ♿ $$$

Playa Santa Teresa, 1,6 km N van Carmen ***Tel.*** *640-0317* ***Fax*** *640-0272* ***Kamers*** *4*

Deze verrukkelijke lodge ligt dicht bij het strand. De houten bungalows hebben een douche die gedeeltelijk in de openlucht ligt, kookgelegenheid en een veranda met hangmatten. Bar annex restaurant gespecialiseerd in sushi. De lodge verhuurt surfplanken en kan wandel-, vis- en duikexcursies voor u regelen. **www.funky-monkey-lodge.com**

MALPAÍS Hotel Milarepa [P] 🍴 🏊 ♿ $$$$

Playa Santa Teresa, 5 km N van Carmen ***Tel.*** *640-0023* ***Fax*** *640-0168* ***Kamers*** *4*

Dit intieme hotel wordt geleid door de Franse eigenaars, die er ook wonen. De bungalows ademen een Aziatische sfeer en staan op het strand. Antieke hemelbedden en gedeeltelijk in de openlucht liggende badkamers. De keuken van het hotel is erg goed. **www.milarepahotel.com**

MALPAÍS Star Mountain Eco-Resort [P] 🍴 🏊 $$$$

1,6 km O van Malpaís ***Tel.*** *640-0101* ***Fax*** *640-0102* ***Kamers*** *5*

Het Star Mountain Eco-Resort is een door een familie gedreven ecologische lodge in de bossen bij het Parque Nacional Cabo Blanco. Sterke punten van dit hotel zijn het kleurige decor en de schitterende tropische ambiance. Het openluchtrestaurant kijkt uit over de begroeiing. Gesloten sept.–nov. **www.starmountaineco.com**

MALPAÍS Florblanca Resort [P] 🍴 🏊 🍸 ❄ [TV] $$$$$

Playa Santa Teresa, 5 km N van Carmen ***Tel.*** *640-0232* ***Fax*** *640-0226* ***Kamers*** *10*

Vredig luxeresort aan het strand, met een Balinees thema. Ruime villa's met badkamer met open dak en een smaakvolle inrichting. De Nectar Bar & Restaurante in de openlucht richt zich op de fijnproever *(blz. 229)*. Gasten kunnen yoga en krijgskunsten beoefenen. Lid van de Small Distinctive Hotels of Costa Rica *(blz. 198)*. **www.florblanca.com**

Verklaring van de prijsklassen: *zie blz. 200* **Verklaring van de symbolen:** *zie de achterflap*

MANUEL ANTONIO Didi's B&B [P] ❄ [TV] [$][$][$]

1,6 km Z van Quepos **Tel.** *777-0069* **Fax** *777-2863* **Kamers** *3*

Deze kleine, charmante bed-and-breakfast biedt comfortabele kamers. Hij ligt midden in het groen van het regenwoud. In de tuin vindt u een zwembad met stromend water en een bar. De aardige Italiaanse eigenaars bereiden op verzoek biologische gerechten van grote klasse. **www.didiscr.com**

MANUEL ANTONIO Nature's Beachfront Aparthotel [P] [TV] [$][$][$][$]

Playa Espadilla, 5 km Z van Quepos **Tel.** *777-1473* **Fax** *777-1475* **Kamers** *5*

Dit huiselijke hotel ligt op een prachtige plek aan het strand, niet ver van het populaire Parque Nacional Manuel Antonio. Tot de eenvoudig ingerichte kamers behoren ook een eenkamerappartement voor rugzakreizigers en een suite. Restaurants liggen drie minuten lopen verderop aan het strand. **www.maqbeach.com/natures.html**

MANUEL ANTONIO Hotel La Mariposa [P] 🍴 🏊 ❄ [$][$][$][$][$]

5 km Z van Quepos **Tel.** *777-0355* **Fax** *777-0050* **Kamers** *56*

La Mariposa, een fraai hotel op een heuvel, biedt een weids uitzicht over de oceaan en het regenwoud van het Parque Nacional Manuel Antonio. De accommodatie varieert van huisjes in mediterrane stijl tot eigentijdse suites. Het restaurant staat zeer goed bekend *(blz. 230)*. Gratis pendelbusje naar het strand. **www.hotelmariposa.com**

MANUEL ANTONIO Hotel Si Como No Resort [P] 🍴 🏊 🏋 ❄ ♿ [$][$][$][$][$]

5 km Z van Quepos **Tel.** *777-0777* **Fax** *777-1093* **Kamers** *61*

Dit luxueuze, moderne hotel biedt verschillende restaurants *(blz. 230)*, een multimediatheater, een internetcafé, een saunacomplex, twee zwembaden en een groot aantal activiteiten. De oudste kamers hebben een Disneyeske uitstraling, de nieuwere zijn stijlvoller. **www.sicomono.com**

MANUEL ANTONIO Makanda by the Sea [P] 🍴 🏊 [$][$][$][$][$]

5 km Z van Quepos **Tel.** *777-0442* **Fax** *777-1032* **Kamers** *11*

De ruime luxevilla's van het Makada, die in harmonie met hun omgeving zijn gebouwd, bieden een fantastisch uitzicht op de oceaan en de bergen. Bospaden voeren naar een beschut strand. Het zwembad wekt de indruk in zee over te lopen. Romantisch toprestaurant in de openlucht *(blz. 230)*. **www.makanda.com**

MONTEZUMA Horizontes de Montezuma 💳 [P] 🍴 🏊 [$][$][$]

1,6 km N van Montezuma **Tel.** *642-0534* **Fax** *642-0625* **Kamers** *7*

Dit hotel is boven op een heuvel gebouwd in de stijl van een planterswoning, met een grote veranda en een fraaie, helderwitte inrichting. Het biedt zowel intensieve als korte Spaanse taalcursussen en kan verschillende actieve arrangementen voor u boeken bij lokale reisbureautjes. **www.horizontes-montezuma.com**

MONTEZUMA El Sano Banano Beach Hotel 🍴 🏊 [$][$][$][$][$]

Playa Grande, 1 km O van Montezuma **Tel.** *642-0638* **Fax** *642-0631* **Kamers** *14*

Dit aantrekkelijke hotel ligt in een tuin die beschaduwd wordt door palmen. Het is te bereiken vanaf het strand. U vindt er verschillende soorten accommodatie, waaronder strandsuites en bungalows, alle met smaak en fantasie ingericht. Het landschappelijk aangelegde zwembad is een hoogtepunt. **www.elbanano.com**

PLAYA HERMOSA Cabinas Las Arenas [P] 🍴 [$][$]

Snelweg 34 **Tel.** *643-3508* **Fax** *643-3508* **Kamers** *10*

Dit op surfers ingestelde hotel biedt leuke houten *cabinas*. U hebt ook de mogelijkheid zelf uw tent op te slaan. Het restaurant is aansprekend rustiek en er is een souvenirwinkel. Cabinas Las Arenas kan verschillende excursies voor u boeken. **www.cabinaslasarenas.com**

PLAYA HERMOSA Terraza del Pacífico [P] 🍴 🏊 ❄ [TV] [$][$][$][$]

1,6 km Z van Jacó **Tel.** *643-3222* **Fax** *643-3424* **Kamers** *42*

Hoewel het zichzelf aanprijst als hotel voor surfers, zal het Terraza del Pacifico ook andere reizigers aanspreken. Het biedt een locatie aan het strand, met zowel kamers als suites (met kookgelegenheid) en een zwembad voor de kinderen. Het hotel regelt ook boomkruintochten en dolfijnexcursies. **www.terrazadelpacifico.com**

PLAYA HERRADURA Hotel Villa Caletas [P] 🍴 🏊 🏋 ❄ [TV] [$][$][$][$][$]

3 km N van Playa Herradura **Tel.** *637-0505* **Fax** *637-0303* **Kamers** *36*

Dit door Fransen bestierde hotel combineert een sublieme locatie op een berg met een schitterende inrichting en luxe. De restaurants zijn befaamd *(blz. 230)*, het saunacentrum biedt talrijke opties. In een amfitheater in de klifwand worden live concerten gegeven. Lid van Small Distinctive Hotels of Costa Rica. **www.hotelvillacaletas.com**

PLAYA HERRADURA Los Sueños Marriott Ocean & Golf Resort [P] 🍴 🏊 🏋 ❄ ♿ [TV] [$][$][$][$][$]

1,6 km W van snelweg 34 **Tel.** *630-9000* **Fax** *630-9090* **Kamers** *201*

Dit hotel aan het strand beschikt over een eigen jachthaven, een golfcourse in de schoot van de natuur, een casino, zakelijke faciliteiten en verschillende restaurants *(blz. 230)*. De smaakvol uitgevoerde suites bieden een schitterend uitzicht over de oceaan en de bergen rond het resort, een minibar en een 24-uursservice. **www.marriott.com/sjols**

PUNTARENAS Hotel Tioga [P] 🍴 🏊 ❄ ♿ [TV] [$][$][$][$]

Calles 17/19 en Avenida 4 **Tel.** *661-0271* **Fax** *661-0127* **Kamers** *52*

Dit eerbiedwaardige hotel uit 1959 aan de Golf van Nicoya ligt dicht bij enkele goede restaurants en bars. De kamers zijn eerder adequaat dan fantasierijk; sommige hebben alleen koud water. Hotel Tioga heeft een klein casino. Op het eilandje in het zwembad in het atrium staat een grote boom. **www.hoteltioga.com**

PUNTARENAS Fiesta Resort and Casino   🄿🄸🄼🅈🄴🄻🄳🅃🅅 $$$$$

Playa Puntarenas, 8 km O van Puntarenas **Tel.** *663-0808* **Fax** *663-0856* **Kamers** *204*

Dit levendige strandresort behoort tot de Enjoy Group *(blz. 196)*. Het heeft een casino en verschillende zwembaden, bars en restaurants. De tarieven zijn inclusief alle faciliteiten, zoals tennisbanen, een midgetgolfbaan, volleybalvelden en watersportvoorzieningen. Er zijn activiteiten voor kinderen en 's avonds live amusement. **www.fiestaresort.com**

QUEPOS Hotel Villa Romántica   🄿🄴 $$$$

Aan de weg naar Parque Nacional Manuel Antonio **Tel.** *777-0037* **Fax** *777-0604* **Kamers** *15*

Dit hotel van twee verdiepingen in koloniale stijl ligt in een mooie tuin, dicht bij het Parque Nacional Manuel Antonio. Het centrum van Quepos met zijn winkels, bars en restaurants ligt op loopafstand. U kunt een kamer voor maximaal 4 personen krijgen, met airconditioning of plafondventilator. **www.villaromantica.com**

SAVEGRE Albergue El Silencio   🄴🄿🄸🄴🅃 $$

El Silencio, 40 km ZO van Quepos **Tel.** *380-5581* **Fax** *777-1938* **Kamers** *10*

Deze rustieke ecolodge maakt deel uit van de Coopesilencio *(blz. 116)* en wordt beheerd door de lokale gemeenschap. De accommodatie bestaat uit houten hutten met een rietdak. De ecolodge ligt in een primair woud; er hoort ook een vlindertuin bij. Er worden verschillende activiteiten aangeboden. **www.turismoruralcr.com**

SAVEGRE Rafiki Safari Lodge   🄴🄿🄸🄴🄴 $$$$$

30 km ZO van Quepos **Tel.** *777-2250* **Fax** *777-5327* **Kamers** *9*

Deze lodge in Afrikaanse stijl ligt in een diep rivierdal. U slaapt in luxueuze safaritenten met een volledig ingerichte badkamer. De lodge biedt natuurexcursies en wildwater- en kajaktochten. Een van de hoogtepunten is een Zuid-Afrikaanse *braai* (barbecue). **www.rafikisafari.com**

TAMBOR Tambor Tropical   🄿🄸🄴 $$$$$

1 km ZW van landingsstrook **Tel.** *683-0011* **Fax** *683-0013* **Kamers** *20*

Het Tambor Tropical is een modern hotel aan het strand met zeshoekige hutten van hardhout op een rustig, fraai aangelegd terrein. Het biedt een saunacomplex en yogalessen. Voor de gasten worden allerlei activiteiten georganiseerd, zoals boottochten, sportvisexcursies en paardrijtochten. **www.tambortropical.com**

TAMBOR Tango Mar Resort   🄿🄸🄴🄻🄳🅃🅅 $$$$$

5 km ZW van Tambor **Tel.** *683-0001* **Fax** *683-0003* **Kamers** *38*

Tango Mar ligt tegen een klif, met uitzicht op een prachtig strand. U kunt kiezen uit moderne hotelkamers, romantische hutten met een rieten dak en villa's. Het resort beschikt over een golfcourse met negen holes, stallen en een yoga- en kuurcentrum. **www.tangomar.com**

GUANACASTE EN NOORD-NICOYA

BAHÍA CULEBRA Four Seasons Resort op Papagayo   🄿🄸🄴🅈🄴🄻🅃 $$$$$

Punta Mala, 43 km W van Liberia **Tel.** *696-0000* **Fax** *696-0500* **Kamers** *165*

Dit luxueuze resort, deel van een hotelketen, biedt het allerbeste: een fabuleuze ligging op een heuvel, uitstekende faciliteiten en een goede service. U kunt beschikken over drie zwembaden, een saunacomplex, tennisbanen en een golfcourse voor kampioenschappen, ontworpen door Arnold Palmer. **www.fourseasons.com/costarica**

BAHÍA SALINAS Eco-Playa Resort   🄿🄸🄴🄻🅃 $$$$

Playa La Coyotera, 16 km W van La Cruz **Tel.** *228-7146* **Fax** *289-4536* **Kamers** *36*

Dit resort aan het strand, een centrum voor gevorderde windsurfers, biedt ruime, mooi ingerichte kamers. Gasten kunnen het nabijgelegen Refugio Nacional de Vida Silvestre Isla Bolaños per kajak of boot bezoeken. Ook excursies naar Nicaragua's koloniale steden en het Nicaraguameer zijn mogelijk. **www.ecoplaya.com**

ISLITA Hotel Punta Islita   🄿🄸🄴🅈🄴🅃 $$$$$

Punta Islita, 16 km Z van Carrillo **Tel.** *231-6122* **Fax** *231-0715* **Kamers** *32*

Dit afgelegen hotel biedt verschillende soorten accommodatie, vaak met hemelbed en fraai uitzicht. Bij het hotel horen het uitstekende 1492 Restaurante *(blz. 231)*, een saunacentrum en een beach club. Kajaktochten, boomkruin-excursies en avontuurlijke ritten in terreinwagens over bergpaden en langs de kust. **www.hotelpuntaislita.com**

LIBERIA Hotel Guanacaste   🄿🄸🄴 $$

Calle 12 en Avenidas 1/3 **Tel.** *666-0085* **Fax** *666-2287* **Kamers** *26*

Dit goed gedreven hostel, lid van de Costaricaanse jeugdherbergencentrale *(blz. 197)*, is populair bij budgetreizigers, onder wie ook vrachtwagenchauffeurs. Het ligt gunstig voor de stranden en de nationale parken Rincón de la Vieja, Santa Rosa, Guanacaste en Lomas Barbudal. **www.hicr.org**

LIBERIA Best Western Hotel & Casino El Sitio   🄿🄸🄴🅈🄴🄻🅃 $$$

Snelweg 21, W van Pan-Amerikaanse snelweg **Tel.** *666-1211* **Fax** *666-2059* **Kamers** *52*

Dit moderne hotel heeft ruime kamers rond een sfeervolle binnenhof met twee zwembaden. Verder biedt het souvenirwinkels, een reisbureau en een casino voor wie een gokje wil wagen. Het is een perfecte uitvalsbasis voor een bezoek aan de stranden langs de Grote Oceaan, nationale parken en vulkanen. **www.bestwestern.com**

Verklaring van de prijsklassen: *zie blz. 200*   **Verklaring van de symbolen:** *zie de achterflap*

MONTEVERDE Pensión Santa Elena

Santa Elena, O van bushalte **Tel.** *645-5051* **Fax** *645-5051* **Kamers** *24*

Dit vriendelijke hotel in het hart van Santa Elena spreekt veel rugzakreizigers aan. Er zijn lichte, aantrekkelijke eigen kamers en goedkope slaapzalen. Het hotel biedt een korte tocht naar de Volcán Arenal en beschikt over een informatiebureau voor toeristen. **www.pensionsantaelena.com**

MONTEVERDE Arco Iris Lodge

Santa Elena, NO van bushalte **Tel.** *645-5067* **Fax** *645-5022* **Kamers** *12*

Albergue Arco Iris is een uitstekend budgethotel in het centrum van Santa Elena. Te midden van goed onderhouden gazons ligt een twaalftal fraaie huisjes van steen en hout, die door ambachtslieden zijn gebouwd van plaatselijke materialen. Het hotel ligt gunstig voor de reservaten Monteverde en Santa Elena. **www.arcoirislodge.com**

MONTEVERDE El Sol Retreat & Spa

5 km ZW van Santa Elena **Tel.** *645-5838* **Fax** *645-5042* **Kamers** *3*

Dit excentrieke hotel biedt een fantastisch rustiek decor op een fabelachtige plek in de bergen. De Duits-Spaanse gastheren verzorgen biologische maaltijden van topklasse, holistische behandelingen en paardrijtochten en hebben een kuurcentrum met sauna en zwembad. Er zijn zes goed afgerichte paarden te huur. **www.elsolnuestro.com**

MONTEVERDE El Sapo Dorado

Cerro Plano, 1 km O van Santa Elena **Tel.** *645-5010* **Fax** *645-5180* **Kamers** *30*

Gasten verblijven hier in fraaie huisjes van steen en hout, die tegen de heuvel zijn aangebouwd. Sommige suites beschikken over een open haard, andere bieden een openluchtterras met uitzicht op de Golf van Nicoya. El Sapo Dorado kan ook bogen op een van de beste restaurants van Monteverde *(blz. 232)*. **www.sapodorado.com**

MONTEVERDE Monteverde Lodge

ZO van Santa Elena **Tel.** *257-0766* **Fax** *257-1665* **Kamers** *27*

De Monteverde Lodge is een hedendaags hotel in een schitterende tuin aan de rand van het bekendste nevelwoud van Costa Rica. Het biedt ruime kamers, een kingsize bubbelbad en goed eten. De lodge wordt gerund door Costa Rica Expeditions, gespecialiseerd in vogelexcursies en natuurtochten. **www.costaricaexpeditions.com**

NICOYA Hotel De Lujo Río Tempisque

Snelweg 21, 1,6 km N van Nicoya **Tel.** *686-6650* **Fax** *686-6650* **Kamers** *30*

Dit moderne, door een familie beheerde hotel ligt op een weelderig terrein aan de snelweg. Het biedt comfortabele kamers met hardhouten plafonds, betegelde badkamers met extra ruime douches en voorzieningen als een koffiezetapparaat en een magnetron.

NOSARA Blew Dog Surf Camp

Stranden van Nosara, ZW van snelweg 160, noordeinde van Playa Guiones **Tel.** *682-0080* **Kamers** *8*

Dit surfhotel ligt op slechts enkele minuten van het Playa Guiones. Het beschikt over eenvoudige, maar comfortabele hutten en een slaapzaal, plus een levendige bar met spellen. Schildpaddenexcursies naar Ostional, kajakken, sportvissen, yoga en pilatescursussen behoren ook tot de mogelijkheden. **www.blewdogs.com**

NOSARA Hotel Café de Paris

Stranden van Nosara, 6 km Z van landingsstrook **Tel.** *682-0087* **Fax** *682-0089* **Kamers** *17*

Wat ooit begon als een heerlijke, door Fransen bestierde bakkerij is uitgegroeid tot een openluchtrestaurant *(blz. 232)* met een bar en een hotel met verschillende soorten accommodatie. Het hotel is zo gebouwd dat het profiteert van de tropische briesjes. Verschillende activiteiten mogelijk. Gesloten in oktober. **www.cafedeparis.net**

NOSARA Lagarta Lodge

Punta Nosara, 3 km Z van Boca Nosara **Tel.** *682-0035* **Fax** *682-0135* **Kamers** *6*

Dit door Zwitsers bestierde hotel op een heuvel is vooral aantrekkelijk vanwege het mooie uitzicht op de kust of de heuvels dat elke kamer wel biedt, en daarnaast het restaurant en de bar. De kamers zijn comfortabel, maar wat saai. Paden voeren naar het Reserva Biológica Nosara. Kano-, vogel- en schildpaddenexcursies. **www.lagarta.com**

NOSARA Villa La Ventana B&B

Stranden van Nosara, 1 km O van snelweg 160 **Tel.** *682-0316* **Fax** *682-0316* **Kamers** *3*

De weelderige inrichting, de spectaculaire locatie boven op een heuvel en het uitzicht op de oceaan vanuit alle kamers en vanaf alle balkons zijn de aantrekkelijkste punten van deze luxevilla. Elke suite is voorzien van een hemelbed en een eigen bad. **www.villalaventana.com**

PLAYA CARRILLO Guesthouse Casa Perico

1 km NO van Puerto Carrillo **Tel.** *656-0061* **Kamers** *4*

Casa Perico is een eenvoudig budgethotel op een berg met een schitterend uitzicht op de oceaan. Het biedt kleine slaapzalen en een gemeenschappelijke keuken. Het hotel ligt op twee minuten lopen van het strand en kan duikexcursies en paardrijtochten voor u regelen.

PLAYA CARRILLO El Sueño Tropical

1,6 km ZO van Puerto Carrillo **Tel.** *656-0151* **Fax** *656-0152* **Kamers** *12*

Dit comfortabele, door Italianen gedreven hotel ligt in een enorme, prachtige tuin. Het heeft twee zwembaden, twaalf kamers en een restaurant met rieten dak op een heuveltop *(blz. 232)*. Elke kamer is ingericht met bamboe en tropische pastelkleuren. Gratis vervoer van en naar de landingsstrook van Playa Carrillo. **www.elsuenotropical.com**

PLAYA CARRILLO Hotel Guanamar

Z van Playa Carrillo **Tel.** *656-0054* **Fax** *656-0001* **Kamers** *41*

Sportvissen is de troef van dit recent gerenoveerde hotel tegen een heuvel. Hardhouten plankieren nodigen uit tot het maken van een wandelingetje; het uitzicht is bijna overal spectaculair. Het hotel biedt comfortabele kamers, een klein casino en een uitgebreide keus aan activiteiten. **www.hotelguanamar.com**

PLAYA CONCHAL Paradisus Playa Conchal Beach & Golf Resort

Playa Brasilito, 3 km ZW van Flamingo **Tel.** *654-4123* **Fax** *654-4181* **Kamers** *302*

Dit luxeresort ligt aan een stralend wit strand en staat bekend om zijn kampioensgolfcourse. Alle voorzieningen zijn inbegrepen. De ruime kamers zijn stijlvol ingericht. De maaltijden zijn nogal duur, maar de plaatselijke restaurants liggen op korte afstand van het hotel. **www.solmelia.com**

PLAYA FLAMINGO Mariner Inn

Naast de jachthaven, centraal Playa Flamingo **Tel.** *654-4081* **Fax** *654-4024* **Kamers** *12*

Deze kleine herberg van twee verdiepingen ligt naast de jachthaven en is favoriet bij zeilfanaten. De levendige Spreader Bar in de openlucht biedt een fantastisch uitzicht. Sportvissers, duikers en surfers slaan er vanuit hun leren schommelstoelen de activiteiten in de jachthaven gade.

PLAYA FLAMINGO Flamingo Marina Resort

Op de heuvel, Z van centraal Playa Flamingo **Tel.** *654-4141* **Fax** *654-4035* **Kamers** *123*

Dit grillig gebouwde hotel prijkt op een weelderig begroeide heuvel niet ver van het ongerepte Playa Flamingo vandaan. Naast een tropisch briesje en een spectaculair uitzicht biedt het comfortabele kamers, zwembaden, bars en restaurants. Het heeft ook een boetiek, een duikwinkel en een activiteitencentrum. **www.flamingomarina.com**

PLAYA GRANDE Hotel Bula Bula

Z van El Mundo de la Tortuga, zuideinde van Playa Grande **Tel.** *653-0975* **Fax** *653-0978* **Kamers** *10*

Dit laagbouwhotel biedt intieme kamers met een verrukkelijke inrichting en privé-bad. Het uitstekende openluchtrestaurant ziet uit op een weelderige tuin *(blz. 233)*. Het Bula Bula biedt ook schildpaddenexcursies, wateractiviteiten en tochten naar Guaitíl en de vulkanen Arenal en Rincón de la Vieja. **www.hotelbulabula.com**

PLAYA GRANDE Hotel Las Tortugas

W van El Mundo de la Tortuga, noordeinde van Playa Grande **Tel.** *653-0423* **Fax** *653-0458* **Kamers** *11*

Dit ecologisch verantwoorde hotel ligt direct naast het Parque Nacional Marino Las Baulas. Het is populair bij surfers. De kamers zijn aan de strandzijde geblindeerd, omdat de schildpadden die op het strand broeden gevoelig zijn voor kunstlicht. Vriendelijke sfeer en een uitstekend restaurant *(blz. 233)*. **www.tamarindo.com/tortugas**

PLAYA GRANDE Hotelito Si Si Si

1,6 km Z van Mundo de la Tortuga **Tel.** *653-0715* **Fax** *653-0982* **Kamers** *4*

Deze fantastische villa aan het strand is een en al marmer. Elke kamer heeft een privé-terras, dat uitkomt op het zwembad en het bubbelbad. Het hotel biedt een levendige strandbar onder een rieten dak, volleybal, tennis en kajakken en tijdens het natte seizoen (mei–nov.) krabbenexcursies. **www.hotelitosisisi.com**

PLAYA HERMOSA Hotel La Finisterra

Op de heuvel, W van hoofdweg, zuideinde van Playa Hermosa **Tel.** *672-0293* **Fax** *672-0227* **Kamers** *10*

Dit hotel biedt naast uitstekend eten *(blz. 233)* het mooiste uitzicht van de streek. Ruime kamers inclusief eigen badkamer. Het ontbijt is bij de prijs inbegrepen. Gasten kunnen onder meer een tocht per *panga* (watertaxi) maken over de Río Bebedero in het Parque Nacional Palo Verde of in het estuarium van de Río Tempisque. **www.finisterra.net**

PLAYA HERMOSA Villas del Sueño

W van hoofdweg, zuideinde van Playa Hermosa **Tel.** *672-0026* **Fax** *672-0026* **Kamers** *14*

De vriendelijke gastheren van dit hotel, dat zowel ruime kamers als volledig geoutilleerde villa's biedt, zijn Canadees. In het openluchtrestaurant met live muziek kunt u fantastisch dineren *(blz. 233)*. De aangeboden activiteiten variëren van wandelen en kajakken tot wildwatervaren en een bezoek aan Guaitíl. **www.villadelsueno.com**

PLAYA NEGRA Hotel Playa Negra

18 km Z van Tamarindo **Tel.** *658-8034* **Fax** *658-8035* **Kamers** *10*

Dit hotel aan het strand lijkt op een Afrikaanse kraal met kleurige ronde bungalows met een rieten dak. Dankzij de hoge daken en vele ramen profiteren de huisjes van de verkoelende wind. Alle bungalows hebben een aangebouwde badkamer. Groot zwembad en een restaurant *(blz. 233)*. Gesloten in oktober. **www.playanegra.com**

PLAYA NEGRA Pablo's Picasso

Z van Los Pargos **Tel.** *658-8158* **Kamers** *11*

Dit budgethotel ligt bij een van de beste surflocaties van Costa Rica en richt zich dan ook voornamelijk op surfers en rugzakreizigers. Het biedt slaapzalen en eenvoudige *cabinas (blz. 197)*, een restaurant *(blz. 233)* en een bar met een pooltafel en video's. Prijs inclusief ontbijt. Tamarindo ligt een korte rit verderop. **http://pablosplayanegra.com**

PLAYA OCOTAL El Ocotal Beach Resort & Marina

3 km ZW van Playas del Coco **Tel.** *670-0321* **Fax** *670-0083* **Kamers** *71*

Dit moderne hotel prijkt op een heuveltop met een spectaculair uitzicht. Het is gespecialiseerd in scubaduiken en sportvissen, maar is eigenlijk een uitstekende optie voor iedereen. U kunt via het hotel ook snorkelen, mountainbiken, kajakken, tennissen en paardrijden. **www.ocotalresort.com**

Verklaring van de prijsklassen: *zie blz. 200*　　　　　**Verklaring van de symbolen:** *zie de achterflap*

PLAYA OSTIONAL Pacha Mama

Limonal, 3 km NO van Ostional **Tel.** *371-7941* **Fax** *228-5173* **Kamers** *35*

Dit spirituele toevluchtsoord zonder poespas diep in de heuvels boven Ostional wordt gerund als een commune en biedt gasten de mogelijkheid tot kamperen of een verblijf in huisjes met een rieten dak. Er worden meditatiesessies, yoga en stille retraites aangeboden. Minimumverblijf één week. **www.pacha-mama.org**

PLAYA OSTIONAL Tree Tops Bed & Breakfast

San Juanillo, 5 km N van Ostional **Tel.** *682-8098* **Fax** *682-8298* **Kamers** *1*

De eigenaars verhuren één kamer in hun eigen huis met rieten dak. Het biedt uitzicht op een inham aan zee die omringd wordt door een bos dat wemelt van het leven. Gasten worden als familie binnengehaald, de maaltijden zijn overheerlijk. Activiteiten als zwemmen tussen de schildpadden, paardrijden en sportvissen.

PLAYAS DEL COCO Hotel Puerta del Sol

ZO van plaza **Tel.** *670-0195* **Fax** *670-0650* **Kamers** *10*

Dit kleine, intieme hotel wordt met verve bestierd door de Italiaanse eigenaars. Het is in warme, tropische pastel-kleuren ingericht. Het Puerta del Sol staat bekend om Sol y Luna, het fijnproeversrestaurant in de openlucht *(blz. 233)*. Het ligt enkele minuten van het vissersdorp Playas del Coco en biedt duik-, sportvis- en boottochten.

PLAYAS DEL COCO Rancho Armadillo

1,6 km ZO van Playas del Coco **Tel.** *670-0108* **Fax** *670-0441* **Kamers** *6*

Dit hotel in haciëndastijl ligt heel rustig op een uitgestrekt terrein. De ruime kamers zijn fraai ingericht en beschikken alle over een 'regenwouddouche'. De eigenaar, een voormalige chef-kok, bereidt op verzoek maaltijden. **www.ranchoarmadillo.com**

RINCÓN DE LA VIEJA Buena Vista Mountain Lodge & Adventure Center

27 km NO van Liberia via Cañas Dulces **Tel.** *661-8158* **Fax** *661-8158* **Kamers** *80*

Deze ecolodge, een voormalige veeboerderij, staat bekend om de vele activiteiten die worden aangeboden. Gasten verblijven in hutten van steen en hout. In het rustieke openluchtrestaurant worden *tipico* (streek)gerechten geserveerd op basis van ter plekke gekweekte producten. **www.buenavistacr.com**

RINCÓN DE LA VIEJA Hacienda Lodge Guachipelín

22 km NO van Liberia via Curubandé **Tel.** *666-8075* **Fax** *442-1910* **Kamers** *40*

Dit ongekunstelde, knusse hotel vormt het hart van een nog in bedrijf zijnde vee- en paardenboerderij. Het ligt ideaal voor wie het Parque Nacional Rincón de la Vieja te paard wil verkennen. De brede, aanlokkelijke veranda's lenen zich uitstekend voor een siësta. **www.guachipelin.com**

RINCÓN DE LA VIEJA Rincón de la Vieja Lodge

27 km NO van Liberia via Curubandé **Tel.** *661-8198* **Fax** *661-8198* **Kamers** *22*

Deze natuurlodge, dicht bij de ingang van het nationale park, omvat rustieke houten slaapzalen, hutten en bungalows, die verspreid over een landschapspark liggen. Ongeveer 70 procent van het uitgestrekte terrein van de lodge valt onder een reservaat. Prijzen zijn inclusief maaltijden. **www.rincondelaviejalodge.com**

SÁMARA Hotel Belvedere

Playa Sámara, NO van voetbalveld **Tel.** *656-0213* **Fax** *656-0215* **Kamers** *12*

Dit knusse hotel tegen een heuvel dicht bij het strand bezit huisjes in de stijl van een Zwitsers chalet, sommige met airconditioning en een kingsize bed. Vanuit het bubbelbad en het zwembad in de weelderige tuin kijkt u uit over de oceaan. Het ontbijt, dat bij de prijs is inbegrepen, wordt op het terras opgediend.

SÁMARA Hotel Casa del Mar

Playa Sámara, O van voetbalveld **Tel.** *656-0264* **Fax** *656-0129* **Kamers** *17*

De Frans-Canadese eigenaars stellen hoge eisen aan hun kleine bed-and-breakfast van twee verdiepingen. De kamers zelf zijn eenvoudig ingericht. In de tropische tuin en bij het bubbelbad zijn hangmatten en ligstoelen voorhanden. Op het nabijgelegen, 8 km lange strand kunt u rustige wandelingen maken. **www.casadelmarsamara.com**

SANTA CRUZ Hotel La Calle de Alcala

ZO van Plaza de los Mangos **Tel.** *680-0000* **Fax** *680-1633* **Kamers** *29*

Hotel La Calle de Alcala is een intiem, modern hotel met een aansprekende inrichting en een aantrekkelijke bar en restaurant in de openlucht. De kamers hebben airconditioning en een aanpalende badkamer. Tot de faciliteiten behoren een zwembad, een bubbelbad en twee vergaderzalen.

TAMARINDO Cabinas Arco Iris

O van Parque Central **Tel.** *653-0330* **Fax** *653-0330* **Kamers** *5*

Rijkelijk toegepaste batiks, warme tropische kleuren als mango, papaja en perzik en elementen uit de tegencultuur verklaren de onweerstaanbare aantrekkingskracht van dit afgelegen juweeltje. Karate- en yogalessen, tatoeages en massages. Er is een gemeenschappelijke keuken. **www.hotelarcoiris.com**

TAMARINDO Hostel La Botella de Leche

ZW van Plaza Colonial **Tel.** *653-0944* **Kamers** *12*

Dit moderne hostel voor surfers en rugzaktoeristen biedt veel waar voor uw geld. De airconditioning is centraal geregeld. Gasten kunnen kiezen uit een bed op een slaapzaal of een eigen kamer. Gemeenschappelijke keuken, kluisjes, toegang tot het internet en surfplanken. **www.labotelladeleche.com**

TAMARINDO Luna Llena
P ⑪ ≋ 🗏   ⑤⑤⑤⑤

ZO van Iguana Surf **Tel.** 653-0082 **Fax** 653-0120 **Kamers** 13

Dit intieme hotel met vrolijke kleuren wordt op professionele wijze bestierd door zijn Italiaanse eigenaars. Met natuursteen geplaveide paden voeren naar huisjes met een kegelvormig rieten dak. De comfortabele kamers zijn uiterst smaakvol ingericht. Alle huisjes hebben een eigen badkamer. **www.hotellunallena.com**

TAMARINDO Cala Luna Hotel & Villas
P ⑪ ≋ 🗏 🗏 ♿ 📺   ⑤⑤⑤⑤⑤

1,6 km W van centraal Tamarindo **Tel.** 653-0214 **Fax** 653-0213 **Kamers** 38

Warme aardetinten en glimmend gewreven hardhout sieren dit luxehotel met een Nieuw-Mexico-thema. De gasten verblijven in kamers of villa's. Alle kamers hebben een eigen patio, alle villa's een eigen zwembad, parkeergelegenheid en keuken. In het restaurant is de streekkeuken van Guanacaste te krijgen *(blz. 223)*. **www.calaluna.com**

TAMARINDO Capitán Suizo
P ⑪ ≋   ⑤⑤⑤⑤⑤

1 km ZW van Plaza Colonial **Tel.** 653-0075 **Fax** 653-0292 **Kamers** 30

Dit luxueuze hotel aan het strand ligt in een weelderige tuin met een organisch vormgegeven zwembad. In de stijlvolle kamers is veel natuursteen en hardhout toegepast. Het openluchtrestaurant is een van de beste van de streek *(blz. 234)*. Lid van de Small Distinctive Hotels of Costa Rica *(blz. 198)*. **www.hotelcapitansuizo.com**

TAMARINDO Sueño del Mar Bed & Breakfast
P ⑪ ≋ 🗏   ⑤⑤⑤⑤

Playa Langosta, 1 km Z van Tamarindo **Tel.** 653-0284 **Fax** 653-0558 **Kamers** 6

Dit huis uit de koloniale tijd is verbouwd tot een stijlvolle bed-and-breakfast, die door de familie wordt bestierd. De kamers hebben houten plafonds, terracotta plavuizen en exquise meubilair. In de tuin, die uitkomt op het strand, wordt u een heerlijk ontbijt voorgezet. **www.sueno-del-mar.com**

TAMARINDO Tamarindo Diría
P ⑪ ≋ 🗏 ♿ 📺   ⑤⑤⑤⑤⑤

O van Plaza Colonial **Tel.** 653-0032 **Fax** 653-0208 **Kamers** 127

Dit dure resort aan het strand van Tamarindo is zeer esthetisch verantwoord opgezet. Het restaurant bevindt zich in de schaduw van een reusachtige *matapalo* (wurgvijg) op het strand. Twee bars en een klein casino, tennisbanen, een golfcourse, schildpaddenexcursies en boottochten in het oerwoud. **www.hotel-tamarindo-diria-info.com**

TILARÁN Hotel El Sueño
P ⑪ 📺   ⑤⑤

N van plaza **Tel.** 695-5347 **Fax** 695-5347 **Kamers** 15

El Sueño is een schoon, goed gedreven hotel met een vriendelijke ambiance en eenvoudige kamers tegen een zeer laag tarief. Het is een aangename halteplaats op weg naar het Laguna de Arenal. Alle kamers liggen op de eerste verdieping rond een open binnenplaats. Geen maaltijden, maar beneden zit een restaurant.

TILARÁN La Carreta Hotel
⑪ 📺   ⑤⑤

O van plaza **Tel.** 695-6593 **Fax** 695-6654 **Kamers** 6

Sinds het vertrek van de oorspronkelijke eigenaar heeft dit hotel iets aan charme ingeboet, maar de verrukkelijke kamers, elk met een eigen thema, zijn nog als vanouds. Eén kamers is in oosterse stijl ingericht. De kamers in het voorste deel zijn leuker dan de nieuwere kamers aan de binnenhof met tuin, waar een warm bad staat.

HET NOORDEN

CAÑO NEGRO Hotel Caño Negro Fishing Club
P ⑪   ⑤⑤⑤

NW van Caño Negro-dorp **Tel.** 656-0071 **Fax** 656-0260 **Kamers** 14

Deze sportvisserslodge op de oever van het Lago Caño Negro heeft ruime, moderne hutten in een voormalige citrusboomgaard. Naast sportvisarrangementen biedt de lodge paardrijtochten en natuurexcursies. Op het terrein bevindt zich ook een souvenirwinkel en is visgerei te koop. **www.canonegro.com**

CHACHAGUA Hotel Bosque de Chachagua
P ⑪ ≋   ⑤⑤⑤⑤

10 km ZO van La Fortuna **Tel.** 239-6464 **Fax** 239-6868 **Kamers** 30

De Chachagua-regenwoudlodge is gevestigd op een in bedrijf zijnde veeboerderij in een particulier regenwoudreservaat aan de voet van een bergketen. De comfortabele, ruime hutten liggen in een prachtige tuin. Het openluchtrestaurant kijkt uit op een veekraal. **www.chachaguarainforesthotel.com**

CIUDAD QUESADA Hotel Occidental El Tucano
P ⑪ ≋ 📺 🗏 ♿ 📺   ⑤⑤⑤⑤

8 km O van Ciudad Quesada **Tel.** 460-6000 **Fax** 460-1692 **Kamers** 87

Dit kuurhotel staat bekend om zijn thermische behandelingen. Het ligt op de lagere hellingen van de dichtbeboste Cordillera Central. De kamers zijn met zorg ingericht. Tot de faciliteiten behoren een casino, tennisbanen, een midgetgolfbaan en wandelpaden. **www.occidentalhotels.com**

LA FORTUNA Gringo Pete's Hostel
≋ P   ⑤

ZO van plaza **Tel.** 479-8521 **Fax** 479-8521 **Kamers** 5

Dit grillig gebouwde hostel voor rugzakreizigers is met vrolijke kleuren ingericht. Het biedt zowel slaapzalen (waarvan één in de openlucht) en eigen kamers. Gasten kunnen gebruikmaken van de gemeenschappelijke keuken en een barbecue. Verder zijn er kluisjes, hangmatten en banken in een eenvoudige lounge, plus een reisbureautje.

Verklaring van de prijsklassen: *zie blz. 200*   **Verklaring van de symbolen:** *zie de achterflap*

LA FORTUNA Luigi's Hotel [P] 🍴 ≋ 🍸 ≡ ♿ [TV] $$$

2 straten W van plaza **Tel.** *479-9636* **Fax** *479-9898* **Kamers** *20*

Dit hotel van twee verdiepingen aan de noordrand van de stad beschikt over comfortabele kamers met een veranda. Voor groepen zijn speciale arrangementen mogelijk. Luigi's Hotel heeft een van de beste restaurants van La Fortuna *(blz. 234)* en biedt daarnaast een klein casino en toegang tot het internet voor gasten. **www.luigislodge.com**

LA VIRGEN DE SARAPIQUÍ Rancho Leona ⊘ [P] 🍴 ♿ $

Oever van de Río Sarapiquí **Tel.** *761-1019* **Kamers** *5*

Rugzaktoeristen verblijven graag in dit eenvoudige hotel op de hoge oever van de Río Sarapiquí. In sommige kamers staan stapelbedden. De lodge beschikt over een klein kuurcentrum. Verder kunt u er onder meer kajakken – de eigenaar verzorgt kajaktochten – en Spaanse taalcursussen volgen. **www.rancholeona.com**

LA VIRGEN DE SARAPIQUÍ Centro Neotrópico SarapiquíS Ecolodge [P] 🍴 ♿ $$$$

N van La Virgen de Sarapiquí **Tel.** *761-1004* **Fax** *761-1415* **Kamers** *36*

Dit stijlvolle, hedendaagse hotel, onderdeel van een omvangrijk ecologisch centrum *(blz. 155)*, is gebouwd in een stijl die is geïnspireerd op traditionele inheemse bouwtechnieken. De aardetinten van het interieur zijn hiermee in overeenstemming. In het mooie openluchtrestaurant en de bar is het regenwoud niet ver weg. **www.sarapiquis.org**

LAGUNA DE ARENAL Chalet Nicholas [P] 🍴 $$$

1,6 km W van Nuevo Arenal **Tel.** *694-4041* **Fax** *695-5387* **Kamers** *3*

Deze goedkope bed-and-breakfast van drie verdiepingen biedt intieme kamers. De gastvrije eigenaars van Chalet Nicholas onthalen hun gasten op biologische maaltijden en verzorgen paardrijtochten. Paden voeren het aangrenzende woudreservaat in. **www.chaletnicholas.com**

LAGUNA DE ARENAL Lake Coter Eco-Lodge ⊘ [P] 🍴 ♿ $$$

6 km NW van Nuevo Arenal **Tel.** *289-6060* **Fax** *288-0123* **Kamers** *46*

Deze natuurlodge staat bekend om zijn vele activiteiten, zoals kajakken, kanoën, vissen, wandelen, paardrijden en vogels observeren. De duplexhutten zijn leuker dan de standaardkamers, vooral vanwege het uitzicht op de Volcán Arenal en de meren Arenal en Coter die ze bieden. **www.ecolodgecostarica.com**

LAGUNA DE ARENAL Mystica Lodge [P] 🍴 ♿ $$$

16 km W van Nuevo Arenal **Tel.** *692-1001* **Kamers** *6*

De aardige Italiaanse eigenaars bestieren dit intieme hotel met zorg. In de kamers overheerst de romantische esthetiek, het uitzicht vanaf de veranda's is schitterend. In het restaurant, waar een grote bakoven staat, komen fijnproevers aan hun trekken *(blz. 234)*. Er is ook een kleine souvenirwinkel. **www.mysticalodge.com**

LAGUNA DE ARENAL Villa Decary [P] 🍴 $$$$

3 km O van Nuevo Arenal **Tel.** *383-3012* **Fax** *694-4330* **Kamers** *8*

Deze moderne bed-and-breakfast, oorspronkelijk een kleine koffieplantage, biedt uitzicht op het rustige Arenal-meer. Het ademt een prettige sfeer, waarin u zich meteen zult thuisvoelen. Zowel vogelliefhebbers als homo's komen hier graag. Gasten kunnen beschikken over vogelgidsen en verrekijkers van het hotel. **www.villadecary.com**

LAGUNA DE ARENAL Hotel La Mansion Inn [P] 🍴 ≋ ♿ $$$$$

8 km O van Nuevo Arenal **Tel.** *692-8018* **Fax** *692-8019* **Kamers** *16*

Dit luxehotel op een spectaculaire plek in de heuvels biedt een stijlvol restaurant *(blz. 235)*. De kamers zijn met veel zorg ingericht en hebben een brede veranda met schommelstoelen. De suites en luxekamers zijn voorzien van een tv en minibar. Ritten te paard zijn bij de prijs inbegrepen; er zijn roeiboten te huur. **www.lamansionarenal.com**

LAS HORQUETAS Rara Avis 🍴 $$$

14 km W van Las Horquetas **Tel.** *764-3131* **Fax** *764-4187* **Kamers** *18*

Rara Avis ligt diep in het regenwoud. Het was een van de eerste natuurlodges en particuliere regenwoudreservaten in het land *(blz. 159)*. Tot de rustieke accommodatie behoort ook een uiterst sobere boomhut. De tarieven gelden voor twee nachten, inclusief maaltijden. **www.rara-avis.com**

MUELLE Tilajari Resort Hotel and Country Club [P] 🍴 ≋ 🍸 ≡ ♿ [TV] $$$$

19 km NW van Ciudad Quesada **Tel.** *469-9091* **Fax** *469-9095* **Kamers** *76*

Tilajari Resort Hotel and Country Club is een uitgestrekt resort met veel faciliteiten op de oever van de Río San Carlos. Zakenlieden komen er graag. Het hotel biedt tal van excursies en voorzieningen, zoals een souvenirwinkel, tennisbanen en botanische en vlindertuinen. **www.tilajari.com**

PARQUE NACIONAL VOLCÁN ARENAL Arenal Observatory Lodge [P] 🍴 ≋ ♿ $$$$

8 km ZO van parkingang **Tel.** *692-2070* **Fax** *290-8427* **Kamers** *35*

De ligging van deze moderne ecolodge is spectaculair: op de flanken van de Volcán Chato, met uitzicht op de Volcán Arenal vanuit de kamers en het restaurant *(blz. 235)*. De accommodatie varieert van stapelbedden in hutten tot luxekamers en een boerenwoning met vier slaapkamers. Wandeltochten met gids. **www.arenal-observatory.co.cr**

PN VOLCÁN ARENAL Montaña de Fuego Resort & Spa [P] 🍴 ≋ ≡ [TV] ♿ $$$$

6 km W van La Fortuna **Tel.** *460-1220* **Fax** *460-1455* **Kamers** *50*

De comfortabele houten hutten van dit luxehotel hebben grote ramen die een weids uitzicht bieden op de vulkaan. Door de weelderige tuin loopt een netwerk van paden. U kunt een helikoptertocht maken of gaan paardrijden of wildwatervaren. Het resort biedt een souvenirwinkel en een saunacomplex. **www.montanadefuego.com**

PARQUE NACIONAL VOLCÁN ARENAL Volcano Lodge [P] 🍴 🏊 ❄ [TV] $$$$

6 km W van La Fortuna ***Tel.*** *460-6080* ***Fax*** *460-6020* ***Kamers*** *62*

Dit moderne hotel aan de noordkant van de Volcán Arenal heeft huisjes met twee slaapkamers, die een schitterend uitzicht bieden op de vulkaan. Op de patio staan schommelstoelen klaar. De inrichting is comfortabel, maar niet erg bijzonder. In het restaurant worden u goede maaltijden voorgezet. **www.volcanolodge.com**

PUERTO VIEJO DE SARAPIQUÍ Posada Andrea Cristina 💳 [P] 🍴 ♿ $$

1 km W van Puerto Viejo ***Tel.*** *766-6265* ***Fax*** *766-6265* ***Kamers*** *4*

Deze comfortabele bed-and-breakfast ligt in een bostuin die veel wilde dieren trekt. De lodge wordt op een hoog niveau onderhouden door een actieve natuurbeschermer en zijn vrouw, die uitstekend kookt. De eigenaar neemt zijn gasten mee op informatieve excursies naar de nabijgelegen attracties. **www.andreacristina.com**

PUERTO VIEJO DE SARAPIQUÍ Biologisch Centrum La Selva [P] 🍴 $$$$

3 km Z van Puerto Viejo ***Tel.*** *766-6565* ***Fax*** *766-6535* ***Kamers*** *10*

De lodge op dit bekende biologische onderzoekstation *(blz. 158)*, beheerd door de Organisatie voor Tropische Studies (OTS), biedt zowel slaapzalen als eigen kamers. Het tarief is inclusief vaste maaltijden op vaste tijdstippen. Reserveren is noodzakelijk op La Selva, dat vooral natuurliefhebbers aanspreekt. **www.ots.ac.cr**

PUERTO VIEJO DE SARAPIQUÍ Selva Verde [P] 🍴 $$$$$

8 km W van Puerto Viejo ***Tel.*** *766-6800* ***Fax*** *766-6011* ***Kamers*** *45*

Selva Verde, een wereldberoemde ecolodge en particulier reservaat *(blz. 156)*, is gespecialiseerd in vogelexcursies en natuurwandelingen. De activiteiten hebben een educatieve toets; er zijn natuurbehoudsprogramma's voor studenten en docenten. Ruime kamers met een overdekte veranda. Prijzen inclusief maaltijden. **www.selvaverde.com**

DE CARIBISCHE KUST

BARRA DEL COLORADO Río Colorado Lodge 🍴 ❄ [TV] $$$$$

W van landingsstrook Barra del Colorado Sur ***Tel.*** *710-6879* ***Fax*** *231-5987* ***Kamers*** *18*

Deze sportvisserslodge staat op palen aan de monding van de Río Colorado. Hij beschikt over goed uitgeruste glasvezelboten met ter zake kundige gidsen en een welvoorziene hengelsportwinkel. Verder biedt de lodge een kleine dierentuin en boottochten in het naburige regenwoud. **www.riocoloradolodge.com**

BARRA DEL COLORADO Silver King Lodge 🍴 🏊 $$$$$

W van landingsstrook Barra del Colorado Sur ***Tel.*** *711-0708* ***Fax*** *711-0708* ***Kamers*** *10*

Boven de moerassige rivieroever naast de Río Colorado Lodge ligt een van hout gebouwde sportvisserslodge. De ruime hutten zijn met plankieren met elkaar verbonden. Er zijn verschillende visarrangementen mogelijk. De lodge is gesloten van half juni tot en met augustus en van half november tot en met december. **www.silverkinglodge.net**

CAHUITA Alby Lodge 💳 [P] $$

ZO van bushalte en plaza ***Tel.*** *755-0031* ***Fax*** *755-0031* ***Kamers*** *4*

Deze door een Oostenrijker bestierde lodge ligt te midden van gazons dicht bij het strand. De kleine, eenvoudig ingerichte hutten hebben een rieten dak en staan op palen. Alle hutten zijn voorzien van een hangmat en klamboes over de bedden. Gasten kunnen gebruikmaken van de gemeenschappelijke keuken. **www.albylodge.com**

CAHUITA Atlantida Lodge [P] 🍴 🏊 🍸 ♿ $$$

Playa Negra 1,6 km N van Cahuita-dorp ***Tel.*** *755-0115* ***Fax*** *755-0213* ***Kamers*** *30*

Deze lodge ligt op een groen terrein op een steenworp van het strand. De daken van riet en bamboe versterken het tropische gevoel, evenals de hangmatten in het openluchtrestaurant. Dit bescheiden geprijsde hotel met duplexhutten wordt gewetensvol beheerd door Frans-Canadese eigenaars. **www.atlantida.co.cr**

CAHUITA El Encanto Bed & Breakfast Inn [P] 🍴 ♿ $$$

Playa Negra, 1 km N van Cahuita-dorp ***Tel.*** *755-0113* ***Fax*** *755-0432* ***Kamers*** *7*

Dit verrukkelijke hotel wordt omringd door een tuin die een boeddhistische esthetiek uitstraalt. Smaakvolle stoffen en kunst sieren de kamers, die in grootte variëren. Het hotel organiseert verschillende activiteiten, zoals kajakken, paardrijden, snorkelen, scubaduiken en dolfijnexcursies. **www.elencantobedandbreakfast.com**

CAHUITA Kelly Creek Cabins & Restaurant [P] 🍴 $$$

O van bushalte, naast parkwachterskantoor Kelly Creek ***Tel.*** *755-0007* ***Kamers*** *4*

Dit hotel aan het strand ligt naast de ingang van het Parque Nacional Cahuita. De ruime houten hutten hebben brede veranda's. Aan één eind van het mooie strand zijn de golven zeer geschikt om te surfen. In het openluchtrestaurant wordt Spaanse kost geserveerd; er is ook een uitstekende barbecue. **www.hotelkellycreek.com**

CAHUITA Magellan Inn [P] 🍴 🏊 ❄ $$$

Playa Negra, 5 km N van Cahuita-dorp ***Tel.*** *755-0035* ***Fax*** *755-0035* ***Kamers*** *6*

Het schitterende terrein en de fijnproeverskeuken *(blz. 235)* zijn de troeven van dit door een familie bestierde hotel aan het noordeinde van Cahuita. Alle kamers hebben een veranda met uitzicht op een verzonken zwembad en de prachtige tuin. De schone stranden van Cahuita liggen op loopafstand. **allcostaricatravel.com/magellan.html**

Verklaring van de prijsklassen: *zie blz. 200* **Verklaring van de symbolen:** *zie de achterflap*

GUÁPILES Casa Río Blanco Ecolodge

Rio Blanco, 6 km W van Guápiles **Tel.** *710-4124* **Fax** *710-4124* **Kamers** *6*

Deze verrukkelijke bed-and-breakfast ligt aan de rivier aan de rand van het woud en wordt gedreven door een aardig stel. De hutten hebben een warme, rustige inrichting. De lodge biedt natuurpaden en een uitstekende gelegenheid om dieren te observeren – in de omliggende bossen leven ruim 300 vogelsoorten. **www.casarioblanco.com**

PUERTO LIMÓN Hotel Park

Calle 1 en Avenida 3 **Tel.** *758-3476* **Fax** *758-4364* **Kamers** *32*

Dit schone, goede beheerde hotel heeft een van de beste restaurants van de stad en een bewaakte parkeerplaats (een must in deze plaats). De kamers zijn eenvoudig, maar adequaat. Het loont de moeite wat meer te betalen voor een kamer met balkon en uitzicht op de oceaan. De bar wordt bezocht door de plaatselijke bewoners.

PUERTO VIEJO DE TALAMANCA Chimúri Beach Cottages

Playa Negra, 1,6 km W van Puerto Viejo **Tel.** *750-0119* **Fax** *750-0119* **Kamers** *3*

Deze enclave van houten hutten, waarvan twee met een verdieping, biedt een rustig verblijf aan het strand op 20 minuten lopen van het dorp. Mauricio Salazar, de vriendelijke Bribri-eigenaar, verzorgt excursies naar het Reserva Indígena KeköLdi *(blz. 173)*. **http://greencoast.com/chimuri.htm**

PUERTO VIEJO DE TALAMANCA Kaya's Place

Playa Negra, W van Puerto Viejo **Tel.** *750-0690* **Fax** *750-0713* **Kamers** *26*

Dit hotel van twee verdiepingen wordt bestierd door rasta's. Het is in Afro-Caribische stijl gebouwd van hout. Het hotel ligt op een steenworp van het strand; vanuit uw hangmat op het terras hebt u een prachtig uitzicht op zee. In de lounge worden films vertoond. **www.kayasplace.com**

PUERTO VIEJO DE TALAMANCA Playa Punta Uva Cabinas

Punta Uva, 5 km O van Puerto Viejo **Tel.** *750-0431* **Kamers** *3*

Deze knusse, fraaie accommodatie ligt in een weelderige palmentuin naast het strand. De hartelijke Nederlandse eigenaar is altijd in voor een praatje en onderhoudt de van plaatselijke hardhoutsoorten gebouwde hutten met veel zorg. **www.puntauva.com**

PUERTO VIEJO DE TALAMANCA Rockings J's

O van bushalte Puerto Viejo, aan de weg naar Manzanillo **Tel.** *750-0657* **Kamers** *10*

Dit goedlopende, populaire surfershostel biedt verschillende soorten accommodatie, zoals kampeerplekken, hangmatten onder een overkapping, slaapzalen en kamers. De ambiance is levendig en kleurig. U kunt hier ook surfplanken en fietsen huren. **www.rockingjs.com**

PUERTO VIEJO DE TALAMANCA Casa Verde Lodge

ZO van bushalte Puerto Viejo **Tel.** *750-0015* **Fax** *750-0047* **Kamers** *13*

Dit kraakheldere hotel met een Zwitserse eigenaar biedt ruime kamers tegen een zeer schappelijk tarief, een souvenirwinkel en een expositie over pijlgifkikkers. Verder kan de lodge ook excursies voor u regelen. Op loopafstand liggen enkele uitstekende eetgelegenheden met de lokale en internationale keuken. **www.cabinascasaverde.com**

PUERTO VIEJO DE TALAMANCA La Costa de Papito

Playa Cocles, 1,6 km O van Puerto Viejo **Tel.** *750-0704* **Fax** *750-0080* **Kamers** *10*

Dit hotel ligt in een tropische tuin aan de rand van een woud. Vlakbij strekt zich het witte Playa Cocles uit. De ruime, hardhouten hutten hebben een aansprekend jungledecor, enorme veranda's en een aangrenzende badkamer. Het ontbijt wordt opgediend op de veranda of in het hoofdgebouw. **www.greencoast.com/papito.htm**

PUERTO VIEJO DE TALAMANCA Shawandha Lodge

Playa Chiquita, 5 km O van Puerto Viejo **Tel.** *750-0018* **Fax** *750-0037* **Kamers** *11*

De romantische sfeer in dit resort, dat zich tot in het regenwoud uitstrekt, wordt benadrukt door de hedendaagse inrichting van de ruime hutten met rieten daken. Het openluchtrestaurant is befaamd om zijn op Frankrijk geïnspireerde keuken *(blz. 236)*. **www.shawandhalodge.com**

PUERTO VIEJO DE TALAMANCA Samasati Nature Retreat

Hone Creek, 3 km W van Puerto Viejo **Tel.** *224-1870* **Fax** *224-5032* **Kamers** *18*

In yoga en de holistische praktijk gespecialiseerd hotel, hoog in de beboste heuvels. U kunt kiezen uit eenvoudige hutten met gedeelde badkamer, bungalows of huizen van twee verdiepingen met alle voorzieningen. Volop mogelijkheid om dieren te observeren, maar u hebt een terreinwagen nodig om hier te komen. **www.samasati.com**

SELVA BANANITO RESERVE Selva Bananito Lodge

26 km ZW van Puerto Limón **Tel.** *253-8118* **Fax** *280-0820* **Kamers** *11*

Deze rustieke regenwoudlodge ligt dicht bij het Reserva Biológica Hitoy-Cerere. De hutten staan op palen. De lodge is een uitstekende keus voor liefhebbers van de natuur en actieve vakanties. De eenvoudige, bij de prijs inbegrepen maaltijden, worden gezamenlijk genuttigd. Terreinwagen noodzakelijk. **www.selvabananito.com**

TORTUGUERO Miss Junie's

N van algemene haven, Tortuguero-dorp **Tel.** *711-0683* **Kamers** *12*

Dit eenvoudige hotel van twee verdiepingen wordt bestierd door een fantastische dame, die haar gasten Caribisch *soul food (blz. 236)* voorzet. Miss Junie's ligt dicht bij de lagune. Kamers met rieten meubelen, tegelvloeren, vensters met blinden en plafondventilator, alle met een eigen badkamer met warm water.

TORTUGUERO Tortuga Lodge & Gardens   🚻 🏖 $$$$

*5 km N van Tortuguero-dorp **Tel.** 257-0766 **Fax** 257-1665 **Kamers** 27*

In deze vakkundig beheerde eco- en sportvislodge vindt u ruime kamers in een weelderige omgeving. Natuurgidsen van topklasse nemen de gasten mee om schildpadden en andere wilde dieren te observeren. Voor het diner schuift iedereen aan. Verschillende arrangementen mogelijk. **www.costaricaexpeditions.com**

TORTUGUERO Laguna Lodge   🚻 🏖 ♿ $$$$$

*1,6 km N van Tortuguero-dorp **Tel.** 225-3740 **Fax** 283-8031 **Kamers** 80*

Deze ecolodge aan de rivier is gespecialiseerd in natuurexcursies. Bij de lodge horen vlinder- en botanische tuinen, en een restaurant dat boven het water hangt. Arrangementen zijn inclusief transfers, maaltijden (buffet) en natuurtochten. Indien gewenst kunt u vistripjes maken met een ervaren gids. **www.lagunatortuguero.com**

HET ZUIDEN

BAHÍA DRAKE Jinetes de Osa   🚻 $$$$

*Z van Agujitas **Tel.** 236-5637 **Fax** 241-2906 **Kamers** 9*

U vindt dit hotel in het regenwoud aan het strand. Het accent ligt er op scubaduiken. De kamers zijn eenvoudig, maar schoon en comfortabel. De tarieven zijn inclusief maaltijden in het openluchtrestaurant. Mexicaanse en Italiaanse keuken, met versgebakken brood en verse ingrediënten. **www.costaricadiving.com**

BAHÍA DRAKE Aguila de Osa Inn   🚻 $$$$$

*1 km Z van Agujitas **Tel.** 296-2190 **Fax** 232-7722 **Kamers** 13*

Aguila de Osa is gespecialiseerd in scubaduiken en sportvissen. De lodge ligt in een kloof aan de monding van de Río Agujitas. De ruime, maar sober ingerichte kamers zijn tegen een steile helling gebouwd. Prijzen voor kamers zijn inclusief heerlijke maaltijden in het openluchtrestaurant *(blz. 236).* **www.aguiladeosainn.com**

BAHÍA DRAKE La Paloma Lodge   🚻 🏖 $$$$$

*Playa Cocalito, 1,6 km Z van Agujitas **Tel.** 239-2801 **Fax** 239-0954 **Kamers** 11*

La Paloma is een door een familie bestierd luxehotel op een groen terrein boven op een klif, met uitzicht op schitterende zonsondergangen. De ruime, gezellige hutten zijn voorzien van brede balkons met hangmat. Alle activiteiten, zoals de nachtelijke tochten, zijn bij de prijs inbegrepen. Gesloten in oktober. **www.lapalomalodge.com**

CABO MATAPALO Buena Esperanza   🏖 P 🚻 $$$

*Playa Sombrero, 16 km Z van Puerto Jiménez **Tel.** 735-5531 **Fax** 735-5648 **Kamers** 3*

Dit leuke, kleurige hotel buiten de gebaande paden spreekt vooral surfers en rugzaktoeristen aan. Gemeenschappelijke kamers met gedeelde badkamers, die blootstaan aan de elementen. Buena Esperanza heeft een bar annex restaurant die zeer in trek is en gewoonlijk tjokvol zit.

CABO MATAPALO Bosque del Cabo   P 🚻 🏖 $$$$$

*19 km Z van Puerto Jiménez **Tel.** 735-5206 **Fax** 735-5206 **Kamers** 12*

Dit door een familie beheerde hotel combineert eenvoud met luxe. In het omringende bos wemelt het van de dieren; geelvleugelara's nestelen op het terrein. Het openluchtrestaurant betrekt zijn energie van de zon en serveert heerlijk eten, dat bij de kamerprijs is inbegrepen. Yoga, boomkruintochten en andere excursies. **www.bosquedelcabo.com**

CABO MATAPALO Lapa Ríos   🏖 P 🚻 🏖 $$$$$

*14 km Z van Puerto Jiménez **Tel.** 735-5130 **Fax** 735-5179 **Kamers** 16*

Deze luxueuze oerwoudlodge ligt in een particulier reservaat, waar u uitstekend vogels en andere dieren kunt observeren. Het uitzicht over de oceaan is adembenemend. Lichte, open bamboebungalows met een romantische sfeer en een fijnproeversrestaurant *(blz. 236)* onder een *palenque* (hoge rieten overkapping). **www.laparios.com**

CARATE Corcovado Lodge Tent Camp   🚻 $$$$

*1,6 km W van Carate **Tel.** 257-0766 **Fax** 257-1665 **Kamers** 20*

Dit kamp aan het strand, vlak bij het Parque Nacional Corcovado, heeft een fantastische op-safari-in-het-oerwoudsfeer. De badkamers zijn gemeenschappelijk. U eet in een restaurant met een rieten dak. De populairste activiteit is dieren observeren vanaf een platform in de boomkruin. Prijs inclusief maaltijden. **www.costaricaexpeditions.com**

CARATE Lookout Inn   P 🚻 🏖 $$$$

*1 km O van Carate **Tel.** 735-5431 **Fax** 735-5431 **Kamers** 8*

Dit hotel met twee verdiepingen ligt op een mooie plek in de heuvels. De geelvleugelara laat zich er vaak zien. Een houten trap voert bergopwaarts naar spectaculaire zeegezichten. Verschillende activiteiten, waaronder naar goud zoeken in de Río Carate. Prijs inclusief maaltijden. **www.lookout-inn.com**

CARATE Luna Lodge   P 🚻 $$$$$

*1 km N van Carate **Tel.** 380-5036 **Kamers** 15*

Deze vredige regenwoudlodge biedt zijn gasten de keus tussen lichte hutten met rietdak en tenten in safaristijl. De restaurant-bar huist onder een traditioneel conisch rietdak, op een prachtige plek. Prijs inclusief maaltijden. De Luna Lodge biedt verschillende activiteiten. U hebt een terreinwagen nodig om er te komen. **www.lunalodge.com**

Verklaring van de prijsklassen: *zie blz. 200*   **Verklaring van de symbolen:** *zie de achterflap*

CIUDAD NEILY Hotel Andrea `P ⑪ 🗏 TV` `$$`

37 km O van Golfito **Tel.** *783-3784* **Fax** *783-1057* **Kamers** *45*

Dit moderne hotel in koloniale stijl in het hart van Ciudad Neily beschikt over comfortabele kamers en een goed restaurant *(blz. 236)*. De kamers zijn spotgoedkoop, gezien de voorzieningen die Hotel Andrea biedt. **www.hotelvillabosque.com**

DOMINICAL Cabinas San Clemente `🗏 P ⑪` `$$`

W van voetbalveld **Tel.** *787-0026* **Fax** *787-0158* **Kamers** *16*

San Clemente is een vriendelijk surfershostel op een steenworp van het strand. Sommige kamers hebben airconditioning en warm water, de nieuwere hebben aan vier kanten een veranda. Er zijn ook volledig ingerichte huizen te huur. De populaire bar en grill *(blz. 236)* liggen iets verder weg.

DOMINICAL Refugio Nacional de Vida Silvestre Barú `P ⑪ 🕿` `$$$`

3 km N van Dominical **Tel.** *787-0003* **Fax** *787-0057* **Kamers** *6*

Dit natuurreservaat *(blz. 182)* beschikt over sober ingerichte hutten, elk met een schitterend uitzicht over het woud en op loopafstand van het strand. U kunt hier ook kamperen. Gasten hebben de keus uit een ruim aanbod van activiteiten, uiteenlopend van een nacht in het oerwoud tot vogeltochten. **www.haciendabaru.com**

DOMINICAL Hotel Roca Verde `P ⑪ 🛏 🗏 🕿` `$$$$`

1 km Z van Dominical **Tel.** *787-0036* **Fax** *787-0013* **Kamers** *10*

Pluspunten van dit kleine hotel aan het strand zijn de leuke *cabinas* (huisjes) en een open bar en restaurant met regelmatig live muziek. Surfers komen er graag *(blz. 236)*. Kajakken, boomkruintochten, sportvissen en fietsen behoren tot de mogelijkheden. **www.rocaverde.net**

DOMINICAL Villas Río Mar Jungle & Beach Resort `P ⑪ 🛏 🗏 🕿` `$$$$`

1 km N van Dominical **Tel.** *787-0052* **Fax** *787-0054* **Kamers** *40*

Dit hotel ligt aan de oever van de Río Barú en wordt omringd door tropisch bos. De onlangs gerenoveerde bungalows met rietdaken zijn gesitueerd in weelderige tuinen. Het resort biedt een zwembad met een bar in het water, een bubbelbad, een tennisbaan en een romantisch restaurant in een *palenque*. **www.villasriomar.com**

ESCALERAS Bella Vista Lodge `🗏 P ⑪` `$$$`

6 km ZO van Dominical **Tel.** *388-0155* **Kamers** *5*

Bella Vista is een paardenranch op een bergtop. De houten hutten zijn voorzien van een badkamer en een veranda met hangmatten. De kamers in de lodge hebben een eigen badkamer en voor het overige gedeelde voorzieningen. U kunt hier paardrijtochten maken. **www.bellavistalodge.com**

ESCALERAS Pacific Edge `P ⑪ 🛏` `$$$`

5 km Z van Dominical **Tel.** *787-8010* **Fax** *787-8080* **Kamers** *4*

Dit verrukkelijke hotel prijkt op een bergrichel, op een hoogte van 183 m. Het wordt omgeven door primaire bossen waar vogelliefhebbers hun hart kunnen ophalen. Eenvoudige hutten met charmante toetsen. Pacific Edge ligt op een goede locatie voor twee nationale parken, Marino Ballena en Manuel Antonio **www.pacificedge.info**

GOLFITO La Purruja Lodge `🗏 P ⑪ 🛏` `$$`

3 km ZO van Golfito **Tel.** *775-1054* **Kamers** *5*

Dit goed beheerde hotel biedt ruime kamers voor weinig geld. De hutten liggen in fraai onderhouden tuinen; daarachter begint het regenwoud. U kunt hier ook kamperen. Op het terrein van de lodge en in de omgeving kunt u mooie vogeltochten maken. **www.purruja.com**

GOLFITO Hotel Centro Turístico Samoa `P ⑪ 🛏 🗏 🕿 TV` `$$$`

N van Pueblo Civil **Tel.** *775-0233* **Fax** *775-0573* **Kamers** *14*

Samoa is een schoon, sober ingericht hotel aan het water met ruime kamers. In de jachthaven liggen zeiljachten en sportvisboten afgemeerd. De levendige bar annex restaurant kijkt mooi uit over de jachthaven en de omringende golf *(blz. 237)*. Het hotel bevat tevens het Museo Marino *(blz. 192)*. **www.samoadelsur.com**

GOLFITO Banana Bay Marina `P ⑪ 🕿 TV` `$$$$`

Z van plaza **Tel.** *775-0838* **Fax** *775-0735* **Kamers** *4*

Banana Bay Marina is een klein, hedendaags hotel met een heerlijke inrichting. De rustige, comfortabele kamers kijken uit over de jachthaven en hebben een eigen badkamer. De Bilge Bar & Grill *(blz. 236)* is een van de beste van het plaatsje. Het hotel biedt internetaansluiting. **www.bananabaymarina.com**

LAS CRUCES Biologisch Centrum Las Cruces `P ⑪ 🕿` `$$$$`

6 km Z van San Vito **Tel.** *773-4004* **Fax** *773-3665* **Kamers** *12*

Dit onderzoekscentrum *(blz. 179)* beschikt over lichte, ruime houten hutten, die uitkijken over het woud. Alle hutten hebben een balkon en eigen badkamer. In de eetzaal, met uitzicht op het Talamanca-gebergte, worden eenvoudige maaltijden opgediend. Het centrum biedt natuurexcursies met een gids. Reserveren noodzakelijk. **www.ots.ac.cr**

LOS PATOS Albergue Ecoturístico Cerro de Oro `🗏 P ⑪` `$$$`

10 km W van La Palma, 5 km Z van Rincón **Tel.** *248-2538* **Fax** *248-1659* **Kamers** *8*

De plaatselijke coöperatie van goudzoekers runt dit ecotoeristische project aan de rand van het Parque Nacional Corcovado. Het zeer eenvoudige hotel heeft alleen koud water. U kunt hier ook kamperen. Wandel- en paardrijtochten met een gids, zoals de Goudtocht en de Geneeskrachtige-kruidentocht.

OJOCHAL Finca Bavaria

P ⑪ 🏊 ⑬ $$$

1 km O van Playa Ballena **Tel.** *(49) 863-0216 (Duitsland)* **Kamers** *5*

Deze door Duitsers beheerde *finca* ligt tussen de tuinen op een heuveltop. De ruime kamers hebben een inrichting met veel bamboe en een romantische sfeer. Op de terrassen kunt u genieten van het uitzicht over de oceaan. Gasten die de omgeving in alle rust willen verkennen kunnen de natuurpaden volgen. **www.finca-bavaria.de**

OJOCHAL Villas Gaia

P ⑪ 🏊 ⑬ $$$

Playa Tortuga, 1 km W van Ojochal **Tel.** *244-0316* **Fax** *244-0316* **Kamers** *12*

Dit kleurige hotel ligt gunstig voor Playa Tortuga en de mangrovebossen van Terraba-Sierpe. Het biedt scubaduiken en andere activiteiten, plus een fijnproeversrestaurant *(blz. 237)*. Vanuit het zwembad boven op de heuvel hebt u een spectaculair uitzicht op de zonsondergang boven de oceaan. **www.villasgaia.com**

OJOCHAL The Lookout at Turtle Beach

⑬ P ⑪ 🏊 📺 $$$$$

Playa Tortuga, 1 km W van Ojochal **Tel.** *378-7473* **Kamers** *10*

Deze luxeaccommodatie is alleen voor groepen te huur. De *casitas* (huisjes) liggen op een fraai ingericht terrein boven op een heuvel. Alle huisjes zijn in pasteltinten ingericht en hebben een eigen patio en een schitterend uitzicht. Het hotel biedt fijnproeversmaaltijden en uiteenlopende activiteiten. **www.hotelcostarica.com**

PARQUE INTERNACIONAL LA AMISTAD Finca Anael

⑬ P ⑪ $$

Reserva Biológica Durika, 18 km O van Buenos Aires **Tel.** *730-0657* **Fax** *730-0657* **Kamers** *9*

Een sobere levensstijl is het kenmerk van deze ecologische boerderij in de bergen. De accommodatie bestaat uit rustieke hutten, maaltijden zijn bij de prijs inbegrepen. De *finca* kan natuurwandelingen onder leiding van een gids voor u verzorgen. U hebt een terreinwagen nodig om hier te komen. **www.durika.org**

PARQUE INTERNACIONAL LA AMISTAD La Amistad Lodge

P ⑪ $$$$

Las Mellizas, 27 km NO van San Vito **Tel.** *228-8671* **Fax** *289-7858* **Kamers** *10*

Deze hooggelegen koffieplantage naast La Amistad is een goede uitvalsbasis voor wie het reservaat wil verkennen. De kamers en hutten zijn eenvoudig, maar comfortabel. De lodge is gespecialiseerd in natuurwandelingen en paardrijtochten, onder meer naar twee kampen hoog in de bergen. Terreinwagen nodig. **www.laamistad.com**

PAVONES Cabinas La Ponderosa

⑬ P ⑪ 🚻 📺 $$$

3 km Z van Pavones, aan de weg naar Punta Banco **Tel.** *824-4145* **Kamers** *6*

La Ponderosa is een populair surfershostel met comfortabele, informele hutten. Alle hutten hebben een eigen badkamer, gelegenheid om buiten te zitten en plafondventilators of airconditioning. Wie even wat anders wil dan surfen kan kiezen uit volleybal, basketbal, paardrijtochten en wandelen in het bos. **www.cabinaslaponderosa.com**

PAVONES Casa Siempre Domingo Bed & Breakfast

⑬ P ⑪ 🗐 $$$

1,6 km Z van Pavones **Tel.** *820-4709* **Kamers** *4*

Door een familie bestierde bed-and-breakfast in een weelderige tuin. De hoge ligging en open bouw geven de briesjes vrij spel, het tropische decor maakt alles nog aantrekkelijker. Kilometerslange, rustige stranden en paden in het regenwoud nodigen uit tot rustig wandelen. Veel waar voor uw geld. **www.casa-domingo.com**

PAVONES Tiskita Lodge

P ⑪ 🏊 $$$$$

Punta Banco, 5 km Z van Pavones **Tel.** *296-8125* **Fax** *296-8133* **Kamers** *16*

Tiskita, een rustieke ecolodge, hoort bij een fruitkwekerij en bosreservaat dat bekendstaat om zijn rijke dierenleven. 'Regenwoudbadkamers' met rivierstenen. De gemeenschappelijke maaltijden worden genuttigd in de openlucht. Natuurtochten met gids bij de prijs inbegrepen. Half september tot half oktober gesloten. **www.tiskita-lodge.co.cr**

PIEDRAS BLANCAS Esquinas Rainforest Lodge

P ⑪ 🏊 $$$$$

Las Gambas, 10 km NO van Golfito **Tel.** *775-0140* **Fax** *775-0140* **Kamers** *14*

Deze prettige ecolodge naast het Parque Nacional Piedras Blancas heeft comfortabele kamers met eigen badkamer en terras. Natuurwandelingen met een gids, kajaktochten in de Golfo Dulce en andere activiteiten behoren tot het aanbod. Prijzen zijn inclusief maaltijden met verse ingrediënten van de lodge. **www.esquinaslodge.com**

PIEDRAS BLANCAS Playa Nicuesa Rainforest Lodge

⑪ $$$$$

Playa Nicuesa, 14 km NW van Golfito **Tel.** *735-5237* **Kamers** *8*

Deze sfeervolle ecolodge heeft zich tussen de oceaan en het regenwoudreservaat nabij Piedras Blancas genesteld. Alle kamers hebben hemelbedden en een douche in de tuin. Alles werkt op zonne-energie. Tarieven inclusief maaltijden. U kunt hier alleen met de boot komen, een reis van 20 minuten vanuit Golfito. **www.nicuesalodge.com**

PIEDRAS BLANCAS Rainbow Adventures Lodge

⑪ 🏊 $$$$$

Playa Cativo, 14 km NW van Golfito **Tel.** *831-5677* **Kamers** *12*

Deze intieme ecolodge aan het strand telt drie verdiepingen; erachter begint een ongerept bos. Prachtig toegepast hardhout, veel antiek en met de hand geweven kleden. Het zwembad wordt gevoed door lokale stroompjes. U kunt hier alleen per boot komen. Maaltijden en transfers bij de prijs inbegrepen. **www.rainbowcostarica.com**

PLAYA PLATANARES Pearl of the Osa

P ⑪ $$$$

3 km O van Puerto Jiménez **Tel.** *735-5205* **Fax** *735-5205* **Kamers** *8*

Dit hotel van twee verdiepingen heeft een eenvoudige inrichting met levendige pasteltinten op een fantastische locatie aan het strand. Pearl beschikt over enkele *palapas* (strandhutten) voor de gasten. In de schaduwrijke bar annex restaurant in de openlucht is het heerlijk relaxen. **www.pearloftheosa.com**

Verklaring van de prijsklassen: *zie blz. 200*   **Verklaring van de symbolen:** *zie de achterflap*

PLAYA PLATANARES Iguana Lodge [P] 🍴 $$$$$

3 km O van Puerto Jiménez ***Tel.*** *735-5205* ***Fax*** *735-5205* ***Kamers*** *8*

Deze lodge naast Pearl of the Osa heeft luxueuze bungalows van bamboe en hout; sommige hebben een douche in de tuin. Prijzen zijn inclusief maaltijden, het diner wordt opgediend onder een hoog rieten dak. De lodge biedt ook een Japans badhuis. **www.iguanalodge.com**

PLAYA SAN JOSECITO Casa Corcovado Jungle Lodge 🍴 ≋ $$$$$

13 km Z van Bahía Drake ***Tel.*** *256-3181* ***Fax*** *256-7409* ***Kamers*** *14*

Dit luxehotel met een junglethema bij de noordgrens van Corcovado beschikt over prachtig ingerichte hutten met een rietdak. De lodge biedt excursies en fijnproeversmaaltijden. U kunt er alleen met de boot komen. Gesloten van september tot half november. **www.casacorcovado.com**

PUERTO JIMÉNEZ Parrot Bay Village [P] 🍴 ☰ ♿ $$$$

O van Puerto Jiménez ***Tel.*** *735-5180* ***Fax*** *735-5568* ***Kamers*** *8*

Parrot Bay Village ligt op een weelderige locatie aan de oceaan. Het heeft acht houten privé-hutten die in een botanische tuin aan een mangrovemoeras liggen. Het zeewater in de buurt is warm en rustig. Activiteiten als dolfijn- en walvistochten, kajakken in het mangrovemoeras, sportvissen en wandelen. **www.parrotbayvillage.com**

RINCÓN Suital Lodge [P] 🍴 $$$

6 km NO van Rincón ***Tel.*** *826-0342* ***Fax*** *826-0342* ***Kamers*** *3*

Deze rustieke houten lodge biedt hutten op palen op een open plek in het bos. Alle hutten hebben een eigen badkamer en balkon. Dichtbij vindt u zo'n 5 km aan bospaden en een rustig strand. Andere activiteiten zijn onder meer kajakken op de Río Esquinas en paardrijtochten. **www.suital.com**

SAN GERARDO DE RIVAS Cabinas Roca Dura 💳 🍴 $

14 km NO van San Isidro ***Tel.*** *771-1866* ***Kamers*** *9*

Roca Dura is een paradijs voor rugzaktoeristen. Het is tegen de rotswand aangebouwd – vandaar de naam. Eenvoudige, wat tochtige, maar bijzondere kamers. De rots doet dienst als een van de muren van de entree en van een van de kamers. Het hotel beschikt ook over een eenvoudig restaurant.

SAN GERARDO DE RIVAS Río Chirripó Mountain Retreat B&B 💳 [P] 🍴 ≋ $$$

13 km NO van San Isidro ***Tel.*** *771-7065* ***Kamers*** *8*

Deze bed-and-breakfast biedt een onweerstaanbare optie: een fantastische locatie aan de rivier, een rijk decor, smaakvolle meubels en een zeer schappelijke prijs. Alle kamers hebben een eigen bad en een balkon dat over de rivier uitkijkt. Er zijn ook enkele tegen de zon beschutte kampeerplaatsen. **www.riochirripo.com**

SAN ISIDRO DE EL GENERAL Rancho La Botija [P] 🍴 ≋ ♿ [TV] $$$

6 km NO van San Isidro de El General ***Tel.*** *770-2147* ***Fax*** *770-2146* ***Kamers*** *11*

Dit charmante, door een familie beheerde hotel ligt tussen de koffieplantages en fruitkwekerijen. Het land valt onder een archeologische zone; een Tocht langs de Paden behoort tot de mogelijkheden. Een 110 jaar oude suikerrietpers is de blikvanger in het sfeervolle restaurant. Er is ook een observatorium. **www.ecotourism.co.cr/docs/labotija**

SIERPE Veragua River Lodge 💳 [P] 🍴 ♿ $$$

1,6 km NO van Sierpe ***Tel.*** *788-8111* ***Fax*** *786-7460* ***Kamers*** *7*

De Veragua River Lodge is een vredig, afgelegen hotel aan een rivier. De Italiaanse eigenaar, een kunstenaar, heeft de twee verdiepingen tellende woning verbouwd tot een intiem hotel met een verrukkelijk tropisch decor. Alle kamers zijn ruim en comfortabel.

UVITA Toucan Hotel [P] ♿ $

O van snelweg 34, centraal Uvita ***Tel.*** *743-8140* ***Kamers*** *10*

Dit is een goed gerund budgethostel bij het Parque Nacional Marino Ballena. Eén kamer beschikt over airconditioning, drie andere delen een badkamer en er is ook een hut. De gasten kunnen gebruikmaken van een gemeenschappelijke keuken, wassalon en tv-kamer. Internetaansluiting beschikbaar. **www.tucanhotel.com**

UVITA Balcón de Uvita [P] 🍴 ≋ $$$

1 km NO van Uvita ***Tel.*** *743-8034* ***Fax*** *743-8034* ***Kamers*** *3*

Dit door een familie bestierd hotel ligt tegen een helling en wordt omringd door bossen. Het staat bekend om zijn toprestaurant met de Thaise en Indonesische keuken *(blz. 237)*. Het uitzicht over de oceaan is er fantastisch. Het nabije Playa Uvita is ideaal om te gaan snorkelen, surfen, kajakken en zwemmen. **www.balcondeuvita.com**

ZANCUDO Cabinas Sol y Mar 💳 [P] 🍴 $$$

1,6 km Z van Zancudo-dorp ***Tel.*** *776-0014* ***Kamers*** *5*

Er is altijd wat te doen in dit aardige hotel met Amerikaanse eigenaars: karaoke, strandgolf en andere activiteiten. Het restaurant legt zich toe op de Californische keuken *(blz. 237)*. Kamers met Guatemalteekse doeken, en verder ook een kampeerterreintje en een huisje met twee slaapkamers. Oktober gesloten. **www.zancudo.com**

ZANCUDO Roy's Zancudo Lodge [P] 🍴 ≋ ☰ ♿ $$$$

N van Zancudo-dorp ***Tel.*** *776-0008* ***Fax*** *776-0011* ***Kamers*** *20*

Deze zeer goed bekendstaande sportvislodge ligt op een winderige plek aan de oceaan. De kamers zijn comfortabel en mooi onderhouden; dicht bij de oceaan vindt u een zwembad en een heet bassin. De lodge beschikt over vistuig voor de gasten. Oktober gesloten. **www.royszancudolodge.com**

RESTAURANTS

De restaurants van San José en enkele andere plaatsen zijn opvallend kosmopolitisch en uiteenlopend van aard. U vindt hier alle keukens, van Peruaans tot Indiaas, maar vooral veel Franse en Italiaanse restaurants. Op het platteland zijn de gerechten veelal op traditionele producten gebaseerd – rijst en bonen, vergezeld van varkensvlees of kip en tropische groenten. Regionale variaties komen veel voor, met name langs de oostkust, waar de Afro-Caribische gerechten op smaak worden gebracht met kokosmelk en specerijen. Elders in Costa Rica worden zelden scherpe kruiden gebruikt. Kleine eettentjes, *sodas*, zijn er in het hele land, net als de bekende fastfoodketens. Overal ziet u fruitstalletjes – vers fruit is een belangrijk onderdeel van de plaatselijke keuken *(blz. 222)*. In San José en andere steden zijn enkele vegetarische restaurants te vinden; in de andere restaurants staat altijd wel één vegetarische schotel op de kaart.

Kok van Hotel Grano de Oro

Terras van restaurant Grano de Oro *(blz. 226)*, San José

RESTAURANTS EN CAFÉS

De hoofdstad biedt verreweg de meeste restaurants, met voor elke portemonnee en elke smaak wat wils. De meeste *haute cuisine* is te vinden in de luxehotels. In San José zijn een aantal internationaal vermaarde restaurants die door bekroonde chef-koks worden geleid. De meeste hiervan zijn gespecialiseerd in de conventionele internationale keuken. Hotels hebben doorgaans hun eigen restaurant, dat overigens in de rimboe vaak de enige plaats is waar u kunt eten. De eigenaar van een *hospedaje* (B&B) wil tegen een vergoeding vaak wel een maaltijd bereiden. De goedkoopste eetgelegenheden voor plaatselijke gerechten zijn de door families gerunde *sodas*, kleine eettentjes met menu's tegen vaste prijs en *casados* (vaststaande lunches, vaak *plato del día*, *plato ejecutivo* of *comida corrida* genoemd).

De arbeider gaat naar de *cantina* – de buurtkroeg met zijn klapdeurtjes – waar *bocas (blz. 222)* worden geserveerd. De vele knokpartijen door dronken klanten schrikken de vrouwelijke bezoeker in elk geval af. U kunt zich beter beperken tot de aanbevolen cafés in de steden. Het hotelpersoneel weet welke u moet mijden.

RESTAURANTKETENS

Alle grote Amerikaanse fastfoodketens zijn in Costa Rica vertegenwoordigd, zoals Burger King, KFC, Pizza Hut en McDonald's. Het land telt ook een paar eigen ketens, zoals Burguí en Rosti Pollo, die concurreren met de Amerikaanse varianten.
In de grote steden vindt u een goede selectie eetcaféketens, voor een kleine maaltijd en soms een goedkoop lopend buffet. Een uitstekende keus is Spoons, in de grotere steden van de Centrale Hoogvlakte, met zijn sandwiches, salades en warme maaltijden tegen een lage prijs. Musmanni is een landelijke *panadería* (bakker) waar vers brood en gebak te krijgen zijn. Mexicaanse kost is de specialiteit van Antojitos, die filialen heeft in en rond San José. Bagelman's verkoopt bagels, sandwiches en ontbijtspecialiteiten; Pops is de plaatselijke ijsketen.

EETGEWOONTEN

Tico's (Costaricanen) kennen dezelfde eetgewoonten als de Europeanen, maar er zijn een paar verschillen. Het *desayuno* (ontbijt) bestaat uit *gallo pinto (blz. 222)* geserveerd met vers fruit en koffie verkeerd. De mannen drinken vaak een whisky bij hun ontbijt. Families komen vaak in het weekeinde samen om te brunchen. Veel bedrijven gaan om 12.00 uur dicht voor de *almuerzo* (lunch), die wel twee uur kan duren. De *merienda* (koffiepauze halverwege de middag) is nog

Café in het dorp Ojochal, bij Dominical

El Sano Banano Village Restaurant & Café *(blz. 230)*, **Montezuma**

steeds populair. De meeste restaurants sluiten rond 23.00 uur, omdat de Costaricanen vroeg eten. Tico's nemen de tijd als ze eten en blijven vaak lang natafelen, wat frustrerend kan zijn als het restaurant vol is. Veel restaurants zijn op zondag gesloten.

Tico's nodigen zelden vrienden of bekenden uit voor een etentje thuis, maar nemen hun gasten liever mee uit eten. Ze komen zelden op de afgesproken tijd aan, behalve voor belangrijke zakenbesprekingen – het is zelfs onbeschoft om op tijd te komen als u bij mensen thuis bent uitgenodigd voor de *cena* (diner).

BETALEN EN FOOI

Menu's tegen vaste prijs, zoals *casados*, zijn hun geld meestal meer waard dan de gerechten à la carte. Bij *sodas* kunt u een gezonde maaltijd voor 800 colones eten. In stijlvolle restaurants kost een driegangenmenu met wijn rond de 13.000 colones per persoon. *Sodas* berekenen geen omzetbelasting – elders is bij de prijs doorgaans 13 procent omzetbelasting inbegrepen. Vaak wordt op uw rekening automatisch 10 procent bedieningsgeld bijgeschreven. Zeg hier gerust iets van als u de bediening slecht vond en geef alleen fooi als u goed bediend werd. De meeste restaurants in de steden en vakantieoorden accepteren creditcards, maar op het platteland, in kleine restaurants en in *sodas* betaalt u contant. VISA is de bekendste creditcard, gevolgd door MasterCard en American

Express; er zijn maar weinig gelegenheden waar Diners Club of travellercheques geaccepteerd worden.

HYGIËNE

Het eten is in heel Costa Rica van hoge kwaliteit en het kraanwater is in de meeste regio's betrouwbaar. Toch is het raadzaam voorzorgsmaatregelen te nemen. Drink alleen flessenwater, vruchtensap of drank uit een fles. Alle restaurants, hotels en supermarkten verkopen flessenwater. Bestel drinken zonder ijs *(sin hielo).* Salades, groenten en fruit vormen geen probleem, behalve in het Caribisch gebied, Puntarenas en Golfito, waar de hygiëne twijfelachtig is. Eet voor de zekerheid geen salades en ongekookte groenten en schil al het fruit, vooral het fruit dat u op de markt of bij een fruitstalletje in de stad hebt gekocht. De melk en zuivelproducten zijn overal ge-

Cocktailkaart, Ricky's Bar, Cahuita

pasteuriseerd. Eet geen vlees, vis, schelp- en schaaldieren die niet gaar zijn.

KINDEREN

Costaricanen zijn gek op kinderen. De meeste restaurants zijn kindvriendelijk. Er is doorgaans een kinderstoel aanwezig en veel restaurants bieden kinderporties of hebben zelfs een kindermenu. Veel eetgelegenheden (fastfoodzaken en eetcafés op het platteland) bieden speelruimte.

ALCOHOL

De restaurants hebben meestal een vergunning voor bier en sterke drank, waaronder *guaro*, de nationale drank. De chiquere restaurants serveren ook buitenlandse wijnen, hoewel buiten de Centrale Hoogvlakte de kwaliteit vaak te wensen overlaat vanwege de belabberde opslag. Tijdens verkiezingen mag er geen alcohol verkocht worden, net als de drie dagen voor Pasen (donderdag–zaterdag); de Tico's slaan echter een voorraad in en vlak voor de verkiezingen wordt er dan ook stevig gedronken.

ROKEN

Roken is populair in Costa Rica – er wordt zelfs tussen de gangen door of tijdens het eten gerookt. Veel restaurants hebben een rookvrij gedeelte, hoewel dat zelden in een aparte ruimte is.

Keuken van Iguana Lodge, Playa Platanares *(blz. 219)*

Wat eet u in Costa Rica

Op de *ferias de agricultores* (boerenmarkten) van Costa Rica staan kraampjes vol glimmend fruit als exotische guaves, cashewappels (*marañon*) en papaja's. Tomaten, paprika's en pompoen voegen daar hun eigen kleuren en geuren aan toe, net als de vele kruiden en specerijen. Met gras gevoede koeien leveren vlees en verse melk, en het pluimvee scharrelt vrij rond tot aan de slacht. Het warme water voor de kust van Costa Rica levert verse vis en schaaldieren glinsterend van de pekel. De belangrijkste culinaire stijlen zijn Caribisch en creools.

Rijpe papaja's

Een van de vele *sodas* (eet-kramen) van Costa Rica

De Caribische keuken

De keuken van de Costaricaanse oostkust maakt gebruik van de plaatselijke specerijen en draagt het pittige stempel van Jamaica, vanwege de vele Jamaicanen die in deze streek zijn gaan wonen. De verse schaal- en schelpdieren, zoals garnalen en kreeft, vinden hun weg in de curries en stoofpotten die met chilipeper, gember en madam jeanette-peper worden gekruid. In Tortuguero was groene zeeschildpad lange tijd een populaire vleessoort, vooral in stoofpotten samen met makreel.

Pargo (red snapper) wordt op houtskool gegrild en vaak gekruid met pepers die je mond in brand zetten. De *akee* – een kleine, gele vrucht met een textuur als van roerei – is een belangrijk onderdeel van het ontbijt. De melk van de kokosnoot is de basis voor gerechten en cocktails, en vormt een verkwikkende dorstlesser als hij

Makreel **Mahi mahi**

Kreeft

Garnalen **Red snapper**

Een selectie verse vis en zeevruchten uit Costa Rica

Costaricaanse gerechten en specialiteiten

Gallo pinto (gebakken rijst met zwarte bonen) is het bekendste Costaricaanse gerecht. Het wordt meestal als ontbijt geserveerd met roerei en plakken Monteverde-kaas. Als lunchgerecht heet het *arroz con pollo*, met lichtgekruide gesmoorde kip of varkensvlees. Dit vormt de basis voor *casados* (vaste menu's), geserveerd met worteltjes, cassave, kool, uien, *plátanos* (gebakken banaan) en een eenvoudige salade van sla, tomaten en palmhart. Rijstschotels krijgen wat meer pit door een scheutje *Lizano*, een lichtpittige saus van groente en fruit. De mensen buiten de stad houden van traditionele stoofpotten als *sopa de mondongo*, van pens en groente, en een kruidige soep met ballen, *sopa de albondigas*, uit Guanacaste. Als voorgerecht eet u *bocas*, kleine hapjes, zoals tortilla met kaas. De schildpaddeneieren op de kaart kunnen illegaal geraapt zijn.

Madam jeanette, een hete peper

***Ceviche* bestaat uit stukken rauwe witte vis gemarineerd in citrussap met knoflook, ui en rode en groene paprika, geserveerd op crackers of slabladen.**

Goed bevoorrade kruidenierszaak in San José

rechtstreeks uit de noot wordt gedronken. Plaatselijke vruchten als de citrus, papaja en guava worden gezoet met suiker, kokos en cacao.

GUANACASTECAANSE SPECIALITEITEN

De Guanacastecaanse gerechten komen uit het hart van de *comida criolla* (creoolse keuken) en hebben *maíz* (maïs) als basisingrediënt, een product dat in de pre-Columbiaanse tijd door de inheemse bevolking is geïntroduceerd. De sappige, zoete, gele maïs wordt gegeten als groente – bijvoorbeeld gekookt of geroosterd – of wordt volgens eeuwenoud recept tot meel vermalen voor tortilla- en *tamale*-deeg. *Arroz* (rijst) kwam met de Spanjaarden

uit Azië binnen. Het vormt een belangrijk gewas in het laagland en is het hoofdingrediënt van de nationale

Groenten op de *feria de agricultores* (boerenmarkt)

keuken. De grazende Brahma-koeien leveren goede biefstuk en tartaar op. Uit de zee bij Nicoya komt beroemde vis als de smakelijke dorado of mahi mahi. Playa Flamingo en Playa Tamarindo zijn sportviscentra en de havenstad Puntarenas kent een grote garnalenvloot.

OP DE KAART

Arreglados (nationaal). Bladerdeeg gevuld met kaas en/of vlees.

Akee en kabeljauw (Caribisch). *Akee*, gemengd met gezouten kabeljauw en geserveerd met *callaloo* (lijkt op spinazie) en gefrituurde deegballetjes genaamd *Johnny cakes*.

Cajetas (nationaal). Een dik, noga-achtig dessert van kokosmelk en suiker, gemengd met sinaasappelschil en fruit.

Chorreadas (Guanacaste). Grote maïstortilla's opgediend als pannenkoeken met een laag *natilla* (zure room).

Empanadas (nationaal). Hartige pasteitjes gevuld met gehakt, aardappels en uien, of kaas en bonen.

Pan bon (Caribisch). Donker brood gekruid met nootmuskaat en gezoet met gebrande suiker en gekonfijte vruchten.

Rundown (Caribisch). Makreel gesudderd in kokosmelk met groenten.

Tamales (nationaal). Gestoomde pasteitjes van maïsdeeg gevuld met gehakt en gehuld in bananenbladeren.

Filete de pescado grillé, *gegrilde filet van corvina (zeebaars), wordt geserveerd met ajo (knoflookboter), rijst en gemengde groenten.*

Olla de carne, *een gerecht uit Guanacaste, is een hutspot van vlees en groenten als de pompoenachtige chayote, maïs, banaan, aardappel en cassave.*

Tres leches *bestaat uit lagen compacte cake, gedrenkt in gecondenseerde melk, geëvaporiseerde melk en room, bedekt met slagroom.*

Een restaurant kiezen

De restaurants in deze gids zijn zo veel mogelijk gekozen om de kwaliteit van het eten en de sfeer. In sommige delen van Costa Rica zijn er echter weinig restaurants aan te raden. In die gevallen zijn er eetgelegenheden vermeld die in ieder geval waar voor hun geld bieden. Voor de kaart van San José, zie blz. 78–79.

PRIJSCATEGORIEËN
Voor een driegangenmenu voor één persoon (exclusief wijn), inclusief belasting en bediening:

$ Minder dan $10
$$ $10–15
$$$ $15–20
$$$$ $20–30
$$$$$ Meer dan $30

SAN JOSÉ

CENTRUM La Criollita $
Calles 7/9 en Avenida 7 **Tel.** *256-6511*   ***Kaart** 2 D3*

Door de *vidriera* (gebrandschilderd raam) van dit leuke eettentje op de rand van Barrio Amón valt het zonlicht gefilterd binnen. De weelderige patio wordt bezocht door veel zangvogels. Op de kaart staan uitgebreid ontbijt, kleine lunches en eenvoudige, maar goedverzorgde hoofdgerechten. Populair bij zakenlui. Zondag gesloten.

CENTRUM Mama's Place $
Calles Central/2 en Avenida 1 **Tel.** *223-2270*   ***Kaart** 1 B3*

Dit kleine, bescheiden eethuisje in het hart van het centrum trekt met de lunch veel arbeiders. Het is gespecialiseerd in voedzame *casados* (vaste maaltijden) en Italiaanse pasta's en salades. *Típico* (bijzondere) gerechten staan in de vitrine. De Italiaanse familie die het bestiert, zorgt goed voor haar klanten. Zondag gesloten.

CENTRUM Restaurante Vishnu $
Calles 1/3 en Avenida 1 **Tel.** *290-0119*   ***Kaart** 1 C3*

Een uitstekend restaurant voor vegetariërs met weinig geld. De kaart is uitgebreid en de porties zijn groot. De aandacht ligt op gezonde voeding, waaronder vegetarische hamburgers, salades, vruchtensappen en *casados*. De eigenaars hebben meer van zulke restaurants in heel San José. Het is hier smetteloos schoon.

CENTRUM Balcón de Europa $$
Calle 9 en Avenidas Central/1 **Tel.** *221-4841*   ***Kaart** 2 D3*

Een informeel, tijdloos restaurant in het hart van de stad, met gelambriseerde muren. De Franse chef-kok en eigenaar serveert stevige pasta's en andere gerechten. Er hangen ingelijste spreuken en historische prenten aan de muur. Zaterdag gesloten.

CENTRUM Café de la Posada $$
Calle 17 en Avenida 2 **Tel.** *257-9414*   ***Kaart** 2 E4*

Een heerlijk onconventioneel café-restaurant gerund door Argentijnen. De creatieve gerechten bestaan uit *empanadas* (gevulde pasteitjes), salades, quiches en omeletten. Er zijn cappuccino's en heerlijke desserts, waarvan u geniet terwijl er jazz- of klassieke muziek gespeeld wordt. U kunt buiten eten onder grote parasols.

CENTRUM La Cocina de Leña $$
Centro Comercial El Pueblo, Barrio Tournon **Tel.** *256-5353*   ***Kaart** 2 D1*

Dit uitnodigende, rustieke restaurant ligt verscholen in de smalle steegjes van de El Pueblo-buurt. Het is ingericht in de stijl van een Costaricaanse boerenhoeve en wordt beschouwd als *de* plek voor traditionele kost. Op de kaart staan ook maïsgerechten.

CENTRUM Spoon $$
Calles 5/7 en Avenida Central, en andere locaties in heel San José **Tel.** *224-0328*   ***Kaart** 1 C3*

Schoon en eenvoudig eetcafé dat populair is vanwege zijn goedkope *casados* en andere gerechten als salades, sandwiches – waaronder *lapices* (met kalkoen en cajunkruiden) – en plaatselijke favorieten. De heerlijke broodjes herinneren nog aan de tijd dat deze keten een bakker was.

CENTRUM Aya Sofya $$$
Calle 21 en Avenida Central **Tel.** *221-7185*   ***Kaart** 2 F4*

Dit eenvoudige Turkse restaurant met een vleugje Levant is gevestigd in een voormalig koloniaal gebouw. Er worden traditionele Turkse gerechten geserveerd, waaronder *dolmades* (gevulde druivenbladeren), kebabs en baklava, gemaakt door een Turkse kok. In de weekeinden treden er buikdanseressen op. Zondag gesloten.

CENTRUM Café Mundo $$$
Calle 15 en Avenida 9 **Tel.** *222-6190*   ***Kaart** 2 E2*

Dit verbouwde herenhuis met historisch karakter is een aangename plaats om te dineren. Op de eclectische kaart staan allerlei gerechten, van salade tot biefstuk. Het restaurant, dat verschillende eetzalen heeft, een bar en een in de schaduw van de bomen liggende patio, doet tevens dienst als galerie.

Verklaring van de symbolen: *zie de achterflap*

CENTRUM Café Parisien ♫ ⛱ 🚭 [V] $$$

Parque Mora Fernández, Avenida 2 ***Tel.*** *221-4000* ***Kaart*** *1 C4*

Een uitnodigend restaurant met terras dat 24 uur per dag open is. Ideaal gelegen voor het Teatro Nacional. Er komen geregeld muzikanten en straatventers langs. De eenvoudige *arroz con pollo* (kip met rijst) is goedkoop en machtig; er is ook een buffet. Meestal speelt er een pianist.

CENTRUM Tin Jo 🧒 🍸 🚭 [V] $$$

Calle 11 en Avenidas 6/8 ***Tel.*** *221-7605* ***Kaart*** *2 D4*

Dit knusse restaurant biedt de oosterse keuken. Op de uiteenlopende kaart staan streekgerechten uit China, India, Indonesië, Japan en Thailand. De schotels zijn machtig en smakelijk, en niet zozeer haute cuisine. De inrichting is minimalistisch Aziatisch, maar de donkere sfeer is aantrekkelijk.

CENTRUM Restaurante El Oasis 🧒 ⛱ [V] $$$$

Hotel Santo Tomás, Calles 3/5 en Avenida 7 ***Tel.*** *255-0448* ***Kaart*** *2 D3*

Dit bekoorlijke restaurant ligt tegen Hotel Santo Tomás *(blz. 200)* aan. De lichte en ruime inrichting wordt versterkt door het koloniale tegelwerk en de 19de-eeuwse sfeer. Het restaurant komt uit op een tuin met een watervalletje. De vis en het vlees als filet mignon worden goed klaargemaakt; de dessertkaart is indrukwekkend.

CENTRUM Bakéa 🍸 🚭 [V] $$$$$

Calle 7 en Avenida 11 ***Tel.*** *221-1051* ***Kaart*** *2 D2*

Deze relatieve nieuwkomer is modern ingericht en heeft een creatieve menukaart met nouvelle cuisine. De jonge kok-eigenaar, een Costaricaan die in Parijs is opgeleid, levert nog geen constante kwaliteit, maar op goede avonden is het eten overheerlijk. Zondag gesloten en alleen maandag open voor lunch.

TEN OOSTEN VAN HET CENTRUM Bagelman's 💳 [V] $

Calle 33 en Avenida 2 ***Tel.*** *224-2432*

Deze schone, moderne eetgelegenheid is gespecialiseerd in sandwiches, bagels en broodjes. De sfeer doet denken aan een smaakvol ingericht fastfoodrestaurant. Het ontbijt, waaronder de *gallo pinto (blz. 222)*, is aantrekkelijk goedkoop, maar op de kaart staan ook omeletten en andere lekkere gerechten. In Escazú is ook een filiaal.

TEN OOSTEN VAN HET CENTRUM Café Ruiseñor 🧒 ⛱ [V] $$

Calles 41/43 en Avenida Central ***Tel.*** *225-2562*

Deze lichte brasserie in de buurt Los Yoses, van het verkeerslawaai gescheiden door een brede grasstrook, is ideaal voor een lunch van soep, salade en vis- of vleesgerechten. De cappuccino's en espresso's zijn goed. Eet binnen of op het schaduwrijke terras. Zondag gesloten.

TEN OOSTEN VAN HET CENTRUM Ave Fenix 🚭 $$$

Avenida Central, Los Yoses ***Tel.*** *225-3362*

Een uitstekend Chinees restaurant met een uitgebreide kaart en een authentieke oosterse sfeer, inclusief Chinees personeel. De grote porties zijn redelijk geprijsd. De exotische gerechten krijgen een extra impuls door het creatieve gebruik van originele sauzen, zoals maraschinokersen met limoensap.

TEN OOSTEN VAN HET CENTRUM Île de France 🧒 ⛱ 🍸 [V] $$$$

Hôtel le Bergerac, Calle 35, Z van Avenida Central ***Tel.*** *234-7850*

Inventieve Franse gerechten naast bekende klassiekers als *vichysoisse* vormen het handelsmerk van dit knusse restaurant in het Hôtel le Bergerac *(blz. 202)*. Een grote selectie wijn en heerlijke desserts maken het diner helemaal af. U kunt eten op het ruime terras van de binnentuin.

TEN OOSTEN VAN HET CENTRUM Jürgen's Grill 🧒 🍸 🚭 [V] $$$$$

Boutique Hotel Jade, N van Autos Subaru-dealer, Barrio Dent ***Tel.*** *283-2239*

In het boetiekhotel Jade *(blz. 201)* ligt dit modieuze, moderne en stijlvolle restaurant. De kaart met voornamelijk gerechten van nouvelle cuisine is zeer creatief. De sfeer is aantrekkelijk, hoewel de bediening nogal formeel is en er een kledingvoorschrift geldt. Er is een lounge waar u sigaren kunt roken. Zondag gesloten.

ESCAZÚ Bouzouk 🧒 ♫ 🍸 $$

Calle 2, San Miguel de Escazú ***Tel.*** *289-3217*

Dit kleurrijke Griekse restaurant – het enige in Costa Rica – wordt geleid door Griekse Canadezen. De sfeer is levendig en modern. Er is live muziek. Naast het vaste menu bestaande uit *dolmades* en Griekse salades zijn er ook dagelijkse specialiteiten. Maandag gesloten.

ESCAZÚ Giacomin 🧒 ⛱ 🚭 [V] $$

Calle del Llano, San Rafael de Escazú ***Tel.*** *288-3381*

In dit eetcafé worden kleine hapjes en allerlei broodjes aangeboden, van croissants tot *paninis*. De specialiteit is de verrukkelijke zelfgemaakte chocolade en de bijzondere koffies. Geniet ervan in het café met airconditioning of op het terras met uitzicht op een fraai aangelegde tuin. Zondag gesloten.

ESCAZÚ Lunas y Migas 💳 🚭 [V] $$

Centro Comercial Trejos Monte, San Rafael de Escazú ***Tel.*** *288-2774*

Deze kleine, verfijnde delicatessenzaak staat bekend om zijn heerlijke croissants, quiches, pizza's, pasta's, Argentijnse *empanadas* en desserts, maar ook om zijn cappuccino's en espresso's, geserveerd door sympatieke gastheren, die pas uit Argentinië zijn overgekomen.

ESCAZÚ Le Monastère

6 km W van Escazú **Tel.** *289-4404*

Dit modieuze restaurant hoog boven Santa Ana is gevestigd in een voormalige kapel en heeft het kloosterleven als thema. De obers zijn verkleed als monnik en Gregoriaanse muziek vult de historische gangen en eetzalen. Tot de Franse gerechten behoren *escargots* en zeebaars met krab, kaviaar en champagne. Zaterdag gesloten.

ESCAZÚ Atlanta Dining Room

Tara Resort Hotel, San Antonio de Escazú **Tel.** *228-6992*

Dit vermaarde restaurant, in het Tara Resort Hotel *(blz. 202)*, trekt de maatschappelijk elite van Costa Rica. De antieke meubelen dragen bij aan de formele, zelfs afstandelijke vooroorlogse sfeer. Op de kaart staan bekende Europese favorieten als kreeftensoep en gegrilde biefstuk met garnalen en bearnaisesaus.

ESCAZÚ El Invernadero

Avenida 5, W van Calle León Cortes San Miguel de Escazú **Tel.** *228-0216*

Een stijlvol restaurant verscholen in het hart van een woonwijk van San Miguel de Escazú. El Invernadero serveert Costaricaanse en Italiaanse nouvelle cuisine. De *tilapia chile dulce* (vis in brandy en rode-paprikasaus) is een aanrader. Doe een colbertje of trui aan, want de airconditioning staat nogal hoog. Zondag gesloten.

ESCAZÚ La Luz

Alta Hotel, Alto de las Palomas, 3 km W van Escazú **Tel.** *282-4160*

Hoge plafonds en een stijlvol hedendaags interieur met klassieke toets kenmerken dit chique restaurant in het Alta Hotel *(blz. 202)*. De inventieve nouvelle cuisine maakt gebruik van plaatselijke producten – de kwaliteit van het eten kent echter zijn goede en minder goede perioden.

TEN WESTEN VAN HET CENTRUM Sabor Nicaragüense

Calle 20 en Avenidas Central/1 **Tel.** *248-2547*

Dit schone en door een familie bestierde restaurant ligt vlak bij het Coca Cola-busstation. Hier worden Nicaraguaanse gerechten en Costaricaanse schotels geserveerd tegen een lage prijs. Het restaurant heeft airconditioning en een klein terras aan de drukke straat.

TEN WESTEN VAN HET CENTRUM Antojitos

W van Sabana Oeste, Rohrmoser **Tel.** *231-5564*

Een levendig Mexicaans restaurant waar alle traditionele favorieten worden geserveerd, naast steaks en gegrild vlees. De margarita's zijn heerlijk. Soms speelt er een mariachi-orkest. Antojitos heeft filialen in de hele stad. De keten is erg populair bij de stadsbewoners – het kan er erg lawaaiig zijn.

TEN WESTEN VAN HET CENTRUM Machu Picchu

Calle 32 en Avenidas 1/3 **Tel.** *222-7384*

Zeer populair visrestaurant waar de bediening geweldig is. Tot de gerechten behoren hoogstaande Peruaanse schotels, van *ceviche* (gemarineerde rauwe vis of schelpdieren) tot de *picante de mariscos*, stoofschotel van zeevruchten. U drinkt er *pisco sour* bij, de huisdrank. Peruaanse kunst en posters sieren het interieur. Zondag gesloten.

TEN WESTEN VAN HET CENTRUM Marisquería La Princesa Marina

Sabana Oeste, ZW-hoek van Parque Sabana **Tel.** *232-0481*

In dit eenvoudige, kantine-achtige restaurant aan de westkant van Parque Sabana worden goede, eenvoudige visgerechten geserveerd. Het is er altijd druk, vooral met arbeiders die genieten van de grote porties. *Ceviche* als voorgerecht is een aanrader, net als het hoofdgerecht *corvina al ajillo* (zeebaars in knoflook).

TEN WESTEN VAN HET CENTRUM Lubnan

Calles 22/24 en Paseo Colón **Tel.** *257-6071*

Klein, maar populair Libanees restaurant met authentieke Levantijnse gerechten als *falafel* en *shish kebabs*, geserveerd door obers in rode jasjes met een fez op. De waterpijp wordt doorgegeven, wat vooral in trek is bij de jonge clientèle, die hier komt voor de feestelijke sfeer. Maandag gesloten.

TEN WESTEN VAN HET CENTRUM La Bastille

Calle 22 en Paseo Colón **Tel.** *255-4994*

Dit stijlvolle, semi-formele restaurant aan een drukke, doorgaande weg bestaat reeds lang. Het serveert hoogstaande Franse gerechten, bereid door chef-kok Hans Pulfer. De bediening is afstandelijk en een jasje of nette kleding is gewenst. Zondag gesloten.

TEN WESTEN VAN HET CENTRUM La Masía de Triquell

Calle 44, Sabana Norte **Tel.** *296-3528*

Een groot, stijlvol restaurant in Edificio Casa España dat gespecialiseerd is in Spaanse gerechten, zoals paella en *corvina a la vizcaína* (zeebaars met gesauteerde spinazie). De bediening is professioneel en wat formeel. Reserveren is noodzakelijk.

TEN WESTEN VAN HET CENTRUM Restaurant Grano de Oro

Hotel Grano de Oro, Calle 30 en Avenidas 2/4 **Tel.** *255-3322*

Een van de beste restaurants van de stad is dit stijlvolle Grano de Oro in het voornaamste boetiekhotel *(blz. 203)* van San José. Hier komt de maatschappelijke en zakelijke elite. De gerechten zijn een mengeling van de Franse en Costaricaanse keuken en de desserts zijn subliem. Het ontbijt is gezond en machtig. Hoffelijke bediening.

Verklaring van de prijsklassen: *zie blz. 224*   **Verklaring van de symbolen:** *zie de achterflap*

CENTRALE HOOGVLAKTE

ALAJUELA Jalapeños Comida Tex-Mex

Calle 2 en Avenidas Central/1 **Tel.** *430-4027*

Dit levendige restaurant heeft een vaste klantenkring van plaatselijk expatriates. Op de kaart staan hamburgers en omeletten en Tex-Mex-gerechten als *tostadas* (gevulde tortilla's), maïs-nachos en *huevos rancheros* (een ontbijtfavoriet van tortilla's en eieren).

ALAJUELA Xandari

Tacacori, 5 km N van Alajuela **Tel.** *443-2020*

Het schitterende uitzicht over de vallei vanaf het balkon vormt het hoogtepunt van dit romantische restaurant, gevestigd in een prachtig boetiekhotel midden in de koffieplantages *(blz. 204)*. De hoogstaande, gezonde gerechten zijn bereid met verse plaatselijke ingrediënten en gaan vergezeld van robuuste wijnen en koffie van het land.

ATENAS C@fé K-puchinos

NO-hoek van plaza

In dit koloniale adobehuis is een internetcafé gevestigd. De Spaanse eigenaars serveren lichte maaltijden als *tortillas española* en op Spanje geïnspireerde nouvelle cuisine, zoals zalm in wijnsaus. Op de uitgebreide wijnkaart staat ook sangría. De goede koffies maken dit tot een aangename ontbijtgelegenheid.

ATENAS Mirador del Cafetal

Snelweg 3, 8 km W van Atenas **Tel.** *446-7361*

Smakelijke, eenvoudige gerechten worden geserveerd in dit wegrestaurant dat prachtig uitzicht biedt over de koffievelden en bergdalen. Op de uitgebreide kaart staan stevige ontbijtgerechten en inheemse gerechten als *tamales (blz. 223)*, maar ook smoothies, cappuccino's en daiquiri's.

CIUDAD CARIARI Antonio Ristorante Italiano

10 km NW van San José **Tel.** *293-0622*

Het stijlvolle en moderne Antonio Ristorante Italiano is gespecialiseerd in goed klaargemaakte Italiaanse gerechten, van gnocchi tot een lekkere spaghetti met inktvis. Goedkope *casados* (vaste maaltijden) zijn ideaal voor de lunch. De bediening is uitstekend. Het restaurant heeft een pianobar.

CIUDAD CARIARI Sakura

Ribera de Belén, 1 km ZO van San Antonio de Belén **Tel.** *298-0000*

Goede Japanse gerechten worden geserveerd in een authentieke oosterse omgeving. Het restaurant staat naast het Hotel Herradura, dat in Japanse handen is. Er zijn een sushibar, teppanyaki-grills waar u kunt zien hoe uw eten wordt bereid, en tatami-kamers met eigen kok. In de vijver in het pand zwemmen koi.

HEREDIA Azzurra

Calles 2/4 en Avenida 2 **Tel.** *260-9083*

In dit knusse eetcafé bij het centrale plein komen veel plaatselijke expatriates. U eet hier omelet en *gallo pinto (blz. 222)* als ontbijt, maar ook salades, sandwiches en heerlijke ijscoupes, alles voor weinig geld. Een heerlijk ongedwongen plek waar u door de Engelssprekende klanten op de hoogte gebracht wordt van de plaatselijke roddels.

HEREDIA Spoon

Plaza Heredia, Calle 9 en Avenida 6 **Tel.** *260-1333*

Dit kleine, schone eetcafé aan de rand van het centrum staat bekend om zijn goedkope *casados*, salades, snacks, desserts en heerlijke gebak. Alles is zelfbediening. Er komen veel studenten van de universiteit om te ontbijten of te lunchen.

HEREDIA Hotel Bougainvillea

Santo Domingo de Heredia, 3 km ZO van Heredia **Tel.** *244-1414*

Dit schone en goedverlichte restaurant in Hotel Bougainvillea *(blz. 204)* is versierd met aantrekkelijke kunst. U eet er Europese en streekgerechten van superieure kwaliteit. De bediening is altijd professioneel, en de bekwame, scrupuleuze eigenaar houdt alles goed in de gaten. De weekendbrunches zijn populair bij ingewijden.

HEREDIA Le Petit Paris

Calle 5 en Avenidas Central/2 **Tel.** *262-2524*

Dit kleine, knusse restaurant midden in de stad is gevestigd in een verbouwde woning. De traditionele Franse keuken – kip à la Normandie is zo'n voorbeeld – is erg smakelijk, en op de uitgebreide kaart staan salades, sandwiches en gebak. Crêpes zijn de specialiteit. Er zijn kunsttentoonstellingen en op woensdag is er live jazzmuziek.

HEREDIA Restaurante Don Próspero

Santa Lucía, 1 km N van Heredia **Tel.** *260-2748*

Dit informele, stijlvolle openluchtrestaurant hoort bij Café Britt *(blz. 92)*. Op de kaart staan gezonde gerechten als biologisch geteelde groenten en heerlijke desserts – en natuurlijk allerlei soorten koffie. Hoewel dit restaurant onderdeel is van een uitgebreide rondleiding, zijn hier ook andere gasten welkom.

HEREDIA Finca Rosa Blanca Country Inn   ⇆ V $$$$$

Santa Barbara de Heredia, 6 km NW van Heredia **Tel.** *269-9392*

De verfijnde maaltijden die in dit luxe boetiekhotel *(blz. 204)* worden geserveerd hebben een vaste prijs en bestaan uit vier heerlijke gangen. De talentvolle kok gebruikt ingrediënten van eigen land voor zijn bekroonde kwaliteitsgerechten. De sympathieke eigenaars eten soms met gasten aan de enorme hardhouten tafel. Reserveren.

LA GARITA Fiesta del Maíz   V $

Snelweg 3, 1 km W van Pan-Amerikaanse snelweg **Tel.** *487-5757*

Dit populaire wegrestaurant is gespecialiseerd in gerechten van maïs, zoals *chorreadas* (maïsbeignets) en *tamales (blz. 223)*, geserveerd in een eenvoudige omgeving. Het restaurant is populair bij de plaatselijke bevolking en zit in de weekeinden goed vol, als er *gallo pinto (blz. 222)* en andere favorieten worden geserveerd. Maandag–donderdag gesloten.

LA GARITA Restaurante Le Gourmet   🛋🎵📺⇆V $$$$

Martino Resort & Spa, Snelweg 3, 3 km O van Pan-Amerikaanse snelweg **Tel.** *433-8382*

Luxueus restaurant in het Martino Resort & Spa *(blz. 205)*, met een rondlopend balkon dat uitkijkt op het zwembad. De gezonde Italiaanse kost bestaat uit verse groenten en fruit uit de tuin van het hotel zelf. Het restaurant is tot 3 uur 's nachts geopend.

MONTE DE LA CRUZ Hotel Chalet Tirol   🛋Y V $$$$

Monte de la Cruz, 10 km NO van Heredia **Tel.** *267-6222*

Dit knusse restaurant met balkenplafonds is gevestigd in een hotel in Zwitserse stijl *(blz. 205)*. 's Avonds is er een haardvuur en dineert u bij kaarslicht. Hoewel de nadruk ligt op traditionele Franse gerechten staan er op de kaart ook creatieve gerechten van Costaricaanse ingrediënten, zoals garnalen in venkel en pernodsaus.

OROSI Orosi Lodge   📺V $

ZW van plaza, Orosi-dorp **Tel.** *533-3578*

Dit kleine eetcafé in een kleine lodge *(blz. 205)* in de zuidoosthoek van het dorp heeft een aangename sfeer. Er wordt een licht ontbijt geserveerd, maar ook pizza's, snacks en koekjes en ijs. Op regenachtige dagen bieden de jukebox en het tafelvoetbalspel afleiding. Er is internetaansluiting aanwezig.

SABANA REDONDA Restaurante Jaulares   🛋🎵📺Y $$

19 km N van Alajuela **Tel.** *482-2155*

Dit restaurant op de koele hellingen van de Volcán Poás lijkt op een rustieke boerenhoeve. U eet er traditionele gerechten, biefstuk en vis. De pizza's worden gebakken in een traditionele houtoven *(horno)*. Neem een trui mee voor de frisse avonden. De live muziek in de weekeinden trekt veel gasten.

SABANA REDONDA Las Fresas   🛋Y⇆V $$$$

18 km N van Alajuela **Tel.** *482-2620*

Verrukkelijke, op Italië geïnspireerde kost in een gezellig en stijlvol restaurant in de bergen. Met haardvuur. De combinatie van een uitnodigende sfeer en bijzonder goed bereide en gepresenteerde gerechten trekt klanten van heinde en verre. De zeebaars met knoflookroomsaus is een aanrader. Wijnen uit de hele wereld.

SAN ANTONIO DE BELÉN El Rodeo   🛋📺⇆V $$$

6 km Z van Alajuela **Tel.** *293-3909*

Dit lichte, met hout afgewerkte restaurant is aantrekkelijk rustiek, met zadels en andere ruiterbenodigdheden, wat zorgt voor een unieke uitstraling. De keuken is authentiek Costaricaans, zoals de maïstortilla's met gesneden tong. De fantasierijke gerechten als varkenshaas in jalapeñoroomsaus worden door veel klanten gewaardeerd.

SAN JOSÉ DE LA MONTAÑA Las Ardillas   📺Y V $$$

10 km N van Heredia **Tel.** *260-2172*

Deze lodge van hout en natuursteen ligt midden tussen de naaldbomen. De rustieke sfeer wordt nog eens versterkt door de enorme open haard die op kille dagen en avonden staat te branden. De specialiteit zijn geroosterde vleesgerechten, klaargemaakt in een houtoven, en vis, maar er zijn ook plaatselijke favorieten.

SAN PABLO DE LEÓN CORTÉS Bar Restaurante Vaca Flaca   ⇆Y V $$

40 km ZO van San José

Dit rustieke restaurant ligt in een naaldbos langs de Ruta de los Santos *(blz. 97)*. De sfeer is hartelijk. De stoelen zijn bekleed met koeienhuiden en er hangen cowboyhoeden, opgezette hertenkoppen en oude geweren. Er worden eenvoudige traditionele gerechten geserveerd, en hamburgers, sandwiches en de zelfgebrande koffie van het restaurant.

SAN RAMÓN Valle Escondido Lodge   📺Y⇆V $$$

14 km N van San Ramón **Tel.** *452-1150*

Dit van veel glas voorziene restaurant wordt eerder aangeraden vanwege zijn prachtige ligging in de bergen met schitterend uitzicht over de vallei, dan om zijn keuken. Op de uiteenlopende kaart overheersen de Italiaanse gerechten, maar er staan ook lokale favorieten op, zoals *corvina al ajillo* (zeebaars in knoflook).

SANTA MARÍA DE DOTA La Casona de Sara   V $

O van Beneficio Coopedota **Tel.** *541-2258*

Onder leiding van een charmante dame worden in dit eenvoudige familierestaurant hartige *típico*-gerechten geserveerd uit de open keuken, waar u welkom bent om onder de deksels te kijken en uw keuze te maken. Bestel in ieder geval de *batidos* van vers fruit, ook wel *refrescos* (shakes) genoemd.

Verklaring van de prijsklassen: *zie blz. 224*   **Verklaring van de symbolen:** *zie de achterflap*

SARCHÍ Restaurante Las Carreteras 🧒 🍽 ☀ [V] $$$

Naast Fábrica de Carretas Joaquín Chaverrí, Sarchí Sur ***Tel.*** *454-1633*

Een huiselijk en licht restaurant in het hart van dit ambachtscentrum combineert een rustieke uitstraling met een modern interieur. Op de uitgebreide kaart staan soepen, salades en hamburgers, maar ook Italiaanse gerechten en plaatselijke favorieten. Op zonnige dagen kan er buiten worden gedineerd.

TURRIALBA Café Gourmet ☀ 🧒 🍽 [V] $

Calles 2/4 en Avenida 4 ***Tel.*** *556-9689*

Dit charmante eetcafé, in een oud, houten huis vlak bij de hoofdstraat, biedt *gallo pinto* voor ontbijt, kleine hapjes en verrukkelijke desserts, maar ook allerlei soorten thee en koffie. Er is een kleine, beschutte patio die vanaf de straat bereikbaar is. Zondag gesloten.

TURRIALBA Hotel Casa Turire 🧒 🍽 🍸 ☀ [V] $$$$

Hacienda Atirro, 8 km ZO van Turrialba ***Tel.*** *531-1111*

Dit stijlvolle restaurant dat uitkomt op een weelderig aangelegde binnentuin met fonteinen is gevestigd in een chic boetiekhotel *(blz. 205).* Op de kaart staan gerechten geïnspireerd op plaatselijke ingrediënten. Hoogtepunt vormen de heerlijke desserts en op het landgoed geteelde koffie. De schotels zijn creatief opgemaakt, maar niet verfijnd.

VARA BLANCA Restaurante Colbert 🧒 🍽 ☀ [V] $$

22 km N van Alajuela ***Tel.*** *482-2776*

Het uitzicht van de berg naar beneden is reden genoeg voor een etentje in dit door Fransen gerunde bakkerij-café, waar u crêpes, lichte maaltijden, zoetigheden en Costaricaanse nouvelle cuisine *à la français* kunt eten, zoals tilapia in tomatensaus. Het restaurant ligt boven op de continentale waterscheiding en is vaak in wolken gehuld.

CENTRAAL-PACIFISCHE KUST EN ZUID-NICOYA

JACÓ Bar Restaurante Colonial 🧒 🍽 ☀ [V] $$

Calle Bohío en Avenida Pastro Díaz ***Tel.*** *643-3326*

Een ruim opgezet, licht restaurant met een tropisch thema en een dakraam, grote bar, en de mogelijkheid om buiten in de schaduw te eten. Op de ambitieuze kaart staan lichte gerechten, waaronder barhapjes, en verse zeevruchten met een modern tintje – de mosselen in knoflook en olijfolie zijn kenmerkend.

JACÓ Lighthouse Point Steak and Seafood House 🧒 🍽 🍸 ☀ [V] $$$

Snelweg 34 en El Bulevar ***Tel.*** *643-3083*

Een creatief ontworpen wegrestaurant dat 24 uur per dag open is, met een levendige bar goede souvenirwinkel en een eclectische inrichting met surfplanken aan het plafond. De uitgebreide internationale kaart loopt uiteen van stevig Amerikaans ontbijt tot sushi en *casados* (vaste maaltijden). Vervoer van en naar het hotel is gratis.

JACÓ Hotel Poseidon Bar y Restaurante 🍽 🍸 [V] $$$$

Hotel Poseidon, Calle Bohío ***Tel.*** *643-1642*

Dit restaurant in Hotel Poseidon *(blz. 206)* staat bekend om zijn stevige ontbijt en creatieve fusiongerechten, zoals pittige reuzengarnalen met pinda's. Oosterse kleden, houtsnijwerk en natuurstenen muren zorgen voor een warme sfeer, die word versterkt door de live jazzmuziek. De halfopen muur laat de tropische bries binnen.

JACÓ Pacific Bistro 🍽 ☀ [V] $$$$

Calle Las Palmeras en Avenida Pastro Díaz ***Tel.*** *643-3083*

Dit haute cuisine-restaurant in de hoofdstraat serveert de Aziatisch-Pacifische fusionkeuken met het accent op verse zeevruchten. De pittige Indonesische bami met garnalen is een specialiteit. De professioneel geschoolde chef-kok Kent Green blijkt een ware keukenprins. De klant kan kiezen tussen binnen of buiten eten.

MALPAÍS Playa Boa Restaurant ☀ 🍽 🍸 [V] $$$

Hotel Trópico Latino, 1 km N van Carmen ***Tel.*** *640-0062*

Dit restaurant aan het strand hoort bij Hotel Trópico Latino. Het staat bekend om zijn nouvelle cuisine. De gerechten worden geserveerd in een romantisch, tropisch ingericht interieur. De verse lokale ingrediënten worden gemengd met kruiden en dranken uit de hele wereld – op de kaart staat bijvoorbeeld de vis van de dag in kokossaus.

MALPAÍS Rancho Itauna ♫ 🍽 🍸 [V] $$$

Playa Santa Teresa, 1,6 km N van Carmen ***Tel.*** *640-0095*

Dit kleine, bescheiden en kleurrijke restaurant is vermaard om zijn vollemaans- en nieuwjaarsfeesten. U eet hier van de internationale keuken, maar de nadruk ligt op Braziliaanse gerechten. Soms zijn er feesten en is er live muziek, en elke donderdagavond is er een traditionele barbecue.

MALPAÍS Nectar Bar and Restaurante 🧒 🍽 🍸 ☀ [V] $$$$

Florblanca Resort, Playa Santa Teresa, 5 km N van Carmen ***Tel.*** *640-0232*

Uitstekende kaart en dito sfeer in het modieuze Florblanca Resort *(blz. 206).* De verfijnde, op Azië geïnspireerde fusiongerechten worden met flair gepresenteerd. De fraaie ligging aan het strand krijgt nog meer uitstraling als 's avonds de kaarsen worden aangestoken. Aan de bar wordt sushi geserveerd en allerlei muziek gedraaid, van klassiek tot jazz.

MANUEL ANTONIO Café Milagro ▦✂️V $$$

5 km Z van Quepos **Tel.** *777-0794*

Een klein eetcafé langs de weg met een prettige sfeer en eenvoudige meubels in tropische pastelkleuren. Van de broodjes, het gebak en de verschillende soorten koffie en thee kunt u op het beschutte terras aan de achterkant genieten. Het eetcafé heeft ook een souvenirwinkel. Zondag en in het laagseizoen in de avond gesloten.

MANUEL ANTONIO Mar y Sombra 🎵▦✂️V $$$

Playa Espadilla Sur **Tel.** *777-0003*

Goed en eenvoudig eten wordt geserveerd in dit openluchtrestaurant aan het strand met tafeltjes onder de palm-bomen. De simpele, betonnen tafels en banken staan op het strand, maar er is ook een overdekt gedeelte waar live muziek wordt gespeeld. Op de kaart staan hamburgers, vis en *típico*-gerechten, waaronder *gallo pinto (blz. 222)*.

MANUEL ANTONIO Restaurante Gato Negro 🪑▦Y✂️V $$$

Hotel Casitas Eclipse, 5 km Z van Quepos **Tel.** *777-1728*

Dit ruime restaurant is gevestigd in een stijlvol hotel. Het ademt een knusse, romantische sfeer en biedt een schitte-rend uitzicht. De kaart is mediterraan en de wijnkaart is groot. Er zijn veel pastagerechten, zoals tagliatelle, en andere Italiaanse favorieten.

MANUEL ANTONIO Barba Roja 🚶🎵▦Y✂️V $$$$

3 km Z van Quepos **Tel.** *777-0331*

Een gerenommeerd restaurant in de bergen met een schitterend uitzicht en een goede reputatie. De nadruk ligt op vis en steaks, hoewel er op de kaart ook Mexicaanse gerechten staan, lichte maaltijden en ontbijtgerechten. De bar in de buitenlucht trekt veel mensen, vanwege de zonsondergang. Maandag gesloten.

MANUEL ANTONIO Claro Que Si 🪑▦Y✂️V $$$$$

Hotel Si Como No Resort, 5 km Z van Quepos **Tel.** *777-0777*

Dit haute cuisine-restaurant met moderne uitstraling is gevestigd in een chic hotel *(blz. 207)*. De aantrekkelijke kaart met visgerechten, waarop plaatselijke ingrediënten met Caribische en internationale smaken worden gecombineerd, gaat vergezeld van een uitvoerige wijnkaart. Tot de verrukkelijke toppers behoren de avocadosalade en de ravioli.

MANUEL ANTONIO La Mariposa 🪑Y V $$$$$

Hotel La Mariposa, 5 km Z van Quepos **Tel.** *777-0355*

Dit vermaarde restaurant is gevestigd in een gerenommeerd hotel *(blz. 207)*. De gerechten uit de Franse keuken worden in de openlucht geserveerd, waar u een ongeëvenaard uitzicht hebt over het nationale park. De inventieve kaart biedt uiteenlopende gerechten van *gallo pinto* tot verleidelijke entrees, waaronder kipfilet in mosterd en Franse-wijnsaus.

MANUEL ANTONIO Sunspot Poolside Bar and Grill 🪑▦Y✂️V $$$$$

Makanda by the Sea, 5 km Z van Quepos **Tel.** *777-0442*

Vermaard en knus haute cuisine-openluchtrestaurant, romantisch gelegen aan het zwembad van een luxehotel. De omgeving en het uitzicht zijn spectaculair *(blz. 207)*. De verse ingrediënten en de creatieve bereiding zijn de kenmerken van de nouvelle cuisine-gerechten, die veelal op de grill bereid zijn. De pizza's zijn de specialiteit. Oktober gesloten.

MONTEZUMA El Sano Banano Village Restaurant & Café 🚶▦✂️V $$$

Westkant van plaza **Tel.** *642-0638*

Dit restaurant midden in het dorp serveert natuurlijke voeding, heeft een internationale kaart en staat bekend om zijn verse vruchtensappen. Het ontbijt van geroerbakte tofoe en de vegetarische curries zijn populair. Elke avond worden films vertoond, die gratis zijn als u hier eet. Het restaurant maakt lunchgerechten klaar om mee te nemen.

PLAYA HERMOSA Jammin Restaurante ▱🚶▦V $

Snelweg 34, 3 km Z van Jacó **Tel.** *643-1853*

Dit sfeervolle eetcafé in rastastijl is populair bij de surfers. Het interieur heeft de kleuren zwart, rood en groen en is van ruw hout. Op de kaart staan Amerikaans ontbijt en hapjes als *quesadillas* (gevulde gebakken tortilla's) en *ceviche* (gemarineerde rauwe vis of schelpdieren).

PLAYA HERRADURA Steve N' Lisa's Paradise Café 🚶🎵▦V $$

1,6 km Z van Parque Nacional Carara **Tel.** *637-0168*

Dit al lang bestaande en populaire openluchtrestaurant, gelegen tussen snelweg 32 en de oceaan, heeft een klein terras met uitzicht op de branding. Op de uitgebreide kaart staan kleine gerechten en internationale schotels als hamburgers, broodjes tonijn met gesmolten kaas, pasta en visgerechten.

PLAYA HERRADURA El Mirador en El Anfiteatro 🚶🎵▦Y✂️V $$$$$

Hotel Villa Caletas, 3 km N van Playa Herradura **Tel.** *637-0606*

De sublieme ligging op de bergtop van Hotel Villa Caletas *(blz. 207)* maakt van de twee bijbehorende eetgelegenheden iets bijzonders. De verfijnde nouvelle cuisine-gerechten komen uit de fusionkeuken. Er heerst een klassieke sfeer. Ont-bijten en lunchen doet u op de patio met fraai uitzicht. In het klassieke amfitheater worden concerten gegeven.

PLAYA HERRADURA El Nuevo Latino ▦Y✂️V $$$$$

Los Sueños Marriott Ocean & Golf Resort, 1,6 km W van snelweg 34 **Tel.** *630-9000*

Visgerechten en verfijnde Latijns-Amerikaanse fusiongerechten staan op het menu in dit stijlvolle, maar informele restaurant met uitzicht op het zwembad van het Los Sueños Marriott Ocean & Golf Resort *(blz. 207)*. Aanbevolen voorgerechten zijn kreeft- en garnalenkroketten, gevolgd door red snapper met gebakken banaan.

Verklaring van de prijsklassen: *zie blz. 224*   **Verklaring van de symbolen:** *zie de achterflap*

PUNTARENAS La Caravelle [V] $$$

Paseo de las Turistas, Calles 21/23 ***Tel.*** *661-2262*

Een knus restaurant met airconditioning, gerund door een Belgisch paar dat verfijnde Franse gerechten serveert van plaatselijke ingrediënten. Tot de aanbevolen schotels behoren kreeftenroomsoep en *corvina* met palmhartpuree en witte-wijnsaus. Aan de gelambriseerde muren hangen Franse prenten. Maandag gesloten.

PUNTARENAS La Yunta Steakhouse ⛱ 🍸 🚭 [V] $$$

Paseo de los Turistas ***Tel.*** *661-3216*

Dit gerenommeerde houten hotel met één verdieping aan de hoofdboulevard van het strand heeft een schaduwrijke, winderige veranda met uitzicht op de Golf van Nicoya. Op de kaart staan gegrilde steaks en visgerechten als de *corvina tropical* (zeebaars met tropische-vruchtensaus) – goed klaargemaakt en in grote porties opgediend.

QUEPOS Dos Locos 💳 🚸 ⛱ 🍸 [V] $$

W van busstation ***Tel.*** *777-1526*

Dit Mexicaanse restaurant heeft een vrolijk interieur vol cactussen en sombrero's. De 'open muren' geven een tropisch tintje aan het geheel. Tot de geroemde streekgerechten behoren de bekende *chimichangas* (gefrituurde burrito's), *flautas* (opgerolde en gevulde tortilla's) en *quesadillas*. Er wordt ook een Amerikaans ontbijt geserveerd.

QUEPOS El Gran Escape 🚸 🍸 🚭 [V] $$$$

W van busstation ***Tel.*** *777-0395*

Zeer populair en vaak erg druk restaurant in een houten gebouw met één verdieping waar de verfrissende tropische wind binnenkomt. De kaart varieert van lichte maaltijden tot verse zeevruchten, biefstuk en kipcurry met kokos op Costaricaanse wijze. Boven is een sushibar.

TAMBOR Restaurante Arrecife ⛱ 🍸 [V] $$$$

Hotel Costa Coral, 1,6 km W van landingsstrook ***Tel.*** *683-0105*

Dit schone restaurant heeft een kleurrijk, modern interieur. Op de uitgebreide kaart staan lichte maaltijden en visgerechten, van *ceviche* en *corvina* met palmhartsaus tot hamburgers en kip in sinaasappelsaus. In de bar is er karaoke en een breedbeeldtelevisie.

GUANACASTE EN NOORD-NICOYA

CAÑAS Restaurante Rincón Corobicí 🚸 ⛱ 🍸 [V] $$

Pan-Amerikaanse snelweg, 5 km N van Cañas ***Tel.*** *669-6262*

Dit lichte wegrestaurant hangt over de Río Corobicí. Het heeft verschillende terrassen vanwaar u kunt kijken naar de wildwatervaarders. Op de uitgebreide kaart staan streekgerechten, waaronder zeevruchten – vooral de zeebaars in knoflook is erg lekker. De zelfgemaakte limonade is een goede dorstlesser in de hete zomer.

CURUBANDÉ Posada el Encuentro Inn ⛱ [V] $$$

10 km NO van Liberia ***Tel.*** *382-0815*

Dit stijlvolle en knusse restaurant, in een uitstekend bed-and-breakfasthotel dat door een charmante broer en zus wordt gerund, serveert Costaricaanse en internationale gerechten in een heerlijk lichte en ruime omgeving. U kunt dineren op het terras, waar u een schitterend uitzicht hebt. Reserveren is noodzakelijk.

ISLITA 1492 Restaurante 🚸 ⛱ 🍸 🚭 [V] $$$$$

Hotel Punta Islita, 10 km Z van Carrillo ***Tel.*** *661-4044*

Een romantisch en stijlvol restaurant voor de fijnproever, gevestigd in het luxe vakantieoord Hacienda Punta Islita *(blz. 208)* en met een hoog strodak. De prachtige ligging op de heuveltop biedt zicht op de kust. Chef-kok Lizbeth Molina Muñoz maakt van plaatselijke ingrediënten heerlijkheden met *Pacific Rim*- en Europese smaken. Uitstekende bediening.

LIBERIA Café Europa 🚸 ⛱ 🚭 [V] $$

Snelweg 21, 19 km W van Liberia ***Tel.*** *668-1081*

Klein eetcafé annex bakkerij waar heerlijk gebak en lekkere broden te krijgen zijn die ter plekke door de Duitse eigenaar worden gebakken. Hamburgers en Duitse schotels als gepaneerde schnitzel worden ook geserveerd. Het kan nogal bedompt worden in het restaurant; ga bij mooi weer buiten zitten.

LIBERIA Restaurante Paso Real 🚸 ⛱ 🍸 🚭 [V] $$$

Calles Central/2 en Avenida Central ***Tel.*** *666-3455*

Dit ruime restaurant, voorbij de plaza gelegen, biedt visgerechten van hoge kwaliteit, zoals de calamaris- en kreeftgerechten, maar ook *casados* (vaste maaltijden) en meer. U kunt ook buiten op een klein balkon dineren. De bediening is snel en hoffelijk. De drukke bar is voorzien van televisie met groot scherm.

MONTEVERDE Moon Shiva 🍸 🚭 [V] $$$

3 km O van Santa Elena ***Tel.*** *645-6270*

Dit onconventionele restaurant, gevestigd bij de Bromelias Art Gallery, maakt met Costaricaanse ingrediënten gerechten die op het Midden-Oosten zijn geïnspireerd. Op de kaart staan ook niet-Spaanse hapjes en toetjes en cappuccino's. Er wordt wereldmuziek gedraaid, wat bijdraagt aan de hippe, 'alternatieve' sfeer die hier hangt.

MONTEVERDE Restaurant Morphos ▧▨▧ $$$

Dorp Santa Elena **Tel.** *645-5607*

Dit restaurant in het hart van Santa Elena is gebouwd met natuursteen en hout. Het meubilair is gemaakt van grofbewerkt hout. U eet hier *casados* (vaste maaltijden), hamburgers, salades of zeebaars-Dijon. Ook serveert men hier ijsco's en *batidos* of *refrescos* (shakes) van vers fruit. Zowel overdag als 's avonds erg druk.

MONTEVERDE Garden Restaurante ▧▨▧▧ $$$$

Monteverde Lodge, ZO van Santa Elena **Tel.** *645-5057*

Licht restaurant met uitzicht op de weelderige tuinen. De kaart staat vol creatieve Costaricaanse gerechten, *empanadas* (pasteitjes) met gesneden eend en zeebaars met een kokos-en-macadamia-korst. De wijnkaart is uitgebreid. Naast het restaurant zit een knusse bar met open haard. Efficiënte en snelle bediening.

MONTEVERDE El Sapo Dorado ▧▨▧▧▧▧ $$$$$

Cerro Plano, 1 km O van Santa Elena **Tel.** *645-5010*

Dit stijlvolle restaurant staat bekend om zijn gezonde gerechten. Het hoort bij het hotel El Sapo Dorado *(blz. 209)*. De sfeer is zeer aangenaam en er is een terras. Op de inventieve kaart staan schotels als tofoe met vegetarische *primavera*, garnalen in sambucasaus en overheerlijke desserts.

NOSARA Pizzería Giardino Tropicale ▧▨▧▧ $$

Stranden van Nosara, 6 km Z van landingsstrook **Tel.** *682-0258*

Een rustiek restaurant met een rieten dak en een aantal houten vlonders onder de bomen. Zoals de naam al doet vermoeden staat het restaurant bekend om zijn pizza's, die in een traditionele houtoven worden gebakken. Op de kaart staan echter ook visgerechten, zoals carpaccio van *corvina* (zeebaars), en dagspecialiteiten.

NOSARA Café de Paris ▧▨▧▧ $$$

Stranden van Nosara, 6 km Z van landingsbaan **Tel.** *682-0087*

Centraal gelegen, in een leuk hotel *(blz. 209)*. Dit door Fransen gerunde openluchtrestaurant heeft een eclectische kaart, met daarop lichte snacks als crêpes en omeletten, maar ook nouvelle cuisine, zoals kipfilet in groene-peper-saus. Ga eten onder een kegelvormig strodak dat wordt gesteund door ontschorste, geverndste boomstammen.

NOSARA Luna Bar and Grill ▧▨▧▧ $$$

Playa Pelada, stranden van Nosara **Tel.** *682-0122*

Dit sfeervolle café met hippe ambiance ligt verscholen in een kleine baai. Hier krijgt u verfijnde hapjes als sushi en linzensoep. Het terras ligt op het westen, zodat u kunt genieten van de zonsondergang. De klanten dansen op wereldmuziek.

NOSARA Marlin Bill's ▨▧ $$$

Stranden van Nosara, 6 km Z van landingsstrook **Tel.** *682-0458*

Dit verhoogde openluchtrestaurant ligt bij de grote kruising van de onverharde kustweg. De nadruk ligt op Ameri-kaanse favorieten, van haaskarbonade en tonijnsalade tot *Key lime pie* (limoentaart). De gelegenheid is erg populair bij de plaatselijke bevolking, die hier samenkomt aan de bar, waar een tv staat.

PLAYA CARRILLO El Sueño Tropical ▧▨ $$$

1,6 km ZO van Puerto Carrillo **Tel.** *656-0151*

Een bescheiden, stijlvol restaurant met een heel hoog rieten dak en een typisch tropisch thema, gevestigd in een gezellig hotel *(blz. 209)*. De eigenaars – drie broers uit Verona, Italië – bereiden verrukkelijke gerechten als *ravioli de pescado* en zijn meestal aanwezig om zich over de klanten te ontfermen. Vlakbij ligt een zwembad.

PLAYA CONCHAL Bar y Restaurante Camarón Dorado ▧▨▧▧ $$

N van plaza, Brasilito **Tel.** *654-4028*

Vlak aan het strand ligt dit kleurrijke, rustieke restaurant dat passende gerechten van vis op de kaart heeft staan, maar ook stevige salades als de gemengde *camarón dorado* – een grote salade van allerlei vlees, kaas en schaaldieren.

PLAYA CONCHAL Condor Lodge and Beach Resort ▧▨▧▧ $$$

ZW van Playa Conchal **Tel.** *653-8950*

Dit restaurant ligt boven op een heuveltop en biedt adembenemende uitzichten op het strand en verder. U kunt hier eten op het terras. Op de kaart staan streekgerechten en internationale schotels, maar de gasten komen voornamelijk voor het ongekende uitzicht. Er is een zwembad en boven vindt u een bar en casino.

PLAYA CONCHAL Restaurante Las Playas ▧▨▧▧ $$$

Hotel Brasilito, NW-hoek van plaza, Brasilito **Tel.** *654-4596*

Dit winderige restaurant, dat blootstaat aan de elementen, hoort bij Hotel Brasilito. Het ligt op een paar passen afstand van het strand. Op de enorm uitgebreide kaart staan internationale gerechten, zoals klassiek-Duitse schotels, vis en steaks. Als ontbijt zijn er warme croissants, *huevos rancheros* (van tortilla's en eieren) en meer heerlijkheden.

PLAYA FLAMINGO Marie's Restaurante ▧▨▧ $$$

W van jachthaven **Tel.** *654-4136*

Licht restaurant in landelijke stijl, ingericht met nautische decoraties. De oven wordt op hout gestookt. Hier eten vooral de jachtbezitters internationale gerechten, van *fish and chips* tot burrito's, geserveerd op de veranda. De grote keus aan koffies en ijscoupes is reden genoeg voor een bezoek aan Marie's, dat is genoemd naar de Engelse gastvrouw.

Verklaring van de prijsklassen: *zie blz. 224*   **Verklaring van de symbolen:** *zie de achterflap*

PLAYA GRANDE The Great Waltini's $$$

Hotel Bula Bula, Z van El Mundo de la Tortuga, Z-einde van Playa Grande **Tel.** 653-0975

Dit kleine restaurant in het heerlijke Hotel Bula Bula *(blz. 210)* heeft een beschutte veranda die uitkijkt op een tuin. Hier worden snacks en verfijnde fusiongerechten van een professionele kok geserveerd. Probeer de garnalen- en krabkoekjes, gevolgd door eend met jus van rode wijn en frambozen. Elke woensdagavond: spareribavond.

PLAYA GRANDE Hotel Las Tortugas $$$$

W van El Mundo de la Tortuga, N-einde van Playa Grande **Tel.** 653-0423

Dit restaurant in Hotel Las Tortugas *(blz. 210)* ligt vlak bij het strand. Het serveert lichte maaltijden als hamburgers en salades, maar ook biefstuk en zeevruchten. De eigenaars gaan prat op hun appeltaart met ijs, en daar hebben ze helemaal gelijk in. Er is een overdekte houten veranda en de bediening en sfeer is ontspannen en vriendelijk.

PLAYA HERMOSA Hotel La Finisterra $$$$

Boven op de heuvel, W van hoofdweg, Z-einde van Playa Hermosa **Tel.** 670-0293

Uitgelezen Frans-Costaricaanse keuken geserveerd op het terras van La Finisterra *(blz. 210)*, boven op de heuvel. Gerechten als filet mignon met pepersaus hebben de chef-kok een zeer goede reputatie opgeleverd. Op vrijdagavond wordt er sushi geserveerd. Donderdag gesloten.

PLAYA HERMOSA Villas del Sueño $$$$

Z-einde van Playa Hermosa **Tel.** 672-0026

Elegantie is het sleutelwoord in dit restaurant van het goedlopende Villas del Sueño *(blz. 210)*. In het hoogseizoen treden er bands op. De heerlijke maaltijden bestaan vooral uit verse vis en zeevruchten als mahi mahi en garnalen in roomsaus, maar er zijn ook gerechten als biefstuk van de haas in brandy-en-driepeperssaus.

PLAYA NEGRA Café Playa Negro $$

Z van Los Pargos Plaza **Tel.** 658-8143

Klein, gezellig internetcafé in het dorpscentrum, op loopafstand van het strand. De uit Peru afkomstige eigenaar/kok biedt een brede selectie lichte maaltijden, van pannenkoeken en wentelteefjes tot *ceviche* (gemarineerde rauwe vis of schaaldieren), quiches en pasta's. Laat ruimte over voor de citroentaart of een ijskoude *batido* (shake) van vers fruit.

PLAYA NEGRA Hotel Playa Negra $$$

18 km Z van Tamarindo **Tel.** 658-8034

Dit in de schaduw gelegen restaurant met rieten dak kijkt uit op de koele oceaan en hoort bij Hotel Playa Negra *(blz. 210)*. Het biedt op Frankrijk geïnspireerde gerechten, maar ook *gallo pinto (blz. 222)* als ontbijt en internationale lunchgerechten, zoals hamburgers. In de bar staat een pooltafel en het zwembad van het hotel is open voor gasten.

PLAYA NEGRA Pablo's Picasso $$$

Z van Los Pargos **Tel.** 658-8158

Dit rustieke restaurant is gevestigd in een hotel *(blz. 210)*. De sfeer is zeer ontspannen. Hier serveert men jumbo-hamburgers, pasta's en *tipico* (typisch Costaricaanse) gerechten, maar ook een stevig Amerikaans ontbijt, waaronder pannenkoeken. In de bar met zijn grote stoelen is een pooltafel en kunt u film kijken. Populair bij surfers.

PLAYA OCOTAL Father Rooster Bar & Grill $$$

3 km W van Playas del Coco **Tel.** 670-1246

Dit rustieke restaurant op het strand is geconcentreerd rond een levendige bar van onbewerkt hout, waar geweldige cocktails worden geserveerd. De kaart richt zich op cafékost, zoals hamburgers en *quesadillas* (gevulde gebakken tortilla's). U kunt hier volleyballen – de sfeer is vrijwel altijd feestelijk.

PLAYAS DEL COCO Louisiana Bar and Grill $$$

Z van plaza **Tel.** 670-0882

Dit winderige restaurant op de bovenverdieping ligt aan de grote boulevard. Het heeft een balkon. De specialiteiten zijn de scherpe cajun-gerechten en plaatselijke, nogal creatieve visgerechten, zoals inktvis met olijven en uien. De voorafjes van *ceviche* zijn een aanrader. Populair bij jongeren. Donderdag gesloten.

PLAYAS DEL COCO Restaurante Sol y Luna $$$

Hotel Puerta del Sol, ZO van plaza **Tel.** 670-0195

Dit intieme restaurant komt uit op de prachtig aangelegde tuin van Hotel Puerta del Sol *(blz. 211)*. Het interieur is in romaanse stijl en op de kaart staan Italiaanse gerechten van een professionele kok. Een uitvoerige wijnkaart en heerlijke koffies en desserts, waaronder tiramisú, complementeren de menukaart.

SÁMARA El Delfin $$$

O van voetbalveld **Tel.** 656-0418

Restaurant van hoge kwaliteit, gelegen aan het strand. Het kaarslicht zorgt voor een romantische sfeer. Op de op de Franse keuken geïnspireerde kaart staan ook pasta's, pizza's en ijscoupes. De Franse eigenaar is altijd in de buurt om te zorgen dat de kwaliteit gewaarborgd blijft en de klanten tevreden zijn.

TAMARINDO Lazy Wave $$

Hotel Pasatiempo, Z van Plaza Colonial **Tel.** 653-0737

Dit openluchtrestaurant met in het midden een dode boom trekt een jonge, energieke clientèle. Op de kaart staan voornamelijk gezonde visgerechten en een dagelijkse keuze aan fusionschotels, zoals tonijn met een korst van wasabi. Eclectische gerechten als *jambalaya* (een soort paella) zijn soms ook verkrijgbaar. Zondag gesloten.

TAMARINDO Panadería La Laguna del Cocodrilo 🚭 ⛱ [V] $$

O van Tamarindo Diria en Plaza Colonial ***Tel.*** *653-0065*

Deze aangename bakkerswinkel, gelegen aan een meertje met krokodillen, vervaardigt heerlijk gebak en dito *empanadas* (pasteitjes) en staat bekend om zijn 'eet-zoveel-u-kunt'-ontbijtbuffet. De Franse eigenaars leveren luchtige croissants en zoete en hartige taarten.

TAMARINDO Stella's Fine Dining ♫ ⛱ 🚭 [V] $$$$

Z van Plaza Colonial ***Tel.*** *653-0127*

Een knus restaurant waar verfijnde visgerechten, steaks en vegetarische schotels worden geserveerd onder een rieten dak. In de houtoven gebakken pizza's, wienerschnitzel en Thaise viscurry zijn enkele voorbeelden van de internationale kaart. Ook de uitgebreide wijn- en bierkaart is internationaal. U wordt gratis vervoerd van en naar uw hotel.

TAMARINDO Capitán Suizo 🧒 ♫ ⛱ 🚭 [V] $$$$$

1 km ZW van Plaza Colonial ***Tel.*** *653-0075*

Goede nouvelle cuisine in een licht, kleurrijk en rustig restaurant aan het strand, met een bar aan het zwembad, gelegen in het hotel Capitán Suizo *(blz. 212)*. De creatieve schotels zijn een mengeling van Europese invloeden en Costaricaanse ingrediënten: zeebaars in mangosaus en tilapia in kappertjessaus staan op de dagelijks wisselende kaart.

TAMARINDO El Jardín del Edén 🧒 ⛱ 🍸 🚭 [V] $$$$$

ZO van Tamarindo Diria en Plaza Colonial ***Tel.*** *653-0137*

Dit restaurant met rieten dak kijkt uit over een fraai aangelegd zwembad en wordt 's avonds verlicht met schijnwerpers. Er hangt een heerlijk romantische sfeer. De mediterrane gerechten bestaan onder meer uit kreeft in citroensaus en reuzengarnalen in whiskey. Als ontbijt worden vers gebak en *gallo pinto (blz. 222)* geserveerd.

HET NOORDEN

CHACHAGUA Coco Loco Art Gallery and Café 🧒 ⛱ [V] $$$

10 km ZO van La Fortuna ***Tel.*** *468-0990*

Een lieflijk eetcafétje langs de weg met een inventieve inrichting, terrassen en prachtige kunstgaleries. Op de internationale kaart, samengesteld door de Duitse eigenaars, staan broodjes (de BLT is een aanrader) en mediterrane salades, alles voor een goede prijs. Kies van de verschillende goede soorten koffie of thee of neem een smoothie van vers fruit.

LA FORTUNA Choza de Laurel 🧒 ⛱ [V] $

W van plaza ***Tel.*** *479-9231*

Een rustiek restaurant in de stijl van een oude hoeve, met een op hout gestookte *horno* (oven) en balken die met strengen knoflook zijn behangen. Het accent ligt op goedkope *casados* (vaste maaltijden) en streekgerechten, maar ook op geroosterde kip en ander vlees. De *plato especial* (gemengde schotel) is populair.

LA FORTUNA Restaurante Luigi 🧒 ♫ ⛱ 🍸 🚭 [V] $$$

Luigi's Hotel, 2 straten W van plaza ***Tel.*** *479-9636*

Geflambeerde gerechten zijn de specialiteit van dit stijlvolle restaurant, maar op de kaart staan ook visgerechten van de streek en andere internationaal erkende gerechten, zoals *beef stroganoff*, pizza en pasta. Deze ruime eetgelegenheid is verbonden met Luigi's Hotel *(blz. 213)* en heeft een aangenaam terras aan de weg.

LA FORTUNA Soda La Cascada 🧒 ♫ ⛱ 🍸 🚭 [V] $$$

N van plaza ***Tel.*** *479-9145*

La Cascada domineert het dorpsplein met zijn enorme ronde, rieten dak. De open zijkanten en ruime opzet zorgen voor een aangename, informele sfeer. Er worden westerse schotels geserveerd en pasta's, pizza's en Costaricaanse kost, van *gallo pinto* tot *corvina al ajillo* (zeebaars in knoflook). De bar boven heeft een tv met groot scherm en een disco.

LAGUNA DE ARENAL Tom's Pan ⛱ 🚭 [V] $$

Nuevo Arenal, ZO van plaza ***Tel.*** *694-4547*

Deze rustieke, door Duitsers gerunde bakkerij-annex-eetcafé aan de hoofdweg serveert ovengerechten. U kunt hier ook internationale favorieten bestellen, waaronder Amerikaans ontbijt, lasagna en zuurkool. Op het lommerrijke terras staan maar een paar tafels en stoelen.

LAGUNA DE ARENAL Mystica Lodge 🧒 ⛱ [V] $$$

16 km W van Nuevo Arenal ***Tel.*** *692-1001*

Dit Italiaanse restaurant in de knusse Mystica Lodge *(blz. 213)* is overdag erg levendig en in de avond erg romantisch. De inrichting is fenomenaal: stijlvolle couverts, grove houten meubels, tropische pasteltinten en op elke tafel bloemen. Pizza is de specialiteit, maar de ravioli's en andere schotels, bereid in de open keuken, zijn ook toppers.

LAGUNA DE ARENAL Toad Hall 🧒 ⛱ [V] $$$

8 km O van Nuevo Arenal ***Tel.*** *692-8020*

In deze kunstgalerie kunt u in eetcaféstijl dineren op het balkon, met schitterend uitzicht op het meer. Er worden biologische salades geserveerd, belegde foccacia's, verrukkelijke desserts en goede koffie en thee. De inrichting is kleurrijk, de omgeving subliem en de eenvoudige gerechten, klaargemaakt door de eigenaars, smakelijk en machtig.

LAGUNA DE ARENAL Hotel La Mansion Inn 🧒⛱🍸🚭[V] [$][$][$][$]

8 km O van Nuevo Arenal **Tel.** *692-8018*

Dit stijlvolle, lichte restaurant, rustiek ingericht en met een mooi uitzicht op het meer, ligt in een luxehotel *(blz. 213)*. De verfijnde gerechten zijn een mengeling van de internationale en Costaricaanse keuken. Er worden ook soepen, broodjes en kleine hapjes geserveerd. In de sfeervolle bar, in de vorm van een voorsteven, is het aangenaam cocktails drinken.

LAGUNA DE ARENAL Restaurante Willy's Caballo Negro ⛱🚭[V] [$][$][$][$]

1,6 km W van Nuevo Arenal **Tel.** *694-4515*

De Duitse oorsprong van de eigenaar is merkbaar op de kaart van dit heerlijke eetcafé met zicht op een vijver vol watervogels. De schnitzels zijn vermaard, maar aubergine met Parmezaan en kalfskoteletjes in pittige uien-paprikasaus zijn inventievere gerechten. Reserveren noodzakelijk. De kunstwinkel, Lucky Bug Gallery, is wijd en zijd bekend.

PARQUE NACIONAL VOLCÁN ARENAL Arenal Observatory Lodge 🍸[V] [$][$][$][$]

8 km ZO van parkingang **Tel.** *692-2070*

Het spectaculaire uitzicht op Volcán Arenal is de belangrijkste aantrekkingskracht van dit restaurant, dat in een moderne ecolodge *(blz. 213)* op de bovenste hellingen van Volcán Chato is gelegen. Op de kaart staan internationale gerechten van plaatselijke ingrediënten: de kipcurry en de tilapiaschotels zijn een aanrader. De bediening is hoffelijk en efficiënt.

TABACÓN Balneario Tabacón 🧒⛱🍸[V] [$][$][$]

13 km W van La Fortuna **Tel.** *460-6229*

Dit ruime restaurant, gelegen boven stomende warmwaterbronnen, biedt een schitterend uitzicht op de vulkaan. Naast Costaricaanse gerechten kunt u hier ook goede internationale gerechten eten, van *gallo pinto* tot hamburgers en Franse uiensoep. De *corvina* in appel-chilipepersaus is een aanrader. Efficiënte bediening.

CARIBISCHE KUST

CAHUITA Miss Edith's 💳⛱[V] [$][$]

NW van Cahuita Plaza **Tel.** *755-0248*

Pittige Caribische klassiekers als *rundown (blz. 223)* staan in dit kleurrijke restaurant op de kaart. Het restaurant is genoemd naar de eigenaresse en staat naast haar woning. De familie bereidt het eten in een open keuken en de klanten dineren op een lommerrijk terras. In de weekeinden is er zelfgemaakt ijs; de kruidentheeën zijn ook erg lekker.

CAHUITA Cha Cha Cha ⛱🍸[V] [$][$][$]

W van Cahuita Plaza **Tel.** *394-4153*

Een kaart met internationale gerechten. Het rustieke restaurant is wit met blauw geschilderd en wordt verlicht door kaarsen en lampjes. Salade van gegrilde inktvis, fajita's en kippenvleugeltjes in kokoshoningsaus zijn kenmerkende voorafjes. Het hoofdgerecht varieert van filet mignon tot zeebaars met garnalenbasilicumsaus. Maandag gesloten.

CAHUITA Casa Creole 🧒⛱🍸[V] [$][$][$][$]

Magellan Inn, Playa Negra, 5 km N van Cahuita-dorp **Tel.** *755-0035*

Dit informele, stijlvolle openluchtrestaurant bij de Magellan Inn *(blz. 214)* is gespecialiseerd in de nouvelle cuisine, gecombineerd met Aziatische, Europese en Caribische smaken. De gekruide *Martinique*-garnalen in creoolse saus zijn een specialiteit. De kaarsverlichting is romantisch en de creatieve cocktails zijn uitstekend. Reserveren verplicht.

GUÁCIMO Restaurant Río Palmas ⛱🍸🚭[V] [$][$]

Snelweg 32, 1,6 km O van Guácimo **Tel.** *760-0330*

Dé attractie van dit uitnodigende wegrestaurant zijn de bospaden vanwaar u pijlgifkikkers kunt zien. Op de kaart staan de standaard Costaricaanse gerechten, maar ook internationale gerechten. De eetzaal ligt buiten, onder de rode dakpannen, weg van de drukke snelweg.

MANZANILLO Bar y Restaurante Maxi 💳🎵⛱🍸[V] [$]

Manzanillo-dorp **Tel.** *759-9061*

Dit eenvoudige restaurant in een houten gebouw met één verdieping trekt jonge feestgangers en is altijd druk, zelfs rond lunchtijd. Er worden goede vissnacks en visschotels in Caribische stijl geserveerd, maar ook stevige *típico* (typisch Costaricaanse) gerechten, op verzoek op het strand.

PLAYA COCLES La Pecora Nera 🧒⛱[V] [$][$][$][$][$]

1,6 km O van Puerto Viejo **Tel.** *750-0490*

Een bescheiden restaurant van wereldklasse, waar verrukkelijke Italiaanse gerechten de sjofele omgeving weerspreken. Heerlijke gnocchi's, bruschetta's, pizza's en calzones staan op de uiteenlopende kaart. De Italiaanse eigenaar-kok Ilario Giannono en zijn familie bemoeien zich met de klanten. Maandag gesloten.

PUERTO LIMÓN Restaurante Brisas del Caribe 💳🧒[V] [$][$]

Calles 0/1 en Avenida 2 **Tel.** *758-0138*

Dit schone en lichte restaurant in het centrum, aan de noordkant van Parque Vargas, is het beste van de stad. Het staat bekend om zijn visgerechten, maar de inwoners komen hier vooral voor de *casados* die hier als lunchgerecht geserveerd worden en voor het grote lopend buffet met *típico*-gerechten.

PUERTO LIMÓN Restaurante La Salamander 🚭 ⛱ 🍸 [V] $$

Calle 2 en Avenida 3

Een stijlvol eetcafétje in een gerenoveerd, honderd jaar oud gebouw in het hart van de stad, waar een verrassend onconventionele sfeer hangt. Op de kaart staan Costaricaanse gerechten, sandwiches en desserts, maar ook thee en cappuccino. In de bar boven staat een pooltafel.

PUERTO VIEJO DE TALAMANCA Café Rico 🚭 🧒 ⛱ [V] $$

NO van voetbalveld ***Tel.*** *750-0510*

Dit rustieke openluchtcafé is gevestigd in een gebouw met één verdieping en van grof hout. Eromheen staan palmen. Men serveert hier hartige, gezonde lunches en ontbijt op de begane grond. U eet er muesli met fruit en yoghurt, sandwiches, roerei of *huevos rancheros* (een ontbijt van tortilla's en eieren). Maandag en dinsdag gesloten.

PUERTO VIEJO DE TALAMANCA Salsa Brava 🧒 ⛱ 🍸 [V] $$$

O van dorp Puerto Viejo ***Tel.*** *750-0241*

Dit informele restaurant in regenboogkleuren en met strodak is fraai gelegen aan het strand. Op de internationale kaart staan *ceviche* (gemarineerde rauwe vis of schelpdieren), caesarsalade met kip-teriyaki, ijscoupes en sangria. De Spaanse eigenaars bereiden riante porties. U kunt eten aan de bar of op het terras aan de weg. Maandag gesloten.

PUERTO VIEJO DE TALAMANCA Shawandha Lodge 🧒 ⛱ 🍸 [V] $$$$

Playa Chiquita, 5 km O van Puerto Viejo ***Tel.*** *750-0018*

In dit stijlvolle restaurant hangt een heerlijke sfeer. Het hoort bij een romantische lodge *(blz. 215)*. De Tico-kok mengt tropische smaken tot verleidelijke Frans-Caribische gerechten. Een kenmerkend diner bestaat bijvoorbeeld uit avocado met palmhartsalade, kreeft *à la Normandie* en mangomousse.

TORTUGUERO Miss Junie's 🚭 ⛱ [V] $$

N van kade, Tortuguero-dorp ***Tel.*** *710-0523*

Genoemd naar de dorpsmatriarch die heerlijke Caribische gerechten serveert op de veranda van haar woning c.q. lodge *(blz. 215)*, zoals *jerk chicken* en kreeft in curry en kokosmelk. Ze bakt ook *pan bon* (brood met gekarameliseerde suiker) en gemberkoekjes. Geen ontbijt. Reserveren noodzakelijk.

HET ZUIDEN

BAHÍA DRAKE Aguila de Osa Inn ⛱ [V] $$$

1 km Z van Agujitas ***Tel.*** *296-2190*

Dit ronde restaurant met rieten dak hoort bij Aguila de Osa Inn *(blz. 216)*. Het is misschien wel het beste van de buurt. De meeste schotels zijn machtig en smakelijk, maar geen haute cuisine. Op de kaart staat vooral vis, waaronder sushi, maar ook een aantal pasta's. Het uitzicht op de baai is prachtig, geniet ervan met een cocktail in uw hand.

CABO MATAPALO Lapa Ríos 🧒 ⛱ 🍸 🚭 [V] $$$$

14 km Z van Puerto Jiménez ***Tel.*** *735-5130*

Een hooggelegen *palenque*-restaurant met een eclectische haute cuisine-kaart zijn het visitekaartje van deze ecolodge *(blz. 216)*. De koks zijn opgeleid tot het hoogste niveau. Salade van ananas, honing en gember, vis met kokoskorst en een verrukkelijke koffiecake staan op het wisselende menu. Een wenteltrap leidt naar een schitterend uitzicht.

CIUDAD NEILY Hotel Andrea 🧒 ⛱ 🍸 [V] $$$

37 km O van Golfito ***Tel.*** *783-4682*

Dit schone en goed gerunde restaurant ligt in een hotel *(blz. 217)* in koloniale stijl, midden in de stad. Het is de beste dineergelegenheid in de omtrek. Het ontbijt, met *huevos rancheros*, pannenkoeken met honing en meer, is uitstekend. Op de lunch- en dinerkaart staan internationale schotels, van uiensoep tot filet mignon.

DOMINICAL Roca Verde ⛱ 🍸 [V] $$$

1 km Z van Dominical ***Tel.*** *787-0036*

Dit grotachtige bar-restaurant bij strandhotel Roca Verde *(blz. 217)* is populair bij surfers. Tot de stevige ontbijtgerechten behoren muesli met fruit en yoghurt en *gallo pinto (blz. 222)*. Ook worden er *casados* (vaste maaltijden) voor de lunch en lichte maaltijden geserveerd. Er zijn een pooltafel en tv; het interieur is excentriek en de muziek soms hard.

DOMINICAL San Clemente Bar and Grill ⛱ 🍸 [V] $$$

Z van voetbalveld ***Tel.*** *787-0055*

In deze informele bar worden Amerikaanse en Tex-Mex-gerechten geserveerd, maar ook vis als mahi mahi met honing en sinaasappelsaus. Eigenaar Mike McGinnis maakt zijn eigen loeihete sauzen. De gezellige bar is versierd met surfplanken en heeft een pooltafel en tv. Even verderop staat de bijbehorende jeugdherberg *(blz. 217)*.

GOLFITO Bilge Bar and Grill ⛱ [V] $$$

Banana Bay Marina, Z van plaza ***Tel.*** *775-0838*

Deze bar ligt fraai aan de Banana Bay Marina *(blz. 217)*. Op de kaart staan westerse gerechten, zoals de favoriete Bilge Burger, het handelsmerk van het restaurant, maar ook visgerechten, zoals een pittige *gumbo*, en vleesgerechten als varkenshaas met champignons. Het interieur heeft de sportvisserij als thema.

Verklaring van de prijsklassen: *zie blz. 224* **Verklaring van de symbolen:** *zie de achterflap*

GOLFITO Le Coquillage 🚻🎵🏛️🍽️Ⓥ $$$

Hotel Centro Turístico Samoa, N van Pueblo Civil **Tel.** *775-0233*

Dit frisse restaurant in het Centro Turístico Samoa *(blz. 217)* ligt rond een bar in de vorm van een voorsteven. Het biedt internationale favorieten en een brede keus aan zeevruchten, waaronder *corvina al ajillo* (zeebaars in knoflook). In de bar kunt u poolbiljarten, tafelvoetballen en darten.

OJOCHAL Hotel Posada Restaurant 🚻🏛️🍽️Ⓥ $$$

Hotel Posada Playa Tortuga, 1 km W van Ojochal **Tel.** *384-5489*

Dit openluchtrestaurant van een vredig en beschut strandhotel biedt fenomenale uitzichten. Op de kaart staan verschillende Italiaanse visgerechten en pizza's met echte Italiaanse gorgonzola. De specialiteit van het restaurant is pompernikkel.

OJOCHAL Villas Gaia 🏛️🍽️Ⓥ $$$

Playa Tortuga, 1 km W van Ojochal **Tel.** *244-0316*

Dit openluchtrestaurant, behorend bij het kleine Villas Gaia *(blz. 218)*, heeft een kleurrijk, informeel interieur. Op de zeer uitgebreide internationale kaart staat een selectie soepen, salades en kleine hapjes, maar ook exotische gerechten, zoals visfilet in een macademiakorst. Er is ook een uitgebreide kindermenukaart en u kunt er lunches afhalen.

OJOCHAL Restaurant Exótica 🍴🚻🏛️Ⓥ $$$$

Ojochal-dorp **Tel.** *369-9261*

Dit kleine en knusse restaurant staat bekend om zijn creatieve tropische nouvelle cuisine die Europees georiënteerd is – visfilet met bananencurrysaus is daar een voorbeeld van. Buiten eten bij kaarslicht zorgt voor een enorm romantische sfeer. Uitgebreide wijnkaart. Zondag gesloten.

PUERTO JIMÉNEZ Restaurante Carolina 🚻🏛️Ⓥ $

ZO van voetbalveld **Tel.** *735-5185*

Dit budgetrestaurant aan de hoofdweg is populair bij de rugzaktoerist. De muren zijn beschilderd met oerwoudtaferelen. De *típico* (typisch Costaricaanse) gerechten zijn met zorg bereid en voedzaam, zoals variaties op *gallo pinto* en visgerechten, die buiten worden opgediend. Internationale invloeden zijn merkbaar in een gerecht als kip-cordon bleu.

PUERTO JIMÉNEZ Juanita's Mexican Bar and Grill 🎵🍽️Ⓥ $$

ZO van voetbalveld **Tel.** *735-5056*

Machtige Tex-Mex-kost en een echte Mexicaanse sfeer in deze sfeervolle *cantina (blz. 220)*, de levendigste van de stad. Kies uit de voor de hand liggende gerechten als tacosalade, burrito's en *chimichangas* (gefrituurde burrito's). Als vermaak zijn er hoelahoepwedstrijden en krabbenraces, wat pas echt leuk wordt met een grote margarita in de hand.

PUERTO JIMÉNEZ Monochingo Bar & Grill 🚻🏛️🍽️Ⓥ $$

Playa Platanares, 3 km O van Puerto Jiménez **Tel.** *735-5205*

Monochingo is een bruisend restaurant aan het strand met hangmatten en een heerlijk ontspannen 'laat-maar-waaien'-sfeer. Tot de gerechten behoren de caesarsalade, *empanadas* (pasteitjes) en clubsandwiches met gegrilde kip. Vrijdagavond is pasta-avond. Aan de hardhouten bar bestelt u smoothies van vers fruit en exotische cocktails.

SAN ISIDRO DE EL GENERAL Taquería México Lindo 🍴Ⓥ $

Calle Central en Avenida 2 **Tel.** *771-8222*

Dit Mexicaanse restaurant aan de noordwestkant van de plaza heeft een kaart met streekgerechten tegen uitstekende prijzen. De kok komt uit Mexico, en de burrito's, enchilada's en vanille-*flans* (pudding) zijn net zo authentiek als elders in Costa Rica. De inrichting is versierd met *piñatas* (potten van papier-maché) en andere Mexicaanse decoraties.

SAN ISIDRO DE EL GENERAL Café Trapiche 🚻🍽️🍴Ⓥ $$

Rancho La Botija, 6 km NO van San Isidro **Tel.** *770-2146*

Deze rustieke hoeve op Rancho La Botija *(blz. 219)* is in landelijke stijl ingericht, met antieke boerenwerktuigen. Op de eenvoudige kaart staan *típico*-gerechten en internationale schotels als pasta, zeebaars in knoflook en biefstuk. Alleen voor ontbijt en lunch geopend.

SAN VITO Pizzería Liliana 🚻🏛️Ⓥ $

NW van plaza **Tel.** *773-3080*

Verrukkelijke pizza's en andere Italiaanse kost verraden de afkomst van de eigenaars van dit eenvoudige restaurant in het centrum van het plaatsje. De gerechten zijn simpel in plaats van verfijnd en bieden waar voor hun geld. U kunt buiten op het kleine terras dineren.

UVITA Balcón de Uvita 🚻🏛️Ⓥ $$$

1 km NO van Uvita **Tel.** *743-8034*

Het geweldige uitzicht op de kust is een van de hoogtepunten van dit kleine houten restaurant dat tot het in de bergen gelegen hotel Balcón de Uvita behoort *(blz. 219)*. De kundige chef-kok bereidt Indonesische en Thaise gerechten als een rijsttafel. Reserveringen zijn noodzakelijk. Maandag–woensdag gesloten.

ZANCUDO Cabinas Sol y Mar 🏛️🍽️Ⓥ $$$$

Roy's Zancudo Lodge, 1,6 km Z van Zancudo-dorp **Tel.** *776-0014*

Dit openluchtrestaurant aan het strand, verbonden aan een eenvoudig hotel *(blz. 219)*, is gespecialiseerd in de Californische nouvelle cuisine, die vooral plaatselijke expatriates trekt. Het Amerikaanse ontbijt bestaat onder meer uit omeletten en zelfgebakken frieten. Er zijn ook kleine maaltijden verkrijgbaar. De bar biedt karaoke en spelletjes voor op het gras.

WINKELEN

Veel toeristen komen naar Costa Rica om te winkelen. De kwaliteit van de *artesanías* (kunstnijverheid) is de afgelopen jaren flink toegenomen. In de meeste hotels zijn winkels waar koffie, prachtige potten in pre-Columbiaanse stijl, handgeweven hangmatten en souvenirs als schalen en dierfiguren van exotisch hardhout worden verkocht. San José telt enkele kunstmusea, kunstwinkeltjes met producten als *molas* (doeken met de omgekeerde-applicatietechniek)

Zadel, Ciudad Quesada

uit Bahía Drake en leren schommelstoelen uit Sarchí en winkelcentra met veel boetieks en juweliers. Overal in het land zijn *mercados* (markten) vol snuisterijen, specerijen en kruiden, *talabarterías* (zadelmakerijen), *zapaterías* (schoenwinkels) en kleurrijke kraampjes langs de weg vol fruit en groente. Op de markt is steeds vaker inheemse kunstnijverheid te zien. Het is overigens verboden om pre-Columbiaanse kunstvoorwerpen te kopen of exporteren.

Een uitstalling van manden en hoeden van palmbladeren

OPENINGSTIJDEN

De winkels in San José zijn doorgaans van maandag tot zaterdag van 8.00 tot 18.00 uur open. Grote winkelcentra zijn op zondag open, maar vaak op maandag dicht. Buiten San José sluiten veel *tiendas* (winkels) voor de lunch, zo tussen 12.00 en 13.30 uur. In veel resorts zijn de winkels de hele week open, vaak tot 21.00 of 22.00 uur. Warenhuizen en supermarkten zijn de hele dag en meestal ook 's avonds open. Markten en overdekte *mercados* beginnen vaak al om 6.00 uur en houden er om 14.00 of 15.00 uur mee op, hoewel straatstalletjes vaak langer blijven staan.

BETALEN

Als u goederen rechtstreeks van ambachtslieden of op een markt koopt, betaalt u met contant geld. De meeste winkels accepteren VISA en in mindere mate MasterCard en American Express, maar ook dollars. Voor betalingen met creditcard wordt een kleine toeslag gevraagd. Winkeliers weigeren meestal gescheurde dollarbiljetten. Sommigen accepteren travellercheques. Een omzetbelasting van 13 procent wordt toegevoegd aan de prijs van de meeste consumptieartikelen.

Hoewel leerproducten goedkoper zijn dan in de meeste landen, is Costa Rica over het algemeen een duur winkelland. Goederen in galeries en hotelwinkels hebben een vaste prijs. Op nijverheidsmarkten en *mercados* wordt onderhandeld.

De plaatselijke coöperatieve markten bieden de beste prijzen en omdat ze door de staat beheerd worden, gaat een groot deel van de winst rechtstreeks naar de vakman. De grotere winkels en exportbedrijven kunnen uw aankopen laten verschepen.

GALERIES

San José heeft talloze galeries waar schilderijen, beelden en prenten van vooraanstaande kunstenaars worden verkocht. De beste zijn te vinden rond Parque Morazán *(blz. 66)* en **Centro Comercial El Pueblo**, dat meer dan tien galeries telt. Twee goede voorbeelden hiervan zijn de **Andrómeda Gallery** en **Kandinsky**. Avant-gardekunst is te koop bij **Teorética**, in de Barrio Amón, en bij **Arte 99**, in de chique westerse wijk Rohrmoser.

Veel kunstenaars wonen in Monteverde. Manco Tulio Brenes verkoopt zijn mooie schilderijen en beelden bij **Galería Extasis** en de Amerikaanse Sarah Dodwell bij **Sarah Dodwell Watercolor Gallery**. Ga in het Caribische laagland naar **Gallery at Home** *(blz. 164)* van Patricia Erickson, waar de kunstenares haar schilderijen in Afro-Caribische stijl verkoopt.

Centro Comercial El Pueblo, San José

Planken vol kleurige souvenirs in een winkel in San José

KUNSTNIJVERHEID

Er is in Costa Rica een grote variëteit aan *artesanías*. Kunstnijverheidswinkels van goede kwaliteit verkopen allerlei producten, van houtsnijwerk, gemaakt van hardhout als palissander, ijzerhout en purperhart, natuurboeken en cassettebandjes tot Guatemalteekse weefstoffen en borduurwerk.
Het stadje Sarchí *(blz. 86)*, in de Centrale Hoogvlakte, is het belangrijkste ambachtscentrum en produceert leren schommelstoelen, handgemaakte meubels met bas-reliëf en felgeschilderde miniatuur-*carretas* (ossenwagens, *blz. 87)*. De **Fábrica de Carretas Joaquín Chaverrí** heeft de grootste en beste selectie kunstnijverheid. De naburige **Plaza de la Artesanía** telt ook een paar kunstnijverheidswinkels.
Veel winkeleigenaars getroosten zich veel moeite om de beste kunstnijverheid te vinden. Twee van zulke winkels, **Toad Hall** *(blz. 234)* en

Bord van Toad Hall, bij het Arenal-meer

Lucky Bug Gallery *(blz. 150)*, liggen aan de noordoever van het Arenal-meer. In de winkels langs snelweg 21, vlak bij de internationale luchthaven Daniel Oduber in Liberia, wordt een enorme variatie aan kunstnijverheid aangeboden.
Boutique Annemarie, in hotel Don Carlos in San José, verkoopt voor een eerlijke prijs uiteenlopende kunstnijverheid, net als **La Casona**, een gebouw waarin winkels Midden-Amerikaanse kunstvoorwerpen verkopen.
Als u van de markt houdt, ga dan naar de ambachtsmarkt aan de westkant van de **Plaza de la Democracía** *(blz. 70)*. De **Mercado de Artesanías Nacionales** er vlakbij heeft eveneens gevarieerde kunstnijverheid te koop. De meeste ambachten vindt u echter bijeen in de noordoostelijke voorstad Moravia, waar in Calle de la Artesanía de ene na de andere ambachtswinkel staat. Hier ligt ook de **Mercado de Artesanía Las Garzas** met zijn tientallen winkels. De concurrentie is moordend, dus afdingen is normaal.

INHEEMSE AMBACHTEN

Hoewel Costa Rica niet zo'n sterke kunstnijverheidstraditie heeft als andere Latijns-Amerikaanse landen, biedt het toeristen toch veel uniek handwerk. De Boruca-stam van het **Reserva Indígena Boruca** *(blz. 184)* maakt maskers van balsahout en muurversieringen in bas-reliëf, met korting te koop bij de vakman zelf. Als u rechtstreeks van de vakman koopt, onthoud dan dat hun winstmarge erg laag is. Veel prachtige voorbeelden van Boruca-kunst zijn ook verkrijgbaar in goede kunstnijverheidswinkels in San José en bij **Coco Loco Art Gallery and Café** *(blz. 234)* in Chachagua, bij La Fortuna. Coco Loco verkoopt ook schitterend hedendaags aardewerk en bewerkt marmer van toonaangevende kunstenaars.
Boeiende inheemse keramiek komt uit **Guaitíl** *(blz. 143)*, waar okerkleurige vazen, kommen, borden en dieren versierd met traditionele Chorotega-motieven verkocht worden langs de weg. De vrouwen van het dorp Agujitas, bij **Bahía Drake** *(blz. 190)* op het schiereiland Osa, maken en verkopen nog steeds met de hand gestikte *molas* in de stijl van de San Blas-eilanden van Panama. De twee beste commerciële winkels voor inheemse kunstnijverheid zijn **ANDA** en **Galería Namu**, waar prachtige manden van palmbladeren, Boruca-maskers, Huetar-snijwerk en geborduurde Guaymí-kleding worden verkocht.

Aardewerk te koop in een straat in Santa Ana, bij San José

HOUTSNIJWERK

Populaire voorwerpen van hout zijn beeldjes, keukengerei, schalen en juwelenkistjes. De fraaiste houten kommen en dozen worden gemaakt door **Barry Biesanz Woodworks** *(blz. 75)* – u kunt rechtstreeks bij zijn atelier in Escazú kopen. Het werk van Biesanz wordt vaak door de regering als cadeau gegeven aan bezoekende hoogwaardigheidsbekleders.

Gouden sieraden, winkel van het Museo del Oro Precolombino

SIERADEN

Bekwame goudsmeden vervaardigen prachtige sieraden van modern ontwerp met pre-Columbiaanse motieven als kikkers en vogels, vaak versierd met halfedelstenen als lapis lazuli, onyx en jade. Koop ze bij gerenommeerde winkels, zoals **Esmeraldas y Diseños** in San José. De meeste luxehotels en grote winkelcentra hebben ook een juwelier. Ga voor 14-karaats gouden sieraden van goede kwaliteit naar de museumwinkel van het Museo del Oro Precolombino *(blz. 63)*. Sieraden in kraampjes zijn meestal verguld.

KOFFIE

Verschillende *beneficios* (koffiebranderijen) zijn toegankelijk voor bezoekers. Ze verschepen vacuüm verpakte koffie alleen in grote hoeveelheden. Hiertoe behoren de Café Britt-cadeauwinkel op de luchthaven en de Café Britt-*beneficio (blz. 92)*, die ook een goede kunstnijverheidswinkel heeft. Veel verschillende koffie wordt verkocht door **La Esquina del Café**, waar ook traditionele Costaricaanse koffiefilters, *chorreadores,* te krijgen zijn. Koffie voor de Costaricaanse markt wordt ook verkocht in de winkels van San José's **Mercado Central** *(blz. 58)*, waar de koffie ter plekke gebrand wordt; vraag om *granos puros* (hele bonen) in plaats van *café traditional*, wat fijngemalen koffie met suiker is.

KLEDING

Traditionele Guanacastecaanse jurken en bloezen zoals die door de dansers van Fantasía Folklórico *(blz. 245)* worden gedragen, koopt u bij **La Choza Folklórica** in San José. **Angie Theologos** maakt kleurige jasjes van Guatemalteekse stof. **Tienda de la Naturaleza** van Fundación Neotrópica, in de wijk Curridabat, verkoopt T-shirts van goede kwaliteit. Er zijn geen outlets die de goedkope designkleding verkopen.

ANDERE SPECIAALZAKEN

De voorstad Moravia in San José staat bekend om zijn leer. Riemen en tassen zijn van uitstekende kwaliteit, net als de cowboylaarzen, in klassiek, maar ook modern ontwerp. Een grote selectie cowboylaarzen wordt verkocht bij *zapaterías* (schoenwinkels) in de Barrio México, ten noordwesten van het centrum van San José. Ciudad Quesada *(blz. 154)* is de beste plaats waar u rijkversierde zadels kunt kopen – hier hebt u keuze uit zeer veel soorten. De lederwaren zijn hier aanzienlijk goedkoper dan in Europa.

In de hoofdstad zijn verschillende sigarenzaken waar Cubaanse sigaren worden verkocht. De **Cigar Shoppe** en **Habanos de Costa Rica** in het stadscentrum en **Casa del Habano** en **Habanos Smoking Club** (beide in het district San Pedro) zijn een aanrader. Koop geen sigaren op straat; de dozen zien er misschien echt uit, de sigaren zijn vrijwel altijd goedkope namaak.

Prachtige orchideeën in afgesloten flesjes zijn verkrijgbaar bij cadeauwinkels op luchthavens en in verschillende tuinen als de **Jardín Botánico Lankester** *(blz. 93)* en **Orchid Alley** in La Garita. Veel kunstenaars maken adembenemende *vidriera* (gebrandschilderd glas). Ga hiervoor naar **Galería de Vitrales y Cerámica**, in Sabana Norte, of **Creaciones Santos** in Escazú.

Een van de vele leerspeciaalzaken in Costa Rica

Kraampjes met groente en fruit op de Mercado Central, San José

MARKTEN

Elke plaats heeft zijn *mercado central* (centrale markt), waar van alles wordt verkocht, van cowboyhoeden tot medicinale kruiden. Koop op de Mercado Central van San José de geborduurde *guayabero-* hemden (zomerhemd voor mannen) of cowboylaarzen van exotisch leer. De markten worden soms in donkere hallen gehouden, waar het vooral op zaterdag erg druk is; let op zakkenrollers. Weinig marktkooplieden spreken Engels. De meeste plaatsen houden in de weekeinden ook *ferias de agricultores* (boerenmarkten), waar al vanaf zonsopkomst verse producten worden verkocht.

Overdekte winkelcentra zijn er alleen in de grote steden. **Mall San Pedro** in San José heeft veel boetieks.

ADRESSEN

KUNSTGALERIES

Andrómeda Gallery
Calle 9 en Avenida 9,
Barrio Amón,
San José.
(223-3529.

Arte 99
Rohrmoser,
San José.
(232-4035.

Centro Comercial El Pueblo
Barrio Tournon.
(222-5938.

Galería Extasis
Monteverde.
(645-5548.

Kandinsky
Centro Comercial,
Calle Real,
San Pedro, San José.
(234-0478.

Sarah Dodwell Watercolor Gallery
Monteverde.
(645-5047.

Teorética
Calle 7 en Avenidas 9/11,
San José.
(233-4881.

KUNSTNIJVERHEID

Boutique Annemarie
Calle 9 en Avenida 9, San José. (221-6707.

La Casona
Calle Central en Avenida Central, San José.
(222-7999.

Mercado de Artesanía Las Garzas
Calle 8 en Avenida 2 bis,
San José.

Mercado de Artesanías Nacionales
Calle 22 en Avenida 2 bis,
San José.
(223-0122.

Plaza de la Artesanía
Sarchí Sur, Sarchí.
(454-3430.

INHEEMSE AMBACHTEN

ANDA
Calle 5 en Avenida 2,
San José.
(233-3340.

Galería Namu
Calles 5/7 en Avenida 7,
San José. (256-3412.

SIERADEN

Esmeraldas y Diseños
Sabana Norte,
San José.
(231-4808.

KOFFIE

La Esquina del Café
Guachipelín-Escazú.
(228-9541.

KLEDING

Angie Theologos
San Pedro, San José.
(225-6565.

La Choza Folklórica
Calle 1 en Avenida 3,
San José.

Tienda de la Naturaleza
Avenida Central,
Curridabat.
(253-1230.

ANDERE SPECIAALZAKEN

Casa del Habano
Calle 4 en Avenida 1,
San José.
(280-7931.

Cigar Shoppe
Calle 5 en Avenida 3,
San José.
(257-5021.

Creaciones Santos
Calles 1/3 en Avenida 3,
San Miguel de Escazú.
(228-6747.

Galería de Vitrales y Cerámica
Avenida las Américas,
San José.
(232-7932.

Habanos de Costa Rica
Calle 7 en Avenidas 7/9,
San José.
(383-6835.

Habanos Smoking Club
Plaza Calle Reál,
San Pedro, San José.
(224-5227.

Orchid Alley
La Garita.
(487-7086.

MARKTEN

Mall San Pedro
Avenida Central en
Circunvalación,
San José.

Wat koopt u in Costa Rica

Wanddecoratie

VERBODEN WAAR

Voorwerpen die van beschermde diersoorten worden gemaakt, worden gewoon op de markt verkocht. Het is illegaal om iets van schildpadschild, ocelot- of jaguarbont of veren van quetzals en andere bedreigde vogelsoorten te kopen. Milieugroeperingen zijn ook tegen de verkoop van koraal en opgeprikte vlinders.

D e winkels en musea in Costa Rica verkopen zo veel verschillende artikelen van goede kwaliteit, dat u altijd wel iets van uw gading vindt. Handwerk van tropisch hardhout, zoals kommen, kisten en keukengerei, maar ook de heerlijk geurende koffiebonen en koffieproducten zijn de aanschaf zeker waard. De keramiek is uitstekend, net als de sieraden – vooral de gouden kettingen en hangers in pre-Columbiaanse uitvoering. T-shirts met diermotieven, knuffelluiaards, kronkelende slangen van hout en meer van dat soort voorwerpen zijn populaire aankopen.

HANDWERK

De kundige vaklui van Costa Rica werken vooral in Sarchí, beroemd om zijn miniatuurossenwagens beschilderd in bonte kleuren en patronen en eenvoudige schommelstoelen van hout en leer. In de tientallen ateliers wordt allerlei verschillende kunstnijverheid geproduceerd, die in winkels in het hele land te koop is. Moravia, bij San José, is ook een ambachtscentrum, voornamelijk voor lederwaren.

Lederwaren
U kunt duidelijk zien dat de betaalbare cowboylaarzen, tassen en attachékoffers van uitstekende kwaliteit zijn. Die van kaaimanleer kunt u maar beter niet kopen.

Houten kom en couvert

Kleurige houten doos

Beschilderde houten oorbellen

Gesneden kistje

Handbeschilderde miniatuurossenwagen

Houten voorwerpen
Van het waardevolle hardhout van Costa Rica worden de mooiste dingen vervaardigd, zoals beeldjes, dierfiguren, bewerkte kistjes en bovenal op de draaibank gemaakte kommen, soms zo dun dat ze bijna transparant zijn.

Broche

Pareloorbellen

Hangmatten
Hangmatten van kleurige henneptouwen en in allerlei patronen worden aan de kust verkocht. Er zijn ook hangmatten voor twee te koop.

Sieraden
Verfijnde broches, kettingen en oorbellen van 14-karaats goud met koraal of halfedelstenen zijn erg in trek. Straatventers verkopen felgekleurde kettingen van schelpen, hardhout en zaden.

Ketting van goud en halfedelstenen

Ketting van zaden

INHEEMSE AMBACHTEN

Voorwerpen van indianenstammen zijn te
koop bij goede kunstnijverheidswinkels en,
nog beter, in de reservaten, waar de inkomsten rechtstreeks naar de kunstenaar gaan.
Traditioneel geweven stoffen, bewerkte
kalebassen, geverfde maskers en muziekinstrumenten staan vaak boordevol
spirituele symbolen.

Bewerkte kalebassen
Bewerkte kalebassen,
versierd met diermotie-
ven, doen dienst als
lichtgewicht vaas.

Oker aardewerk
Aardewerk, versierd met traditionele Chorotega-
motieven, komt uit Guaitíl, waar de traditionele
stooktechnieken worden toegepast. Potten, borden en
vazen van verschillende vorm en grootte zijn te koop
langs de weg en bij coöperaties in heel Guanacaste.

Beschilderd masker

Duivelsmasker
Maskers van de
Boruca's zijn gemaakt
van balsa. U koopt ze
rechtstreeks van de
maker. Andere in-
heemse houten produc-
ten zijn bijvoorbeeld
wandversieringen.

**Boruca-
masker**

**Koffie-
likeur**

**Biologische
koffie**

**Een regionale
koffiesoort**

**Met chocola om-
hulde koffiebonen**

KOFFIE

Koffieproducten lopen uiteen van gebrande bonen
tot koffielikeur. Koop
alleen koffie van export-
kwaliteit, want koffie voor
de binnenlandse markt is
vaak inferieur en, als het is
voorgemalen, versneden
met grote hoeveelheden
suiker.

SOUVENIRS

Snuisterijen, gebruiksvoorwerpen en allerlei
kunstzinnige creaties zijn in het hele land te
koop bij cadeauwinkels, van kaarsen tot gebrandschilderde hangers. Meestal zijn ze versierd
met dieren of landelijke taferelen. De winkel op
de luchthaven van San José biedt veel keus.

Vrolijke broche

Kaars

Bord van aardewerk

Beschilderde metalen kan

Gebrandschilderde snuisterij

AMUSEMENT

Culturele activiteiten en live amusement in Costa Rica zijn van oudsher wat ingetogener dan in de andere Latijns-Amerikaanse landen. Desalniettemin houden Tico's erg veel van muziek en dans. De laatste jaren zijn er steeds meer uitgaansgelegenheden bijgekomen. Het nachtleven is vooral in San José opwindend divers. Theater en concertgebouw vormen een wezenlijk onderdeel van San José's sociale leven. Zelfs de kleinere plaatsen hebben wel

Poster van het nationaal orkest uit Guanacaste

een toneelruimte en *glorieta* (muziekkoepel) waar muzikanten optreden. Muziekfestivals worden buiten en binnen gehouden. Plattelandsfeesten, *ferías* genoemd, viert men het hele jaar door. Elke stad heeft talloze disco's. De karaokebars zijn erg in trek bij de Tico's met een lager inkomen. Amusement in kleine plaatsen bestaat uit *topes* (ruitershows) en *retornos* (rodeo's) die in de straten worden gehouden, vergezeld van live muziek en dans.

INFORMATIE

Een kalender met belangrijke evenementen (in het Spaans en Engels) is te zien op de website van het Instituto Costarricense de Turismo (Costaricaans Instituut voor Toerisme, het ICT, *blz. 256*). Op die website staan ook adressen van theaters, nachtclubs en andere uitgaansgelegenheden. De *Tico Times* (*blz. 263*), in veel hotels verkrijgbaar, vermeldt ook culturele evenementen en amusement, net als de 'Viva'-sectie van de krant *La Nación*. *Info Spectacles* is een gratis weekblad met informatie over live concerten, optredens, nachtclubs en andere uitgaansgelegenheden.

I·C·T
Logo Costaricaans Instituut voor Toerisme

THEATER

Het theater in Costa Rica kent een lange traditie, en Josefino's zijn hartstochtelijke theatergangers. De vele kleine theatertjes van San José bieden conventioneel toneel en experimenteel theater, maar ook komedies, tegen betaalbare prijzen. De meeste producties zijn in het Spaans en worden tussen donderdag- en zondagavond opgevoerd. In **Teatro Chaplin** ziet u pantomime en af en toe zijn er Engelstalige komedies te zien in **Teatro de la Comedia**. Het oudste theatergezelschap van het land, de Engelstalige **Little Theater Group**, treedt op in het Teatro Eugene O'Neill, in

het **Centro Cultural Costarricense-Norteamericano** (Costaricaans-Noord-Amerikaans Cultureel Centrum). Hier worden elke maand ook concerten gegeven. De Engelssprekende gemeenschap gaat naar **Teatro Laurence Olivier**, dat tevens een levendig cultureel centrum, een jazzclub en een filmhuis is.

KLASSIEKE MUZIEK, BALLET, DANS EN OPERA

De Costaricaanse middenklasse is een enthousiaste liefhebber van klassieke muziek. Het belangrijkste podium voor klassieke muziek en ballet is San José's **Teatro Nacional** (*blz. 60–61*). Het werd feestelijk geopend in 1897 met een uitvoering van *El Fausto de Gournod* door de

Het barokke interieur van het auditorium van het Teatro Nacional

Een uitbundige traditionele dans, opgevoerd in Pueblo Antigua, San José

Opera van Parijs. In het theater speelt van april tot december ook het **Orquestra Sinfónia Nacional**, dat is opgericht in 1970. De **Compañía de Lírica Nacional** (Nationale Lyrische Opera) het enige operagezelschap van het land, speelt er van juni tot augustus. De verschillende gezelschappen hebben wereldberoemde werken op hun repertoire. Ook buitenlandse orkesten en zangers en zangeressen treden hier op. Een avond in het Teatro Nacional is een echte gelegenheid om u fraai op te doffen. De kaartjes voor de *galeria* (balkon) kosten doorgaans minder dan $5, afhankelijk van wat er speelt. Het theater van Costa Rica kent een lange traditie, die aan het begin van de 20ste eeuw een opbloei meemaakte toen Zuid-Amerikaanse dramaturgen zich hier vestigden en toneel een vak op de middelbare school werd. In het **Teatro Mélico Salazar** *(blz. 58)* worden toneelstukken en musicals opgevoerd, klassieke concerten gegeven in folkloristische evenementen gehouden, waaronder Fantasía Folklórica, een uitvoering van traditionele muziek en dans uit Guanacaste die elke dinsdagavond te zien is. Het theater is ook de thuisbasis van de **Compañía Nacional de Danza** (Nationaal Dansgezelschap), een organisatie van wereldformaat uit 1979 met een breed repertoire van moderne en klassieke werken. Het is aan te raden kaartjes te reserveren. Dit kunt u doen bij het theater zelf of bij de organisatoren.

JAZZ

De laatste jaren is het aantal jazzclubs in Costa Rica toegenomen. Jazztrio's spelen in hotellobby's en bars. De belangrijkste jazzclub is het **Jazz Café** in San José, een gebouw van rode baksteen met een klassieke bohémiensfeer. Toonaangevende wereldsterren als Chucho Valdés en Irakere hebben hier gespeeld. Jazzliefhebbers van San José gaan ook naar de Shakespeare Gallery in de **Sala Garbo**, met live jazz op maandag.

TRADITIONELE MUZIEK

De volksmuziek van het land is nogal beperkt in vorm en stijl. De muziek is een afgezwakte versie van de *marimba*-culturen van Nicaragua en Guatemala. De marimba (soort xylofoon), *quijongo* (boogvormig instrument met één snaar en een kalebas als klankkast) en gitaar begeleiden volksdansen als de *punto guanacasteco*, de nationale dans *(blz. 247)*. Live marimba-muziek wordt gespeeld op *ferias*, in enkele toeristenplaatsen en in de weekeinden op stadspleinen. **Pueblo Antigua** *(blz. 75)* is een ideale plaats om van traditionele dans en muziek te genieten. Inheemse groepen voeren hier rituele dansen uit, begeleid op trommels, ratels en fluiten.

Het Teatro Mélico Salazar, een populair theater in San José

Dansen tot je erbij neervalt, in een nachtclub van een resort

NACHTCLUBS EN DISCO'S

San José en grote toeristenoorden hebben chique disco's. Veel van de beste nachtclubs horen bij hotels; de grote resorts aan het strand hebben een eigen disco. Verder zijn er overal in het land (zij het minder pretentieuze) disco's te vinden, want Tico's zijn dol op dansen. De overheersende muziek is Latin: *cumbia*, salsa en bovenal merengue, vaak afgewisseld met reggae en wereldmuziek. In San José gaan de rijke Tico's naar de bars en clubs aan San Pedro's Avenida Central, en in San Rafael de Escazú. **Planet Mall**, populair bij tieners, zegt de grootste disco van Midden-Amerika te zijn. Een wat eenvoudigere en altijd drukke club is **El Cuartel de la Boca del Monte**, met een nuchtere sfeer, gemengd publiek en live muziek van vooraanstaande bands uit Costa Rica. In de wirwar van straatjes van **El Pueblo** zijn ook veel disco's en kroegen te vinden. De kroegen en clubs in de wijken Los Yoses en San Pedro worden vooral door studenten en yuppen bezocht. Calle de la Amargura (Straat van Bittere Smart), die naar de universiteit leidt, bestaat bijna geheel uit studentenbars – hier komen maar weinig buitenlanders. Bars in 'Gringo Gulch', een rosse buurt in centraal San José,

worden veelal bezocht door oudere buitenlandse klanten, onder wie de vele expatriates die de stad rijk is. Wees voorzichtig met wie u hier contact maakt, net als in Calle de la Amargura.
De meeste clubs komen pas los rond middernacht en sluiten vaak pas bij het ochtendgloren. Iedereen kleedt zich vrij gewoontjes – spijkerbroeken zijn toegestaan, korte broeken daarentegen niet, behalve bij de stranddisco.

CASINO'S

Costa Rica telt tientallen casino's, vooral gelegen in de hoofdstad. Ze zijn meestal verbonden met grote, dure hotels. Enkele casino's vindt u in de beruchte Gringo Gulch. Sommige zijn 24 uur per dag open. De populairste spelen zijn dobbelen, *tute*

(een soort poker), canasta, dat op roulette lijkt, en *veinte un* (21'en), een soort blackjack. Houd er rekening mee dat de kansen voor het huis veel gunstiger zijn dan bijvoorbeeld in Europa.

DANSSCHOLEN

Veel toeristen komen naar Costa Rica om te leren dansen. Bij gerenommeerde *academias de baile* (dansscholen) worden cursussen aangeboden waarbij u het betere voetenwerk leert bij heupzwaaiende dansen als *cumbia*, merengue, salsa of wat de nieuwste dansrage ook mag zijn. De meeste cursussen zijn in het Spaans. De beroemde **Academia de Baile Kurubandé** en **Merecumbé** exploiteren verschillende scholen in San José en grote steden in de hoogvlakte.

FEESTEN EN FESTIVALS

Op de jaarkalender staan veel grote en kleine feesten *(blz. 34–37)*. Deze vieren de vele culturen van het land, zoals het Fiesta de los Diablitos *(blz. 184)* van de Boruca's en het extravagante carnaval in Caribische stijl van Puerto Límon *(blz. 165)*.
De bekendste muziekfestivals van Costa Rica zijn het landelijk gevierde **Internationaal Muziekfestival** en het **Zuid-Caribisch Muziekfestival**, dat wordt gehouden in Cahuita en Puerto Viejo. Veel plaatsen in dit katholieke land eren hun patroonheilige op bepaalde dagen in het jaar. Het belangrijkste religi-

Caribisch optreden in een resort in Guanacaste

DE PUNTO GUANACASTECO

De nationale dans is de *punto guanacasteco*, een 'ritmisch voetenwerk' die in traditionele klederdracht wordt uitgevoerd. De vrouwen dragen witte lijfjes en kleurrijke satijnen rokken met volants. De mannen dragen meestal witte hemden en broeken, satijnen sjerpen en cowboyhoeden. De langzame, ronddraaiende *baile típico* (typische dans) gaat gepaard met het opgooien van hoeden en omslagdoeken, en mannen die verzen roepen om een geliefde voor zich te winnen.

Dansers dansen de *punto guanacasteco*

euze feest is de Día del Virgen de los Ángeles, dat in augustus gevierd wordt in de Basilica de Nuestra Señora de los Ángeles *(blz. 94–95)* in Cartago. Het Fiesta de la Yeguïta *(blz. 142)* van het schiereiland Nicoya, dat wordt gevierd in december, is een van de kleurrijkste regionale feesten van het land.

Hollywood- en internationale films, vaak in het Spaans ondertiteld. Nagesynchroniseerde films worden aangegeven met *hablado en español*. Internationale filmhuisfilms zijn te zien in **Sala Garbo**. Costa Rica heeft geen eigen filmindustrie.

PEÑAS

De intelligentsia van San José gaat graag naar *peñas* (vriendenkringen), ook *tertulias* genoemd. Deze alternatieve samenkomsten zijn ontstaan uit de linkse Latijns-Amerikaanse beweging van de jaren zeventig. Er worden poëzievoordrachten gehouden en treurige *nueva trova*-muziek gemaakt. De *peñas* zijn een uitlaatklep voor experimentele muziek en literatuur door avant-gardekunstenaars als Esteban Monge en Canto America. Ze worden gehouden in woningen, cafés als **La Peña de Cantares**, waar de muziekgroep Cantares optreedt, en **Teorética**, een hippe galerie.

FILM

De meeste steden hebben een bioscoop, hoewel die in de kleine plaatsen vaak een bouwval is. San José en andere grote steden hebben moderne zalencomplexen van dezelfde standaard als in Europa. **Cines del América** en andere bioscopen tonen nieuwe

---

SPORT EN
BUITENACTIVITEITEN

De combinatie van een gevarieerd landschap, een aangenaam klimaat en talloze natuurreservaten heeft ertoe geleid dat Costa Rica de afgelopen 20 jaar veel buitenactiviteiten heeft ontwikkeld. Sommige zijn relatief nieuw, zoals de boomkruintochten die in veel regen- en nevelwouden standaard zijn geworden. Andere zijn conventioneler: zo kunt u overal trektochten maken over het netwerk van paden in de schitterende nationale parken

Bord bij Playa Flamingo

en reservaten. Costa Rica is ook goed toegerust voor mountainbiken en paardrijden. Aan beide kusten kunt u fantastisch surfen; windsurfers beschikken over faciliteiten van wereldklasse bij het Arenal-meer en Bahía Salinas. Wildwatervaren, duiken en sportvissen behoren ook tot de mogelijkheden. Waar u ook gaat, er is altijd iets te doen. Een handige informatiebron is het tweemaandelijkse *Costa Rica Outdoors*, in heel het land verkrijgbaar.

Het aanbod aan activiteiten bij de Selva Verde Lodge

GEORGANISEERDE REIZEN

Costa Rica telt tal van touroperators die gespecialiseerd zijn in bepaalde activiteiten. Organisaties als **Costa Rica Expeditions**, **Costa Rica's Temptations** en **Costa Rica Sun Tours** bieden verschillende opties. Organisaties die zich op één activiteit richten worden in de secties hierna besproken.

NATIONALE PARKEN EN WILDRESERVATEN

Costa Rica telt zo'n 190 nationale parken, wildreservaten en andere beschermde natuurgebieden, die tezamen een gebied van 15.500 km² beslaan. Daarnaast zijn er tientallen particuliere reservaten met beschermde habi-

tats. Er komen nog steeds nieuwe gebieden bij, die corridors moeten vormen tussen de afzonderlijke parken en reservaten, zodat het wild ongehinderd kan rondtrekken. De nationale parken en reservaten vallen onder het **SINAC** (Sistema de Areas de Conservación), het stelsel van beschermde natuurgebieden dat tot het MINAE (Ministerio de Ambiente y Energía), het ministerie van Milieu en Energie, behoort.

La Amistad *(blz. 179)* is met zijn oppervlak van 1750 km² het grootste nationale park, en tevens het meest afgelegen en ontoegankelijke; wandelen is hier een echte uitdaging. Het drukstbezocht is het Parque Nacional Volcán Poás, dat op slechts twee uur rijden van San José ligt en de beste faciliteiten bezit *(blz. 90)*. Ook populair is het Parque Nacional Manuel Antonio, dat het voordeel biedt van een goede bereikbaarheid en

verschillende andere attracties, zoals prachtige stranden *(blz. 118–119)*. Parque Nacional Cahuita, aan de Caribische kust, biedt vergelijkbare mogelijkheden *(blz. 170)*. In de nationale parken Chirripó *(blz. 180–181)* en Rincón de la Vieja *(blz. 132)* kunt u fantastische bergwandelingen maken; Rincón biedt bovendien fumarolen en kokendhete modderpoelen. In de regenwouden en moerassen van het Parque Nacional Tortuguero *(blz. 167)* kunt u boottochten onder leiding van een gids maken. Uitdagender en zeker zo prachtig is het Parque Nacional Corcovado, misschien wel het mooiste regenwoud van het land *(blz. 191)*. Het Reserva Biológica Bosque Nuboso Monteverde is het mooiste nevelwoudreservaat *(blz. 127)*. Een handige bron van informatie voor verschillende reservaten is de **Fundación de Parques Nacionales**.

Boottocht in het Parque Nacional Tortuguero

Vogels observeren in het Parque Nacional Manuel Antonio

DIEREN OBSERVEREN

De meeste toeristen komen naar Costa Rica om vogels en andere wilde dieren te zien. Dat kan zelfs al zonder naar een reservaat te gaan, want wilde dieren vindt u al direct buiten de stadsgrenzen. Morpho's (vlinders), toekans, apen en witsnuitneusberen vertonen zich vaak op het terras van uw hotel. De meeste diersoorten zijn echter wat moeilijker te zien door hun schutkleuren, of zijn gewoon schuw, zodat geduld en een goede planning geboden zijn. Het is aan te raden een natuurgids te huren: zij zijn erop getraind de dieren te ontdekken en weten waar bepaalde soorten zich op-houden. U kunt zelfs natuur-cursussen volgen tijdens een cruise op een klein schip (toonaangevend zijn **Wind-star Cruises** en **Temptress Adventure Cruises**, twee Amerikaanse operators); overdag gaat u van boord voor excursies. Ook de Nederlandse **SNP** biedt ver-schillende natuurreizen. Draag tijdens excursies groene en bruine kleding, zodat u niet opvalt. Stil zijn is geboden. Neem ook een verrekijker mee. In boek- en souvenirwinkels zijn gelami-neerde spotterskaarten ver-krijgbaar. De **Birding Club of Costa Rica** biedt informatie over vogelexcursies.

WANDELEN

Voor wie de natuur te voet wil ervaren is Costa Rica een droom die waarheid wordt. Door het achterland lopen duizenden kilometers aan paden. Veel daarvan zijn duidelijk aangegeven en goed begaanbaar, andere vormen zelfs voor ervaren wandelaars een uitdaging. In de **Librería Universal** en het **Instituto Geográfica Nacional** zijn gedetailleerde topografische kaarten te koop.

De meeste paden lopen door nationale parken en reservaten, waar de faciliteiten beperkt zijn tot parkwachterskantoren en/of particuliere lodges bij de parkingangen. Veel grotere parken hebben alleen zeer eenvoudige hutten, die soms een lange dag lopen van elkaar liggen. Wandelaars moeten een eigen kampeer-uitrusting en eten en drinken meenemen. Informeer altijd hoe ver de volgende hut is, en of het pad moeilijk is. U mag alleen met speciale toe-stemming buiten de aange-wezen terreinen kamperen. Maakt u een meerdaagse tocht, dan moet u zich aan het begin en het eind van de tocht bij een parkwachters-kantoor melden. Voor som-mige tochten, zoals in het af-gelegen Talamanca-gebergte, hebt u een vergunning en een plaatselijke gids nodig. Wees bedacht op giftige slangen – laat de tentflap of deur van de hut nooit open (*blz. 259*). Wandelaars in het Parque Nacional Corcovado en andere laaggelegen regen-woudreservaten kunnen groepen pekari's, agressieve wilde zwijnen, tegenkomen. Als ze u bedreigen, klim dan in een boom en wacht tot ze weggaan, of als dat niet kan: blijf stokstijf stilstaan – de meeste bedreigingen zijn pure bluf.

Lichtgewicht, maar stevige waterdichte wandelschoenen zijn essentieel, evenals een waterfles en een rugzak waar een waterdichte jas met capu-chon in past. Naast zon- en insectenwerende middelen zijn een verbanddoos en een zaklamp met reservebatterijen aan te raden. Verpak al uw spullen in plastic, zodat ze droog blijven in de rugzak. Ruim uw kampeerplek voor vertrek op – alleen uw voetaf-drukken mogen achterblijven.

BOOMKRUINTOCHTEN

Met al die torenhoge bomen en diepe dalen mag het geen verwondering wekken dat Costa Rica tien-tallen boomkruintochten biedt (*blz. 24–25*). De tokkelbanen hebben meer vaart en zijn opwindender, maar verwacht niet dat u veel wilde dieren zult zien. **Original Canopy Tour** heeft zeven locaties verspreid over het land.

Via de tokkelbaan door de boomkruinen, Arenal-regenwoudreservaat

Paardrijden op een van de vele stranden van Costa Rica

PAARDRIJDEN

Costa Rica is van oudsher een boerenland waar veel met paarden gewerkt wordt. Touroperators en hotels kunnen paardrijtochten voor u regelen. U rijdt doorgaans op het lokale *criollo*-paard, een klein, zachtaardig ras. In de provincie Guanacaste liggen verschillende ranches die zich toeleggen op paardrijtochten. **Hacienda Guachipelín** en **Hacienda Los Inocentes** *(blz. 132)* zijn uitstekende locaties, evenals de **Buena Vista Lodge** *(blz. 211)*. Andere goede plekken zijn de **Bella Vista Lodge** in Escaleras *(blz. 217)* en **Club Hípico La Caraña**, bij Escazú.

FIETSEN

Rondtrekken met de fiets is een uitstekende manier om de lokale bevolking te ontmoeten en van de spectaculaire omgeving te genieten. Veel wegen zitten echter vol gaten en in hooggelegen gebieden moet u alert zijn op mist, onoverzichtelijke bochten en verkeer dat vaart maakt. Verschillende organisaties zijn gespecialiseerd in fietsreizen, individueel of met een groep, zoals de **Fietsvakantiewinkel** in Nederland en **Costa Rica Biking Adventure** in Costa Rica. Informeer bij uw luchtvaartmaatschappij hoe u uw fiets moet vervoeren. Het ruige terrein in Costa Rica is bij uitstek geschikt voor het mountainbiken, dat populair is onder Tico's. Verschillende hotels en lokale reisbureaus verhuren mountainbikes en bieden korte excursies aan.

GOLF EN TENNIS

Costa Rica telt zes golfbanen van 18 holes en vier van 9 holes. Er zijn plannen voor meer golfterreinen. Op het schiereiland Nicoya liggen de beste *greens* bij het **Four Seasons Resort** *(blz. 208)* en het **Paradisus Playa Conchal Beach & Golf Resort** *(blz. 210)*. De beste banen in de Centrale Hoogvlakte vindt u in **Meliá Cariari** en het **Parque Valle del Sol**. Veel hotels en resorts aan de kust beschikken over (gratis) tennisbanen voor hun gasten. Niet-gasten kunnen er gewoonlijk tegen betaling gebruik van maken.

WILDWATERVAREN EN KAJAKKEN

De overvloedige regen en het bergachtige terrein leveren ideale condities voor het wildwatervaren, of raften *(blz. 102)*. De rivieren Reventazón en Pacuare in de Centrale Hoogvlakte staan erom bekend, maar elke regio kent wel zijn wildwater van wereldklasse. De Río Chirripó (klasse III– IV) ontspringt in de hoogste bergen van het land en telt tientallen woeste stroomversnellingen. Hij vloeit samen met de Río General (klasse III–IV), die bekendstaat om zijn uitdagingen. De Río Corobicí (klasse I–II) wordt gevoed door het water van stuwdammen en stroomt tussen met bomen omzoomde oevers in het hart van Guanacaste. De rivier is perfect voor gezinstochten, aangezien de vele dieren zich hier goed laten zien. De Río Savegre (klasse III–V) ontspringt in de bergen van de Centraal-Pacifische regio. De steile bovenloop is spannend en moeilijk; wat lager stroomt de rivier langzamer tussen plantages met Afrikaanse oliepalmen.

Het golfterrein in het Parque Valle del Sol

Kajakken in het Angostura-meer bij Turrialba

De wildwaterorganisaties, zoals **Ríos Tropicales**, voldoen aan de internationale standaard. Een reddingsvest en helm zijn verplicht. Een tocht kost $70–100 per dag, inclusief vervoer, maaltijden en uitrusting. Bij meerdaagse tochten wordt overnacht in tenten of rivierlodges. Neem zonnecrème mee en geschikte kleding. In de bergen is een warm jack een goed idee. U wordt hoe dan ook nat, dus neem een extra stel kleren en schoenen mee.

Zeewaardige kajaks zijn ideaal voor wie de mangrovebossen aan de kust wil verkennen. Een van de grootste rafting-operators, Ríos Tropicales, biedt ook kajaktochten aan. Ook organisaties gespecialiseerd in natuurtochten hebben kajakexcursies en in veel resorts zijn kajaks te huur om de baaien te verkennen. Met wat geluk komt een dolfijn langszij. Als u op eigen gelegenheid gaat, is *The Rivers of Costa Rica: A Canoeing, Kayaking and Rafting Guide* van Michael W. Mayfield en Rafael E. Gallo onmisbaar. De gids is verkrijgbaar bij **7th Street Books** in San José.

SURFEN EN WINDSURFEN

Elk jaar komen duizenden surfers op de hoge golven aan de kusten van de Grote Oceaan en de Caribische Zee af. Sommige van de beste surfstranden liggen in Noord-Nicoya *(blz. 137)*. Bij de meeste luchtvaartmaatschappijen kunt u uw surfplank als gewone bagage inchecken. In plaatsen als Tamarindo, Jacó en Puerto Viejo de Talamanca kunt u voor uw spullen ook terecht in de vele surfwinkels. Surfhotels en -kampen bieden arrangementen inclusief een surfuitrusting.

In Bahía Salinas *(blz. 132)* en op het Arenal-meer *(blz. 150–152)* kunt u dankzij de constante harde wind fantastisch windsurfen. Op beide plaatsen vindt u speciale windsurfcentra. Ook Playa Zancudo *(blz. 192)* is een uitstekende locatie, maar daar moet u wel uw eigen uitrusting meenemen.

SPORTVISSEN

Costa Rica trekt honderden sportvissers, die dromen van de vangst van het jaar. Het is gebruikelijk om de vis weer terug te zetten. De Pacifische kust *(blz. 117)* staat bekend om zijn diepzeevissen, zoals zeilvis, tonijn, dorade en zwaardvis. De marlijn vormt de grootste attractie. Van november tot maart zwemt hij voor de kust van Nicoya; voor de Pacifische kust zijn augustus tot december de beste maanden.

Aan de Caribische kant wordt met licht tuig gevist in rivieren, meren en lagunes. Er zit veel tarpon, snoek en geep. Caño Negro en de monding van de San Juan en de Colorado behoren tot de beste tarponstekken ter wereld; de beste tijd is december–maart. Forelvissen is populair in de bergrivieren,

Een sportvisjacht voor anker in Bahía Drake

Sportvis-advertentie

met name op de noordhellingen van het Talamanca-gebergte. Het Arenal-meer staat bekend om zijn *guapote*, een enorme baarzensoort; **Rain Goddess** biedt hier sportvisexcursies *(blz. 152)*. Touroperators regelen ook de vergunningen voor het vissen in zoetwater. Sommige lodges richten zich geheel op de sportvisser. Boottochten vanuit sportviscentra als Flamingo, Quepos, Tamarindo, Golfito en Zancudo kosten doorgaans $250–400 voor een halve en $350–650 voor een hele dag.

Vistuig is te huur of te koop bij **La Casa del Pescador**. Uitstekende informatiebronnen zijn de **Club Amateur de Pesca** en de wekelijkse column van de lokale sportvisexpert Jerry Ruhlow in de *Tico Times*.

Surfen op de hoge golven bij Playa Jaco

Scubaduiken in Costa Rica

De warme wateren voor de kusten van Costa Rica bieden schitterende mogelijkheden om te duiken. Een van de mooiste plekken ter wereld om zeedieren waar te nemen is het Isla del Coco. Andere locaties zijn de Islas Murciélagos bij Noord-Nicoya, de koraalriffen bij Playa Manuel Antonio, het Parque Nacional Ballena Marina en het Isla del Caño aan de Pacifische

Scuba-duiker

kust, en Gandoca-Manzanillo en Cahuita aan de Caribische zijde. Zeeschildpadden en murenes komen overal voor. Ook reuzenmanta's, tand- en zaagbaarzen, tonijn en verschillende soorten haaien en walvissen laten zich vaak zien. Op de meeste duiklocaties is het zicht echter niet optimaal, vooral als de rivieren tijdens de regentijd troebel water in zee lozen.

Voor u het water ingaat *wordt de uitrusting zorgvuldig gecontroleerd, met name de flessen met perslucht en slangen.*

Eenmaal onder water *blijft u bij de groep, zodat u in geval van nood assistentie kunt krijgen.*

Zeesterren kruipen langzaam over het rif.

Tropische vissen in alle vormen en kleuren zwemmen hier rond.

Het koraalrif, elders in Costa Rica vaak slecht ontwikkeld, is hier op zijn mooist.

ISLA DEL CAÑO
Dit eiland kan bogen op de grootste koraalformaties van Costa Rica, met vissen in alle kleuren van de regenboog. Ook kunt u hier octopussen, zeepaardjes en zeesterren zien. Dolfijnen spelen vlak onder de kust. Duikexcursies vertrekken vanuit Bahía Drake *(blz. 190)*.

Bij het Isla del Caño komen verschillende soorten keizersvissen voor, zoals de gekroonde en de Franse keizersvis *(blz. 184)*.

Bij Punta Gorda, *voor de kust van Playa Ocotal, komen grote aantallen gevlekte adelaarsroggen voor. Ook andere roggen, steenvissen en zeepaardjes zijn er te zien.*

Het gerucht gaat *dat het Isla del Coco (blz. 193) een schateiland is, maar de echte schat bevindt zich onder water en omvat onder meer enorme scholen hamerhaaien. Meerdaagse duiktochten naar het eiland zijn alleen voor ervaren duikers.*

De Islas Murciélagos, *de populairste duiklocatie in het noordwesten, staan bekend om de witpunthaaien, marlijnen en andere grote vissen. Vanuit Playas del Coco (blz. 136) kunt u duiktrips maken.*

ZWEMMEN

De meeste grote hotels, en veel kleine, hebben een eigen zwembad. De temperatuur van het zeewater is doorgaans 25–30° C. Wees echter uiterst voorzichtig als u in zee wilt zwemmen: jaarlijks verdrinken 200 badgasten in Costa Rica door de sterke stromingen langs de kust. Ze komen met name voor aan stranden waar het water met grote volumes tegelijk wordt opgestuwd en zich dan in smalle 'kanalen' terugtrekt. Zulke verraderlijke stromingen komen in Costa Rica langs de meeste populaire stranden voor. Als u wordt meegesleurd, probeer dan niet tegen de stroom in naar de kust te zwemmen; u raakt alleen maar uitgeput. Zwem parallel aan de kust om uit de stroming vandaan te komen. Blijf uit de buurt van estuaria, waar krokodillen kunnen zitten, en ga niet zwemmen bij stranden waar schildpadden eieren leggen, want daar zitten meestal veel haaien.

SCUBADUIKEN

In bijna alle badplaatsen in de buurt van goede duiklocaties vindt u wel duikwinkels en -scholen. U kunt hier een duikuitrusting huren of kopen, evenals bij **Mundo Aquático** in San José. **El Ocotal Diving Safaris** en **Rich**

Duikers bereiden zich voor op hun duik in de Grote Oceaan

Coast Diving zijn bekende duikoperators in respectievelijk Playa Ocotal en Playas del Coco (*blz. 136*). Ervaren duikers kunnen met de **Okeanos Aggressor** naar het Isla del Coco. De boot vertrekt van Puntarenas voor 8-, 9- en 10-daagse tochten.

WEGWIJS IN
COSTA RICA

PRAKTISCHE INFORMATIE 256-263

REISINFORMATIE 264-271

PRAKTISCHE INFORMATIE

Costa Rica beschikt over een fantastische toeristische infrastructuur, vooral op het terrein van het ecotoerisme en avontuurlijke reizen. Zelfs de meest afgelegen delen van het land zijn vrijwel allemaal betrekkelijk gemakkelijk te bezoeken per huurauto of met het openbaar vervoer. Nationale toeristenbureaus vindt u alleen in de hoofdstad; in de kleinere

Affiche met de attracties van het land

plaatsen en aan de kust doen reisbureaus en touroperators ook dienst als informatiekantoor voor toeristen. De meeste Costaricaanse touroperators zijn uiterst professioneel. Veel aspecten van het dagelijkse leven in Costa Rica verlopen langzaam en bureaucratisch. Met een beetje geduld en flexibiliteit hoeft u uw humeur hierdoor echter niet te laten bederven.

WANNEER GAAT U OP REIS

Wat het weer betreft kunt u Costa Rica het best bezoeken in het droge seizoen tussen december en april (door de Tico's de zomer genoemd), voordat het 'groene' of regenseizoen begint. Houd echter wel rekening met regionale verschillen *(blz. 38)* – de Caribische en zuidwestelijke Pacifische kust kunnen het hele jaar door met stortregens te maken krijgen. Het natte seizoen is ook de heetste tijd van het jaar. Vooral in Guanacaste is het bloedheet. Veel onverharde wegen zijn dan onbegaanbaar. De prijzen liggen dan echter lager dan in het droge hoogseizoen, als veel hotels zijn volgeboekt.

PASPOORTEN EN VISA

Inwoners van West-Europa hebben geen visum nodig voor een bezoek aan Costa Rica. Wel moet u in het bezit zijn van een paspoort dat nog ten minste zes maanden geldig is, een vliegticket naar huis of een andere bestemming en voldoende geld voor de duur van uw verblijf. Bij aankomst krijgt u een toeristenkaart voor 90 dagen. Deze kunt u laten verlengen bij een *migración* (immigratiekantoor) in elke grote stad.

DOUANEBEPALINGEN

Naast persoonlijke eigendommen mogen bezoekers van Costa Rica 500 sigaretten en 3 liter wijn of sterkedrank invoeren. Ook mag u een computer, twee videocamera's en/of fototoestellen en zes filmrolletjes meenemen. Het is verboden om archeologische vondsten te kopen of te exporteren; overtreders worden streng gestraft. Koop alleen reproducties met een certificaat. Koopwaar die valt onder de Conventie inza-

De attracties in Monteverde

ke de internationale handel in bedreigde plant- en diersoorten (CITES) is ook verboden, waaronder veren van bepaalde vogelsoorten, voorwerpen van schildpadschild, bont, de huid van krokodillen en reptielen die niet uit fokkerijen komen, en levende dieren.

TOERISTISCHE INFORMATIE

Brochures en kaarten zijn gratis verkrijgbaar bij de **ICT**-kantoren (Instituto Costarricense de Turismo) op de internationale luchthavens *(blz. 264)* en in San José. Men kan u ook persoonlijk van dienst zijn. Buiten de hoofdstad kunt u voor informatie terecht bij touroperators. Andere goede informatiebronnen zijn hotels voor rugzaktoeristen en internet.

OPENINGSTIJDEN

Nationale parken zijn doorgaans dagelijks geopend van 8.00 tot 16.00 uur. De openingstijden van musea lopen sterk uiteen. Vaak zijn ze tussen de middag en op maandag gesloten. De openingstijden van banken en winkels leest u op blz. 238 en 260.

TAAL

De officiële taal van Costa Rica is het Spaans, dat betrekkelijk langzaam wordt gesproken, zonder de Castiliaanse 'slissende' tongval. Vrijwel alle Costaricanen werkzaam in de toeristenindustrie

Een plaatselijk reisbureau in het surfparadijs Jacó

◁ **Aangemeerde motorboten langs een van de vele door bos omzoomde stranden van Costa Rica**

Informeel geklede gasten in een restaurant in Dominical

ADRESSEN

AMBASSADES

Nederland
Oficentro Ejecutivo La Sabana,
Tercer Edificio, Sabana Sur,
San José.
☎ 296-1490.
ⓦ www.nethemb.or.cr

België
Los Yoses, 4e entrada,
25 metros al sur de la Subaru,
San José.
☎ 225-6255.
ⓦ www.diplobel.org/costarica

TOERISTISCHE INFORMATIE

ICT
O van Juan Pablo II Bridge, Autopista General Cañas, San José.
☎ 299-5800.

Websites
ⓦ www.visitcostarica.com
ⓦ www.costarica.com

spreken Engels, evenals personeel op banken en bij andere diensten. Als u buiten de gebaande paden reist, is het handig als u Spaans spreekt. De Maleku, Bribri, Cabécar, en Guaymí spreken hun traditionele talen, maar de meeste Costaricaanse inheemse volken spreken ook Spaans.

OMGANGSVORMEN

Costaricanen hechten veel waarde aan beleefdheden. Bij begroetingen is het de gewoonte om elkaar de hand te geven of op de wang te kussen. Gebruik aanspreektitels als *señor, señora* en *señorita*. Mensen van sociaal en politiek gewicht worden met *don* en *doña* aangesproken. Jonge Tico's noemen elkaar bij de eerste kennismaking bij de voornaam. Ouderen zijn formeler en blijven titels gebruiken tot ze bevriend raken. *Quedar bien* ('goed overkomen') is een Costaricaanse gewoonte bedoeld om een goede indruk achter te laten. Soms worden er echter ook valse beloften of uitspraken gedaan, enkel om de ander te plezieren. Vraag de weg daarom altijd aan verschillende mensen. Tico's staan tolerant tegenover homoseksualiteit, al kan het openlijk tonen van affectie door mensen van hetzelfde geslacht soms tot onaangename reacties leiden.

WAT TREKT U AAN

Lichte katoenen en synthetische vrijetijdskleding is ideaal voor Costa Rica's tropische klimaat. Een windjack of trui kan in de hogergelegen streken 's avonds van pas komen, en elders in gebouwen met airconditioning. Neem een paraplu en regenkleding mee, ongeacht het seizoen. Avondkleding is zelden vereist, behalve in chique nachtclubs en restaurants. Zakenlieden gaan wel altijd netjes gekleed. Bij officiële afspraken en kerkbezoeken dragen mannen geen korte broek of T-shirt en vrouwen geen 'blote' kleding. Costa Rica is een tolerant land, maar op sommige punten nog conservatief. Nudisme is verboden en topless zonnen wordt niet op prijs gesteld.

VROUWEN OP REIS

Vrouwen kunnen over het algemeen veilig reizen. Sommige mannen uiten *piropos* (complimentjes en seksuele avances) tegen vrouwen die ze op straat tegenkomen. Als u zegt dat u getrouwd bent, staken ze doorgaans hun ongewenste flirtages.

Toeristes voor een stalletje bij de ingang van PN Manuel Antonio

GEHANDICAPTEN

Sommige luchthavens en nieuwere hotels *(blz. 199)* en restaurants zijn toegankelijk voor rolstoelen en hebben aangepaste toiletten. Weinig natuurparken beschikken over paden of toiletten geschikt voor rolstoelgebruikers, al komt hier wel verbetering in.

TIJD

In Costa Rica is het zeven uur vroeger dan bij ons en acht uur als het bij ons zomertijd is.

ELEKTRICITEIT

De spanning is 100 volt (60 hertz). Veel hotels in afgelegen gebieden genereren echter zelf stroom met een afwijkend voltage. De stopcontacten zijn niet geschikt voor Europese stekkers met twee polen, dus u hebt een adapter nodig. Elektriciteitsschommelingen komen geregeld voor. Een spanningsbeveiliger is dan ook geen overbodige luxe als u uw laptop bij u hebt. In sommige gebieden valt af en toe de stroom uit, dus houd een zaklantaarn bij de hand.

Veiligheid en gezondheid

Badge van de politie, San José

Over het algemeen is Costa Rica een veilige vakantiebestemming. Omdat het land bekendstaat als een neutrale, stabiele democratie hebben veel toeristen echter het gevoel dat hun niets kan overkomen, maar soms blijkt dit onterecht. Vakantiegangers kunnen slachtoffer worden van diefstal, zwendel en geweld. U doet er dan ook goed aan om voorzorgsmaatregelen te nemen. De gezondheidszorg is redelijk goed en bij noodgevallen is medische hulp nooit ver weg. Gifslangen en andere gevaarlijke beesten in de wildernis, sterke getijdenstromen en de tropische zon behoren tot de natuurlijke gevaren waartegen u zich moet wapenen.

Politiebureau in Quepos, Costa Rica's grootste centrum voor sportvisserij

POLITIE

De politie is de laatste jaren professioneler geworden en is toeristen doorgaans graag behulpzaam. Het politie-uniform is donkerblauw. De *tránsitos* (verkeerspolitie) patrouilleert op de snelwegen en gebruikt camera's om snelheidsovertreders te snappen. Agenten op de fiets, in een wit shirt en een blauwe korte broek, houden toezicht in grote steden en toeristenoorden. Het komt nog maar zelden voor dat politieagenten *mordidas* (smeergeld) verlangen. Als u een klacht tegen een agent wilt indienen, noteer dan zijn of haar naam en badgenummer en geef deze door aan de **Organización de Investigación Judicial (OIJ)**.

VOORZORGSMAATREGELEN

Kijk altijd goed om u heen, vooral in de stad. Draag liever geen sieraden in het openbaar en let goed op uw spullen. Waardevolle zaken kunt u het best in uw hotelkluis opbergen. Maak kopieën van uw paspoort en belangrijke documenten en bewaar ze op een veilige plaats. Huurt u een auto, wees dan op uw hoede voor oplichterij (*blz. 269*), en ook als iemand u ongevraagd hulp aanbiedt. Vrouwen kunnen donkere en stille plaatsen beter mijden. Ga nooit liften. Als u het slachtoffer bent van een zware misdaad, neem dan contact op met de OIJ of het **Bureau Slachtofferhulp van OIJ**.

VERLIES EN DIEFSTAL

Ga bij verlies of diefstal van uw eigendommen binnen 24 uur naar de politie – u hebt een officiële politieverklaring nodig voor uw verzekering. Bent u uw paspoort kwijt, neem dan onmiddellijk contact op met uw ambassade of consulaat (*blz. 257*). Meld verlies of diefstal van creditcards bij de betreffende maatschappij (*blz. 260*).

GEVAREN OP STRAAT

Wees voorzichtig als u als voetganger de straat oversteekt. Kijk altijd naar twee kanten, zelfs op eenrichtingswegen, omdat bussen vaak wel in beide richtingen mogen rijden en de rijrichting van het verkeer soms op bepaalde uren wordt omgedraaid. Wees ook voorzichtig bij kruisingen, omdat veel automobilisten stopborden en rode verkeerslichten negeren. Let onder het lopen goed op diepe kuilen en onregelmatige trottoirs.

NATUURRAMPEN

Costa Rica wordt af en toe getroffen door natuurrampen, maar niet vaak. Vindt er een aardbeving plaats, blijf dan uit de buurt van grote bouwwerken en elektriciteitspalen. Gebruik geen lift. Binnen bent u het veiligst in een

Auto van de *tránsito* (verkeerspolitie) in een straat in San José

deuropening en kunt u beter niet onder een trap staan. Zorg dat u 's nachts een zaklantaarn en schoenen bij uw bed hebt.

Houd u in vulkanische parken, zoals Poás en Arenal, aan de voorschriften. Ga niet wandelen in gebieden die niet toegankelijk zijn.

Logo van het Rode Kruis

Vooral Arenal is onrustig en bezoeken in de omgeving – met name Tabacón *(blz. 148)* – zijn altijd riskant. Kijk uit voor getijdenstromen, die zwemmers naar zee kunnen meesleuren *(blz. 253)*. Overstromingen komen vaak voor tijdens zware regenval; u kunt dan beter uit de buurt van watervallen en rivieren blijven.

INENTINGEN EN VERZEKERING

Voor uw bezoek aan Costa Rica hebt u geen verplichte inentingen nodig. Langs de Zuid-Caribische kust komt malaria voor, dus voor dit gebied is het verstandig om antimalariamiddelen bij de hand te hebben. Ook is het raadzaam dat u bent ingeënt tegen ziekten als tyfus en hepatitis A en B, polio en tetanus. Zorg dat u goed verzekerd bent, want de openbare gezondheidszorg is niet altijd goed en een behandeling in particuliere ziekenhuizen en klinieken is vaak duur.

Muggenspiraal en anti-insectenmiddel

MEDISCHE HULP

Costaricanen kunnen terecht bij ziekenhuizen van het **Instituto de Seguridad (INS)**, die ook gratis noodhulp verlenen aan toeristen. De meeste openbare ziekenhuizen worden goed beheerd, al zijn ze soms wel overvol, maar landelijke klinieken zijn vaak slecht uitgerust. Particuliere ziekenhuizen, zoals het **Hospital Clínica Bíblica** in San José doen niet onder voor Europese. Hotels beschikken vaak over een lijst met betrouwbare artsen, net als uw ambassade.

Farmacias of *boticas* (apotheken), waarvan u er in de steden talloze aantreft, verkopen medicijnen, waaronder ook middelen die in Europa alleen op recept verkrijgbaar zijn. Gebruikt u voorgeschreven medicijnen, neem dan uw eigen voorraad mee. Het **Rojo Cruz** (Rode Kruis) beschikt in grote steden en toeristencentra over een ambulanceservice. In afgelegen gebieden is het vaak sneller als u een taxi naar het dichtstbijzijnde ziekenhuis neemt.

GEZONDHEIDSRISICO'S

Onderschat de tropische zon niet. Zonnebrandcrème en een hoed zijn onmisbaar. Drink veel om uitdroging tegen te gaan. Hitte en een hoge luchtvochtigheid kunnen leiden tot een zonnesteek, herkenbaar aan symptomen als dorst, misselijkheid, koorts en duizeligheid; hebt u hier last van, ga dan naar een dokter. Was uw kleren vaak om huiduitslag en voetschimmel tegen te gaan.

Bedek u goed en gebruik anti-insectenmiddelen om ziekten als knokkelkoorts te voorkomen – een virusziekte die door muggen wordt verspreid en waartegen geen vaccin of medicijnen bestaan. De symptomen zijn koorts, hoofd- en gewrichtspijn en houden 10 dagen aan, waarna het herstel doorgaans een maand duurt. Anti-insectenmiddelen en *espirales* (muggenspiralen) zijn ter plekke te koop. Behandel kleine insectenbeten met antihistaminica. Ga bij infectie naar een arts. Beten van giftige slangen en andere wilde dieren moeten direct worden behandeld. Raak niet in paniek en beweeg zo min mogelijk. Mijd kraanwater en let op met eten *(blz. 221)* om diarree en parasitische infecties, zoals giardiasis, te voorkomen. Drink bij diarree veel mineraalwater en ga naar de dokter als de klachten aanhouden.

OPENBARE TOILETTEN

Openbare toiletten zijn er nauwelijks en de paar die u wel aantreft zijn zelden schoon. In de meeste parkwachterskantoren van nationale parken, en in restaurants en hotels vindt u echter wel wc's. Neem zelf toiletpapier mee.

ADRESSEN

ALARMNUMMERS

Alle noodgevallen
911.

OIJ
222-1365.

Bureau Slachtofferhulp van de OIJ
295-3643.

Politie
127.

Rojo Cruz (Rode Kruis)
128.

ZIEKENHUIS

Hospital Clínica Bíblica
257-5252.

Een *farmacia* (apotheek) in Cartago

Banken en geldzaken

De munteenheid van Costa Rica is de colón, maar op veel plaatsen worden ook Amerikaanse dollars geaccepteerd. Bij de meeste grote hotels, restaurants en winkels kunt u met creditcard betalen. Travellercheques zijn ook te gebruiken bij sommige bedrijven in grote steden en toeristenoorden. Buitenlands geld, met uitzondering van dollars, wordt over het algemeen niet geaccepteerd, maar bij grotere banken kunt u het omwisselen voor colones. De meeste toeristenhotels wisselen ook geld, maar de wisselkoersen zijn doorgaans gunstiger bij banken. Neem dollarbiljetten in kleine coupures mee, omdat veel winkeliers niet genoeg wisselgeld hebben voor briefjes van $ 50 en $ 100 en anderen deze biljetten niet accepteren omdat er veel valse in omloop zijn. U kunt een onbeperkt geldbedrag in- of uitvoeren.

Filiaal van de Scotiabank in San José

BANKEN EN GELD WISSELEN

De grootste banken zijn de door de staat beheerde **Banco de Costa Rica**, de **Banco Nacional**, de Banco de San José, de Banco del Comercio en de Banco Popular, die vestigingen hebben in het hele land. In San José vindt u filialen van verscheidene grote buitenlandse banken. Banken zijn gewoonlijk alleen op werkdagen geopend, staatsbanken van 9.00 tot 15.00 en particuliere van 8.00 tot 16.00 uur. Op vrijdag kunt u beter niet naar de bank gaan, omdat de meeste Costaricanen dan uitbetaald krijgen. In landelijke gebieden moet u vaak geruime tijd in de rij staan voor u aan de beurt bent. Grotere banken beschikken vaak over *cajeros automáticos* (geldautomaten), waarmee u met uw bankpas of creditcard colones kunt opnemen, veelal tegen aanzienlijke kosten. Let als u pint goed op uw omgeving en tel uw geld niet openlijk na.

De meeste banken in steden en in sommige toeristische centra beschikken over een balie waar u buitenlands geld kunt wisselen, tegen vergelijkbare wisselkoersen.

Op de twee internationale luchthavens en de twee belangrijkste grensovergangen (*blz. 265*) vindt u *casas de cambio* (geldwisselkantoren). Alle andere *casas de cambio* werden enkele jaren geleden verboden. Wissel geen geld op straat – veel toeristen worden op deze manier bedrogen.

GELD OVERMAKEN

Elektronische geldoverboekingen kunnen in heel Costa Rica worden geregeld via Moneygram of Western Union. Binnen enkele minuten na de transactie kunt u over geld beschikken, maar hier zijn wel hoge kosten aan

ADRESSEN

BANKEN

Banco de Costa Rica
Calles 4/6 en Avenida 2,
San José. ☎ 287-9000.

Banco Nacional
Calles 2/4 en Avenida 1,
San José. ☎ 287-9000.

VERLOREN CREDITCARDS EN TRAVELLERCHEQUES

Barclays Bank
W www.barclays.com

MasterCard
☎ 253-2155.
W www.mastercard.com

Thomas Cook
W www.thomascook.com

VISA
☎ 223-2211.
W www.visa.com

Een vestiging van Western Union in Santa Elena

verbonden. Uw bank in eigen land kan ook geld overmaken naar een partnerbank in Costa Rica, maar dit neemt meestal een paar dagen in beslag.

CREDITCARDS EN TRAVELLERCHEQUES

De creditcards die het meest worden geaccepteerd, zijn **VISA** en **MasterCard**, en daarnaast op beperktere schaal American Express en Diners Card. U kunt met uw VISA-creditcard geld opnemen bij banken, maar MasterCard wordt voor dit doel meestal niet geaccepteerd. Bij veel hotels kunt u met uw creditcard ook geld verzilveren. Travellercheques zijn verkrijg-

baar bij uw bank in eigen land of via de website van bijvoorbeeld **Thomas Cook**. Met travellercheques bent u over het algemeen veiliger uit dan met creditcards, omdat ze zijn gedekt tegen verlies of diefstal, mits u de aankoopnota kunt tonen: berg deze dan ook altijd ergens anders op dan de cheques zelf. Travellercheques kunnen bij banken worden verzilverd tegen een kleine provisie. U moet uw paspoort tonen en soms ook een extra pasfoto. In sommige winkels kunt u ook met travellercheques betalen. Het aantal

Logo van een creditcardmaatschappij

gelegenheden dat cheques accepteert, wordt echter steeds kleiner, omdat de banken in Costa Rica er vaak een maand over doen voordat ze het geld overmaken aan de crediteuren.

MUNTEENHEID

De Costaricaanse munteenheid is de colón (¢), ook vaak peso genoemd. In de volksmond wordt geld ook wel met *plata* of *pista* aangeduid. Steek altijd wat munten en bankbiljetten in kleine coupures bij u voor fooien en kleine uitgaven.

Bankbiljetten
Er zijn bankbiljetten van 1000, 2000, 5000 en 10.000 colón, die de bijnamen cinco teja *(vijf limoenen),* rojo *(rooie),* dos rojos *(twee rooien),* tucán *(toekan) en* jaguar *dragen.*

1000 colón

2000 colón

5000 colón

10.000 colón

Munten
Er zijn munten in omloop van 5, 10, 20, 25, 50, 100 en 500 colón. Oude munten zijn zilver van kleur en nieuwe goudkleurig. Kleingeld wordt ook wel menudo *genoemd.*

5 colón

10 colón

25 colón

50 colón

100 colón

500 colón

Communicatie

Logo van het postkantoor

De telecommunicatie in Costa Rica is hoogontwikkeld. De telefoon en e-mail zijn de meest gebruikte communicatiemiddelen, niet in de laatste plaats omdat de posterijen langzaam en onbetrouwbaar zijn. Het door de staat geleide Instituto Costarricense de Electricidad (ICE), dat alle vormen van telecommunicatie beheert, geeft een gratis e-mailadres aan iedere inwoner. Tico's maken druk gebruik van mobiele telefoons, hoewel de ontvangst in veel gebieden te wensen overlaat. Costa Rica telt 12 lokale televisiezenders en diverse radiozenders. Daarnaast zijn er veel internationale zenders te ontvangen. Er zijn drie grote Spaanse kranten en enkele Engelse bladen.

TELEFONEREN

Openbare telefooncellen zijn in steden meestal te vinden in hoofdstraten en in kleinere plaatsen op pleinen. In afgelegen dorpjes – waar openbare telefoons erg belangrijk zijn – kan men vaak bellen in de plaatselijke *pulpería* (kruidenierswinkel); soms draait de eigenaar het nummer en berekent hij gesprekskosten per minuut.

Een klein aantal openbare telefoons accepteert nog munten van 5, 10, en 20 colón, maar de meeste werken op een CHIP *tarjeta telefónico* (telefoonkaart), genoemd naar de metalen chip op de kaart. Er zijn kaarten verkrijgbaar van 1000 en 2000 colón bij supermarkten, winkels en banken. Tarjeta

Logo van Costa Rica's ICE

Colibrí 197- en Tarjeta Viajero 199-kaarten zijn te gebruiken voor iedere telefoon, ook mobieltjes. Bij deze kaarten moet u het nummer 197 of 199 intoetsen, gevolgd door die unieke pincode die achterop staat. De 197-kaarten, verkrijgbaar van 500 en 1000 colón, worden gebruikt voor binnenlandse gesprekken en de 199-kaarten (van $ 10, $ 20 en 3000 colón) voor internationale.

In de regionale ICE-kantoren in kleine plaatsen kan worden gebeld. De meeste steden en toeristenoorden beschikken over internationale telefoonkantoren. Ze berekenen hogere tarieven dan openbare telefoons, maar lagere dan hotels. Als u in een hotel telefoneert, bent u voordeliger uit als u de telefonist(e) belt van internationale telefoonmaatschappijen als **AT&T**, **MCI**, **Sprint** en **Worldcom** en met uw creditcard betaalt.

West-Europese mobiele telefoons zijn in Costa Rica meestal niet te gebruiken (Noord-Amerikaanse wel). Als u in de wildernis reist, kan het handig zijn om een gsm bij u te hebben, maar door het ruige terrein hebt u niet overal bereik.

BELLEN MET EEN **CHIP**-TELEFOON

1 Haal de hoorn van de haak en wacht op de kiestoon. Het scherm geeft aan dat u uw telefoonkaart in de sleuf moet steken.

2 Als u de telefoonkaart in de sleuf hebt gestoken, leest u op het scherm hoeveel geld er nog op zit.

3 Toets een 1 voor instructies in het Spaans of een 2 voor instructies in het Engels.

4 Toets het telefoonnummer dat u wilt bellen. Het nummer verschijnt op het scherm. Als het gesprek tot stand is gebracht, ziet u op het scherm de waarde van uw telefoonkaart teruglopen.

5 Aan het eind van het gesprek legt u de hoorn op de haak. Uw telefoonkaart komt nu uit de sleuf naar buiten.

Telefoonkaart voor openbare telefoons

TELEFOONNUMMERS

- De telefoonnummers in Costa Rica bestaan uit zeven cijfers; er zijn geen netnummers.
- Het landnummer van Costa Rica is 506.
- Voor internationale telefoongesprekken draait u 00 gevolgd door de landcode en het nummer (zonder de eerste 0). De landcode van Nederland is 31 en van België 32.
- Voor een collect call draait u 110 (nationaal) of 116 (internationaal) om een telefonist(e) aan de lijn te krijgen. Draai 113 voor inlichtingen. Internationale telefonisten spreken Engels.

Een internetcafé in La Fortuna

FAX, TELEGRAM EN E-MAIL

Bij hotels hebt u meestal de mogelijkheid om faxen te versturen tegen een kleine vergoeding. Ook internationale telefoonkantoren bieden een faxservice, net als veel postkantoren. U kunt telegrammen versturen vanuit grote ICE-kantoren en vanuit **Radiográfica Costarricense** (RACSA), in San José. Internetcafés zijn te vinden in iedere stad en zelfs in veel kleine dorpjes. Grote hotels beschikken meestal over zakencentra, en veel moderne hotels bezitten ook kamers met een ISDN- of breedbandinternetaansluiting voor uw laptop. RACSA beheert een monopolie op lokale internetservers, maar de server is soms langzaam of valt uit.

POSTERIJEN

In de meeste steden en dorpen vindt u *oficinas de correos* (postkantoren), die meestal geopend zijn van ma–vr van 8.00 tot 16.00 uur. De posterijen zijn langzaam en inefficiënt en krijgen soms te maken met diefstal. Belangrijke documenten of spullen van waarde kunt u het best versturen via een internationale koeriersdienst, zoals **DHL**. U kunt uw post poste restante ontvangen in het hoofdpostkantoor in San José *(blz. 59)*. Postbussen zijn meestal alleen te vinden bij postkantoren. U kunt uw briefkaarten en brieven afgeven bij de balie van grote hotels.

COSTARICAANSE ADRESSEN

De meeste steden zijn ingedeeld in genummerde *avenidas* en *calles* (straten), maar slechts weinig gebouwen hebben huisnummers en vrijwel geen één huis of bedrijf vermeldt zijn adres. Mensen kennen zelfs zelden precies hun eigen adres. Post wordt daarom meestal naar *apartados* (postbussen) gestuurd. De overheid doet wel haar best om een genummerd straatsysteem in te voeren, maar dit komt maar langzaam van de grond.

RADIO EN TELEVISIE

De meerderheid van de toeristenhotels biedt tv op de kamer, al geldt dit niet voor lodges in de wildernis en budget-*cabinas*. Duurdere hotels beschikken meestal over kabel- of satelliettelevisie met veelbekeken Noord-Amerikaanse zenders zoals CNN en MTV en enkele Europese zenders plus Costa Rica's 12 tv-zenders, die in het Spaans uitzenden. In grote hotels kunt u ook films zien tegen betaling, plus eigen tv-kanalen met reis- en hotelinformatie voor gasten. Costa Rica telt meer dan 100 radiostations, die hoofdzakelijk in het Spaans uitzenden. Radio Paladin (107,5 FM) brengt muziek en nieuws in het Spaans en Engels.

Costaricaanse postzegel met een afbeelding van het natuurschoon

ADRESSEN

TELEFOON-MAATSCHAPPIJEN

AT&T
☎ 0800-011-4114.

MCI
☎ 162; 0800-012-2222.

Sprint
☎ 163; 0800-013-0123.

Worldcom
☎ 0800-014-4444.

TELEGRAMMEN

Radiográfica Costarricense
Calle 1 en Avenida 5, San José.
☎ 287-0087.

KOERIERSDIENSTEN

DHL
Calle 34 en Avenida 2/Paseo Colón, San José.
☎ 209-6000.

KRANTEN

Casa de las Revistas
Calle 5 en Avenidas 3/5, San José.
☎ 256-5092.

Een man leest de krant op een bankje in Turrialba

KRANTEN

Costa Rica's drie grote Spaanstalige kranten – *La Nación, La Prensa* en *La República* – zijn verkrijgbaar bij straatstalletjes, souvenirwinkels in hotels en een paar kiosken, die u alleen in grote steden aantreft. De *Tico Times* is een Engelstalig weekblad, over nieuws, milieu, kunst en cultuur, en andere facetten van het Costaricaanse leven. **Casa de las Revistas**-winkels, te vinden in grotere steden, verkopen internationale kranten.

REISINFORMATIE

De meeste bezoekers van Costa Rica komen aan op de internationale luchthaven Juan Santamaría in San José, bij Alajuela. Het aantal buitenlandse vluchten dat op de internationale luchthaven Daniel Oduber in Liberia landt – vooral charters – neemt toe. Costa Rica is tevens bereikbaar per bus en ook reizen veel vakantiegangers vanuit Noord- of Zuid-Amerika per auto naar Costa Rica. Cruiseschepen met passagiers die een dagexcursie komen maken, meren af aan zowel de west- als de oostkust. Costa Rica beschikt over een goed ontwikkeld vervoersnetwerk. Kleine vliegtuigen landen

Toeristenbus vol met bagage

op regionale vliegvelden en in vrijwel elk deel van het land rijden bussen van uiteenlopende kwaliteit. Huurauto's vormen een praktisch alternatief voor het openbaar vervoer. Bijna alle plaatsen in het land zijn met de auto binnen een dag te bereiken vanuit San José. De kwaliteit van de wegen varieert echter van goede asfaltwegen tot onverharde paden. Het uitgebreide snelwegnet is hier en daar in niet al te beste staat en in sommige delen van het land eist autorijden veel stuurmanskunst, vooral in het natte seizoen. Sinds de aardbeving van 1996 is er in Costa Rica geen treinverkeer meer.

Vliegtuigen op de internationale luchthaven Juan Santamaría in San José

AANKOMST PER VLIEGTUIG

Martinair verzorgt dagelijks vluchten van Amsterdam naar San José, met een overstap in Miami of Orlando. Ook de luchtvaartmaatschappij **Iberia** vliegt dagelijks van Amsterdam en Brussel naar Costa Rica, met een tussenstop in Barcelona of Madrid. U bent minimaal 10 uur onderweg. Ook vanaf andere Europese luchthavens kunt u vaak alleen via een tussenstop of overstap in de VS naar Costa Rica vliegen. Dienstregelingen veranderen geregeld, dus u doet er goed aan om bij luchtvaartmaatschappijen of reisbureaus te informeren naar de actuele situatie.

VLIEGTARIEVEN

De prijzen van tickets van en naar Costa Rica lopen sterk uiteen en veranderen steeds. Over het algemeen geldt: hoe vroeger u uw ticket koopt, des te gemakkelijker u korting krijgt. Als u vlak voor uw vertrek reserveert, is de kans groot

Welkomstboodschap van een luchtvaartmaatschappij

dat u de volle prijs moet betalen en loopt u ook het risico dat de vlucht is volgeboekt, vooral in het droge seizoen. Vliegmaatschappijen beconcurreren elkaar fel en het is dus de moeite waard om de tarieven van de verschillende maatschappijen met elkaar te vergelijken; kijk ook op hun websites om te zien of er speciale aanbiedingen zijn en vergelijk

ze met de tarieven die vermeld staan op reiswebsites als **ATP**, **Expedia** en **Vliegwinkel**. De tarieven van APEX-tickets, die ten minste 21 dagen voor vertrek moeten worden gekocht, liggen meestal veel lager dan de reguliere prijzen, maar u als nadien uw reis wilt wijzigen, worden er kosten in rekening gebracht, en bij annuleringen krijgt u uw geld niet terug. Retourtickets zijn aanzienlijk voordeliger dan twee losse tickets voor de heen- en de terugreis. Als u midden in de week reist, bent u doorgaans goedkoper uit dan wanneer u in het weekeinde vliegt, en ook tickets voor de terugreis met een vaste datum zijn voordeliger. Voor charters betaalt u vaak minder dan voor lijnvluchten, hoewel de eerstgenoemde meer beperkingen hebben.

Houd er ook rekening mee dat internationale vliegtickets in Costa Rica duurder zijn.

Als u geïnteresseerd bent in een bepaald type vakantie, zoals een strandvakantie, is het de moeite waard om een vliegreis inclusief accommodatie te boeken die wordt aangeboden door veel chartermaatschappijen en touroperators. Met deze gecombineerde tickets bent u vaak goedkoper uit dan wanneer u de vlucht en het hotel afzonderlijk boekt.

AANKOMST OVER LAND

Er zijn drie grensovergangen voor auto's, bij Peñas Blancas (tussen Costa Rica en Nicaragua), Paso Canoas en Sixaola (tussen Costa Rica en Panama). Daarnaast kunnen voetgangers de grens met Nicaragua oversteken bij Los Chiles. Als u vanuit de VS naar Costa Rica rijdt, trek dan ten minste twee weken uit voor de 3700 km lange rit. Huurauto's mogen niet altijd mee de grens over worden genomen.

Veel bezoekers reizen vanuit het noorden per bus naar Costa Rica. **Sirca**, **Transnica**, en **Ticabus** organiseren internationale busreizen tussen de landen in Midden-Amerika. De enige maatschappij die busreizen van de VS naar Costa Rica organiseert, is **Green Tortoise**, voor budgetreizigers. U kunt de grens ook te voet oversteken en in Costa Rica op een andere bus stappen. Let goed op uw eigendommen als u een busreis maakt waarbij u de grens passeert.

U hebt geen visum nodig voor Nicaragua of Panama, dat aan de grens een tijdelijk toeristenvisum verstrekt.

Een autorit over een verlaten weg in Costa Rica

AANKOMST OVER ZEE

Verscheidene cruiseschepen doen onderweg Puerto Caldera (aan de Grote Oceaan) en Puerto Limón (aan de Caribische zee) aan. Passagiers krijgen de gelegenheid om van boord te gaan en een excursie van een dag te maken naar interessante bestemmingen. Een andere mogelijkheid is dat u de cruise tijdelijk afbreekt en voor een langere periode in Costa Rica blijft om het land uitgebreider te kunnen verkennen.

GEORGANISEERDE REIZEN

Diverse reisorganisaties en touroperators organiseren speciale reizen naar Costa Rica. Vaak ligt de nadruk op één bepaalde activiteit. Vooral populair zijn natuurreizen waarbij excursies op het programma staan om vogels en andere dieren te bekijken. Andere activiteiten zijn fietsen, wildwatervaren, kajakken, sportvissen, surfen en duiken (blz. 248–253). Onder andere **SNP**, **SRC**, **Shoestring** en **Eco Tourist Services** organiseren actieve reizen naar Costa Rica.

ADRESSEN

LUCHTVAART-MAATSCHAPPIJEN

Aeroflot
📞 (44) 020-7355-2233.
🌐 www.aeroflot.com

America West Airlines
📞 800-363-2597.
🌐 www.americawest.com

American Airlines
📞 1-800-433-7300.
🌐 www.aa.com

Condor
📞 (49) 0180-5-707202.
🌐 www.condor.com

Continental
📞 1-800-231-0856.
🌐 www.continental.com

Delta
📞 800-241-4141.
🌐 www.delta.com

Grupo Taca
📞 1-800-400-8222.
🌐 www.taca.com

Iberia
📞 02-7202106 (B), 0900-2021164 (NL), (34) 902-400-500.
🌐 www.iberia.com

KLM
📞 (31) 20-4747747.
🌐 www.klm.com

Martinair
📞 (31) 20-6011767.
🌐 www.martinair.com

Mexicana
📞 1-800-531-7921.
🌐 www.mexicana.com

United
📞 1-800-538-2929.
🌐 www.united.com

PRIJZEN VAN VLIEGTICKETS

ATP
🌐 www.atp.nl

Expedia
🌐 www.expedia.com

Vliegwinkel
🌐 www.vliegwinkel.nl

AANKOMST OVER LAND

Green Tortoise
📞 (415) 956-7500.
🌐 www.greentortoise.com

Sirca
📞 223-1464.

Ticabus
📞 221-8954.

Transnica
📞 256-9072.

GEORGANISEERDE REIZEN

Eco Tourist Services
🌐 www.ecotourist services.nl

Shoestring
Meidoornweg 2, 1031 GG Amsterdam.
📞 020-6850203.
🌐 www.shoestring.nl

SNP Reiswinkel
Bijleveldsingel 26, 6521 AT Nijmegen.
📞 024-3277000.
🌐 www.snp.nl

SRC Cultuur-vakanties
🌐 www.src-cultuurvakanties.nl

Vervoer in Costa Rica

Plaatselijk busstation

Hoewel Costa Rica niet zo groot is, kan een reis door het land een stuk langer duren dan u misschien denkt. Vliegen is een betrekkelijk voordelige, simpele manier om afgelegen streken te bezoeken. Binnenlandse vluchten zijn vooral handig voor toeristen met weinig tijd en voor mensen die twee of drie attracties willen bekijken die ver van elkaar liggen. De bus is een praktisch en minder duur alternatief. Busvervoer kan worden gecombineerd met een rit per jeeptaxi als u afgelegen plekken wilt bezoeken. Sommige bezienswaardigheden zijn alleen per (veer)boot bereikbaar. Informatie over autorijden vindt u op blz. 268–269.

Een klein vliegtuigje in Tortuguero staat op het punt om te vertrekken

BINNENLANDSE VLUCHTEN

Sansa verzorgt binnenlandse lijnvluchten vanaf San José's internationale luchthaven naar 16 vliegvelden in Costa Rica. Er wordt gevlogen met Cessna's voor 22 en 35 passagiers. De dienstregelingen veranderen geregeld en zijn niet 100 procent betrouwbaar. Iets betere service biedt **Nature Air**, dat naar dezelfde bestemmingen vliegt vanaf de binnenlandse luchthaven Tobias Bolaño, ongeveer 2 km ten westen van het Parque Sabana in San José. Vliegtickets zijn verkrijgbaar bij reisbureaus en touroperators, of rechtstreeks bij de luchtvaartmaatschappijen. Sansa verkoopt een pas waarmee u onbeperkt kunt vliegen. Nature Air verleent korting aan kinderen. Houd er rekening mee dat de dienstregelingen in het droge seizoen anders zijn dan in het natte seizoen (blz. 34–39). Reserveer zo vroeg mogelijk, vooral als u in de drukste

perioden rond Kerstmis of Pasen wilt vliegen of in het droge seizoen van december tot april.
Particuliere maatschappijen bieden een charterservice op aanvraag naar vliegvelden in het hele land. Als er geen andere passagiers meegaan, moet u het hele vliegtuig (voor 4 of 8 personen) afhuren, ook voor de terugreis.
Bij Sansa mag u 10 kg bagage meenemen en bij Nature Air 11 kg. Dit is aanzienlijk minder dan bij een internationale vlucht.

PLAATSELIJKE BUSSEN EN BUSSTATIONS

Ruim tien busmaatschappijen verzorgen busvervoer van San José naar steden en dorpen in het hele land. Tussen grote steden rijden vrijwel altijd comfortabele bussen met airconditioning en verstelbare stoelen. Kortere ritten tussen kleinere plaatsen worden meestal verzorgd door oudere, eenvoudiger tweedeklasbussen.
Er zijn twee soorten interlokale busdiensten. *Directo*-bussen bieden een snelle service, vaak zonder tussenstops. De normale *corriente*-ritten stoppen onderweg vaker en duren daarom langer. De door de overheid vastgestelde tarieven liggen zelden boven de $ 10. Voor interlokale ritten kunt u het best reserveren. Kom ruim op tijd om zeker te zijn van een goede zitplaats. Neem zo min mogelijk bagage mee en reis niet op vrijdag en zaterdag, omdat dan veel mensen met de bus gaan. De ICT *(blz. 256)* geeft een busdienstregeling uit.
Bussen in landelijke gebieden kunt u aanhouden bij *paradas* (bushaltes) langs de route.
In de meeste plaatsen ligt het busstation – meestal een drukke en onoverzichtelijke plaats – vlak bij het hoofdplein. Sommige plaatsen hebben verscheidene busstations. San José telt twee belangrijke busstations plus enkele stations verspreid in het centrum. Bussen naar de Caribische kust vertrekken van de Gran Terminal Caribe, en die naar de meeste andere delen van het land van haltes in de wijk 'Coca Cola', ten westen van het centrum. Het Coca Cola-

Lijnbus in het toeristenoord La Fortuna

Een *colectivo* (pick-up) op weg naar Puerto Jiménez

station is berucht om zijn zakkenrollers en berovingen, dus kijk goed uit in deze buurt.

TOERISTENBUSSEN EN GEORGANISEERDE TOCHTEN

Sommige busmaatschappijen richten zich speciaal op de toeristenmarkt. **Interbus** en **Grayline** verzorgen rechtstreeks busvervoer naar de populairste toeristenbestemmingen en pendeldiensten tussen San José en Juan Santamaría International Airport. Interbus biedt vervoer van deur tot deur. Grayline verleent kortingen aan kinderen en ouderen. De internationale luchthaven Juan Santamaría is ook bereikbaar met de bussen van **Tuasa**, die tussen Alajuela en San José rijden. Tijdens sightseeingtochten krijgt u een uitstekend beeld van het land of bepaalde regio's. Bedrijven als Costa Rica Expeditions en Costa Rica's Temptations *(blz. 253)* organiseren excursies in de natuur en rondom andere activiteiten.

TAXI'S EN CAMIONES

In de meeste plaatsen verzamelen taxi's zich rond het centrale plein. U kunt ze ook telefonisch bestellen. Taxi's met een vergunning zijn rood (luchthaventaxi's oranje) en hebben op het voorportier een witte driehoek met het vergunningnummer. De tarieven liggen vast voor ritten onder de 15 km; over de prijzen van langere ritten kan worden onderhandeld.

Plaatselijke taxi

Stap nooit in een particuliere taxi zonder vergunning – toeristen worden vaak beroofd door de bestuurders of hun begeleiders. Jeeptaxi's rijden vaak naar plaatsen waar de wegen bergachtig of onverhard zijn. De meest afgelegen gemeenschappen en toeristenbestemmingen zijn ook bereikbaar met *camiones* of *colectivos* – meestal pick-ups en vrachtwagens met stoeltjes. Ze rijden vaste routes en u kunt ze overal langs de route aanhouden. *Colectivos* berekenen meestal een vast tarief, ongeacht de afstand.

ADRESSEN

LUCHTVAART-MAATSCHAPPIJEN

Nature Air
☎ 220-3054.
🖥 www.natureair.com

Sansa
☎ 221-9414.
🖥 www.flysansa.com

BUSMAATSCHAPPIJEN EN BUSSTATIONS

Grayline
☎ 232-3681.
🖥 www.graylinecostarica.com

Interbus
☎ 283-5573.
🖥 www.interbusonline.com

Tuasa
Gran Terminal Carribe,
Calle Central en Avenidas 15/17,
San José. ☎ 221-2596.

TAXI'S

Coopetaxi (San José)
☎ 235-7979.

BOTEN EN VEERBOTEN

Auto- en passagiersveren varen van Puntarenas naar Naranjo en Paquera, in Nicoya. Kleinere boten verzorgen ook een watertaxiservice tussen Puntarenas en Paquera, Jacó en Montezuma, en Sierpe en Bahía Drake, over het Tortuguero-kanaal, en in de Golfo Dulce. U kunt ook tochten maken op excursie- of gehuurde boten over Costa Rica's vele rivieren, kanalen en moerassen.

Passagiers op Isla Tortuga wachten tot ze aan boord kunnen gaan

Reizen met de auto

Kentekenplaat

De handigste manier om Costa Rica te verkennen is per auto, omdat u dan de opmerkelijkste landschappen kunt bezichtigen. Wegen tussen steden zijn meestal verhard, maar zelfs pas aangelegde komen in een regenseizoen vaak vol diepe kuilen te zitten. Veel wegen zijn van zand en grind, vooral buiten de Centrale Hoogvlakte, en veranderen in het natte seizoen veelal in modderpoelen. Als u gebieden buiten de grote steden wilt verkennen, kunt u niet buiten een auto met vierwielaandrijving. Neem voorzorgsmaatregelen, want u komt onderweg vaak gevaarlijke situaties tegen. Ga niet 's nachts autorijden. Plaatselijk verkochte kaarten zijn niet betrouwbaar: neem een degelijke wegenatlas mee.

Straat met 'niet parkeren'-bord

VERKEERSREGELS

De maximumsnelheden zijn 80 km/u op snelwegen en 60 km/u op secundaire wegen. De *tránsitos* (verkeerspolitie) patrouilleert op de snelwegen en gebruikt camera's om snelheidsovertreders te pakken, maar ze mogen geen geld innen. Nu en dan probeert een corrupte politieagent smeergeld los te peuteren *(blz. 258).* Boetes moeten via een bank worden betaald, of aan het autoverhuurbedrijf. Het dragen van autogordels is verplicht, maar weinig Costaricanen gebruiken ze en de politie let er zelden op. Als u met jonge kinderen op pad gaat, neem dan zelf een kinderzitje mee, want autoverhuurders leveren ze niet.

WEGENNET

Costa Rica beschikt over 30.000 km aan snelwegen, maar slechts 20 procent is verhard. De meeste verharde wegen liggen in de Centrale Hoogvlakte. Hoe verder u van de hoofdstad komt, hoe meer onverharde wegen er liggen. Goede kaarten zijn lastig te krijgen. De *National Geographic* *Adventure Map* en de gedetailleerde *Costa Rica Nature Atlas* zijn aanraders.

GEVAREN OP DE WEG

In de meeste wegen zitten veel kuilen. Rijd rustig om te voorkomen dat u een wiel beschadigt. Matig uw snelheid vooral op hobbelige wegen met los grind, waar u weinig grip op de weg hebt. Kijk uit voor voetgangers en dieren op de weg, vooral buiten de bebouwde kom, waar trottoirs een zeldzaamheid zijn. In het natte seizoen kunnen bergwegen vaak te maken krijgen met mist en aardverschuivingen, terwijl laaggelegen wegen dan geregeld overstroomd raken.
Als u een rivier wilt passeren, moet u er vaak dwars doorheen. Let op in het natte seizoen: rivieren zijn dan soms te diep om er doorheen te rijden. Vraag mensen uit de buurt hoe het ervoor staat. Rijd voorzichtig de rivier in; bij te hoge snelheid kan de motor nat worden en afslaan. Kijk uit voor automobilisten die stopborden negeren, inhalen terwijl er nauwelijks ruimte is of bumperkleven. In Costa Rica geven automobilisten vaak met hun linker richtingaanwijzer aan dat u kunt inhalen. Ze kunnen echter ook gewoon links afslaan, dus wees voorzichtig.
Een berg stokken en bladeren langs de weg geeft vaak aan dat u een auto met pech of een gevaarlijke situatie nadert. Parkeer 's avonds liever niet langs de weg. In de meeste plaatsen liggen voordelige parkeerterreinen met bewaking. Laat geen spullen achter in uw auto.

TANKSTATIONS

Benzine, *gasolina*, kost zo'n 275 colón per liter, is loodvrij en wordt aangeduid met 'Super'. *Gasolineras* (tankstations) zijn in steden volop te vinden, maar veel schaarser in landelijke gebieden, vooral in Nicoya. Tank bij zodra uw tank halfleeg is. In afgelegen gebieden kunt u vaak tanken bij *pulperías* (kruidenierswinkels), maar dan bent u meestal wel twee keer zo duur uit. Tankstations zijn doorgaans geopend van 6.00 tot 24.00 uur en hebben geen zelfbediening. Sommige zijn 24 uur per dag open. De meeste accepteren creditcards.

RICHTINGBORDEN EN VERKEERSBORDEN

Langs weinig wegen in Costa Rica staan richting- of kilometerborden. In plaatsen vindt u zelden straatnaambordjes en waar u ze wel ziet kloppen ze vaak niet. Als u de weg wilt weten, kunt u beter vragen waar de weg heen

Een Range Rover op een zandweg nabij Ojochal, in Zuid-Costa Rica

Een van de weinige wegwijzers in Costa Rica

gaat, dan de plek noemen waar u naartoe wilt.
Op verkeersborden staan internationale symbolen. *Alto* betekent 'stop', *ceda* 'voorrang verlenen', *mantenga du derecha* 'rechts houden' en *túmulo* 'verkeersdrempel'. *Derrumbe* duidt op een aardverschuiving of vallende stenen.

Stopbord

ONGELUKKEN EN VERZEKERINGEN

Bel bij een ongeval de **Tránsitos**. Laat uw auto niet achter en zorg dat de andere bestuurder zijn auto niet verplaatst. Noteer diens kentekennummer en vraag naar zijn *cédulas* (naam en adres). Zijn er gewonden, bel dan het Rode Kruis *(blz. 259)*.
Huurauto's zijn uitgerust met een rode gevarendriehoek; zet deze op de weg op een veilige afstand van het ongeluk om andere weggebruikers te waarschuwen. Hebt u geen driehoek, maak dan een berg van stenen of bladeren. Is de auto uw eigendom, meld het ongeluk dan bij het **Instituto Nacional de Seguridad (INS)**, dat alle verzekeringsclaims behandelt.

VERHUUR VAN AUTO'S EN MOTOREN

U mag in Costa Rica een auto huren als u ouder bent dan 21 en in het bezit bent van een geldig rijbewijs. Bij sommige verhuurders moet u minimaal 25 jaar zijn. Voor een verblijf van langer dan drie maanden hebt u een binnenlands rijbewijs nodig.

Internationale autoverhuurders zoals **Budget**, **Dollar** en **Hertz** vindt u op de internationale luchthavens, in San José en een paar belangrijke toeristenoorden. Er zijn ook diverse lokale verhuurders. **Discover Costa Rica** biedt all-in fly/drive-aanbiedingen. Voor landelijke gebieden, waar de omstandigheden ruiger zijn, hebt u een auto met vierwielaandrijving nodig. Bedrijven als **Europcar** verhuren allerlei soorten terreinwagens. Costa Rica's Temptations *(blz. 253)* organiseert avontuurlijke tochten per Land Rover.
In het natte seizoen liggen de prijzen doorgaans lager en u bent meestal het goedkoopst uit als u een onbeperkt aantal kilometers mag rijden. Boekt u een tijdje van tevoren, vraag dan een schriftelijke bevestiging. Een verzekering is verplicht en kost extra; controleer of de prijs inclusief de verzekering is en als dat zo is, zorg dan dat dit wordt genoteerd. Veel bedrijven, ook die van ketens, zijn niet volledig betrouwbaar. Controleer voordat u het contract tekent dat het voertuig in goede staat is en

Een rij huurauto's met vierwiel-aandrijving wacht op klanten

maak een lijstje van alle krassen en andere mankementen. Verhuurders verlangen vaak dat de klanten een blanco creditcardafdruk tekenen, die wordt verscheurd als ze de auto intact terugbrengen. Als u de auto retourneert, breng dan als het even kan iemand mee: soms wordt er aan de auto geknoeid, terwijl de klant verderop staat af te rekenen. Controleer de rekening goed op onduidelijke kosten.
Fietsen, brommers en motoren zijn te huur in San José en grote toeristenoorden. **María Alexander Tours** verhuurt Harley Davidsons en organiseert ritten voor mensen vanaf 25 jaar. Helmen zijn verplicht.

ADRESSEN

ONGELUKKEN

Tránsitos
℡ 117; 911; 222-9330.

VERZEKERING

Instituto Nacional de Seguridad (INS)
℡ 800-800-80000.

AUTOVERHUURBEDRIJVEN

Budget
℡ 255-4750.
W www.budget.co.cr

Discover Costa Rica
℡ 231-5666.
W www.allcostaricadestinations.com

Dollar
℡ 257-1585.
W www.dollarcostarica.com

Europcar
℡ 257-1158.
W www.europcar.co.cr

Hertz
℡ 221-1818.
W www.costaricarentacar.net

MOTORVERHUUR

María Alexander Tours
℡ 289-5552.
W www.costaricamotorcycles.com

Vervoer in San José

Lijnbus

De meeste bezienswaardigheden liggen centraal en binnen loopafstand van elkaar en van de hotels en restaurants in het centrum. U kunt het centrum van San José het best te voet verkennen, maar als u naar de buitenwijken en omliggende gebieden wilt, hebt u vervoer nodig. Het openbaar vervoer in de stad zit doorgaans flink vol, maar het efficiënte taxiverkeer vormt een goed alternatief voor de bus. U kunt beter niet zelf autorijden in San José, vooral niet tijdens de ochtend- en de avondspits als het verkeer meestal flink vast komt te zitten.

Wandelen op de Avenida Central, de drukste voetgangersstraat in San José

WANDELEN

De meest praktische manier om het hart van San José te verkennen is te voet, omdat u alles dan van nabij kunt bekijken. Het stratenpatroon in het centrum is overzichtelijk, zodat u er prettig kunt wandelen.

De trottoirs zijn echter smal en druk, waardoor voetgangers vaak genoodzaakt zijn naar de rijbaan uit te wijken. In het centrum is het erg druk op de weg, dus kijk daar goed uit. Ga er niet vanuit dat automobilisten automatisch stoppen bij zebrapaden of voetgangers op de weg voor laten gaan als het stoplicht op groen springt. Kijk vooral goed uit voor bussen, die vaak over de stoep rijden als ze de hoek omgaan. Wees op uw hoede voor zakkenrollers, vooral op drukke plaatsen. Draag geen sieraden. Berg spullen van waarde op in een heuptasje en houd uw camera voor u. U kunt

hem beter om uw nek hangen dan over uw schouder. Loop 's avonds alleen door drukke, goed verlichte straten. De straten ten noordwesten van de Mercado Central *(blz. 58)* en ten zuidwesten van het Parque Central *(blz. 56)* kunt u beter mijden, evenals het Parque Nacional *(blz. 68–69)* en Parque Morazán *(blz. 66)*. Doorgaans waait er de hele dag een koel briesje. Denk er echter aan dat de zon op deze hoogte en breedte fel schijnt. Draag daarom een zonnehoed en gebruik een zonnebrandmiddel. Meestal ziet u cafés te kust en te keur, waar u de hitte en het lawaai kunt ontvluchten.

Houd er altijd rekening mee dat het aan het eind van de middag kan gaan regenen, vooral in het natte seizoen, dus neem een paraplu mee. U kunt er ook een kopen bij de stalletjes langs de weg.

BUSSEN

Bussen zijn goedkoop, maar zitten wel erg vol. Ze rijden tussen 5.00 en 22.00 uur. Er is geen centraal busstation voor stadsbussen. De routes worden genoemd naar de bestemming (aangegeven boven de voorruit), niet naar een nummer. Gratis routekaarten zijn verkrijgbaar bij het ICT-kantoor *(blz. 257)*. Een belangrijke busroute is Sabana-Cementerio, die het stadscentrum met het Parque Sabana verbindt. Hij loopt oostwaarts over Avenida 10 en westwaarts over Avenida 3. Lijnbussen naar de luchthaven vertrekken van Avenida 2, Calles 12/14. De bussen naar de buitenwijken van San José stromen snel vol, dus u kunt het best bij de beginhalte instappen. Kijk in de bus uit voor zakkenrollers: bewaar uw geld in een heuptasje onder uw kleding.

TAXI'S

Taxi's zijn er in grote aantallen en kunt u op straat aanhouden of bestellen via de portier van uw hotel. In het spitsuur en tijdens zware regenval is het lastig om aan een taxi te komen. De belangrijkste standplaats in San José ligt in de buurt van het Parque Central. Taxi's met een vergunning zijn rood; een verlicht bord op het dak geeft aan dat ze vrij zijn. Ze nemen maximaal vier passagiers mee en zijn zelden voorzien van autogordels. U kunt betalen in dollars of colones. De tarieven zijn laag naar onze maatstaven. In het stadscentrum bent u zelden meer kwijt dan $ 5. Taxichauffeurs zijn verplicht om hun *maría* (meter) te gebruiken voor ritten korter dan 15 km, maar zetten hem vaak niet aan in de hoop meer te kunnen berekenen. De bestuurders verwachten geen fooi, maar zijn wel blij met 10 procent extra. Veel particuliere taxichauffeurs rijden rond zonder vergunning. Ze zijn vaak duurder en niet altijd even veilig. Stap nooit in een taxi zonder vergunning, hoe betrouwbaar de bestuurder er ook uitziet.

TG 106 502010 NICOYA

Te zien op taxi's

Drukke straat bij de Mercado Central

AUTORIJDEN

Autorijden in San José is een hele kunst, tenzij u de stad goed kent. Josefino's rijden agressief en houden vaak weinig rekening met medeweggebruikers. Veel automobilisten rijden door rood als er geen verkeer van de andere kant komt, vooral 's avonds, dus kijk dan extra goed uit. Als het licht op groen staat, betekent dat niet automatisch dat de weg vrij is. Nadert u een oranje licht, houd er dan rekening mee dat de bestuurder achter u misschien niet verwacht dat u stopt en wellicht vaart maakt om door rood te rijden. De maximumsnelheid is binnen de bebouwde kom 30 km/u. In het stadscentrum vindt u één parkeergarage en tal van parkeerterreinen. Bij de meeste moet u betalen bij een parkeerwacht en soms moet u ook uw autosleutels afgeven. Laat nooit spullen van waarde achter in de auto, zelfs niet op parkeerterreinen met bewaking. Route 39, de Circunvalación, is een ringweg die aan de west-, zuid- en oostzijde van de stad loopt. Avenida Central voert in het oosten naar de Universiteit van Costa Rica en de drukke voorstad San Pedro *(blz. 71)*. In het westen loopt de Paseo Colón van het stadscentrum naar het Parque Sabana en de Autopista General Cañas, die naar de luchthaven en Alajuela leidt. Een andere snelweg, de Autopista Prospero Fernández, voert ten westen van het Parque Sabana *(blz. 74)* naar Escazú *(blz. 75)*. Het verkeer rijdt gewoonlijk in twee richtingen over de Paseo Colón, behalve van maandag tot vrijdag tussen 7.00 en 9.00 uur, als er alleen oostwaarts wordt gereden, en op zondag van 8.00–17.00 uur, als de weg gesloten is voor al het verkeer. Het systeem van eenrichtingswegen en het rasterpatroon in het centrum zorgt voor een betere doorstroming, maar in sommige straten staat het verkeer soms de hele dag vast. Tijdens de spits kunt u het best via Avenida 8 en 9 rijden als u van oost naar west door de stad wilt en via Avenida 10 als u van west naar oost gaat.

Waarschuwingsbord: draag autogordels

RICHTINGEN EN BORDEN

In het stadscentrum liggen de even genummerde *avenidas* ten noorden van de Avenida Central en de oneven genummerde ten zuiden ervan; *calles* met even nummers liggen ten westen van Calle Central en die met oneven nummers ten oosten van deze straat tot aan de Circunvalación. De Avenida Central is een voetgangerszone tussen Calle 6 en Calle 7, net als Calle 2 tussen Avenida 2 en 3, en Calle 17 (Bulevar Ricardo Jiménez) tussen Avenida 1 en 8. De straten staan echter slecht aangegeven. Stoplichten hangen gewoonlijk aan de overkant van kruispunten en zijn vaak slecht te zien.

De Calle Central, de belangrijkste verkeersader in noord-zuidrichting van de hoofdstad

Register

Dankbetuiging

De uitgever bedankt de volgende personen die
met hun bijdragen en hulp de totstandkoming
van dit boek mogelijk hebben gemaakt.

BELANGRIJKSTE BIJDRAGE
Christopher P. Baker is geboren en getogen in
het Engelse Yorkshire. In 1976 voltooide hij zijn
studie Geografie aan de Universiteit van Londen
met lof. Tijdens zijn studie reisde hij tweemaal
naar de Sahara voor onderzoek. Baker behaalde
verder masters in Latijns-Amerikaanse Studies en
in Onderwijs. Sinds 1983 werkt hij fulltime als
auteur en fotograaf van reisboeken.
Baker schreef onder meer reisgidsen over Cuba,
Costa Rica en Jamaica, en *Mi Moto Fidel: Motor-
cycling through Castro's Cuba*. Hoofdstukken
en artikelen van zijn hand verschenen in verschillende boeken en meer dan 150 kranten en
tijdschriften over de hele wereld. Baker heeft
met zijn reisliteratuur veel gerenommeerde
prijzen gewonnen, onder meer van de National
Press Club, de National Geographic Society en
de World Affairs Council, en heeft reizen begeleid
naar Nieuw-Zeeland, Hong Kong, Korea, Cuba en
Engeland. Hij geeft verder schrijfcursussen op
reisgebied, verschijnt in radio- en tv-shows en
verzorgt lezingen aan boord van cruiseschepen.

CONTROLE VAN DE FEITEN
Ana Voiculescu.

PROEFLEZER
Sonia Malik.

REGISTER
Jyoti Dhar.

DORLING KINDERSLEY, LONDEN
UITGEVER
Douglas Amrine.
PUBLISHING MANAGER
Jane Ewart.
SENIOR EDITOR
Christine Stroyan.
SENIOR EDITOR CARTOGRAFIE
Casper Morris.
HOOFD VORMGEVING
Jason Little.

VORMGEVING EN REDACTIONELE ASSISTENTIE
Brigitte Arora, Tessa Bindloss, Ellen Root.

DK PICTURE LIBRARY
Hayley Smith, Romaine Werblow.

PRODUCTIE
Wendy Penn.

AANVULLENDE FOTOGRAFIE
Alan Briere, Jonathan Buckley, Martin Camm,
Geoff Dann, Phillip Dowell, Neil Fletcher, Frank
Greenaway, Colin Keates, Dave King, Mike
Linley, Ray Moller, David Murray, Stephen Oliver,
Clive Streeter, Harry Taylor, Mathew Ward, Laura
Wickenden, Peter Wilson, Jerry Young.

AANVULLENDE ASSISTENTIE
De uitgever dankt in het bijzonder de volgende
personen en instellingen voor hun waardevolle
hulp: Adolfo Rodríguez Herrera; mevr. Dora
Sequeira, mevr. Alejandra Jimenez Solis en
mevr. Andrea Bolaños Waters, Museo del Oro
Precolombino; dr. Luis Diego Gómez, Organi-
zación para Estudios Tropicales in La Selva;
Mauricio P. Aymerich, Small Distinctive Hotels;
Michael Snarskis.

TOESTEMMING FOTOGRAFIE
De uitgever bedankt de volgende ondernemingen
en instellingen die zo vriendelijk waren om ons
in hun gebouwen en op hun terreinen te laten
fotograferen: Café Britt; Centro Costarricense
de Ciencias y Cultura, San José; Costa Rica
Expeditions; Fábrica de Carretas Joaquín Chaverrí,
Sarchí; Museo del Oro Precolombino, San José;
Museo Nacional, San José; Teatro Nacional, San
José; Zoo Ave Wildlife Conservation Park; en
voorts de vele andere kathedralen, kerken,
musea, hotels, restaurants, winkels, galerieën,
nationale en staatsparken en overige attracties die
wij hier niet alle afzonderlijk kunnen vermelden.

FOTOVERANTWOORDING
De uitgever heeft alles in het werk gesteld om
de houders van de copyrights op te sporen en
verontschuldigt zich voor onbedoelde omissies,
en zal graag de juiste vermelding opnemen in
een volgende uitgave van deze publicatie.

b = boven; bl = boven links; blm = boven links
midden; bm = boven midden; brm = boven
rechts midden; br = boven rechts; d = detail; mlb
= midden links boven; mb = midden boven; mrb
= midden rechts boven; ml = midden links; m =
midden; mr = midden rechts; mlo = midden links
onder; mo = midden onder; mro = midden rechts
onder; o = onder; ol = onder links; om = onder
midden; oml = onder midden links; or = onder
rechts.

De uitgever bedankt de volgende personen,
bedrijven en beeldbanken voor hun toestemming
om hun foto's af te drukken:

AKG IMAGES: 42mro; ALAMY IMAGES: 16o; AM COSTA
RICA LINK: 34ml, 243br; JOHN ANDERSON: 18b,
69mro, 70br, 117mo, 130br; AXIOM, LONDON: Ian
Cumming 37om, 165or.

BANCO CENTRAL DE COSTA RICA: 261ml, 261mlo, 261mr, 261mro(a), 261mro(c), 261ol, 261or; BRUCE COLEMAN PICTURE LIBRARY: Michael Fogden 20mro.

CAFÉ BRITT: 30or; CHRIS BAKER COMPOSITIONS: Christopher P. Baker 26–27m, 26or, 31om, 31omr, 34bm, 46omr, 57ol, 63bl, 63mo, 69bl, 70ol, 70mro, 71bl, 75ml, 85mlb, 92mr, 92om, 93bm, 97mrb, 97mlo, 97om, 104mlb, 105bl, 114bl, 131ml, 137mro, 137mlo, 153om, 161o, 166mlo, 177mr, 185or, 243m(a), 243m(b), 243m(c), 245b, 264ml, 266ml, 268or; CORBIS: 43br, 44or, 137mrb, 171mlo, 171mro; Tony Arruza 36o, 117ml; Bettman 7m, 43mo, 44mro, 45mlo, 46br, 46mo, 47mlo, 135om; Gary Braasch 22ml, 22mlo, 25or, 28ml, 107o, 186-187; Tom Brakefield 113bm, 113mlb; Christie's Images 142ol; Ralph A. Clevenger 193mrb; DiMaggio/Kalish 171or; Michael en Patricia Fogden 1m, 20or, 21omb, 26ml, 27br, 27mo, 27or, 113mlo, 125or, 127bm, 129m, 129om, 157ml, 157mro, 157ol, 164bl; Stephen Frink 134br, 156om; Bill Gentile 47ol; Derek Hall/Frank Lane Picture 189bm; Gray Hardel 252m; Jan Butchofsky-Houser 15o, 133mb; Dave G. Houser 31mlb, 145o; Hulton-Deutsch Collection 255 (inzet); Wolfgang Kaehler 193or; Kit Kittle 247bm; Blue Lantern Studio 195 (inzet); Michael Maslan Historic Photograph 45ol; Buddy Mays 26mlo; Stephanie Maze 17or; Amos Nachoum 21mrb, 174, 193mro, 252ol, 252om; Jose Fuste Raga 271o; Carmen Redondo 29mrb, 141ol; Martin Rogers 18ol, 19mr, 30mrb, 51ol, 121o, 163mr, 244bm; Jeffrey L. Rotman 50mro, 252or; Albrecht G. Schaefer 171ml; Kevin Schafer 8or, 12ml, 20mlo, 23or, 28br, 29bl, 88–89, 113mrb, 123b, 138–139, 141or, 158bl, 171mrb, 177mrb, 180mlb, 181mr, 193mlb; Paul A. Souders 154bl; Roger Tidman 27mr; Brian A. Vikander 21mr, 91br; Stuart Westmorland 194–195; CORBIS SYGMA: C. Rouvieres 141mlb, 141ol; COSTA RICA PHOTO ALBUM: © Rodrigo Fernandez en Millard Farmer 4mro, 9br, 15mb, 16bl, 17br, 17m, 19bm, 19or, 35bl, 37bl, 51bl, 96om, 102mlb, 147bl, 149bl, 150bl, 151bl, 151mro, 153bm, 153mlo, 153ol, 153or, 181mb, 239or, 249or, 250bl, 250or, 251or.

EL SANO BANANO HOTEL: 199bl, 221bl, 246bl.

RODRIGO FERNANDEZ: 36bm, 94or, 222mlb, 223bl, 242bl, 242m, 242mo, 242mro(a), 242mro(b), 243mo, 243mro, 243ol, 243om, 243or, 246or, 261mro(b), 261oml, 261omr, 262om; FOREST LIGHT: Alan Watson 96b; FOUR SEASONS: 196mlb.

PHILIP GREENSPUN: 35or.

LONELY PLANET IMAGES: Chris Barton 30mlo, 265br; Tom Boyden 134mlb, Charlotte Hindle 269bl; Ralph Lee Hopkins 2–3; Luke Hunter 27bl, 134ol, 175o, 188ol; Eric L. Wheater 14.

MASTERFILE: Alberto Biscaro 48–49, 64–65, 120, 238mlb, 240or, 254–255; Peter Christopher 106; MARY EVANS PICTURE LIBRARY: 44bm, 49 (inzet); Explore/Courau 40; JEAN MERCIER: 23mo, 90mr, 90or, 158ol; MUSEO DE CULTURA INDÍGENAS: 5m, 32br, 32–33m, 33bm, 33mo, 33mlo, 33ol, 33or, 34or, 155mlo, 173om, 173or, 184om, 242om, 243bm, 243mrb; MUSEO DEL ORO PRECOLOMBINO: 62mb, 240mlb, 242or; Alejandro Astorga 33mrb.

Met toestemming van THE NATURAL HISTORY MUSEUM LONDON: 167or. Met toestemming van THE NATIONAL BIRDS OF PREY CENTRE, GLOUCESTERSHIRE: 180bl.

REUTERS: Juan Carlos Ulate 31mrb.

SKY PHOTOS: 23mro, 24ml, 25bl, 25mr, 50mlo, 124br, 124ml, 124mlo, 149or, 157mrb; SMALL DISTINCTIVE HOTELS: 20mr, 150bl, 196om, 220ml, 251bl.

UNICORN MULTIMEDIA, INC.: Jan Csernoch 10b, 141mrb, 143or, 180ol, 181bl, 181om.

SCHUTBLAD VOOR:
CORBIS: Amos Nachoum om; MASTERFILE: Alberto Biscaro bl; Peter Christopher ml.

OMSLAG:
Voor – ALAMY IMAGES: Kevin Schafer hoofdfoto; DK IMAGES: Cyril Laubscher m; Jon Spaull ol; Linda Whitwam or.
Achter – DK IMAGES: Linda Whitwam bl en or.
Rug – ALAMY IMAGES: Kevin Schafer.

Alle andere afbeeldingen © Dorling Kindersley.
Voor meer informatie zie: **www.dkimages.com**

Algemene uitdrukkingen

Het Spaans dat in Costa Rica wordt gesproken is in principe hetzelfde als het Castiliaans van Spanje, hoewel er enkele verschillen zijn in uitspraak en vocabulaire. Het opvallendst is de uitspraak van de 'c' en de 'z' als 's' in plaats van de Engelse 'th'-klank. Costaricanen zijn nogal formeel en gebruiken eerder *usted* ('u') dan *tú* ('jij') als tweede persoon enkelvoud, zelfs als ze de aangesprokene goed kennen. Beleefd taalgebruik is standaard. Zeg altijd *buenos dias* ('goedendag') of *buenas tardes* ('goedemiddag') als u een taxi instapt en spreek chauffeurs en obers aan met *señor*. Er bestaan veel alledaagse uitdrukkingen,

zoals *¡upe!*, dat u roept als u bij iemand op de stoep staat die zijn voordeur open heeft. *Buena suerte* ('succes') zegt men vaak tegen degene die vertrekt. De meest gebruikte term is *pura vida* ('puur leven'), als antwoord op de vraag hoe het gaat en om te zeggen dat alles goed gaat. *Tuanis*, in trek bij de jeugd, betekent dat alles oké is. Als u een Costaricaan hoort praten over *chepe*, heeft hij het over San José. Als u aangeboden goederen van straatverkopers afslaat, schudt u beleefd het hoofd en zegt: *muchas gracias* ('dank u wel'). Als u daarbij toevoegt *muy amable* ('erg aardig') zal dat de afwijzing wat milder doen klinken.

In noodgevallen

Help!	¡Socorro!	soo-**kor**-roo
Stop!	¡Pare!	**paa**-re
Roep een dokter!	¡Llame a un	**jaa**-me aa **oen**
	médico!	**mee**-die-koo
Brand!	¡Fuego!	foe-**ee**-goo
Kunt u me	¿Me podría	me poo-**dri**-jaa
helpen?	ayudar?	aa-joe-**daar**
politie	policía	poo-lie-**sie**-jaa

Basiswoorden voor een gesprek

Ja	Sí	sie
Nee	No	no
Alstublieft	Por favor	por faa-**bor**
Dank u	Gracias	**kraa**-sjas
Pardon	Perdone	per-**doo**-ne
Hallo	Hola	**oo**-laa
Goedendag/	Buenos días	**bwee**-nos **di**-
goedemorgen		jaas
Goedemiddag	Buenas tardes	**bwee**-nas
		tar-des
Goedenavond	Buenas noches	**bwee**-nas **no**-
		tsjes
Dag (informeel)	Chao	**tsjau**
Tot ziens	Adiós	aa-**djos**
Tot zo	Hasta luego	aa-**staa lwee**-
		koo
Ochtend	La mañana	laa man-**jaa**-
		naa
Middag	La tarde	laa **tar**-de
Avond/Nacht	La noche	laa **not**-sje
Gisteren	Ayer	aa-**jer**
Vandaag	Hoy	oj
Morgen	Mañana	man-**jaa**-naa
Hier	Aquí	aa-**kie**
Daar	Allá	aa-**jaa**
Wat?	¿Qué?	kee
Wanneer?	¿Cuándo?	**kwan**-doo
Waarom?	¿Por qué?	por-**kee**
Waar?	¿Dónde?	**don**-de
Hoe gaat het	¿Cómo está	**koo**-mo es-**taa**
met u?	usted?	oes-**ted**
Heel goed,	Muy bien,	moei **bjen**
dank u	gracias	**kraa**-sjas
Aangenaam	Mucho gusto	**moe**-tsjo **koe**-
		sto
Het spijt me	Lo siento	lo **sjen**-too

Nuttige uitdrukkingen

Dat is goed	Está bien	es-**taa bjen**
Geweldig!	¡Qué bien!	kee **bjen**
Waar gaat deze	¿Adónde va esta	aa-**don**-de baa
weg naartoe?	calle?	es-taa **ka**-je
Spreekt u Engels?	¿Habla inglés?	aa-**blaa**
		ing-**les**
Ik begrijp het niet	No comprendo	no kom-
		pren-doo
Ik wil	Quiero	**kjee**-roo

Nuttige woorden

groot	grande	**kran**-de
klein	pequeño/a	pee-**ken**-
		joo/jaa
heet	caliente	kal-**jen**-te
koud	frío/a	**frie**-joo/jaa
goed	bueno/a	**bwee**-noo/naa
slecht	malo/a	**maa**-loo/laa
open	abierto/a	aa-**bjer**-
		too/taa
gesloten	cerrado/a	ser-**raa**-doo/daa
links	izquierda	ies-**kjer**-daa
rechts	derecha	dee-**ret**-sjaa
dichtbij	cerca	**ser**-kaa
ver	lejos	**le**-gos
(naar) boven	arriba	ar-**rie**-baa
(naar) beneden	abajo	aa-**baa**-goo
vroeg	temprano	tem-**praa**-noo
laat	tarde	**tar**-de
nu/binnenkort	ahora/ahorita	aa-**oo**-raa/aa-oo-
		rie-taa
meer	más	maas
minder	menos	**mee**-nos
veel	muy	moei
een beetje	(un) poco	oen **poo**-koo
tegenover	frente a	**fren**-te aa
onder/boven	abajo/arriba	a-**ba**-goo/aa-**rie**-ba
ingang	entrada	en-**traa**-daa
uitgang	salida	saa-**lie**-daa
trap	escaleras	es-kaa-**lee**-ras
lift	el ascensor	el aa-sen-**soor**
toiletten	baños/servicios	**ban**-joos/ser-
	sanitarios	**bie**-sie-joos saa-
		nie-**taar** joos
dames	de damas	de **daa**-mas
heren	de caballeros	de kaa-baa-**jee**-
		roos
maandverband	toallas sanitarias	too-a-jaas saa-
		nie-**taar**-jas
tampons	tampones	tam-**poo**-nes
condooms	condones	kon-**doo**-nes
toiletpapier	papel higiénico	paa-**pel** hie-
		jee-nie-koo
rook(vrij)	área de (no)	**aa**-rie-aa de
gedeelte	fumar	(no) foe-**mar**
camera	la cámara	la **kaa**-ma-ra
filmrolletje	(un rollo de)	(oen ro-joo
	película	de) pee-**lie**-
		koe-laa
batterijen	las pilas	las **pie**-laas
paspoort	pasaporte	paa-saa-**por**-te
visum	visa	**vie**-sa

Postkantoor en bank

postkantoor	oficina de	o-fie-**sie**-naa de
	correos	kor-**ree**-os
postzegels	estampillas	es-tam-**pie**-jaas
ansichtkaart	una postal	oe-naa pos-**taal**
brievenbus	apartado	a-par-**taa**-doo